Benjamin Graham
So wurde ich zum Lehrmeister
der Wall Street

Benjamin Graham

So wurde ich zum Lehrmeister der Wall Street

BÖRSENVERLAG

Titel der Originalausgabe:
Benjamin Graham
The Memoirs of the Dean of Wall Street
© 1999 The McGeaw-Hill Companies
All rights reserved

Die Deutsche Bibliothek – CIP-Einheitsaufnahme

Graham, Benjamin:
So wurde ich zum Lehrmeister der Wall Street / Benjamin Graham.
[Übers. aus dem Amerikan. von Michael Wenz-Peters]. - 1. Aufl. -
Rosenheim : TM-Börsenverl., 1999
  Einheitssacht.: The memoirs of the dean of Wall Street <dt.>
  ISBN 3-930851-24-5

© 1999 by
TM BÖRSENVERLAG AG
Salinstraße 1, 83022 Rosenheim
Telefon: 0 80 31/20 33 -0
Telefax: 0 80 31/20 33 30
Internet: www.boersenverlag.de

Übersetzung aus dem Amerikanischen von
Michael Wenz-Peters, Köln

1. Auflage April 1999
Printed in Germany

ISBN 3-930851-24-5

Inhaltsverzeichnis

Einleitung

Im Alter von 62 Jahren zog sich Benjamin Graham aus dem Berufsleben zurück, lebte in den kommenden zwei Jahrzehnten abwechselnd
in Beverly Hills und La Jolla, Kalifornien, in Aix-en-Provence und auf
Madeira, und schrieb einen Bericht über sein Leben mit dem Titel
„Woran ich mich erinnere". Er brachte alles zu Papier, was ihm über
sein privates und berufliches Leben und über seine Heimatstadt New
York City in Erinnerung geblieben war. Die Launenhaftigkeit seines
Gedächtnisses gab ihm allerdings Rätsel auf: Warum erinnerte er sich
an Trivialitäten und vergaß wichtige Dinge? Er schrieb dazu:

„Wie wir uns an manche Dinge erinnern und andere vergessen, finde
ich interessant, und doch geben wenige Verfasser von Memoiren Erin-
nerungslücken zu. Ein ehrliches ‚ich erinnere mich nicht' scheint das
Hauptziel von Memoiren zu beeinträchtigen. Und doch könnten zumindest Psychologen aus einem Vergleich zwischen dem, was ein Autor
vergessen hat, und dem, woran er sich erinnert, wertvolle Schlüsse über
den ‚wirklichen Charakter' des Verfassers ziehen. Ich habe mir zu diesem Punkt selbst ein kleines Totengedicht geschrieben:

> This man remembered what the rest forgot
> Forgetting much that everyone recalled;
> He studied long, worked hard, and smiled a lot,
> By Beauty nourished and by Love enthralled.

„Dieser Mann erinnerte sich an das, was sonst alle vergaßen, und vergaß
viel, an das sich jeder erinnerte. Er lernte lang, arbeitete hart und lächelte häufig, gestärkt von Schönheit und gefesselt von der Liebe."

In mancher Hinsicht zeigen diese Memoiren ein großes Erinnerungs-
vermögen, und viele Weggefährten haben Grahams erstaunliches Gedächtnis für berufliche Details wie Kapitalausstattung, Preise, Renditen

und dergleichen bestätigt. Schon während seiner ersten Anstellung machte er sich daran, ganze Tabellen mit Daten über Anleihen auswendig zu lernen. Später waren seine Vorträge, Bücher und Artikel voll von Einzelheiten zur Unternehmensgeschichte.

Andererseits gab Graham zu, sich nicht an oft gewählte Telefonnummern oder an die Namen von Bekannten erinnern zu können. Seine Vergesslichkeit war legendär. Einmal fuhr er mit zweien seiner Kinder zur Eisbahn im Rockefeller Center, stellte sein Auto ab, ging mit seinen Kindern Schlittschuhlaufen und fuhr dann mit ihnen zusammen in der U-Bahn nach Hause. Die Schwiegermutter eines seiner Söhne erzählte, als sie ihn einmal in Aix besucht habe, habe er ihr die Hand gereicht und sich vorgestellt, als hätte er sie nie zuvor gesehen. Graham selbst schrieb über sein „seltsames" Gedächtnis:

„Es enthält zahllose historische und literarische Fakten und kann sie wiedergeben, obwohl ich mir diese Dinge vor nicht weniger als fünfundsechzig Jahren eingeprägt habe. Gleichzeitig ist dieses Gedächtnis jedoch völlig nutzlos bei Dingen wie Telefonnummern, die ich hundertmal nachgeschlagen habe, der Lage der Wohnung eines Freundes, den ich fast ebenso oft besucht habe, und den Namen von Menschen, mit denen ich oft zusammengetroffen bin. Andererseits kann ich mir vergleichsweise fremde Menschen damit überraschen, indem ich sie mit dem richtigen Namen anrede, obwohl wir uns lange nicht gesehen haben. Ich musste mich oft in peinlichen Situationen mit einer Sentenz Italo Svevos retten, des Verfassers von „Zeno Cosini". Als er sich nicht an jemanden erinnern konnte, den er eigentlich gut kennen sollte, bemerkte er nachdenklich: ‚Sie müssen wirklich entschuldigen. Es gibt drei Dinge, die ich immer vergesse: Namen, Gesichter, und – das dritte weiß ich nicht mehr.'"

Mehr als bei den meisten Menschen war Grahams Gedächtnis sehr selektiv: Er erinnerte sich an das, was ihm wichtig war. Er erinnerte sich an den Namen eines Studenten, wenn er eine interessante Unterhaltung mit ihm geführt hatte. Ideen waren ihm vielleicht wichtiger als Menschen, Statistiken waren ihm wichtiger als Telefonnummern und von Anfang an, mit zunehmendem Alter aber immer mehr, waren ihm Kultur und Geistesleben wichtiger als Geld.

Grahams Erinnerungen werden als Memoiren veröffentlicht, nicht unter dem Titel „Woran ich mich erinnere", obwohl sie nur etwas mehr als die ersten vierzig Jahre seines Lebens betreffen. (1) Damit sollen die literarischen Intentionen unterstrichen werden, die Graham ganz bewusst hegte. Memoiren sind offensichtlich nicht dasselbe wie ein Tagebuch, in dem der Verfasser jeweils aktuelle Ereignisse aufführt. Memoiren haben eine weitere Perspektive, sie werden erst Jahre nach den Ereignissen in Ruhe zusammengestellt. Vielleicht war Graham mit seinen Marktstudien zu beschäftigt, um ein Tagebuch zu führen und glich dies dadurch aus, dass er in den letzten zwei Jahrzehnten seines Lebens seine Memoiren schrieb.

Memoiren unterscheiden sich auch etwas von einer Autobiographie. Der Verfasser einer Autobiographie soll eine komplette und fortlaufende Geschichte erzählen und gibt daher vor, wenn auch nur als notwendige Fiktion, sich vollständig und genau erinnern zu können. Memoiren verfolgen demgegenüber einen ungezwungeneren und nachdenklicheren Ansatz. Sie machen den Verfasser frei von den Fesseln der chronologischen Ordnung, erlauben ihm unbeschränkt den Rückblick auf vergangene und den Vorgriff auf zukünftige Ereignisse und gestatten es, das historische „Damals" durch das erzählende „Jetzt" zu ersetzen. Meditativen Überlegungen und der philosophischen Prüfung der wirklichen Bedeutung von Erfahrungen sind alle Freiheiten gelassen. Gore Vidal schrieb kürzlich:

„Memoiren bringen zum Ausdruck, wie man sein eigenes Leben sieht, während eine Autobiographie eine historische Arbeit ist, die Forschung, Daten und gesicherte Fakten verlangt. Ich habe mich für Memoiren entschieden, da selbst ein müßiges Gedächtnis in der Lage ist, das Wichtigste richtig wiederzugeben." (2)

Daten, Fakten, Zahlen und Prozentsätze bedeuteten für Benjamin Graham beruflich sehr viel. Aber als er seine Memoiren schrieb, ging es ihm eindeutig eher darum, „das Wichtigste richtig wiederzugeben". Graham ging es nicht nur um einen Bericht über sein Leben, sondern um eine ehrliche Beurteilung. Seinen Memoiren vertraute er seine freimütigsten Gedanken an – Gedanken, über denen er lange gebrütet hatte und die in einigen Fällen teuer erkauft waren. Grahams Memoiren zeigen das Bild eines Mannes, für den Aufrichtigkeit sich selbst gegenüber das wichtigste Ziel war, auch wenn das bedeutete, der gängigen Meinung zu widersprechen. Genauso wie er die etablierte Weisheit der Wall

Street während seiner Karriere als Investment-Fachmann in Frage gestellt hatte, hinterfragt er privat in seinen Memoiren orthodoxe Ansichten über persönliche Glaubens- und Verhaltensmaßregeln. So erfahren wir, was der neunjährige Benjamin wirklich beim Tod seines jungen Vaters fühlte – im Gegensatz zu dem, was er hätte fühlen müssen: irgendwie hätte der Himmel einstürzen sollen, aber er tat es nicht. Genauso offen ist die Darstellung seiner Mutter: Die Beschreibung ihrer bescheidenen Schwächen macht die Liste ihrer Vorzüge nur um so überzeugender. Grahams Memoiren sind voll von Formulierungen wie „Es ist ein Gebot der Ehrlichkeit ..." oder „Ein Mann von geistiger Integrität konnte nur denken ...".

Dann ist da die Sache mit der Religion. Jüdische Leser sind vielleicht empört über Grahams frühes Interesse für Jesus (als moralische, nicht als religiöse Figur), seine Ansicht, Juden seien besser dran, wenn sie als Heiden geboren würden oder seine Überzeugung, der wahre Lebenszweck von Juden sei es, sich mit den Anhängern anderer Glaubensrichtungen zu verheiraten und so den gemeinsamen Gen-Pool zu bereichern. Es wäre offenkundig absurd, solche Ansichten als antisemitisch zu interpretieren. Graham engagierte sich immerhin an prominenter Stelle für jüdische Anliegen, so zum Beispiel als tatkräftiger Präsident der „Jewish Guild for the Blind". Graham war jedoch zu sehr Kosmopolit, um sich an irgendeine Religion zu binden. Außerdem kritisierte er nicht den jüdischen Glauben als solchen, sondern die oberflächlichen, puritanischen Einstellungen einiger Anhänger, Einstellungen, die seiner Ansicht nach geistiges Wachstum und kulturellen Tiefgang einengten und verhinderten. Sicher akzeptierte er mit der Zeit viele Werte, die dem orthodoxen Judentum feindlich gegenüberstehen. Hierin unterschied er sich aber kaum von der großen Zahl der Kinder jüdischer Immigranten, wie Irving Howe dies so gründlich in seinem Werk „World of Our Fathers" dokumentiert hat. (3) Anders als die osteuropäischen Juden oder die vorhergehende Generation der deutschen Juden wurde Graham in England geboren. Seine Eltern sprachen nicht Jiddisch, sondern „the Queen's English", und dieser Faktor beschleunigte ohne Zweifel seine Assimilation an die amerikanische Kultur.

Graham kam zu seinen Überzeugungen nach einer langen Zeit des Suchens, Meditierens und Nachdenkens über Geschichte, auf der Basis umfangreicher Lektüre und unter dem täglichen Einfluss der Wall Street mit ihren verwickelten Wertproblemen. Vom Gefühl her beneidete er gläubige Menschen; sein durch eine umfangreiche Lektüre geschulter Verstand ließ ihn jedoch zum Skeptiker werden. Dies war allerdings ein positiver Skeptizismus, gegründet in der Philosophie der Aufklärung und geprägt von den Werten der Klassik und der jüdisch-christlichen Tradition. Grahams Skeptizismus wurde von einem zunehmend berechtigten Vertrauen in die Kraft seiner eigenen Vernunft getragen, ein Vertrauen, das für einen Investment-Fachmann von essenzieller Bedeutung ist.

In dem Begriff „Memoiren" klingen diejenigen literarischen Werte wider, die Graham so wichtig sind. Er las begierig die Werke großer Schriftsteller, viele davon im Original: Homer, Euripides, Vergil, Cicero, Horaz, Lukrez, Tacitus, Catull, Dante, Cervantes, Shakespeare, Bacon, Milton, Descartes, Pope, Fielding, Gibbon, Lessing, Macauley, Schiller, Kant, Dickens, De Quincey, Emily Brontë, Tennyson, Nietzsche, Hugo, Whitman, Tolstoi, Housman, Baudelaire, Ibsen, Conrad, Proust, Kafka, Rilke und Svevo. Besonders wichtig für dieses Buch waren die Memoiren von Autoren wie Benjamin Franklin, Rousseau, La Rochefoucauld, Chateaubriand und den Brüdern Goncourt. Seine Memoiren sollten die gleiche literarische Qualität haben wie seine Gedichte und Schauspiele und sie stellen die erfolgreichste seiner literarischen Bemühungen dar. Immer schon äußerst interessiert an Literatur, Theater, Opern und Konzerten fand Graham nach seinem Rückzug aus dem Berufsleben die Muße, diese Leidenschaften auszuleben. Er war jedoch nicht empfänglich für visuelle Künste. In Museen brachte er mehr Zeit mit dem Lesen der Erläuterungen als mit dem Betrachten von Bildern und Skulpturen zu. Auch Landschaften interessierten ihn wenig. Graham zog keinen völligen Schlussstrich unter sein Leben in der Finanzwelt, er verfolgte die Geschehnisse jedoch aus einer abgeklärteren und distanzierten Perspektive. Er hegte nicht den Wunsch, noch mehr Geld zu verdienen, als er schon hatte, und handhabe seine persönlichen Finanzen relativ beiläufig. Er war jedoch sichtlich erfreut, wenn ehemalige Studenten und Weggefährten ihn nach seiner Einschätzung der Marktsituation fragten, vor allem in Baisse-Perioden. In seinen letzten Jahren brachte er dann noch einmal die Energie auf, mit James Rea zusammen den Rea-Graham-Investmentfonds zu gründen.

Diese Memoiren sind ein persönlicher Bericht, kein Investmentführer. Praktische Hinweise findet der Leser in Grahams Büchern „Security Analysis" oder „The Intelligent Investor", Investmentbücher, die viele für die besten und mit Sicherheit die weisesten halten, die je geschrieben wurden. Exemplare der Erstauflage von „Security Analysis" aus dem Jahr 1934 werden heute für vierstellige Summen gehandelt. Aber die Einblicke in Grahams Leben in jungen Jahren lassen erkennen, wie er zu dem überragenden Investment-Fachmann wurde, der er schließlich war. Seine Persönlichkeit und seine Talente spiegeln sowohl Vererbtes als auch Umwelteinflüsse wider. Sein gewaltiges intellektuelles Erbe – er war der Großneffe des Oberrabbiners von Warschau – ließ ihn sich auf die Forschung spezialisieren zu einer Zeit, als Forschung in Maklerfirmen nicht als ernsthafte Beschäftigung galt. Das Umfeld, in dem er aufwuchs, die großzügige „Jungens sind Jungens"-Haltung seiner Mutter und das harte Leben auf den Straßen Manhattans, Brooklyns und der Bronx flößten ihm einen ausgeprägten Sinn für Realitäten ein. Er lernte, zurechtzukommen – nicht mit den Fäusten, sondern mit dem Kopf. Zugleich entwickelte er nicht die Aggressivität, die manchmal mit einer Kindheit in New York einhergeht. Die ihn kannten, beschreiben sein Auftreten als gentlemanlike, sogar vornehm.

New York bot nicht nur schäbige Straßen, es bot auch die Vorzüge eines Schulsystems, das noch nichts vom Glanz der Jahrhundertwende verloren hatte. An der High School – Townsend Harris Hall, der „Vorstufe" zum City College, und Boys High in Brooklyn – traf Graham auf das Beste, was Amerikas öffentliches Bildungswesen zu bieten hatte – und er war erfolgreich. Heute kann man nur noch mit verwundertem Staunen auf diese hervorragenden, kostenlosen Bildungseinrichtungen blicken – man stelle sich vor: Morris Raphael Cohen, einer der großen amerikanischen Philosophen, als Geometrielehrer! Man kann es elitär nennen, aber Grahams rückblickendes Plädoyer dafür, dass begabten Schülern eine adäquate Herausforderung geboten werden sollte, muss im Herzen aller nachdenklichen Eltern eine Saite zum Klingen bringen.

Die Sache mit dem Verwaltungsirrtum, der Grahams Aufnahme am Columbia College zeitweise blockierte (vgl. Kapitel 5) ist schmerzhaft, seine Geringschätzung des CCNY, das er zu Beginn seiner Zeit an der High School noch bewunderte, mag jedoch etwas hochmütig erschei-

nen. Man mag seine Entscheidung jedoch auch unter dem Gesichts-
punkt betrachten, dass er auf Qualität bestand, die beste Collegeausbil-
dung wollte, die für Geld zu haben war – nicht für seines natürlich, er
hatte ja keines, aber für das Geld eines Stipendiums. Er dachte auch an
Harvard, wo er ohne Zweifel auch aufgenommen worden wäre, hätte
seine Mutter nicht darauf bestanden, dass er in New York blieb. Als er
schließlich ans Columbia College kam, belegte er keine Kurse in Wirtschaftswissenschaften oder etwas Ähnlichem. Es waren die Geisteswissenschaften, die ihn faszinierten, Sprachen, Literatur, Geschichte, Philosophie. Grahams Karriere ist Wasser auf die Mühlen derer, die den
MBA (Master of Business Administration) als einzig wahren Bildungs-
weg für eine Karriere in der Wirtschaft in Zweifel ziehen.

Grahams Memoiren machen auch deutlich, was viele Lehrer vermuten, dass nämlich die beste, und vielleicht die einzig überdauernde Bildung die ist, die man selbst erwirbt. Das Wichtigste, was Graham lernte,
war, wie man auf sich allein gestellt lernt und wie befriedigend dieses
Lernen ist. Er war erstaunt festzustellen, dass seine Mitschüler das
meiste von dem vergaßen, was sie für die Schule lernten, es absichtlich
vergaßen, als ob Hausaufgaben nur für den Tag gemacht würden, Hin-
dernisse auf dem Weg zu dem, was im Leben wichtig war: Geld verdienen. Graham fügte das Gelernte in seine geistige Welt ein; hier lag der
erste Reichtum seines Lebens und letztendlich tatsächlich derjenige, der
ihm am meisten bedeutete.

Schon früh war ihm das Geldverdienen um seiner selbst willen weniger wichtig als den meisten professionellen Anlegern. Mit noch nicht
dreißig Jahren reagierte er negativ auf Bernard Baruchs Entscheidung,
seine Klientel aufzugeben und nur noch auf eigene Rechnung zu investieren:

„Wie ehrlos für einen hochbegabten und ungeheuer vermögenden
jungen Mann, dachte ich, sich völlig dem Ziel zu verschreiben, sich
selbst noch mehr zu bereichern. Und das dann auch noch in seinen Memoiren zu veröffentlichen, ohne die geringste Spur von Bedauern oder
Selbstkritik!"

Seine Aufrichtigkeit führte ihn jedoch zu einer nachsichtigeren Beurteilung von Baruchs Entscheidung, zumal er zur gleichen Zeit das Angebot annahm, einen eigenen Fonds zu gründen:

„Aber war meine Entscheidung denn ehrenhafter als Baruchs? Ich verließ das Maklergeschäft ja auch, ein Bereich, in dem ich der Öffentlichkeit wenigstens beratend zur Seite stehen konnte, und wollte mich ausschließlich aufs Geldverdienen beschränken. Aber nach dem Maßstab der Wall Street war ich weit davon entfernt, ein reicher Mann zu sein. Und ich hatte für Freunde und Verwandte, die Geld brauchten, gute Gewinne erzielt."

Grahams gab später der Kultur gegenüber dem Geld den Vorzug. Ein beredtes Beispiel dafür ist die Ansprache anlässlich seines achtzigsten Geburtstages (s. u.), in der er seinen Enkeln den unvergleichlichen Reichtum intellektuellen Strebens ans Herz legt – um seiner selbst willen, unabhängig von materiellem Erfolg. Natürlich dienen Investitionen dem Geldverdienen; aber ab einem bestimmten Zeitpunkt hat man bei Graham das Gefühl, dass sein Motiv weniger das der persönlichen Bereicherung war als vielmehr der Wunsch zu beweisen, dass seine Theorien tatsächlich stimmten.

Warum ging er überhaupt an die Wall Street? Grahams Vater starb bereits in jungen Jahren, seine Mutter und seine beiden Brüder – wenn auch kaum älter als er – zogen ihn auf, ohne ihn zu verhätscheln. Er sah sich sowohl mit wachsender Armut der Familie als auch mit der Liebe seiner Mutter zu Luxus konfrontiert. Diese Kombination brachte ihn in eine verzwickte Lage:

„Mutter gab sich alle Mühe, nicht zu oft und mit zuviel Bedauern von unserem vergangenen Glanz zu sprechen. Aber so vieles erinnerte sie daran, dass sie den Gedanken daran kaum verdrängen konnte. Den meisten Verdruss bereiteten in dieser Hinsicht unsere wohlmeinenden alten Freunde. Sie blieben uns treu und ließen uns nicht im Stich. Aber der Gegensatz zwischen ihren finanziellen Verhältnissen und unseren war für Mutter nur zu offenkundig. Darüber hinaus setzten unsere wechselseitigen Besuche Mutter ständig unter den Druck, unsere Armut so weit wie möglich zu verbergen, alle möglichen Kniffe schäbiger Respektabilität zu entwickeln und prekärerweise immer ein bisschen über statt unter unseren Verhältnissen zu leben.

Wir Jungen wuchsen in dieser frustrierenden Atmosphäre auf, die zumindest auf einen von uns einen nachhaltigen, schädlichen Einfluss ausübte. Von Natur aus war ich immer eher an der intellektuellen und spirituellen Seite des Lebens interessiert als an der materiellen. Aber die schwierigen Lebensverhältnisse meiner Kindheit betrafen mich nicht weniger als meine Brüder. Geld wurde mir immer wichtiger. Ich sah es als selbstverständlich an, dass hohe Einnahmen und Ausgaben das wichtigste Anzeichen für Erfolg im Leben waren."

Gleichzeitig und wie zum Ausgleich dieses Dilemmas vermittelte Benjamins Mutter ihrem Sohn Durchsetzungsfähigkeit und Mut – Tugenden, die Benjamin zustatten kommen sollten. Er lernte, seine Stellung zu behaupten, ob er nun – zum ersten Mal alleine in einem Restaurant – die bestellten Grape-Nuts aß, oder trotz der Warnung des Posthalters seiner Mutter einen Apfel mit der Post schickte oder sich dem Management der Northern Pipeline Company gegenüber behauptete. Erst die Hartnäckigkeit seiner Mutter ermutigte ihn, sich nach seinem unbegreiflichen Scheitern bei den Bemühungen um ein Stipendium noch einmal am Columbia College zu bewerben. Und zweifellos war es die von ihr geerbte Seelenstärke, die ihn persönliche und geschäftliche Katastrophen wie seine zwei Scheidungen und den Börsencrash aushalten ließ.

Vielleicht trugen die schlimme finanzielle Lage seiner Mutter und die Erfahrungen, die seine Familie in der Rolle der armen Verwandten machte, dazu bei, dass Graham einen Beruf wählte, der ihm ein anständiges Einkommen oberhalb des relativ kargen Lebens eines College-Dozenten sicherte. Aber seine natürliche Neigung zu den Dingen der geistigen Welt behielt die Oberhand. Am Ende bedeutete ihm Luxus nicht viel, nachdem er einmal „die einfachste und wichtigste Regel für materiellen Wohlstand" begriffen hatte: „Die genialste Finanzstrategie besteht darin, nicht mehr auszugeben, als man einnimmt." (4)

Zu guter Letzt wurde er dann doch College-Professor, zuerst um während der Depression sein Einkommen aufzubessern, später aus Liebe zum Lehren. Nachdem er erst genug Geld verdient hatte, schien Geld immer weniger wichtig zu werden. Wenn er sich anders entschieden hätte, in welchem Bereich wäre er wohl Hochschullehrer geworden? Seine Interessen waren so weit gefächert und seine Fähigkeiten so groß, dass beinahe jedes Fach in Frage gekommen wäre. Auch 1914 war es sehr bemerkenswert, wenn ein College-Absolvent – und dann auch noch ein Jude – Lehraufträge in drei verschiedenen Fachbereichen angeboten

bekam, die so verschieden waren wie Englisch, Philosophie und Mathematik – und das an einer Elite-Universität der Ostküste.

Graham aber wurde Finanzanalyst, er war in der Tat der erste Finanzanalyst und wurde als solcher von der Wall Street heilig gesprochen. (5) Die Grundzüge seiner Investment-Theorie lassen sich bereits
aus den Einflüssen und Entwicklungen seiner Jugendzeit ablesen. Die
Situation seiner Familie begünstigte eine Neigung zur Vorsicht, auch
wenn er diese Vorsicht während der fieberhaften Entwicklung der
zwanziger Jahre zeitweise außer Acht ließ. Welcher junge Mann in seiner Lage hätte der Versuchung leichtverdienten Geldes widerstanden?
Das Ergebnis war das Fiasko mit Savold Tire, das im neunten Kapitel
beschrieben wird. Die Erfahrung des Börsencrashs und der Depression
verstärkten Grahams Hang zur Vorsicht. Wie ein Ingenieur – eine der
zahlreichen Karrieren, die er einmal in Erwägung zog – bestand er auf
einem weiten Sicherheitsspielraum bei seinen Anlagen. Spekulation
lehnte er als eine Variante des Glücksspiels ab, in Erinnerung an die
Warnung seines ersten Chefs, Alfred Newburger: „Wenn Sie spekulieren, werden Sie Ihr Geld verlieren." Er begann nach Wertpapieren Ausschau zu halten, die so unterbewertet waren, dass sie auf lange Sicht
kaum noch an Marktwert verlieren konnten. Weder er noch sonst jemand, vielleicht mit Ausnahme des hellsichtigen Baruch, hätte das Ausmaß des Kurssturzes 1929 oder die Länge der nachfolgenden Depression voraussehen können. Aber Graham blieb trotz der Schwierigkeiten
dieser Zeit standhaft und seine Methoden stellten sich schließlich als
richtig heraus. Sein Vertrauen in die Kraft der eigenen Vernunft erlaubte es ihm, eine eigene Investment-Theorie zu entwickeln und auszupro-
bieren und die fortwährende Fixierung der Wall Street auf die Prognose
von Marktentwicklungen zu ignorieren. Er ignorierte diese Prognose-
gläubigkeit nicht nur, er profitierte auch davon, dass andere Anleger
solchen Prognosen wie die Lemminge folgten. Graham bevorzugte verlässlichere Quellen – Daten und Fakten zur Entwicklung eines Unternehmens, die er zu entschlüsseln lernte, eine Kunst, die er auch seinen
Schülern weitervermittelte. Bei John Train findet sich eine schöne Metapher, die beschreibt, wie Graham das Getöse des Wertpapiermarkts
ignorierte:

„Graham gleicht einem Arzt, der einem während eines Tumults zu

Boden gestürzten Patienten hilft und kaum den Kopf hebt, um einen
Blick auf das wahnsinnige Treiben ringsumher zu werfen. In Grahams
Büchern wird das Toben dieses Wahnsinns jedoch immer als Hinter-
grundmusik hörbar." (6)
    Vielleicht ist es kein Zufall, dass sein Sohn Benjamin Jr. sich für das
Medizinstudium entschied und heute als Arzt in der Notaufnahme arbeitet.
    Wie ging die Graham-Newman-Gesellschaft vor? Hier eine gute Er-
läuterung:
    „Die Tätigkeit von Graham-Newman beschränkte sich auf einige we-
nige klar umrissene Transaktionen, von denen jede eine befriedigende
Rendite von ungefähr 20 Prozent im Jahr oder mehr abwarf und nur relativ geringfügige Risiken mit sich brachte. Diese Risiken wurden durch
breite Diversifizierung weiter minimiert. Bei den genannten Transaktionen handelt es sich um Arbitragegeschäfte, Barausschüttungen und
Liquidationen, zusammenhängende und nicht-zusammenhängende Sicherungsgeschäfte, Aktienkäufe zu einem Kurs unterhalb des Umlaufvermögens sowie Mehrheitsbeteiligungen an Unternehmen, letzteres
das Spezialgebiet J. A. Newmans. Das Ergebnis jeder Transaktion und
jedes Transaktionstyps wurde sorgfältig überprüft.
    Diese kontinuierliche Evaluation der Ergebnisse führte zu einer
Schlussfolgerung, die vielleicht überrascht. Die nicht-zusammenhängenden Sicherungsgeschäfte, bei denen eine preiswerte Emission gekauft und dagegen ein mit dieser in keinerlei Zusammenhang stehendes
teures Papier verkauft wird, stellten sich als aufwendiger heraus, als der
damit erzielte Gewinn gerechtfertigt hätte und wurden daher fallengelassen. Der ‚Wertansatz‘ von Graham-Newman funktionierte beim
Leerverkauf sehr populärer und daher offensichtlich überbewerteter
Emissionen nicht gut genug, wenn nicht ein adäquater Schutz in Gestalt
einer vorrangigen Wandelemission desselben Unternehmens aufgebaut
wurde.
    Der Erwerb preiswerter Aktien beschränkte sich in der Praxis auf den
Kauf von Stammaktien zu einem Kurs, der weniger als zwei Drittel ihres Werts bezogen auf das Nettoumlaufvermögen eines Unternehmens
repräsentierte. In diesem Geschäftsbereich gab es im Endeffekt bemerkenswert wenig Verluste, obwohl über einen Zeitraum von mehr als

dreißig Jahren viele Hunderte solcher Papiere gekauft wurden. Paradox und gleichzeitig typisch für Erfahrungen in der Finanzwelt allgemein ist jedoch, dass das profitabelste Geschäft von Graham-Newman die genannten Anforderungen nicht erfüllte. Es handelt sich dabei um den Kauf eines Anteils von 50 Prozent an der Government Employees Insurance Company zu einem Preis, der nur knapp unterhalb des Vermögenswertes lag." (7)

Graham war ein erfindungsreicher Mann, auch im buchstäblichen Sinne des Wortes. Er erfand einen verbesserten Rechenschieber und stellte eine Liste von auswendig zu lernenden Wörtern zusammen, die ein schnelles Erlernen des Morse-Codes ermöglichten und bei der jedes Wort unmittelbar den Code aus Punkten und Strichen für den betreffenden Buchstaben wiedergab. Seine Versuche mit einem elektrischen Türöffner und einer Kuchenplatte, die einen Kuchen in genau gleiche Teile schneidet, mögen weniger erfolgreich gewesen sein, aber sie waren Produkte des gleichen Intellekts, der neue und an der Wall Street damals unbekannte Wege der Wertpapieranalyse entwickelte. Graham floss über von solchen Erfindungen. Er schrieb sie in ein kleines Notizbuch, das er sein „Kopfkissenbuch" nannte.

Neben der Kraft seines Intellekts lagen Grahams größte Stärken in seiner intellektuellen Unabhängigkeit und Integrität. Er war freundlich, aber seine Freundlichkeit scheint wenig mit seinem Erfolg zu tun gehabt zu haben. Er war kein Verkäufer. Beim Verkauf von Eismaschinen, Anzeigen auf Hemdenkartons, Schallplatten und Anleihen scheiterte er. Seine Freundlichkeit war allerdings der harten Logik seiner Entscheidungen nicht im Wege. Mit seinen eigenen Worten:

„B. [Benjamin] gelangte zu einer gewissen Unabhängigkeit auf allen Gebieten, von denen ihm sein Verstand sagte, dass er sein Verhalten nicht durch bloße Konvention oder Vorurteile bestimmen lassen sollte." (8)

Graham wollte Gewinne nicht nur sicher und auf der Basis sorgfältiger Untersuchung erzielen, sondern auch mit ehrlichen Mitteln. Sein Moralgefühl stellt den Gegenpol zu Wall Street-Figuren dar, wie Michael Douglas sie in dem Film „Wall Street" verkörpert. Graham war so sehr für seine Redlichkeit und Gerechtigkeit bekannt, dass er in gerichtlichen Auseinandersetzungen von Regierungsseite um objektive Auskünfte zum Wert von Unternehmen gebeten und bei der Errichtung von Aufsichtsbehörden wie der „Securities and Exchange Commission" um Rat gefragt wurde. Kleine Fehler lagen ihm auf dem Gewissen: Er fühlte sich verpflichtet, in seinen Memoiren auch die geringsten sogenannten „Unterschlagungen" aufzuführen – wenn er einen Penny aus der Geldbörse seiner Mutter stibitzte, wenn er einen oder zwei Dollar nebenbei dadurch verdiente, dass er als Platzanweiser Theaterbesuchern bessere Plätze verschaffte, wenn er im Laufe seiner beruflichen Karriere stillschweigend Geld aus unsauberen Geschäften mit der Regierung eines Bundesstaates akzeptierte oder wenn er einem Autor half, weiter Erwerbsunfähigkeitsrente zu erhalten, obwohl dieser arbeitsfähig war. Diese kleinen Ausrutscher machen Graham nur menschlicher und ließen ihn eine nachsichtige Toleranz gegenüber den schwerwiegenderen Vergehen seiner Verwandten, Freunde und ehemaligen Angestellten entwickeln.

Aber nicht nur im Erdulden, auch im Handeln legte Graham eine eindrucksvolle ethische Orientierung an den Tag. Er wurde im Interesse unbekannter Mitaktionäre tätig, wenn er die Ausschüttung von überschüssigem Unternehmenskapital forderte, zum Beispiel im Fall der Northern Pipeline Company, der im elften Kapitel beschrieben wird. Während der wirtschaftlichen Depression gab er weiter sein Bestes für seine Klienten, obwohl er in dieser Zeit kein Gehalt und keine Provisionszahlungen erhielt. Er hatte Gewissensbisse, weil er den Kontakt zu seinem ehemaligen Vorgesetzten bei der U.S. Express Company nach dessen Ausscheiden aus dem Unternehmen nicht aufrechterhalten hatte und weil er an der Entmachtung des alles andere als kompetenten Präsidenten der Unexcelled Fireworks Company beteiligt war. Graham ähnelte weder im Denken noch in der Veranlagung jenen Übernahme-Artisten unserer Tage, die ein Unternehmen um ihres persönlichen Profits willen ohne Rücksicht auf die Beschäftigten, das Management und die Gläubiger zugrunde richten. Es lässt sich leicht denken, was er über eine Finanzwelt gesagt hätte, in der gedankenlose junge Händler große Bankhäuser in den Bankrott treiben können, in dem sie ein paar Tasten an ihrem Computer drücken.

Grahams Memoiren lassen vermuten, dass sein politischer Standort ungefähr dem entspricht, was man heute als „gemäßigt" bezeichnet: finanzpolitisch konservativ, aber gesellschaftspolitisch engagiert. Man bedenke zum Beispiel zwei Vorschläge, die er dem „Economic Forum" der „New School of Social Research" vorlegte. Bei dem einen ging es um „eine großangelegte Sanierung der Slums. Die Slums sollten durch billige Wohnungen ersetzt werden, wobei den ehemaligen Slumbewohnern ein Wohngeld zur Deckung der neuen Mieten gezahlt werden sollte."

Der zweite Plan

„schlug vor, Menschen, die ihren Arbeitsplatz verloren hatten, das Recht auf einen persönlichen Kredit auf der Basis ihrer Fähigkeiten und Erfahrung zu geben. Dieser Kredit sollte von der Bundesregierung in Gestalt ungesicherter Darlehen ohne oder mit nur geringer Verzinsung zur Verfügung gestellt werden und war nach Wiederaufnahme einer Beschäftigung in geeigneter Weise zurückzuzahlen. Die beiden letzten Vorschläge erschienen den Anhängern des Laissez-faire-Denkens in jener Vor-Roosevelt-Ära als extrem radikal, unterscheiden sich aber nicht sehr von Programmen, die in späteren Jahren Wirklichkeit wurden." (9)

In einem Brief an seine Tochter Marjorie entwickelte Graham zwei Vorschläge mit den Bezeichnungen „FANN" (Free Adequate Nourishment principle – Kostenlose Angemessene Lebensmittelversorgung) und „FFEB" (Food for Everybody – Nahrung für alle).

„Prinzip: Jeder hat ein Recht auf kostenlose Nahrung – nicht weniger und nicht mehr …

Plan: In jeder Schule, in der eine Nachfrage nach diesem Service besteht, wird eine Kantine eingerichtet, die zwei angemessene Mahlzeiten am Tag an jedwede Person ausgibt, die danach verlangt. Kein Brimborium. Keine Fragen, keine Nachforschungen, keine Gebete …

Kontrolle: Durch einen Beamten, der zwei gleichermaßen wichtige Aufgaben hat:

(1) Sicherzustellen, dass möglichst jeder, der nach angemessener Nahrung verlangt, sie zur Verfügung hat.

(2) Sicherzustellen, dass das Programm darüber hinaus nichts anbietet oder bewirkt. (Alle sonstigen Dienstleistungen wie besondere Diäten oder irgendwelche Extras müssen gesondert zur Verfügung gestellt werden.)

Mein Kommentar: Der Erfolg dieses Plans hängt von zwei Faktoren ab, nämlich: (a) Wird die Anzahl der ‚Schwarzfahrer' (die eigentlich ihre Mahlzeiten bezahlen ‚sollten') tolerierbar oder zu hoch sein? (b) Können die verschiedenen bürokratischen Auswüchse auf einen geringen Anteil des Gesamtaufwands beschränkt werden?

Die Idee einer strikten Begrenzung meint Mahlzeiten wie die bei der Heilsarmee, aber angemessen." (10)

Graham war mit Sicherheit ein Kapitalist, aber ein Kapitalist mit einem sozialen Gewissen.

Über Grahams Erfolg als Investor muss natürlich nicht viel gesagt werden. Das Ergebnis spricht für sich. Kürzlich reihte ihn das „Wall Street Journal" in den Pantheon der größten Investoren aller Zeiten ein, zusammen mit seinem Schüler Warren Buffett, Peter Lynch und George Soros. Er erzielte im Durchschnitt eine Rendite von 17 Prozent, nicht so viel wie die anderen auf der Liste, aber immerhin erzielt in den Jahren zwischen 1929 und 1956, einer Zeit also, die den Börsencrash und die Große Depression einschloss. (11)

Weniger bekannt sind Grahams Leistungen auf dem Gebiet der Wirtschaftswissenschaften. Im sechzehnten Kapitel seiner Memoiren legt Graham seine Gedanken zu einem der ernstesten Probleme der Depressionszeit nieder – dem Schwanken der Warenpreise und der daraus resultierenden Sprunghaftigkeit der Märkte und der Wirtschaft insgesamt. Ergebnis von Grahams Beschäftigung mit diesem Thema waren zwei Bücher, deren Wichtigkeit und aktuelle Bedeutung unglücklicherweise von der Tatsache beeinträchtigt wird, dass sie seit mehr als fünfzig Jahren nicht mehr im Druck sind. Es handelt sich hierbei um die Werke „Storage and Stability" von 1937 und „World Commodities and World Currency" von 1944. Beide Bücher behandeln Probleme, deren Lösung dringender denn je ist.

Das erste Buch war ein Ergebnis der Deflation der Depressionsjahre. Es schlägt vor, die amerikanische Wirtschaft dadurch zu stabilisieren, dass der Dollar nicht mehr durch Gold oder Silber, sondern durch einen „Warenkorb von Gütern" gedeckt sein sollte, durch ein Bündel langlebiger Güter wie Weizen, Baumwolle und Eisen, die vom Staat gegen Dollar aufgekauft und gelagert werden, um den Verbrauchern jederzeit gegen Dollar zur Verfügung zu stehen. Graham erläutert diesen Güterstandard in Kapitel 16.

„World Commodity and World Currency" erläutert im Grunde denselben theoretischen Ansatz, jedoch mit Blick auf die internationale
Ebene. Die Situation des Jahres 1944 unterschied sich natürlich grund-
legend von der des Jahres 1937. Der Krieg war vorüber und mit ihm die
Depression, da die amerikanische Wirtschaft von der Rüstungsproduk-
tion einen enormen Impuls erhalten hatte. Graham sah das Problem jetzt
nicht mehr in einer aus Überproduktion resultierenden Deflation, sondern in einer aus Knappheit geborenen Inflation. Aber der auf einem
Warenkorb basierende Güterstandard war seiner Ansicht nach auch auf
die neue Situation anwendbar:

„Den Völkern der Erde wurde für die Friedenszeit eine vollständige
Ausnutzung der Ressourcen versprochen, deren Struktur schon in den
erstaunlichen Leistungen der Kriegswirtschaft deutlich geworden ist.
Eine vollständige Auslastung der Produktionskapazitäten muss in der
Nachkriegszeit nicht nur erreicht, sie muss auch aufrechterhalten werden, ohne dass diese Entwicklung wie eine Seifenblase platzt und wir
die bekannten Folgen einer tiefen Depression wieder erleben." (12)

Graham war tief betroffen und aufgebracht über die gängige Praxis,
Waren zu vernichten, um ihr Preisniveau aufrechtzuhalten. Zum Beispiel des Kaffees notiert er:

„Wir haben die letzte Absurdität der modernen Wirtschaft erlebt –
die Vernichtung der Gaben der Erde – und zwar nicht nur in den Jahren
tiefster Depression, sondern Jahr um Jahr, in guten und schlechten Zeiten. Zwischen 1931 und 1943 wurden 75 Millionen Sack Kaffee ver-
brannt; das entspricht 100 Milliarden Pfund, genug, um den Bedarf der
gesamten Welt für vier Jahre zu decken." (13)

Graham war der Meinung, es gäbe keinen Grund, warum die Weltwirtschaft nicht ständig expandieren, einen ständig wachsenden Überschuss produzieren und denen Güter zur Verfügung stellen sollte, die
niemals etwas anderes als Armut gekannt hatten. Seine Motive waren
gleichzeitig humanitärer und praktischer Natur. Eingelagerte Produkte
oder „Puffervorräte", die leicht verzehrt oder zu nützlichen Endproduk-
ten weiterverarbeitet werden konnten, wären gleichzeitig effizientere
Instrumente zur Kontrolle wirtschaftlicher Schwankungen als vergrabe-
ne Barren glänzenden Metalls, die dazu bestimmt waren, niemals gebraucht zu werden. Die Kornkammer war ein besseres und bedeutende-

res Vorratslager für die Menschheit als die Schatzkammer, sowohl in mageren als auch in fetten Jahren. Ein solcher Vorrat konnte die Preise und damit die Wirtschaft insgesamt stabilisieren, eine Leistung, die die Kartelle vorgaben, aber nicht erreichten, und zugleich Ressourcen bereithalten, die in Zeiten unvorhergesehener Katastrophen ein Geschenk des Himmels darstellen würden. Grahams Buch liefert eine geschlossene Argumentation für die Richtigkeit dieser These, eine Argumentation, die sicherlich ein erneutes Nachdenken verdient.

Privat geht Graham der Ruf eines Schürzenjägers mit entsprechend oberflächlichem Charakter voraus. Symptomatisch hierfür war die Laudatio, die anlässlich seiner posthumen Aufnahme in die U.S. Business Hall of Fame im April 1988 veröffentlicht wurde. Der Verfasser spricht von Graham als von einem „in gewisser Hinsicht anfälligen Mann – er war dreimal verheiratet und hüpfte von Blondine zu Blondine wie eine Gemse von Fels zu Fels". Sein Freund und Schüler Warren Buffett beschreibt diesen Aspekt seines Charakters freundlicher: „Ben war ein offenherziger Mensch, aber er mochte Frauen, und Frauen mochten ihn. Er war nicht körperlich attraktiv, er sah aus wie Edward G. Robinson – aber er hatte Stil." (14) Buffet fügte hinzu, dass Graham „jeden Tag etwas Kreatives, etwas Törichtes und etwas Großzügiges tun" wollte. Die „Fortune" konnte nicht widerstehen, Buffetts Kompliment eine frivole Wendung zu geben: „Die Erfindung der Wertpapieranalyse und des wertorientierten Investments ist Beweis genug für Grahams Kreativität und Großzügigkeit. Und das Törichte? Darum kümmerte sich Graham gewöhnlich, bevor er aus dem Bett stieg." (15)

Ob Liebe nun etwas Törichtes ist oder nicht, es ist falsch, Graham für einen Playboy zu halten. Er bewunderte Frauen und flirtete gerne, obwohl sein Auftreten in der Öffentlichkeit weithin als korrekt und anständig wahrgenommen wurde. Viele seiner Liebeleien hatten einen eleganten, oft intellektuellen Rahmen. Er war in der Tat dreimal verheiratet, mit Hazel Mazur, Carol Wade und Estelle Messing, und hatte auch eine Reihe außerehelicher Affären. Aber im Gegensatz zu den meisten Schürzenjägern – außer vielleicht dem gebildeten Don Juan selbst – unterwarf er sein Verhalten bewusster und rationaler Prüfung. Ein blinder Fleck scheint darin gelegen zu haben, dass er auf sein Liebesleben die gleiche Art von Überlegungen anzuwenden suchte, die ihm beruflich

Erfolg beschert hatten. Er war der Ansicht, die Frauen in seinem Leben sollten für seine Höflichkeit und Verständigkeit mit gleicher Münze zurückzahlen, indem sie seinen Vorstellungen von Fairness und anständigem Verhalten folgten. Man wird leicht bejahen können, dass Graham ein verständiger Mensch war, aber er erinnert an Mr. Higgins aus „My Fair Lady" – ein Musical, das Graham sicher gesehen hat (16) – mit dessen Klage: „Warum kann eine Frau nicht mehr wie ein Mann sein?" Graham wollte tatsächlich eine seiner Frauen einen Vertrag über richtiges „Benehmen" unterschreiben lassen. Er gesteht selbst ein, dass er lange brauchte um zu lernen, sich Frauen emotional zu nähern. Eine interessante Stelle aus dem zehnten Kapitel des „Intelligent Investor" vergleicht die Zufälligkeit, mit der „die meisten Anleger" sich für eine Aktie entscheiden, mit der Art und Weise, in der sie eine Frau auswählen:

„Es ist schwierig, genau zu beschreiben, wie die meisten Anleger bei der Auswahl von Stammaktien vorgehen. Aufgrund welcher Überlegungen entscheidet sich A für Bethlehem Steel bei 35, während B Woolworth bei 46 bevorzugt und C Allied Chemical bei 190 kauft? Das ganze Vorgehen scheint der Auswahl einer Frau zu ähneln. Eine Reihe konkreter Faktoren wird mehr oder weniger sorgfältig erwogen, und hierzu tritt eine gute und vielleicht dominierende Dosis unüberlegter Gunst." (17)

„Unüberlegte Gunst" sagt ebensoviel über Grahams Sicht von Liebe und Heirat wie über das Verhalten von Anlegern. Aber was kann man einem Mann entgegenhalten, der seine Probleme offen zugibt, wie Graham dies auf den folgenden Seiten immer wieder tut, und sie darüber hinaus auch noch stillschweigend in seiner literarischen Arbeit wieder aufgreift, wie in dem Theaterstück „Porzellan-Hochzeit", das im fünfzehnten Kapitel beschrieben wird? Jedenfalls hat Benjamin Graham kein unreflektiertes Leben gelebt.

Es ist auch kaum sinnvoll, einen 1894 geborenen Mann gegen die Anschuldigung des Sexismus in Schutz zu nehmen. Ohne Frage war er sich des Ausmaßes nicht bewusst, in dem er seine Macht Frauen gegenüber einsetzte. Er zeigt einen Grad an Gefühllosigkeit, den heute wenige tolerieren würden. Aber das Problem ist komplex und sein eigenes Eingeständnis emotionaler Grenzen erscheint ehrlich genug, um Beachtung zu verdienen. Jenseits von Liebeleien und gelegentlichen Affären bringt Graham seine emotionalen Schwierigkeiten in Verbindung mit einem generellen Problem enger persönlicher Beziehungen, sowohl zu Männern wie zu Frauen, zu Familienmitgliedern wie zu Fremden. Er beklagt eine Unfähigkeit, enge Freundschaften zu schließen, wirkliche Freunde zu haben, „chums or chronies", wie er sie nennt. (18) Eine anschauliche Metapher führt dies auf Schüchternheit und Empfindsamkeit zurück: „Schon sehr früh im Leben begann er, wie ein Biber, einen Damm um sein Herz zu errichten. Die Philosophie der Stoa nahm er an wie eine Verkündung des Himmels." Seine Beziehungen zu Frauen, die ihm als Jungen wie Wesen von einem anderen Planeten vorkamen, hatten mit diesem Problem zu tun – jedenfalls bevor er seine letzte Gefährtin, Malou, kennenlernte. Bevor er Malou traf, waren seine Beziehungen zu Frauen kaum so erfreulich, wie die „Fortune" annimmt. In seinem Selbstporträt schreibt Graham:

„Ein weites Feld relativen Misserfolges stellten seine Beziehungen zu Frauen dar. In seinem ganzen Leben war es für ihn nicht schwierig, Frauen zu finden, die ihn anzogen und für die er hinreichend anziehend schien. Auch sein Sexualleben war nicht unzureichend oder eintönig, nachdem er erst den abgedroschenen Puritanismus seiner jungen Jahre überwunden hatte. Aus seiner Sicht gesehen resultierten seine Probleme mit Frauen nur daraus, dass diese Anstoß nahmen an seinen Vorzügen – vor allem an seinem Gleichmut und seinem Verstand. Er entwickelte im Gegenzug ein Gefühl des Belästigtseins und des Ausgenutztwerdens in ihrer Gegenwart. Teilweise auf der Basis tatsächlicher Erfahrung, teilweise aber auch nur aus Einbildung kam er zu der Ansicht, fast alle Frauen seien unvernünftig, herrschsüchtig, wüssten seine Freundlichkeit und Geduld nicht zu schätzen und seien zu versessen darauf, in das verbotene Allerheiligste seiner Privatsphäre einzudringen." (19)

Der Grundton dieser Passage ist defensiv, vor allem Grahams Insistieren auf seinen „Vorzügen, Gleichmut und Verstand". Aber wie wenige Männer gibt er zu, dass er seinen Misserfolg zum Teil sich selbst zuzuschreiben hat, und er erkennt an, dass das Gefühl des Belästigtseins und des Ausgenutztwerdens auf Einbildung beruht haben kann.

Niemand kann bestreiten, dass Graham seine Verstandeskräfte in brillanter Weise auf seine berufliche Tätigkeit anwendete. Durch sein

Temperament und ebenso durch eine hervorragende Ausbildung an Schule und Hochschule durchschaute er, befreit von Engstirnigkeit und Vorurteilen, den Popanz der Wall Street, stellte traditionelle Praktiken in Frage und wurde schließlich, kurz gesagt, zum Begründer des wertorientierten Investments. Aber er brauchte länger, um emotional wirklich unabhängig zu werden, um sich von den Ansprüchen der Tradition zu befreien. In einer Zeit, in der alle die „Werte der Familie" predigen, welche Werte sie auch privat praktizieren mögen, mag es uns schwer werden, die positive Seite an Grahams persönlicher Moral zu erkennen. Sicherlich hatte er einen ausgeprägten Familiensinn. Als Vater war seine Werthaltung durchaus traditionell, wie seine Tochter Elaine Graham Sofer bemerkt: „Als ich ungefähr zehn war, durchstöberte ich unsere umfängliche Bibliothek auf der Suche nach Büchern für Erwachsene. Bald schon vertiefte ich mich in einige Kunstbände, in denen Statuen aus dem klassischen Griechenland in verschiedenen Stadien der Nacktheit abgebildet waren. Als Dad das sah, schimpfte er nicht, nahm mir die Bücher aber entschlossen ab und sperrte sie weg."

Es ist heutzutage sehr leicht geworden und offenbart ein gerüttelt Maß an Heuchelei, in der Öffentlichkeit über Männer herzuziehen, die sich zu anderen Frauen als ihren Ehegattinnen hingezogen fühlen. In Grahams Fall kann man seine Eskapaden auch als Suche nach der richtigen Partnerin verstehen, auch noch gegen Ende seines Lebens. Als er sie dann fand, war es mit den Affären vorbei. Er schreibt:

„Sehr spät im Leben traf B. eine Frau, die jene Qualitäten von Seele und Verstand, Charakter und Temperament besaß, die er vergeblich bei vielen anderen gesucht hatte. Ihr gegenüber, fühlte er, konnte er die Barrieren fallen lassen, die ihn vom Rest der Menschheit getrennt hatten. Unter diesem neuen Einfluss machte er sich erstmals über den Charakter dieser Barrieren Gedanken." (20)

Das klingt, als habe Graham sich nach jemandem gesehnt, demgegenüber er nicht auf der Hut sein musste, mit dem gemeinsam er die von ihm errichteten Schutzwälle verstehen und abbauen konnte oder mit dem er zumindest der übertriebenen Enge jener Festung entkommen konnte – und als habe er diese Person im Alter noch gefunden. Nach allem, was man weiß, war seine Hingabe an diese Frau, diese „Persönlichkeit von outre mer", tiefgehend und vollständig. Ihm wurde jetzt der Preis klar, den er für Charakterzüge bezahlt hatte, die ihm einst beispielhaft schienen: sein „angenehmes Verhalten", seine „tief verwurzelte Abneigung, andere zu kritisieren … [oder] über sie zu richten", seine immerwährende Freundlichkeit, Höflichkeit, Zuvorkommenheit und Geduld, sein Wunsch, „Konflikte aller Art, sogar in Bezug auf abstrakte Überzeugungen" zu vermeiden, „wenn irgendwelche Gefühle involviert waren". Rückblickend erschienen ihm diese Eigenschaften nicht mehr als die Tugenden, für die er sie einst gehalten hatte. Er erblickte vielmehr „Selbstgefälligkeit, Selbstsucht, Snobismus, eine gewisse bemühte Künstlichkeit in seinen großzügigen Gesten, eine Spur von kalkuliertem Egoismus in seiner ruhigen Gelassenheit. Seine dritte Frau sagte von ihm, er sei human, aber nicht menschlich – eine treffende Formulierung. Es fehlte ihm an wirklicher Sympathie für andere, an tatsächlicher Anteilnahme an ihren Freuden und Sorgen. Seine Begeisterungsfähigkeit war entweder völlig unpersönlich – für Ideen oder für Kunstwerke – oder sie bezog sich auf die Dinge, die zu seiner eigenen Entwicklung, seiner inneren Glorie beitrugen. Er [hatte] sich vor Lob mit ehrlicher Bescheidenheit zurückgezogen, aber diese Bescheidenheit war selbst Ausdruck eines so vollkommenen Stolzes, dass er von Eitelkeit nicht zu unterscheiden war. Sein Denken war, wie Horaz sagt ‚mens sibi conscia recti', ein Denken, das sich seiner eigenen Rechtschaffenheit bewusst war, gehüllt in die Abgeschiedenheit zuversichtlicher Überlegenheit. Wie Landor maß er sich mit keinem im Wettkampf, denn keiner war des Wettkampfs wert – zumindest seiner eigenen Auffassung nach. Er kannte nur einen engen Gefährten, nur eine verwandte Seele – sich selbst."

Das sind subtile Einsichten und man bemerke, welche Dienste ihm seine klassische Bildung dabei leistete. Diese Einsichtsfähigkeit und die Offenheit, mit der Graham seine Einsichten ausdrückt, machen es leicht, einem Mann auf dem Weg der Selbstprüfung viele seiner Fehler zu vergeben.

Es änderte sich viel, nachdem er Malou getroffen hatte. Er verstand jetzt „die Notwendigkeit von weniger Überlegenheit und mehr Menschlichkeit … Im Alter von 60 Jahren und in den Jahren, die noch kommen sollten, begann er seine emotionale Entwicklung noch einmal von vorn.

Er durfte die Liebe nicht als eine Erfahrung im Verlauf eines Lebens sehen, er musste sie als d i e Lebenserfahrung schlechthin sehen."

Graham war stolz auf seine Erfolge, und im privaten Teil seiner Memoiren ist er nicht abgeneigt, sich mit illustren Bekannten zu brüsten (21) oder die Privilegien zu rühmen, deren er sich dank seines Wohlstands erfreuen konnte. Er war kein Mensch von falscher Bescheidenheit. Vielmehr zeigen seine Memoiren eine leichte Neigung zum Aufschneiderischen, obwohl dieser Charakterzug durch seine Bereitschaft, oft in humorvollen Worten von seinen Niederlagen zu erzählen, mehr als ausgeglichen wird. Er ist mit Haut und Haar den Wortspielen verfallen, eine Kunst, in der er – man mag über sie denken, wie man will – sehr geschickt ist. Abgesehen von Wortspielen, setzte sein subtiler Humor Glanzlichter in seiner Konversation ebenso wie in seinen Schriften und Vorlesungen, wenn es darum ging, wirtschaftliche Themen oder Fragen der Investment-Theorie zu erläutern. Ein hübsches Beispiel hierfür ist sein Vorschlag, Frankreich solle seine Kriegsschulden aus dem Ersten Weltkrieg in Wein zurückzahlen (Kapitel 16). Glaubt man Verwandten, Freunden und Studenten, war sein Auftreten gewöhnlich durch einen tiefgründigen und rätselhaften Humor gekennzeichnet.

Graham war nicht nur sehr belesen, er konnte auch gut formulieren. Der Stil seiner Fachbücher und Artikel ist klar und eindringlich, wenn er auch ein bisschen zum Unpersönlichen der Geschäftsprosa tendiert. Sein Wortschatz war geprägt von der Tradition des „Magazine of Wall Street", einer einflussreichen Investment-Zeitschrift des beginnenden 20. Jahrhunderts. Die Fotografien und Zeichnungen der Würdenträger, die diese Artikel schrieben – Irvin Fisher, Professor Hollander, Richard D. Wyckoff und so weiter – mit ihren Eckenkragen und ernsten Gesichtern spiegeln die altertümliche Schwerfälligkeit ihres Stils. Dieser Stil enthielt wenig von der hochfliegenden Bildersprache, die für heutige Wirtschaftsartikel charakteristisch ist. Profite waren nicht „sensational" oder „boring", sie waren einfach „zufriedenstellend" oder „attraktiv". Der Markt kannte kein „go south", die Kurse fielen einfach. Der Untertitel von Grahams „The Intelligent Investor" lautet „Ein praktischer Ratgeber". Von seinen Zielen und seiner Praxisorientierung her erinnert Graham ein bisschen an Benjamin Franklin, den er sehr bewunderte. Obwohl er bei seinem Bemühen um Objektivität zu oft im Passiv schreibt und andere unpersönliche Konstruktionen benutzt, ist sein Stil insgesamt lebendig und anschaulich. So fängt er beispielsweise das Panorama des frühen Manhattan in brillanter Weise ein:

„Kleine Lokomotiven wie die im Central Park zogen in jenen Tagen auch die Hochbahnen. Sie brausten hoch oben fauchend und zischend vorbei, und an Winterabenden konnten wir das Feuer und den Funkenflug sehen. Als die Hochbahn später elektrifiziert wurde, war immer noch eine kleine Gruppe dieser winzigen Dampfloks auf einem Abstellplatz neben den Gleisen zu sehen. Schließlich wurden sie, glaube ich, in irgendein südamerikanisches Land verkauft und waren weg."

Was Poesie und Schauspiel angeht, war Graham eingestandenermaßen weniger erfolgreich. Obwohl er die große Literatur aller Zeitalter sehr schätzte, war die Poesie nicht seine starke Seite. Er schrieb aber zumindest ein gutes Gedicht, ein Gedicht, das seine Liebe zu Katzen und das Bemühen des Renaissance-Menschen um das große Ganze sehr schön miteinander kombiniert. Er nannte es „Tempus Felis", Katzenzeit:

O Time, that with your kitten-tongue
Lap up the scant cream of our lives,
And even whilst you purr a song
Sink in our flesh your tiger-knives;

O Time, that with your felon paws
Pounce crafty-cruel on scampering men,
Whom for a subtle God's applause
You trap, release, and seize again;

O Time, that gazes incurious
Past all our prayer and snivel-curse,
As we in you you live in us,
Your prize, your prey – your universe.

O Zeit, die du mit Wohlgefallen
Am Becher uns'res Lebens naschst
Die du mit scharfen Katzenkrallen
Noch schnurrend unsre Hand schon haschst;

O Zeit, die wie auf leisen Pfoten
Beständig unsere Flucht beschleicht
Durch dich, des tück'schen Gottes Boten,
Leben und fallen wir zugleich;

O Zeit, die mit der Gleichmut Kunst
Gebete hört und Heuchelei
Wie wir in dir lebst du in uns
Getrennt, vereint, doch niemals frei!

Grahams kurzlebige Karriere als Schauspielautor lässt vermuten, dass seine Fähigkeit, Personen darzustellen und Handlungen zu konzipieren, eher begrenzt war. Dass sein Stück „Baby Pompadour" am Broadway herauskam, ist wohl eher guten Beziehungen zur Theaterwelt als den Vorzügen des Stückes zuzuschreiben.

Aber Grahams Liebe zur Literatur war tief und echt, und diese Liebe fand ihren Ausdruck schließlich auf eine andere Weise, in Übersetzungen. Seine Übertragungen lateinischer Verse ins Englische sind, das versichern meine Kollegen, ganz beachtlich. Er übersetzte auch den Roman „La Truega" („Der Waffenstillstand") des uruguayischen Autors Mario Benedetti ins Englische. Obwohl nicht überliefert ist, dass Graham Spanisch gelernt hätte, erlaubten ihm seine sprachlichen Fähigkeiten doch eine professionelle und publikationsreife Übersetzung. Benedettis Roman dreht sich um einen Buchhalter, der fünfzig wird und an den Ruhestand denkt. Er ist Witwer und hat zwei Söhne und eine Tochter groß gezogen. Sie leben bei ihm, stehen ihm aber nicht nahe. Der eine seiner Söhne zieht aus, der andere weigert sich zornig, mit seinem Vater über sein Leben zu sprechen. Nur mit seiner Tochter kann der Buchhalter einigermaßen reden. In dieses trübe Leben tritt eine junge Frau, die er kürzlich eingestellt hat. Zu seiner Überraschung fühlt er sich zu ihr hingezogen, und zu seiner noch größeren Überraschung erwidert sie seine Gefühle. Er richtet eine Wohnung für sie ein, obwohl sie zeitweise auch weiter bei ihren Eltern wohnt. Ihre Mutter weiß von der Romanze und billigt sie. Die zwei sind sehr glücklich miteinander, aber ebenso verschwiegen. Der Buchhalter erzählt die Sache jedoch seiner Tochter, die sich schnell mit seiner Geliebten anfreundet. Schließlich kommt der Tag, an dem sich die Hauptfigur ins Privatleben zurückziehen will. Aber am tragischen Schluss stirbt die junge Frau plötzlich an Herzversagen und macht den armen Mann zum zweiten Mal zum Witwer.

Es scheint Parallelen zwischen der Situation der Hauptfigur und Grahams eigener zu geben, vor allem, was die Liebesaffäre mit der jungen Frau angeht. Auch Graham hatte in mittleren Jahren eine Beziehung mit einer jungen und schönen Frau, Carol Wade. Diese Beziehung führte zu einer kurzen Ehe, die beträchtlich weniger idyllisch endete als die des uruguayischen Buchhalters. Grahams Liaison führte zu einer gewissen Abkühlung des Verhältnisses zu seinen Kindern. Diese Abkühlung endete jedoch, als Graham später Estelle Messing heiratete (die Mutter von Benjamin Jr.) und schließlich seine letzte Beziehung mit Malou begann.

Ein Detail in Benedettis Roman, das einem bekannt vorkommt, betrifft die Arbeitsgewohnheiten des Buchhalters. Dieses Detail erinnert an Grahams Beschreibung seiner Arbeit in Loefflers Telefonladen im fünften Kapitel. Der Buchhalter muss eine Menge Routinearbeiten verrichten. Um sich nicht zu langweilen, „denkt er an andere Dinge und (warum soll ich es vor mir selbst nicht zugeben?) träumt". Grahams Lösung für das Problem der Langeweile bei Loeffler war, im Geiste klassische Poesie zu rezitieren. Gelegentlich gingen die Pferde mit ihm durch und er deklamierte zum nicht geringen Ärger seines Chefs die Verse laut. Vielleicht fühlte er sich in solchen Momenten ähnlich wie Benedettis Hauptfigur:

„Es ist, als wäre ich in zwei Wesen aufgespalten, zwei unterschiedliche, widersprüchliche, voneinander unabhängige Wesen. Eines, das seine Arbeit in- und auswendig kennt, das vollständig Herr seiner selbst ist, das sich immer sicher ist, was es tut. Das andere verträumt und fiebernd, voll von frustrierter Leidenschaft, eine traurige Existenz, die gleichwohl eine Berufung zur Freude hatte, hat und haben wird; ein geistesabwesender Geselle, den es nichts angeht, wo seine Feder gerade schreibt oder was da aufgeschrieben wird in blauer Tinte, die in acht Monaten schwarz sein wird." (22)

Wie man auch die Parallelen zwischen Graham und dem fiktiven uruguayischen Buchhalter beurteilen mag, die Qualität von Grahams

Übersetzung kann man nicht in Zweifel ziehen. Sie hat nichts von der ausgefeilten viktorianischen Diktion seiner eigenen Verse und seiner Übersetzungen klassischer, französischer und deutscher Gedichte. Der Text liest sich bündig und glatt und vermittelt mit gekonnter Leichtigkeit die Essenz von Benedettis kleiner Geschichte.

Die Gegensatzpaare „Leben" und „Arbeiten", „persönlich" und „beruflich", „Fühlen" und „Denken" beschäftigten Graham sein ganzes Leben lang. Wenn er auch kein Freud war (23), so suchte er doch in späteren Jahren mehr nach emotionaler Weisheit, als Gegengewicht zu seinem Verständnis der Wirtschafts- und Finanzwelt. Auf dieser Suche gelangte er zugleich zu einem tieferen Verständnis des anderen Geschlechts wie auch seiner Familie.

Im Grund blieb er ein Mann, der „rational, brillant und emotional auf der Hut" war. (24) Seine drei überlebenden Kinder bestätigen ihm jedoch alle seine Qualitäten als Vater, wenn auch in den verschiedenen Phasen seines Lebens und ihrer Leben in Art und Ausmaß unterschiedlich. Zumindest war er immer gewissenhaft, verantwortungsbewusst und großzügig in seiner Unterstützung. Großzügig war er nicht nur in finanzieller Hinsicht, er teilte mit seinen heranwachsenden Kindern auch die Vergnügen von Literatur, Musik, Sport und Reisen. Er konnte ein „großartiger Vater" sein, besonders einer Tochter gegenüber, die das zu würdigen wusste, und in einem Alter war, das er besonders schätzte, in den mittleren Jugendjahren. (25)

Was einen letztendlich so sehr mit Grahams Charakter versöhnt, ist seine Fähigkeit zu lebenslangem Lernen, nicht nur aus Büchern, sondern auch aus persönlicher Erfahrung – vor allem aus den eigenen Fehlern.

Seymour Chatman
University of California, Berkeley

1. Kapitel

Kindheit in New York

Ich gehöre nicht zu den Menschen, die sich an unzählige Einzelheiten aus ihrer frühen Kindheit erinnern können. Ich habe nur wenige Reminiszenzen an die Zeit vor dem Tod meines Vaters, der starb, als ich achteinhalb Jahre alt war. Manchmal bin ich auch nicht sicher, ob ich mich tatsächlich an das ein oder andere Ereignis erinnere oder nur daran, dass jemand später davon erzählt hat.

Als meine früheste Erinnerung habe ich zum Beispiel immer den Morgen genannt, an dem meine Mutter mich und meine beiden Brüder mit dem aufgeregten Ruf weckte: „Leon, Victor, Benny, steht auf und seht aus dem Fenster! Das 20. Jahrhundert hat begonnen!" Damals war ich fünfeinhalb Jahre alt, Victor war ein Jahr, Leon zwei Jahre älter. Wahrscheinlich blieb mir wohl die Aufregung in der Stimme meiner Mutter im Gedächtnis, die Geschichte selbst hat sie in den späteren Jahren jedoch so oft erzählt, dass ich wahrscheinlich ihre Anekdote für meine tatsächliche Erinnerung gehalten habe.

Ob ich mich nun erinnere oder nicht, ich wurde jedenfalls am 9. Mai 1894 in der Aberdeen Road in London, England, geboren und mein richtiger Name war Benjamin Grossbaum. Damit bin ich einen Monat jünger als Chruschtschow und einen Monat älter als der Duke von Windsor, die beide heute arbeitslos sind. Meine Mutter sagte einmal, wahrscheinlich im Scherz, zu mir, da ich der Benjamin der Familie sei, müsse ich natürlich auch so heißen. Ich habe sie wohl aus Takt niemals gefragt, warum ich keine jüngeren Geschwister mehr hatte.

Meine Mutter betonte immer, wie sehr ich sie damit enttäuscht hätte, dass ich ein Junge geworden war. Nach einem totgeborenen Sohn und zwei weiteren Jungen hatte sie sich eine Tochter gewünscht. Sie erzählte mir, im ersten Augenblick hätte sie mich aus dem Fenster werfen mögen. Wohl um mich nicht zu verletzen, fügte sie jedoch immer hinzu, wie froh sie sei, dass sie es nicht getan habe.

Ich habe in der Bibel nach meinem Namensvetter gesucht, um etwas über seinen Charakter und seine Begabungen zu erfahren. In der Schöpfungsgeschichte wird Benjamin der Augapfel seines Vaters und der Liebling seines Bruders Joseph genannt. Es sind allerdings nur zwei seiner Taten überliefert: zum einen weint er an der Schulter seines Bruders Joseph (1. Mose 45,14), zum anderen zeugt er mehr Kinder als jeder seiner Brüder – nicht weniger als zehn, und allesamt Jungen (1. Mose 46,21). Diese Leistung ist umso bemerkenswerter, da Benjamin noch ein junger Mann war, als er mit all diesen Söhnen nach Ägypten zog. Töchter gab es im Hause Jakob nicht viele. Jakob selbst hatte eine Tochter, Dinah, und zwölf Söhne. Diese Söhne wiederum hatten über fünfzig Kinder, von denen eine – Sarah, die Tochter Aschers – ein Mädchen war. „Das war sicher das Werk des Herrn und ein Wunder in unseren Augen." Die Bibel sagt nichts Genaues über Benjamins Charakter, aber Jakobs Prophezeiung über sein Schicksal „in künftigen Zeiten" ist wenig schmeichelhaft: „Benjamin ist ein reißender Wolf; des Morgens wird er Raub verzehren und des Abends wird er Beute verteilen." (1. Mose 49,27). Benjamins Nachkommen verursachten später eine Menge Ärger und wurden einmal fast von den übrigen Stämmen Israels ausgerottet.

Einundsechzig Jahre nach meiner Geburt verspürte ich während eines Kurzaufenthalts in London den Wunsch, mein Geburtshaus wiederzusehen. Ich nannte dem Taxifahrer die Adresse, an die ich mich erinnerte: 14 Aberdeen Road. Er fand die Straße nur mit beträchtlichen Schwierigkeiten – eine abgelegene Straße im Nordosten der Stadt. Ich stieg aus – eigentlich steigt man herab aus diesen alten englischen Taxis – und ging mit leichtem Herzklopfen zum Haus Nummer 14. Es war ein zweigeschossiges Reihenhaus, aus Ziegeln erbaut und offensichtlich von Arbeitern bewohnt. Dieser Anblick war ein schwerer Schlag für mein Ego. In unserer Familie wurde erzählt, wir hätten in gut situierten Verhältnissen gelebt, in einem komfortablen Haus mit hübschem Garten und mehreren Dienern, von denen jeder ein Pfund im Monat verdiente. Später fand ich heraus, dass die Hausnummer 14 zu einem Haus in der Cambridge Road in Brighton gehörte, wo wir manchmal den Sommer über wohnten. Meine Enttäuschung beruhte also auf einem Irrtum. Im nächsten Jahr gab mir mein Cousin Wilfred eine Fotografie meines Geburtshauses aus dem Jahr 1956. Das Haus machte zwar keinen imposanten Eindruck, es hatte jedoch drei Stockwerke und ein großes Erkerfenster. Um die Jahrhundertwende konnte es gut ein passendes Beispiel bürgerlicher Respektabilität gewesen sein. Ich besuchte mein Geburtshaus dann im Jahr 1960, und es stellte sich als ein schönes kleines Eckhaus heraus, gut erhalten für sein Alter und mit einem kleinen beidseitigen Garten. Ich hatte es allerdings aus der Zeit, als ich zum letzen Mal als Siebenjähriger dort gespielt hatte, größer in Erinnerung.

Victor wurde vierzehn Monate nach Leon geboren, und ich kam dreizehn Monate nach Victor. Vor allem für mich als den Jüngsten war es verwirrend, dass wir im Alter so nah beieinander lagen. Aber in der Praxis hatte es viele Vorteile, da wir so leichter gemeinsam großgezogen werden konnten. So lernten wir zum Beispiel alle ein bisschen Französisch von unserer Mademoiselle. Ich habe noch einen Brief, den ich im Alter von vier Jahren auf Französisch an „Cher Papa et Maman" geschrieben habe, die damals gerade auf einer Reise waren. Es ist ein sehr hübscher Brief, mit sorgfältig gezogenen Zeilenlinien – zu hübsch eigentlich, was in mir den Verdacht erregt, dass außer der Handschrift des kleinen Jungen wahrscheinlich alles andere das Werk von Mademoiselle war.

Ich weiß nicht mehr, ob wir im Verlauf der Jahre mehr als eine Gouvernante hatten. Sie hinterließ (oder hinterließen) keinen bleibenden Eindruck, außer einem besonderen gastronomischen Aspekt. Bei uns gab es als Nachtisch oft charlotte russe – einen köstlichen lockeren Kuchen, gefüllt mit unbeschreiblicher Schlagsahne. Ich sehe noch eine Mademoiselle vor mir, die Kekskartons zerschneidet und daraus kleine Schachteln für das Konfekt formt.

Zum Zeitpunkt meiner Geburt hatte meine Familie bereits mit einer Reihe von Umzügen begonnen, die sich in den nächsten Jahren fortsetzte. Meine Brüder wurden in Birmingham, England, geboren, wo mein Vater und Großvater ein Importgeschäft mit Porzellan und Antiquitäten aus Österreich und Deutschland betrieben. Kurz nach Victors Geburt zog das Unternehmen mit den dazugehörigen Familien nach London. Ein Jahr später wurde eine schwerwiegende Entscheidung getroffen. Das Unternehmen wollte eine Filiale in Amerika eröffnen, die mein Vater, der zweitälteste einer langen Reihe von Brüdern, leiten sollte. Also fuhren wir fünf im Jahr 1895 – ich war damals gerade ein Jahr alt – nach New York. Wir reisten zweiter Klasse, wurden bei unserer Ankunft in Amerika nachlässig von einem Arzt des Gesundheitsdienstes untersucht und gingen die Gangway herab in unsere neue Heimat. Einwanderungspapiere oder andere Formalitäten waren nicht erforderlich. Das gab es nur für die Zwischendeckpassagiere, die auf Ellis Island im New Yorker Hafen abgefertigt wurden.

Ich weiß nicht, ob mein Vater auf Dauer in den USA bleiben wollte. Wahrscheinlich nicht, denn wir kamen in einer Privatpension unter, anstatt uns selbst ein Haus zu mieten. Ich weiß aber, wie stolz mein Vater auf seine britische Staatsangehörigkeit war, die er bis zu seinem Tode beibehielt. Damals wechselten Engländer ihre Staatsangehörigkeit besonders ungern, und der Rest unserer Familie nahm erst nach dem Ersten Weltkrieg die amerikanische Staatsbürgerschaft an.

In meinen jungen Jahren war ich ein feuriger englischer Patriot, für den die Überlegenheit der Briten in ziemlich jeder Hinsicht so offenkundig war, dass sich jedes Argument erübrigte. Ich brauche kaum zu erwähnen, dass ich an unserem neuen Wohnort gleichwohl mit einer Vielzahl von Gegenargumenten konfrontiert wurde. Um die Jahrhundertwende war in den USA ein ausgeprägter Minderwertigkeitskomplex gegenüber dem Mutterland weit verbreitet, der sich mir gegenüber als nicht enden wollender Hohn und Spott äußerte. Britische Sitten und Gebräuche, britische Kleidung und ein britischer Akzent – all das galt in meinem amerikanischen Umfeld als lächerlich.

Die Familie Myers, bei der wir in einem Haus nahe der Park Avenue lebten, bestand aus einer verwitweten Mutter und jeweils vier Söhnen und Töchtern, die es offensichtlich allesamt ablehnten, zu heiraten und ihr Elternhaus zu verlassen. Wie wir alle zusammen in diesem Haus bequem leben konnten, kann ich nicht sagen. Ich weiß aber noch, dass die Myers uns ausgesprochen freundlich begegneten und besonders liebevoll zu mir als dem Kleinsten waren. Das hielt sie aber nicht davon ab, mich wegen meiner Anglophilie zu necken. Das Yachtrennen um den America's Cup war ein Anlass für eine solche Auseinandersetzung. Ich machte natürlich kein Geheimnis aus meiner Überzeugung, dass Sir Thomas Lipton mit seiner Yacht Shamrock das Rennen gewinnen würde. Er tat es nicht, und der Spott, der sich über mich ergoss, tut mir heute noch weh.

Später in der Schule traf meine Parteinahme für alles Englische auf die antibritische Einstellung meiner Klassenkameraden. Ständig mussten sie mit mir den Unabhängigkeitskrieg neu austragen, wobei sie George Washington mit George III. verglichen – sehr zu Ungunsten des Letzteren – und darauf bestanden, auch den Krieg von 1812 gewonnen zu haben. Ich sprach einige Jahre mit einem starken britischen Akzent, den unsere Familie nach Amerika mitgebracht und den ich beim Sprechenlernen übernommen hatte. In der Schule konnte ich nie „Kaffee" oder „Hund" sagen, ohne spöttisch nachgeäfft zu werden. Glücklicherweise verschwand mein britischer Akzent mit zehn Jahren fast völlig.

Es gibt ein großformatiges Foto von uns drei Brüdern, das in Richfield Springs, New York, aufgenommen wurde, als ich zwei Jahre alt war. Von diesem Foto wurden mehrere Vergrößerungen im Porträtformat angefertigt, die in den folgenden Jahren an verschiedenen Wänden hingen. Das Foto zeigt uns drei der Größe nach aufgestellt, in absteigender Ordnung von links nach rechts, die Krempen der großen Strohhüte berühren sich. Wir alle haben langes, lockiges Haar und tragen weiße Matrosenanzüge mit schwarzen seidenen Halstüchern, weiße Socken und schwarze Lackschuhe. Aber was für ein schmerzliches und unwürdiges Bild biete ich auf diesem Foto! Statt der männlichen kurzen Hosen, die meine Brüder tragen, bin ich für die Nachwelt in einem kurzen Röckchen abgelichtet. In jenen Tagen war ein solcher Aufzug üblich für kleine Jungen, die noch nicht den Zustand funktioneller Zuverlässigkeit erreicht hatten: das Kindermädchen konnte die Dinge so leichter in Ordnung bringen. Was die Auswirkungen einer solchen Tracht für das Opfer angingen, so kümmerten sich die Eltern wenig um die Emotionen ihrer Nachkommenschaft.

Das Porträt kam auf eine ziemlich ungewöhnliche Weise zustande. Unsere Familie war in Richfield Springs, damals ein modischer Ferienort für den Sommer, wo mein Vater ein Ladenlokal für die Saison über gemietet hatte. Er wickelte einen großen Teil seiner Geschäfte über Versteigerungen ab, in Orten wie Saratoga, Bar Harbor, Machinaw Island und sogar dem etwas proletarischeren Atlantic City. Am 4. Juli 1896 sahen wir der jährlichen Parade zum Unabhängigkeitstag in Richfield Springs zu. Auf das Feinste herausgeputzt wurden wir in unser Schaufenster gestellt, um der Feier zuzusehen. Meiner Mutter zufolge standen wir dort so gespannt und bewegungslos, dass eine Dame hereinkam um zu fragen, ob die Skulptur der drei Kinder zu verkaufen sei. Wenn sich diese Geschichte auch etwas unwahrscheinlich anhört, so ist doch unzweifelhaft wahr, dass ein Berufsfotograf so von uns beeindruckt war, dass er uns Gratisabzüge anbot, wenn er unser Porträt in seinem Schaufenster zeigen dürfe. So bekamen wir ein ganzes Sortiment dieser Fotografie in verschiedenen Größen. Besucher verfielen in höfliche, vielleicht auch tatsächliche Begeisterung, wenn sie uns drei unschuldige Kinder sahen, aber es dauerte sehr, sehr lange, bis ich dieses weiße Röckchen mit nachsichtigem Lächeln statt mit einem Gefühl der Erniedrigung betrachten konnte.

Ich habe nur sehr wenige Erinnerungen an meinen Vater. Das ist um so bedauerlicher, als er offensichtlich eine großartige Persönlichkeit war. Ich habe in späteren Jahren nichts außer enthusiastischem Lob über ihn gehört. Er hatte „ein Herz so groß wie die Welt", so das allgemeine Urteil, und er bewies es dadurch, dass er seine Eltern und seine zehn Geschwister, wie auch andere, unzählige Male finanziell unterstützte. Darüber hinaus war er gutaussehend, lebhaft, charmant und fast immer gut gelaunt. Er war auch ein exzellenter Geschäftsmann, scharfsinnig, energisch und findig. In seinen letzten Lebensjahren wurde der britische Zweig unseres Unternehmens erfolglos, und mit dem Gewinn, den mein Vater in Amerika machte, brachte er nicht nur uns durch, sondern auch Eltern, Onkel, Tanten und Cousins in England – eine ganze Heerschar. Der Preis, den mein Vater dafür zahlte, waren eine enorme Arbeitsbelastung und eine fast ununterbrochene Reisetätigkeit im ganzen Land.

Als ich fünf Jahre alt war, nahmen meine Eltern mich auf einen Kurzurlaub nach Hot Springs in Virginia mit, wo mein Vater sich von einer seiner Krankheiten zu erholen hoffte. Drei Erinnerungen bleiben mir von dieser Reise. Die erste ist, dass wir vom Frühjahrshochwasser mehrere Tage im Hotel eingeschlossen waren – die Schneeschmelze in den nahegelegenen Bergen ließ das Wasser durch die Straßen wirbeln. Dann war da meine Freundschaft mit einem Mitglied der für ihre

Fleischprodukte bekannten Familie Swift, über deren Wohlstand meine Eltern sehr respektvoll sprachen, obwohl er – wie ich heute glaube – damals erst seinen vergleichsweise bescheidenen Anfang nahm. Dann war da der Vorfall mit den Grape-Nuts. Eines Morgens teilte mir meine Mutter mit, ich sei jetzt groß genug, allein ins Restaurant hinunterzugehen und mein Frühstück zu bestellen. Ohne Zweifel wollten meine Eltern ihr Schlafzimmer ohne die lästige Gegenwart eines Dritten nutzen – das hoffe ich jedenfalls. Ich jedenfalls betrachtete es als eine einzigartige Auszeichnung, und als ich mich einsam und alleine an unseren Frühstückstisch setzte, platzte ich fast vor Stolz. Ich weiß nicht mehr, ob ich als frühreifer Knabe schon einzelne Wörter auf der Speisekarte lesen konnte oder ob ich den Ober bat, sie mir vorzulesen. Jedenfalls stolperte ich über einen neuen Begriff, der mir bislang völlig fremd gewesen war: „Grape-Nuts". Hierauf fiel natürlich meine Wahl. „Hast du schon mal welche gegessen?", fragte der Ober skeptisch. „Nein, aber ich möchte sie haben!", antwortete ich. „Ich glaube nicht, dass sie dir schmecken werden", sagte er, „nimm lieber etwas anderes!" Jetzt stand meine Eitelkeit auf dem Spiel. Wusste ich etwa nicht, was ich wollte? Ich bestand auf den „Grape-Nuts", und bekam sie. Damals und noch lange später waren meine Zähne außerordentlich empfindlich, und die „Grape-Nuts" scheuerten wie Sand. Der Ober stand dabei und sah mir mit hochmütiger Miene zu. Ich aß mein Frühstück bis zum letzten Krümel auf und behauptete trotzig: „Ich mochte sie!" Aber ich habe viele Jahre keine „Grape-Nuts" mehr bestellt.

Als ich sieben Jahre alt war, nahmen meine Eltern Leon und mich für einen Sommer nach England mit. Victor war damals ein Problemkind, und meine Eltern hielten es für das Beste, ihn zur Verbesserung der Disziplin in Dr. Davidsons bekanntes Sommerlager nach Coolbaugh in Pennsylvania zu schicken. Der Sommer in England war eine aufregende und denkwürdige Erfahrung für uns. Ich erinnere mich jedoch nicht, dass mein Vater dabeigewesen wäre. Offenbar hat er uns nur nach England gebracht und später wieder abgeholt, während er den Rest der Zeit auf Versteigerungen irgendwo in den USA verbrachte. Nur ein Ereignis, an dem er Anteil hatte, ist mir in Erinnerung geblieben, allerdings ist es keine glückliche Erinnerung. Auf der Rückfahrt nach Amerika war ich der Liebling der Passagiere, die mich immer wieder überredeten, mich in Positur zu stellen und mit hoch erhobenem Kopf und bebend vor Gefühl „Oh Captain, mein Captain" zu rezitieren – wofür allerdings nicht viel Überredung nötig war. Am vorletzten Abend sollte das traditionelle Captain's Dinner sein, und Passagiere wie Besatzung sollten zur Unterhaltung beitragen. Mir wurde gesagt, auf allgemeinen Wunsch solle ich Whitmans Ballade noch einmal vortragen. Ich schwebte vor Stolz und Vorfreude im siebenten Himmel. Dann kam die kalte Dusche. Mein Vater entschied, ich sei viel zu jung, um so lang aufzubleiben, und überdies sei so viel Aufmerksamkeit seitens der Erwachsenen schlecht für die Erziehung eines kleinen Jungen. Mein Auftritt wurde abgesagt, und ich ging früh und unglücklich zu Bett. Am nächsten Tag erfuhr ich, dass mein Vater selbst an meiner Stelle ein langes Gedicht bei der Feier vorgetragen hätte. Lange schleppte ich den schmerzlichen Eindruck mit mir herum, mein Vater habe mich absichtlich um meinen Ruhm betrogen. Damit tat ich ihm zweifellos Unrecht.

Es ist seltsam, dass im Unterschied zu dem Lob, das mein Vater häufig durch andere erfuhr, meine eigenen Erinnerungen an ihn meist Lustiges oder Bedrohliches betreffen. Einer seiner Lieblingsausdrücke war „er ist eine linkshändige Imitation eines gelähmten Bratrostes", was ich außerordentlich lustig fand oder finden sollte, wenn ich auch nicht die geringste Ahnung hatte, was ein Bratrost war. Unglücklicherweise erinnere ich mich auch an Sätze wie „Ich prügele dich windelweich", „Ich haue dich kurz und klein" oder „Ich breche dir jeden Knochen im Leib". Das waren sicher keine Schmeicheleien, und mein Bruder Victor bekam sie zu hören, wenn er sich wieder einmal daneben benahm. Warum erinnere ich mich an diese schrecklichen Drohungen und nicht an die charmanten und amüsanten Dinge, die mein Vater sicherlich auch gesagt haben muss?

Ich bewahrte meine Reise nach England im Gedächtnis und brüstete mich damit vor meinen Spielgefährten, aber ich erinnere mich nur noch an einige unzusammenhängende Szenen: eine anscheinend nicht enden wollende Zugfahrt von Southampton nach London; meine drei jungen Tanten mit Tennisschlägern – ein Geschenk meines großzügigen Vaters, wie ich später herausfand; der schöne Garten an Großvaters Haus, wo wir vermutlich alle irgendwie untergebracht waren. Man schrieb das Jahr 1901, Königin Victoria war einige Monate zuvor gestorben und ich war tief beeindruckt vom Anblick der als Zeichen der Trauer schwarz gestrichenen hölzernen Ladenfronten. Ich weiß noch, dass man mir sagte, Edward VII. sei in jenem Sommer krank gewesen und daher habe seine Krönung verschoben werden müssen. Der Burenkrieg war in vollem Gange. Leon und ich bekamen kleine Uniformen in Khaki – damals eine neue Farbe – und Holzgewehre, und so marschierten wir die Straße auf und ab. Ich erinnere mich auch noch daran, dass ich auf dem Oberdeck eines jener berühmten offenen Doppeldecker-Busse fuhr und die Aufmerksamkeit der zahlreichen Soldaten zu erregen suchte, die die Straßen bevölkerten. Sobald ich einen von ihnen zu mir heraufblicken sah, salutierte ich stürmisch und war überglücklich, wenn jemand meinen Gruß erwiderte.

Wir blieben nur kurz in London und fuhren dann weiter nach Brighton, um den Großteil des Sommers bei den Eltern meiner Mutter zu verbringen, den Gesundheits, ein Name, der für andere oft Anlass zu Heiterkeit, für uns eher peinlich war. Sie bewohnten ein großes braunes Steinhaus in der Cambridge Road 14. Ich erinnere mich an Großvater Gesundheit als an einen beleibten, jovialen Mann mit weißem Bart und an Großmutter als an eine beleibte, leicht erregbare und dominierende Dame, die gerade aus Paris zurückgekommen war und ein Glas mit Kandis für uns hatte. Margaret und Caroline, unsere jungen Tanten, waren sehr nett zu uns.

Ich erinnere mich besonders an Gottesdienste in der Synagoge, an denen wir regelmäßig teilnahmen, da unsere Familie sowohl väterlicherals auch mütterlicherseits jüdisch-orthodox war. Ich erinnere mich an die fünf Söhne des Rabbi, die einer nach dem anderen ihren Platz in der Synagoge einnahmen und die Tracht von Eton mit heruntergeschlagenem Kragen und hohem Hut trugen. Während des Sommers explodierte ein Gasgerät im Haus des Rabbi. Er trug schwere Brandverletzungen davon und konnte sein Zimmer lange Zeit nicht verlassen. Wir machten ihm einen Höflichkeitsbesuch und fanden ihn völlig in Bandagen eingewickelt.

Ein Vergnügen und gleichzeitig eine Qual war das Baden an der Küste von Brighton. Ein kleines Stück ins Wasser hinein war der Sand fein und angenehm. Aber dann, an einer Stelle, wo ein siebenjähriger Junge sich wohl oder übel an einem Führungstau festhalten musste, begann eine heimtückische Kieselschicht, die von den Wellen gegen unsere Beine gepeitscht wurde. Warum wir immer begierig aufs Badengehen waren, kann ich mir heute nicht mehr erklären – es sei denn, dass wir dachten, es gehöre sich so für echte Jungen. Aber das Wasser war kalt, der Strand steinig und wir konnten nicht im Geringsten schwimmen, mit einem Wort, das Badengehen war eine spartanische Mutprobe.

Spaß hatten wir aber mit den Badewagen in Brighton. Hierbei handelte es sich um geschlossene Wagen, die von den Badenden als Umkleidekabinen genutzt wurden. Bei Ebbe standen sie dichtgedrängt unten an der Wasserlinie. Bei Flut standen sie ebenfalls an der Wasserlinie, nur ein Stück weiter den Strand hinauf. Herauf- und hinuntergezogen wurden sie von Pferden, die vor die Wagen gespannt wurden. Sinn der Sache war, den Badenden das Umkleiden direkt am Wasser zu ermöglichen und ihnen den langen und unbequemen Weg über den steinigen Strand zu ersparen. Eine schöne Szene sehe ich noch vor mir. Es war nach einem schweren Sturm. Das Wasser war so schnell gestiegen, dass keine Gelegenheit mehr geblieben war, die Badewagen in Sicherheit zu bringen, und die meisten von ihnen waren vom Ebbstrom ins Meer gezogen worden. Dort draußen schwammen sie nun, gut zu sehen für uns neugierige Zuschauer an Land. Seeleute waren in Ruderbooten draußen, fingen die Badewagen ein und zogen sie mühsam an Land. Wie Leon und ich uns einen weiteren Sturm wünschten, der uns diesen Anblick noch einmal bescheren würde!

Jahre später las ich als hingebungsvoller Lateinschüler bei Lukrez die berühmten Zeilen:

Suave, mari magno turbantibus aequora ventis,
E terra magnum alterius spectare laborem.

Süß ist es, wenn das Meer hochgeht und die Winde die Wellen aufwühlen,
vom Land aus die schweren Mühen eines anderen zu betrachten.

Statt vor meinem geistigen Auge das Bild eines sturmgepeitschten, gegen die Elemente ankämpfenden Schiffes entstehen zu lassen, erinnern mich diese Zeilen immer an zwei Jungen am Strand, die Männern in

Ruderbooten bei ihrem Kampf mit einer Flotte von Badewagen zusehen.

Ich war ein sehr folgsames Kind und geriet selten in irgendwelchen Streit, wenn meine Brüder mich nicht hineinzogen. Victor war das enfant terrible der Familie. Er entwickelte sich zu einem echten Problemkind, ein Kind, vom dem man als „Delinquent" spricht, änderte sich aber nach einer Periode institutioneller Disziplin sehr zum Besseren. Leon, der älteste, hatte die ausgeglichenste Persönlichkeit von uns dreien. Er war ein normaler, ausgelassener und bodenständiger Junge, der oft in Schwierigkeiten geriet, sich aber nie die Finger verbrannte. Mit neun war er ein enthusiastischer Angler, obwohl er kaum je etwas Bedeutendes fing. Eines Tages zog er einen Aal an Land. Was sollte mit diesem abstoßenden und für uns Juden völlig nutzlosen Exemplar geschehen? Leon schnitt den Aal in kleine Stücke und legte am Sabbath eines davon auf jeden Teller unseres Esstisches unter eine Serviette. Als die versammelte Tischgemeinschaft, zu der auch einige Ehrengäste zählten, die Servietten hochhob, brach die Hölle los. Jeder wusste instinktiv, dass er – oder vor allem sie – auf eine grausige Substanz blickte, die von den Gesetzen Mose streng verboten war. Das Schicksal der teuren Essteller stand auf der Kippe: mussten sie weggeworfen werden oder konnte man sie durch zahlreiche Reinigungsrituale retten? Auf Leon wartete eine passende Strafe.

Einige Zeit vor unserem Urlaub in England waren wir von der Pension der Familie Myer in ein eigenes viergeschossiges Haus in der 122. Straße nahe der Seventh Avenue gezogen. Mir machte vor allem die Sprechanlage Spaß. Man musste kräftig in das Mundstück blasen, das eine schrille Pfeife enthielt, die Pfeife dann vermittels eines kleinen Hebels zur Seite klappen und auf die Antwort der Köchin warten. Dann war laut und deutlich eine irische Stimme vernehmbar: „Ja, gnä' Frau, was kann ich für Sie tun, gnä' Frau?" Ich antwortete fröhlich: „Ich bin's nur, Benny!", und sie sagte entrüstet: „Mach' dass du weiterkommst, und stör' mich nicht noch einmal!"

Zwischen der Küche im Erdgeschoss und dem Speisezimmer im ersten Stock gab es einen herrlichen Speiseaufzug. Ein Riesenspaß für einen kleinen Jungen, sich vorzustellen, er sei eine Suppenterrine, sich in die untere Hälfte des Speiseaufzugs zu quetschen und sich dann selbst mühsam hinauf- und herunterzuziehen. Ist es meine Erinnerung oder meine Fantasie, die mir sagt, dass wir drei Brüder eines Tages zusammen in den Speiseaufzug kletterten und das Seil riss?

Ich erinnere mich, wie ich Vater und Mutter durch jeden Raum im Haus folgte, einschließlich eines oder zweier Räume im Dachgeschoss, das mir als seltsames Territorium erschien und wahrscheinlich die Dienstbotenzimmer beherbergte. Mein Vater trug eine große Feder und eine gewöhnliche Kehrichtschaufel. Dabei handelte es sich um symbolische Instrumente, die in einem traditionellen Ritual mit der Bezeichnung „Suche nach Chometz" (gesäuertem Brot) am Vorabend des Passahfestes eine Rolle spielten. Das ganze Haus wurde peinlich genau saubergemacht, um jede Spur unserer normalen Nahrungsmittel zu entfernen, und zwei für diese heilige Zeit reservierte besondere Gedecksets sowie besondere Töpfe und Pfannen traten in Aktion. Große Mengen an speziellen Vorräten wie für eine Belagerung wurden eingekauft, Pfunde von Matzoth in großen, länglichen Paketen, große, in blaues Papier eingewickelte Zuckerhüte, die in kleine Stücke zerschlagen werden mussten, und ein besonderer Vorrat an Milch, Marmelade und Gewürzen. Und die Suche? Sie diente zu unserer eigenen Genugtuung – und vielleicht der eines sehr anspruchsvollen Gottes – um zu beweisen, dass nichts dem Passah-Kanon Zuwiderlaufendes mehr im Haus war. Natürlich fanden wir niemals auch nur einen Krümel gesäuerten Brotes auf einer dieser Expeditionen, aber die Suche war aufregend.

Als ich fünf oder sechs war, zogen wir in die Fifth Avenue Nummer 2019, in der Nähe der 125. Straße. Der zweite Stock hatte eine Glastür, und das große Wohnzimmer dahinter wurde als Ausstellungsraum für unser Porzellan genutzt. Uns Jungen war der Zutritt zu diesem Gebiet unter Androhung schmerzlicher Bestrafung verboten. Es wäre schierer Wahnsinn gewesen, drei junge Elefanten in den Porzellanladen der Familie zu lassen. Wir wurden aber zu sorgsam begleiteten Besichtigungstouren mitgenommen. Meine Erinnerung entspricht der von Omar Khayyám. Der fand im Hause eines Töpfers:

Formen aller Art und Größen, groß und klein,
auf dem Boden und an der Wand stehend.

Den größten Eindruck auf mich machten die großen Sèvres-Vasen. Einige von ihnen erschienen mir turmhoch, aber schließlich war ich damals nicht nur jung, sondern auch klein für mein Alter. Ich weiß nicht mehr genau, wie die größte von ihnen aussah, aber ich erinnere mich noch an meine Ehrfurcht bei der Mitteilung, sie sei eintausend Dollar wert. Das war damals eine Menge Geld.

Wir spielten im Mount Morris Park, nur einen Steinwurf entfernt von unserem Haus. Oft gingen wir auch mit meiner Mutter zum Einkaufen auf die 125. Straße, zu jener Zeit eine recht elegante Einkaufsgegend für die Oberschicht. Fleisch und Gemüse kauften wir in Weisbeckers großem Geschäft. Die meisten anderen Dinge holten wir bei Koch & Co., einem recht großen Warenhaus. Wenn wir größere Käufe tätigen wollten oder eine größere Auswahl wünschten, fuhren wir zu Bloomingdale's, damals wie heute in der 59. Straße. Wir nahmen die Straßenbahn dorthin, die U-Bahn war noch nicht gebaut, die Hochbahn unbequem für uns und Autos waren noch eine Seltenheit. Das Straßenbahnsystem war gut ausgebaut, mit mehreren Linien und ausgefeilten Umsteigemöglichkeiten. An wichtigen Kreuzungen saßen uniformierte Herren unter großen Schirmen mit der Aufschrift: „Alle Wagen nach Bloomingdale's". Das war ein Slogan aus der Zeit meiner Kindheit.

Schuhe bekamen wir viele Jahre lang bei Wright's in der 125. Straße. Wright's priesen ihre Produkte als „Wrightform Schuhe" an und dieses Wortspiel faszinierte mich ungemein. Meine eigene Karriere als ausgesprochener Witzbold sollte nicht mehr lange auf sich warten lassen. In dieser Profession liegen Ruhm und Schande unmittelbar beisammen. Zu meinem Geburtstag – ich glaube, es war der sechste – bekam ich einen lang ersehnten Bollerwagen. An einem Tag im Spätfrühling oder Frühsommer nahm mich meine Mutter samt meinem Wagen zum Einkaufen mit. Wir stapelten die Päckchen in das Gefährt und meine Mutter kaufte bei einem Straßenhändler mehrere Sträuße Wicken, die sie um den Wagen drapierte. Wir müssen einen außergewöhnlichen Anblick geboten haben, eine hübsche junge Mutter und ein Junge im Matrosenanzug und mit schwarzen Locken, der einen fröhlich dekorierten Bollerwagen hinter sich her zieht. Ich erinnere mich nämlich, wie geschmeichelt ich mich fühlte, wenn Passanten stehenblieben und uns bewunderten.

Mit fünf begann meine Schulkarriere, allerdings mit Schimpf und

Schande. Ich kam in einen öffentlichen Kindergarten in der Nähe, im zweiten Stock irgendeines Gebäudes. Ich erinnere mich, wie ich begeistert vor einer Kiste mit Sand und einer großen Muschel saß, mit der ich sehr gern spielte. Aber meine Vertreibung aus Arkadien sollte nicht lange auf sich warten lassen. Ich beherrschte die schwierige Kunst des Auf- und Zuknöpfens meiner Hose noch nicht und meine Mitschüler hatten diesen kritischen Punkt ihrer Erziehung bereits hinter sich. Meine Besuche auf der Toilette erforderten also Hilfe durch den vielbeschäftigten Lehrer. Nach einigen Tagen wurde ich daher wieder nach Hause geschickt, und zwar auf Nimmerwiedersehen. Ich musste bis September 1900 warten, bis ich im Alter von fast sechseinhalb Jahren meine Schullaufbahn neu beginnen konnte, diesmal in der ersten Klasse. Ich hatte bereits ungeduldig auf diesen Augenblick gewartet, vor allem da meine Brüder einen unerträglichen Hochmut an den Tag zu legen begannen, weil sie zur Schule gingen und ich noch ein Baby sei. Eines Tages hörte ich, wie Leon sich über eine Strafe beschwerte, die er für Reden in der Reihe erhalten hatte. Was mochte „in der Reihe" heißen, fragte ich mich. Wie wundervoll, in der Reihe zu stehen, selbst wenn man bestraft werden konnte!

Als ich dann endlich ins erste Schuljahr kam, stellt ich mich schnell als eifriger und erfolgreicher Schüler heraus. Wir lernten sowohl einzelne Buchstaben als auch kleine Wörter wie die unvermeidlichen „bat", „cat" usw. Diese Wörter waren auf Karten gedruckt, die der Lehrer hochhielt, damit die Klasse sie erkennen konnte. Ich machte mich so gut, dass ich schnell von 1A nach 1B befördert wurde. Damals waren die Schuljahre in Halbjahre unterteilt, die jeweils im September und Februar begannen. Meine erste Schule war die Schule Nummer 157 Ecke St. Nicholas Avenue und 123. Straße. Da wir zum Mittagessen nach Hause gingen, absolvierten wir den Schulweg viermal täglich. Reizvoll war dieser Weg wegen der Pferdebahn auf der St. Nicholas Avenue. Leute aus anderen Städten spotteten oft über New York, weil man hier an Pferdebahnen festhielt, obwohl es natürlich auch viele elektrifizierte Straßenbahnlinien gab. Die Pferdebahnen der St. Nicholas Avenue waren die letzten Überlebenden dieser altehrwürdigen Institution. Zum Schluss fuhren sie nur noch einmal am Tag, gewöhnlich ohne Passagiere, eine Geste, um die Lizenz zu behalten.

Es zeigte sich frühzeitig, dass ich ein guter Junge und ein hervorragender Schüler war, aber sonst nichts Bedeutendes. Ich war gesund, aber klein für mein Alter, und unterdurchschnittlich in Leichtathletik. Damals mussten gute Schüler nicht auch Sportler sein. Dennoch hatte ich an allen möglichen Spielen und Wettkämpfen teilzunehmen. Ich tat so viel wie alle anderen auch, nur mit weniger Erfolg, sodass mein Ego ständig angekratzt war. Da mein Muskelsystem schwach entwickelt war, litt ich unter allgemeiner Ungeschicklichkeit. Ich ließ Dinge fallen und zerbrach sie, rannte gegen Gegenstände und beschädigte sie, stieß mich und tat mir weh. Darüber hinaus war ich unheilbar geistesabwesend, von Gedanken oder Tagträumen gefangen. Daher der wütende Ruf meiner Mitmenschen, der mir so oft in den Ohren hallte: „Warum guckst du nicht, was du machst?" oder „Warum passt du nicht auf, wo du hingehst?"

Das waren rhetorische Fragen. Hätte ich jemals jemandem zu erklären versucht, dass ein kleiner Junge den Kopf voll haben kann von vielen fesselnden, ganz besonderen Gedanken, und dass diese Ideen ihn daran hindern, die physische Welt um sich herum wahrzunehmen – ohne Zweifel wäre ich behandelt worden wie der junge verträumte Joseph von seinen Brüdern behandelt worden war, und vielleicht hätte ich es verdient gehabt.

Am freien Tag unserer Mademoiselle waren wir Kinder allein. Einmal beschlossen wir, uns die kleine Lok anzusehen, die den Miniaturzug für Kinder im Central Park zog, Ecke 65. Straße und Fifth Avenue. Später wurden die Schienen demontiert und an der Stelle fand das Ponyreiten statt. Natürlich gingen wir den Weg bis zum Central Park, etwas über drei Meilen, zu Fuß. Für ein oder zwei herrlich lange Stunden standen wir dort und sahen der Dampflok mit ihren kleinen Waggons bei unzähligen Runden zu. Wir selbst konnten nicht mitfahren, da wir kein Geld hatten; aber das hat uns offensichtlich nicht allzu unglücklich gemacht. Dann kam der lange Heimweg. Es war schon dunkel, als wir erschöpft zu Hause ankamen. Wir überlegten kurz, welche Strategie wir wählen sollten, denn wir hatten vermutlich ein größeres Vergehen begangen und strenge Bestrafung zu erwarten. Leon, mit seinen neun Jahren der Älteste und damit verantwortlich für unser Unternehmen, betrat das Haus freiwillig als erster, während Victor und ich im Schutz der

Dunkelheit warteten. Es war in der Tat ein Tollhaus, das da seine verlorenen Söhne empfing. Die Polizei war schon vor geraumer Zeit alar-
miert worden, und schreckliche Bilder von Entführungen und Unfällen
ängstigten meine Mutter und das Mädchen zu Tode.

Ich erinnere mich, dass Leon und Victor beide eine tüchtige Tracht
Prügel erhielten, während ich als der Jüngste, vermutlich ein williges
Werkzeug meiner Brüder, praktisch ungestraft davonkam. Vielleicht
gab es also doch eine Art Wiedergutmachung dafür, dass man der
Kleinste in der Familie war.

Kleine Lokomotiven wie die im Central Park zogen in jenen Tagen
auch die Hochbahnen. Sie brausten hoch oben fauchend und zischend
vorbei, und an Winterabenden konnten wir das Feuer und den Funkenflug sehen. Als die Hochbahn später elektrifiziert wurde, war immer
noch eine kleine Gruppe dieser winzigen Dampfloks auf einem Abstellplatz neben den Gleisen zu sehen. Schließlich wurden sie, glaube ich, in
irgendein südamerikanisches Land verkauft und waren weg.

Die Eisenbahn im Central Park an der Park Avenue wurde erst viel
später elektrifiziert. Die kleinen Dampfzüge fuhren in einem Graben,
über den an jedem Häuserblock Fußgängerbrücken führten. Als ich vier
oder fünf Jahre alt war, gingen wir oft zu einer dieser Brücken und ich
sah voller Vergnügen und Staunen zu, wie die Lok auf mich zu sauste
und dann unter mir verschwand. Heute gibt es in New York nicht nur
keine Lokomotiven mehr, auch die Hochbahn selbst ist verschwunden
mit ihren massiven Stahlpfeilern und den dazwischenliegenden Eisen-
trägern, die ihre Schatten auf die darunterliegende Straße warfen. Es ist
heute so, als hätten sie nie existiert. All diese Veränderungen, und viele
weitere, noch eindrucksvollere und gewaltigere, haben sich zu meinen
Lebzeiten abgespielt. Aus meiner Collegezeit erinnere ich mich an ein
Sonett von Ronsard:

> Le temps s'en va, le temps s'en va, ma dame,
> Las! le temps, non, mais nous, nous en allons

> Die Zeit vergeht, die Zeit vergeht, Madame!
> Oh weh! Die Zeit ist's nicht, wir sind's, die vergehen!

Wir gehen, die Zeit und die Welt bleiben. Wohl wahr, aber oft habe ich das Gefühl, als ob die Welt, die ich kannte, und die Muße, die zu jener weniger komplizierten Welt gehörte, vergangen sind – außer in meiner Erinnerung. Aber auch dort werden sie nur kurze Zeit überleben. Doch was Ronsard auch sagen mag: in gewisser Weise war ich es doch, der die Vergangenheit sowohl begraben als auch am Leben erhalten hat.

2. Kapitel

Familientragödien und die Beharrlichkeit meiner Mutter

Unser Sommerurlaub in England war der Höhepunkt an Glück und Zufriedenheit für viele Jahre. Nicht lange nach unserer Rückkehr nach Amerika starb Großvater Grossbaum in London. Die Nachricht erreichte uns völlig unvorbereitet per Telegramm. Ich weiß noch, wie mein Vater das Telegramm las und in lautes Wehklagen ausbrach. Noch klarer sehe ich das Bild meines Vaters vor mir, der in einem alten Anzug mit absichtlich zerrissenen Ärmeln und abgerissenen Knöpfen auf einem niedrigen Stuhl sitzt, die Füße mit den Hausschuhen auf einem Schemel. Das war Teil eines orthodoxen Trauerrituals für verstorbene Eltern, das wir „Shiva sitzen" nannten.

Erst fünfzig Jahre später erfuhr ich von den dramatischen Begleitumständen, unter denen mein Großvater gestorben war. Ich war mit meinem Onkel Sol unterwegs in London, als der plötzlich an einer Ecke zwischen Bond Street und Regent Street stehen blieb und sagte: „Hier war unser Laden, als Großvater noch lebte!" Dann erzählte er mir, dass Großvater einen Mitarbeiter gehabt hätte, dem er viel Vertrauen entgegenbrachte, der jedoch große Summen in der Firma unterschlug. Großvater drohte damit, ihn der Polizei zu überantworten, aber der Mann zog einen Revolver und schrie Großvater an: „Mein Leben ist sowieso ruiniert, wenn ich Sie erschieße und gehenkt werde, bin ich auch nicht viel schlimmer dran. Sie sind ein frommer, gottesfürchtiger Jude. Ich werde Ihnen Ihr Leben schenken, wenn Sie feierlich auf diese Bibel schwören, daß Sie keiner Menschenseele etwas von meinen Unterschlagungen erzählen." Großvater schwor, und der Mann wurde niemals belangt. Aber der doppelte Schock des finanziellen Verlustes und der tödlichen Bedrohung ruinierte die Gesundheit des alten Grossbaum und ließ ihn einige Monate später einer Lungenentzündung zum Opfer fallen.

Ich sagte „der alte Grossbaum", denn er war das Haupt einer großen

Familie mit elf lebenden Kindern und unzähligen Enkeln. In meiner Erinnerung existiert er nur als Porträtaufnahme eines Mannes mit großem, rechteckigem, grau-schwarzem Bart, einem Scheitelkäppchen, ernstem Gesicht und einem fanatischen Leuchten in den Augen. In meiner Jugend wurde viel über seine außerordentliche Frömmigkeit erzählt, besonders darüber, dass er neben seinem Haus ein eigenes Beth Hamedrash oder Studierhaus hatte, in das Gelehrte und Fromme zum Beten und Studieren kamen. Die Erzählungen seiner Söhne – meiner Onkel – klangen später anders. Sie berichteten von der bedrückenden Strenge, unter der sie aufgewachsen waren, von seinem strikten Verbot aller Vergnügungen und weltlichen Aktivitäten. Sogar Pfeifen war streng untersagt. Dabei war dieser bärtige Patriarch erst 65 Jahre alt, als er starb!

Bei einer früheren Reise hatte mein Vater einen der gerade erfundenen Phonographen mitgebracht, den er seinen jüngeren Brüdern und Schwestern in dem im Erdgeschoss gelegenen Salon von Großvaters Haus vorführte. Zufällig – man kann es kaum glauben – wurde auf der Platte, die er abspielte, gepfiffen. Mein Großvater stürzte aus seinem Arbeitszimmer im Obergeschoss und brüllte: „Wer traut sich da unten zu pfeifen?" Mein Vater rief lachend zurück: „Keiner von uns, Vater! Komm und hör dir meinen neuen Phonographen an!" Wie mein Onkel Will erzählt, ging der alte Mann ohne ein Wort in sein Arbeitszimmer zurück. Schließlich konnte er sich nicht gut mit dem Haupternährer der Familie anlegen.

Ich erinnere mich auch an den Phonographen in unserem Haus in der 128. Straße. Es muss das Jahr 1900 gewesen sein. Vor allem beeindruckte mich der Schalltrichter, der beträchtlich größer war als ich. Statt Schallplatten hatte man Wachszylinder, ähnlich denen, die später für Diktiergeräte benutzt wurden. Jede Aufnahme begann mit einer Ansage der gespielten Stücke und des Künstlers sowie dem Triumphruf: „Eine Edison-Aufnahme!"

Eigentum machte meinem Vater Freude, und besonders interessiert war er an Neuem und Ungewöhnlichem. Bei seinem Tode hinterließ er drei goldene Uhren. Eine davon war eine Repetieruhr. Wenn man auf einen Knopf drückte, schlug sie zuerst die Stunden, dann die Viertelstunden und schließlich die verbleibenden Minuten. Das war besonders nachts nützlich. Nach meines Vaters Tod sagte meine Mutter, dass jeder von uns eine der Uhren zum Bar Mitzvah haben sollte, wenn wir mit dreizehn vollwertige Mitglieder der jüdischen Gemeinde wurden. Leider konnte dieses Versprechen nicht gehalten werden. Es dauerte nicht lange und die Uhren, wie auch viele andere der geliebten Besitztümer meines Vaters, mussten verkauft oder verpfändet werden und wurden nie mehr ausgelöst. Zu den genannten anderen Besitztümern gehörte auch ein Sortiment von Spazierstöcken, von denen einer einen hässlich aussehenden Degen, einer einen Regenschirm und der dritte eine lange, sehr dünne Flasche mit drei passenden Gläsern beherbergte. In die Flasche konnte man Whiskey oder Brandy tun. Von den vielen persönlichen Dingen, die mein Vater hinterließ, zog ich meiner Erinnerung nach nur aus einem wirklich Nutzen. Es war ein englisches Jackett, das meine Mutter irgendwie über die Jahre gerettet hatte. Ich trug es einige Male zum Tennis. Vater war offenbar sehr schlank gewesen, denn das Jackett passte mir mit achtzehn Jahren sehr gut. Meine sehr viel weniger geckenhaft gekleideten Freunde kommentierten meinen Aufzug jedoch eher ablehnend, und bedauerlicherweise gab ich es auf, mein einziges Familienerbstück zu tragen.

Als mein Großvater starb, war die Gesundheit meines Vaters schon sehr angegriffen. Er hatte eine ungesunde Farbe und uns wurde gesagt, er leide an einer mysteriösen Krankheit namens Gelbsucht. Dennoch kam es zu einem weiteren unserer unzähligen Umzüge. Diesmal zogen wir in ein Apartmenthaus mit dem Namen „The Ferncliff", das an der Ecke 120. Straße und Seventh Avenue lag und mir damals als imposantes Gebäude erschien. Umzüge fanden gewöhnlich am 1. Mai statt. Es muss ein kühler Frühlingsnachmittag gewesen sein, denn als ich das erste Mal in den Salon kam, wärmten sich meine Eltern an einer Reihe blauer Flammen im Kamin. Ich erfuhr, dies sei eine neue Heizmethode, basierend auf Gas, und ich war äußerst fasziniert.

Unmittelbar südlich von uns, an der Seventh Avenue, gab es ein Gartencenter mit Gewächshäusern hinter dem Laden. Damals war ich alt genug, um von meinen Brüdern, vor allem von Victor, in allerlei kleineren Unfug hineingezogen zu werden. Unter Victors Anleitung befestigte ich eine große Schraube an einem mit vielen Knoten versehenen Strick, wobei die Schraube noch durch die Gummidichtung einer Bierflasche, wie sie damals gebräuchlich war, hindurchgezogen werden musste. Die

Gummidichtung musste man mit Spucke an einer Glasscheibe des Gewächshauses festmachen. Dann ließ man die geknotete Schnur durch die Finger laufen. Nach jedem Knoten schlug die Schraube mit einem lauten Klick gegen das Glas, und man erzielte ein Geräusch, das einem Maschinengewehr nicht unähnlich war. Der entnervte Besitzer des Gartencenters stürzte Schimpfworte und Drohungen ausstoßend aus seinem Laden, aber wir konnten immer um die Ecke entkommen, unsere teuflische Erfindung fest in den Händen.

Wir hatten auch noch einen anderen Streich auf Lager. Dazu brauchte man einen kleinen Stein und eine Milchflasche. Den Stein warf man gegen ein Fenster im unteren Stockwerk eines Hauses, was einen scharfen Knall erzeugte, während man gleichzeitig die Milchflasche über das Geländer in den tieferliegenden Hof warf. Das Ganze hörte sich an, als sei eine Scheibe zerbrochen und zu Boden gefallen. Man konnte sich im Allgemeinen darauf verlassen, dass dieses Experiment große Aufregung in der hierfür ausgesuchten Familie erregte.

Als wir in „The Ferncliff" einzogen, ging ich schon zur Schule. Ich besuchte jetzt die Unterstufe der Volksschule Nr. 10, Ecke 117. Straße und St. Nicholas Avenue. Das war damals schon eine alte Schule, wie die niedrige Nummer vielleicht zeigt. Aber sie hatte, was Bildung und Sport anging, einen guten Ruf. Ich blieb ein halbes Jahr in der Unterstufe. Im September begann ich in der 3A und wurde im Februar in die 4A versetzt, womit dann die Elementarschule begann. Die Elementarstufe hatte eine eigene Direktorin, eine Miss Roberts, die mir als sehr alte und mächtige Gottheit erschien. Sie war damals vielleicht gerade vierzig geworden. Einmal in der Woche versammelten sich alle Klassen. Hierzu wurde eine Reihe von Klassenzimmern mittels eines findigen Arrangements von verschiebbaren Wänden zu einem Auditorium erweitert. Vorne war ein Podium, auf dem Miss Roberts thronte, manchmal flankiert von einem weiteren Würdenträger. Deutlich erinnere ich mich nur an ein Zitat, das auf einer Fensterscheibe hinter dem Podium stand. Es lautete:

> Nicht Rang und Namen bringen Ruhm oder Schande;
> spiel Deine Rolle gut, dies allein macht Dir Ehre!
> *Alexander Pope*

Wie oft habe ich diese Zeilen gelesen, während sich das Ritual der Versammlung langweilig dahinschleppte! Wie oft grübelte ich über die Bedeutung des Wortes „Rang" nach, ein Wort, unter dem ich mir damals vor allem Dinge wie guten Zustand, Sauberkeit und Gesundheit vorstellte.

Obwohl ich noch keine neun Jahre alt war, konnte ich am 1. Februar 1903 voller Stolz meinen Platz unter den Schülern der Elementarstufe in der Klasse von Miss Churchill einnehmen. Sie war blond und hübsch und erregte die Aufmerksamkeit nicht nur einiger männlicher Kollegen, sondern auch der älteren und größeren Jungen in meiner Klasse, die offensichtlich gerne nachsaßen oder bei verschiedenen Arbeiten nach den Schulstunden halfen. Aber all das spielte sich in einem anderen Universum ab, weit entfernt von den Gedanken und Träumen eines kleinen Jungen. Doch ich mochte Miss Churchill, weil sie ebenso nett zu sein schien wie sie schön war.

In dieser herrlichen Zeit traf unsere Familie der große Schicksalsschlag. Vaters Gesundheitszustand verschlechterte sich plötzlich. Man brachte ihn ins Deutsche Krankenhaus (heute Lenox Hill), wo er sich einer Operation wegen einer inneren Erkrankung unterziehen musste. Jahre später erfuhr ich, dass er an Bauchspeicheldrüsenkrebs litt. An einem Tag Ende Februar wurden wir Geschwister alle drei aus unseren Klassen gerufen und von unserer Gouvernante zum Krankenhaus gebracht. Uns wurde gesagt, wir könnten unseren Vater nur kurz sehen und müssten sehr leise sein. Ich sehe noch heute das Bild vor mir, wie ich das Krankenzimmer betrat und meinen Vater in Bandagen eingehüllt vorfand – Letzteres muss aber offensichtlich auf Einbildung beruhen. Ich weiß aber noch ganz sicher, dass er jedem von uns seine schwache Hand auf den Kopf legte und uns segnete. Ich küsste ihn, aber ich fühlte in jenem Moment mehr Furcht und Verwirrung als kindliche Zuneigung. Dann gingen wir auf Zehenspitzen wieder nach draußen.

Zum Mittagessen wurden wir zu meinem Onkel Emanuel gebracht. Auf dem Weg dorthin versuchte uns unsere Mademoiselle zu beruhigen, und in meiner Unschuld glaubte ich ihr aufs Wort. Als mich meine Cousine Ethel, die damals fünfzehn war, dann fragte, was geschehen würde, sagte ich tapfer, dass Vater sich wieder erholen würde. „Dann stirbt er also nicht?", rief sie halb erleichtert und halb ungläubig aus. „Natürlich nicht", sagte ich, aber meine Brüder waren seltsam still. Dann fand Victor, das schwarze Schaf, aber auch der emotionalste unter uns dreien, ein Gebetbuch, und begann unter Tränen, einige hebräische Gebete zu stammeln.

Wir gingen nach Hause in unsere Wohnung und warteten. Schließlich öffnete sich die Tür und jemand führte unsere Mutter hinein. Sie weinte herzzerreißend. Als sie unsere ängstlichen Gesichter sah, rief sie: „Meine armen, armen Jungen. Ihr seid alle Waisen."

Ich nehme an, dass auch wir zu weinen begannen, denn selbst ich war alt genug um zu verstehen, dass sich von diesem Augenblick an alles zum Schlechteren wenden würde. Später habe ich in meinen Tagträumen diesen Augenblick noch viele Male neu durchlebt. Und immer habe ich mich gesehen, wie ich zu meiner Mutter lief, sie umarmte und rief: „Nein, Mutter, wir sind keine Waisen! Wir haben ja noch dich!"

Vater wurde auf dem Washington Friedhof auf Long Island begraben, was damals als ziemlich weit entfernt galt. Ich erinnere mich, dass wir in Kutschen hinter dem Leichenwagen fuhren, alle Erde auf das Grab warfen, nachdem der Sarg hinuntergelassen worden war und in der Nähe des Friedhofs anhielten, um zu essen und etwas Heißes zu trinken, denn es war bitterkalt. Am nächsten Tag kamen wir wieder, um den Grabstein zu weihen. Die Ansprache hielt ein alter Freund der Familie, Alexander Rosenthal, ein Rechtsanwalt und ein großer Redner. Er verglich Vaters Leben mit dem Grabmal, das sich jetzt über ihm erhob. Die Vorderseite mit der Inschrift war glatt und fertig, die Rückseite rau und unfertig. Ebenso hatte Vater, der frühzeitig mit fünfunddreißig gestorben war, erst die Hälfte seines Lebens hinter sich. Die zweite, so vielversprechende Hälfte musste jetzt auf immer ungestaltet bleiben. Viele Menschen waren da, und alle weinten. Die lautesten Klagen kamen von einer Gruppe professioneller Trauergäste – alte Männer, die immer auf dem Friedhof zu finden waren, sich ungebeten bei jedem Begräbnis einfanden und sich für ein paar Pennies an die Brust schlugen und den Herrn anriefen.

Die schon fast verblichenen Erinnerungen an das Begräbnis meines Vaters sollten ein Vierteljahrhundert später wiederaufleben. Ich war damals ungefähr in dem Alter, in dem er gestorben war, und inzwischen selbst Vater. Auch jetzt war ein achtjähriger Junge dabei, mein geliebter ältester Sohn Isaac Newton, nach seinem Großvater benannt, den er nie gesehen hatte. Diesmal aber war es der Sohn, der im Sarg lag, und die weinenden Eltern warfen eine letzte Handvoll Erde aufs Grab.

Wie hat der Tod meines Vaters mich innerlich betroffen? Sicher hatte ich einen schlimmeren Verlust erlitten, als ich mir vorstellen konnte. Ein Psychologe würde von fehlender Sicherheit und der Beeinträchtigung einer normalen Entwicklung sprechen und sagen, dass diese Erfahrung tiefe traumatische Auswirkungen auf mein Seelenleben haben musste. Ich muss jedoch offen zugeben, dass ich diese schlimmen Auswirkungen nicht empfunden habe. Wir vermissen nicht, was wir niemals wirklich gehabt haben. Die permanente Abwesenheit meines Vaters auf Geschäftsreisen und der daraus resultierende Mangel an Zusammengehörigkeitsgefühl milderten in gewisser Weise die Folgen seines Todes für seine drei Söhne. Andererseits ist es vielleicht eine besondere Eigenschaft der Kindheit, sich von einem größeren Unglück weniger betroffen zu fühlen als von vergleichsweise kleinen Problemen des familiären Zusammenlebens, die sich dann später zu Neurosen auswachsen. Ich habe den Eindruck, Leon, Victor und ich verhielten uns wie die Kinder in Richard Hughes berühmter Erzählung „The Innocent Voyage": Wenn einer der Anführer ums Leben kommt, verschwindet sein Name über Nacht aus den Gesprächen und dem Bewusstsein der anderen.

Es ist der klugen Erziehung meiner Mutter zu verdanken, dass wir als richtige Jungen aufwuchsen, nicht an Mutters Rockzipfeln hingen und so früh wie möglich Verantwortung übernahmen. Ein Unglück ist bitter, seine Folgen können jedoch auch positiv sein. Unser Verlust war groß, aber am Ende wurden wir reich entschädigt.

Was die Lebensverhältnisse unserer Familie angeht, so begann mit dem Tod meines Vaters ein neues Kapitel. Es war ein langer und beschwerlicher Weg durch immer schwierigere Verhältnisse, ein jahrelanger Kampf gegen den sozialen Abstieg. Wir besaßen ein gewisses Geschäftskapital, hauptsächlich in Gestalt unseres Bestands an Antiquitäten, einige tausend Dollar aus Vaters Lebensversicherung und eine Menge persönlicher Besitztümer wie Möbel und Schmuck. All diese Dinge verschwanden in den kommenden Jahren. Anfangs bemühten wir uns, das Geschäft weiterzuführen. Vaters älterer Bruder Emanuel und zwei seiner jüngeren Brüder hatten unter Vaters Anleitung in der Firma mitgearbeitet. Sie gaben ohne Zweifel ihr Bestes, erwiesen sich jedoch als völlig untauglich. Nach ihrem Ausscheiden übernahm Mutters Bruder Maurice die Leitung der Firma. Er war Ingenieur und nach allgemeiner Einschätzung ein intellektuelles Genie. Später hatte er beträchtlichen Erfolg als einer der ersten „Systematisierer" oder „Effizienz-Ingenieure". Aber er war weder ein engagierter Verkäufer noch verfügte er über die Findigkeit, die der Grundstein für den Erfolg meines Vaters gewesen war. Nach ungefähr einem Jahr hatte die Firma solche Verluste erlitten, dass wir unsere Lagerbestände verkauften und das Geschäft aufgaben.

Später begann meine Mutter aus Hoffnung oder Verzweiflung oder auf den Rat anderer hin, zahlende Gäste aufzunehmen – mit einem Wort, eine Pension zu eröffnen. Auch dieses Abenteuer erwies sich als erfolglos und wurde nach zwei Jahren beendet. Meine Mutter versuchte sich auch als Anlegerin am Aktienmarkt. Ich weiß noch, dass sie öfters ihren Börsenmakler anrief und sich nach den Kursen von US Steel erkundigte. Ohne Frage war ihr Konto sehr klein. Sie führte es bei einem Mitglied der damals noch existierenden Vereinigten Börse, wo mit Paketen zu zehn Aktien gehandelt wurde, während die New Yorker Börse mit Paketen zu hundert Aktien handelte. Der Börsenmakler war ein alter Freund, aber Mutters unbedeutende Transaktionen wurden von seinem Sohn durchgeführt, der noch sehr jung war. Zu jener Zeit öffnete ich also bereits als kleiner Junge den Wirtschaftsteil unserer Zeitung um nachzusehen, wie US Steel standen. Unwissend wie ich in Finanzdingen war, verstand ich doch genug, um mich zu freuen, wenn die Aktienkurse stiegen, und traurig zu sein, wenn sie sanken. Natürlich fiel Mutters Effektenkreditkonto der Börsenpanik von 1907 zum Opfer und zudem hatte sie noch eine Menge Schwierigkeiten, weil ihre Bank geschlossen wurde.

Nicht dass meine Mutter jemals größere Beträge auf ihrem Bankkonto gehabt hätte. Aber wie klein ihr Guthaben auch sein mochte, sie bestand darauf, per Scheck zu bezahlen. Das war kein Problem, da die Banken keinen Mindestkontostand verlangten und keine Gebühren berechneten. Ich erinnere mich an ein Vorkommnis aus unserer Zeit in der Bronx, als ich mit einem Scheck zur Bank geschickt wurde, um Geld zu holen. Ich wartete an der Kasse und konnte deutlich hören, wie der Kassierer ziemlich laut nach hinten fragte: „Geht ein Scheck von Dorothy Grossbaum über fünf Dollar in Ordnung?" Glücklicherweise war die Antwort „ja". Aber diese Erfahrung muss doch etwas beschämend gewesen sein, sonst könnte ich mich nicht so gut daran erinnern.

Niemand, nicht einmal ich selbst, hätte gedacht, dass die Börsennotierungen später ein offenes Buch für mich sein würden und dass aus dem verträumten, unpraktischen, tintenbefleckten Benny G. eine Wall-Street-Größe werden würde. Auch das Schicksal der Maklerfirma, bei der meine Mutter ihr Konto geführt hatte, konnte niemand voraussehen. Drehen wir die Uhr zwanzig Jahre weiter. Der Sohn führt jetzt die Firma, sein Vater, ein alter Mann, ist nur noch eine Gallionsfigur. Auf wundersame Weise ist die kleine Firma ein großes Unternehmen geworden, das sich damit brüstet, bereits seit 1887 im Geschäft zu sein.

An die Stelle des schäbigen kleinen Büros ist eine aufwendig möblierte Suite getreten mit unzähligen Telefonen, an denen smarte Verkäufer Märchen von leicht verdientem Geld in die Ohren tausender armer Narren flüstern, deren Namen nach dem Zufallsprinzip aus dem Telefonbuch stammen. Das Unternehmen ist eines der größten unseriösen Maklerhäuser des Landes geworden. Die Kaufaufträge seiner Kunden werden in Wirklichkeit gar nicht ausgeführt. Die in die hunderttausende gehenden Beträge, die bei dieser Firma angelegt werden, steckt das Unternehmen in seine Tasche – ein klarer Fall von Diebstahl.

Die unseriösen Makler konnten mit ihrem Schwindel nur erfolgreich sein, wenn ihnen die unvermeidlichen Umschwünge des Aktienmarktes die Möglichkeit gaben, ihre Kunden zu ruinieren. Während des Haussemarktes der zwanziger Jahre liefen die Geschäfte solcher betrügerischen Makler auf Hochtouren – ungehindert aufgrund der unglaublichen Nachlässigkeit (wenn nicht Schlimmerem) der Behörden, der Zeitungen, die ihre marktschreierischen Anzeigen druckten, und der Maklerhäuser, die mit ihnen Geschäfte tätigten. Die Situation der Schwindelfirmen wurde umso schwieriger, je länger der Haussemarkt anhielt. Schließlich mussten all diese Firmen schließen und besiegelten so den Ruin ihrer Kunden. Der Zusammenbruch der Maklerfirma meiner Mutter war einer der spektakulärsten. Der Sohn zählte zu den wenigen Finanzhaien, die tatsächlich – für eine kurze Zeit – im Gefängnis saßen. Kurz darauf starb sein Vater, an gebrochenem Herzen, wie es hieß.

Nach einigen wenigen kummervollen Jahren war jeder Cent, den mein Vater uns hinterlassen hatte, aufgebraucht oder verloren. Mutters Schmuck wanderte auf Nimmerwiedersehen ins Leihhaus. Nur der glückliche Umstand, dass einige von Mutters zahlreichen Brüdern und Schwestern wohlhabend geworden waren, rettete uns vor dem Elend, wenn auch nicht vor Erniedrigung. Sie hielten uns während unserer drei Jahre dauernden Heimsuchung über Wasser.

Ich schätze, dass meine Mutter mit ihren drei Söhnen für einige Zeit von ungefähr 75 Dollar im Monat lebte. Ein beträchtlicher Abstieg für eine Lady, die vor wenigen Jahren noch ein großes Haus geführt hatte mit Koch, Zimmermädchen und französischer Gouvernante. Ich will das Porträt meiner Mutter so genau wie möglich zeichnen – sie war eine Lilie, die keines Schmucks bedurfte.

Ich erinnere mich an eine stattliche Dame, sie war aber tatsächlich recht klein, unter einsfünfzig, und wenn sie mit ihren drei erwachsenen Söhnen über die Straße ging, wirkte sie wie eine kleine Kostbarkeit unter dem Schutz dreier robuster Wächter. Sie muss mir wohl so stattlich erschienen sein, weil ich damals selbst so klein war, und wohl auch weil sie immer Würde und Anmut bewahrte. Meine Mutter war keine strahlende Schönheit, aber hübsch genug, um überall Bewunderung zu erregen. Ihre Zierlichkeit und ihre feine Haut bewahrte sie bis zu ihrem plötzlichen Tod im Alter von sechsundsiebzig Jahren.

Meine Mutter hatte viele Vorzüge und auch einige Fehler. Ihre große Stärke lag in ihrem Mut und ihrer Prinzipientreue. Der frühzeitige Verlust ihres Mannes hatte ihr alles geraubt außer ihren Kindern. Sie brüstete sich nicht mit ihrer Hingabe und Treue gegenüber dem Andenken ihres Isaac. Aber kein Mann nach ihm konnte ihr Herz gewinnen, und trotz mehrerer Heiratsangebote mit verlockenden materiellen Aussichten weigerte sie sich standhaft, jemanden zu heiraten, den sie nicht liebte. Ungefähr fünf Jahre nach dem Tod meines Vaters machte ihr ein verwitweter Herr mittleren Alters den Hof. Damals hatte unser Schicksal einen Tiefpunkt erreicht. Wir teilten uns ein Haus in Borough Park, Long Island, mit meinem Onkel Maurice und seiner Familie, und wir waren uns unserer Position als arme Verwandte deutlich bewusst. Mutter war zum Abendessen und ins Theater eingeladen. Stolz kam sie mit einer Schachtel teurer Pralinen nach Hause – für uns so aufregend wie ebensoviele Juwelen. Nicht viel später rief sie uns zusammen, verkündete, sie habe einen Heiratsantrag erhalten, und bat uns, die Sache zu überdenken und ihr zu sagen, wie wir darüber dächten. Wir waren damals sechzehn, fünfzehn und vierzehn Jahre alt. Obwohl wir die Angelegenheit mit Ernst und Würde diskutierten, muss ich zu meiner Schande gestehen, dass wir bei der Aussicht auf finanzielle Rettung innerlich hoch erfreut waren. Unsere Entscheidung war schnell gefasst und verkündet: „Mutters Glück ist uns das Wichtigste. Wenn diese Heirat sie von vielen Lasten befreit und sie glücklich macht, wollen wir in keiner Weise im Weg stehen. Wir würden ganz im Gegenteil diese wichtige Veränderung in unserem Leben begrüßen und unser Bestes tun, um unserem neuen Vater liebevolle und ergebene Söhne zu sein."

Mutter lächelte uns an, als wir fertig waren. Dann sagte sie uns ruhig, auch sie habe nachgedacht und sich entschieden, den Antrag nicht anzunehmen. Der Mann sei vielleicht nicht unpassend, aber sie liebe ihn nicht und glaube auch nicht, ihn je lieben zu können. Ohne Liebe würde sie niemals heiraten, wie groß auch die Vorteile sein mochten. Es blieb uns nichts anderes als sie zu küssen und – ziemlich enttäuscht – zu gehen.

Mutters Weigerung zu heiraten war eine romantische Herausforderung des Schicksals. Insgesamt war ihre Lebenseinstellung aber weder romantisch noch weltfremd, noch nicht einmal besonders idealistisch. Sie hielt sich an bürgerliche Werte. Geld war wichtig, nicht nur um zu leben, sondern – viel interessanter – Schlüssel zu Luxus und Pracht und Beweis weltlichen Erfolgs. Sie hatte hohe Erwartungen für ihre Söhne, und in ihren dunkelsten Stunden wurde sie von der Zuversicht aufrecht gehalten, wir würden zu gegebener Zeit das Familienvermögen wiederherstellen.

Sie hegte tatsächlich mehr Zuversicht als wir selbst, wie folgendes Vorkommnis zeigt. Ich schloss gerade die High School ab und meine Brüder arbeiteten schon, wobei sie nicht mehr als 10 Dollar in der Woche verdienten. Eine Meinungsumfrage hatte ergeben, dass ein Arbeiter in der Regel hoch zufrieden war, wenn er für den Rest seines Lebens 30 Dollar pro Woche verdienen könnte. Mutter fragte uns, was wir von einer solchen Einstellung hielten. Einer nach dem anderen antworteten wir, 30 Dollar in der Woche seien ein schönes Stück Geld und nicht allzu leicht zu verdienen, und dass wir sehr zufrieden damit wären. Mutter sah uns mit verächtlichem Lächeln an und sagte, sie wäre sehr enttäuscht, wenn sie unsere Ambitionen wirklich für so mittelmäßig halten müsste.

Mutter war eine hedonistische Person, sie mochte elegante und schöne Dinge, und sie hegte eine Abneigung gegen Arbeit und Anstrengung, sofern diese nicht absolut notwendig waren. Sie erzählte stolz, in ihrer Familie sei sie als „Prinzessin auf der Erbse" bekannt gewesen, jene Prinzessin, die ihre königliche Abstammung dadurch bewies, dass sie eine Erbse in ihrem Bett durch eine Vielzahl von Matratzen hindurch spüren konnte. Aber nach dem Tod ihres Mannes entwickelte meine Mutter über Nacht eine ungeahnte Stärke, Tatkraft und Findigkeit. Sie tat was sie tun musste – sie schrubbte sogar den Küchenboden, für sie eine der härtesten Proben. Was sie nicht haben konnte, entbehrte sie, ohne viel zu klagen.

Aber sie entwickelte auch eine bemerkenswerte Fähigkeit darin, Hausarbeiten auf ihre Söhne zu übertragen. Wir machten uns selbst Frühstück, während Mutter noch im Bett lag. Ihre Gewohnheiten waren sicher nicht die jener heldenhaften Frau, die das Buch der Sprüche höher schätzt als Rubine. Sie stand auf, wenn es schon heller Tag war – gegen zehn Uhr – und ging um ein Uhr morgens ins Bett. Nach englischer Sitte beging sie diese Ereignisse mit einer Tasse Tee. Hierzu war immer etwas Sahne bei der Hand, sogar in den dunkelsten Stunden ihres Lebens. Wir Jungen kochten nicht, aber wir trockneten ab, machten die Betten und putzten. Ich erledigte die meisten Gänge, was hieß, dass ich die meisten Einkäufe erledigte.

Ein paar Luxusgewohnheiten der Vergangenheit behielt meine Mutter bei. Sie versuchte, ihrer Liebe zu Leckereien nicht allzu sehr nachzugeben, aber manchem Verlangen konnte sie einfach nicht widerstehen. Ab und zu buk sie köstliche Butterkekse. Diese Kekse waren teuer, und sie gelangte zu der Überzeugung, sie seien zu fein für den groben Geschmack von Jungen. Sie versteckte die Kekse in einer Blechdose unter der Unterwäsche in einem großen Kleiderschrank, der uns (auf dem Rücken fluchender Möbelpacker) immer begleitet hatte. Selber immer auf der Suche nach Süßigkeiten fand ich Mutters Versteck. Mit großer Willenskraft begrenzte ich meine Raubzüge jedesmal auf ein Keks und maximal zwei in der Woche. Eines Tages aber kam meine Mutter ins Schlafzimmer und fand mich mit der Keksdose in der Hand. Ich glaubte, der Himmel würde über mir zusammenbrechen. Sie machte mir aber nur milde Vorwürfe mit dem Erfolg, dass ich mich nur umso mehr schämte, und ging schnell wieder hinaus. Erst Jahre später ging mir bei der Erinnerung an diese Szene auf, dass ihr Gewissen sie noch mehr gepeinigt haben muss als das meinige mich.

Wir waren zu Hause mit Butter sehr sparsam – wir durften entweder Butter oder Marmelade aufs Brot haben, nie beides – aber wir kauften die teure ungesalzene Butter. Gesalzene Butter, gut genug für jeden sonst, konnte niemals Mutters Beifall finden. Ein anderer Luxus war gemahlener brauner Zucker für Beeren oder andere Gerichte. Meine Mutter hob den Zucker in einem Kristallgefäß auf und ihrem anspruchsvollen Geschmack entsprechend aromatisierte sie ihn mit einer schwarzen Vanilleschote. Sie gab auch gerne Schnittlauch aus einem kleinen Topf auf der Küchenfensterbank zu ihrem Frischkäse aufs Brot.

Meine Mutter hatte einen lebendigen Geist, wenn sie auch keine Intellektuelle war. Sie interessierte sich für viele Dinge, und das hob ihre Konversation beträchtlich über das Geschwätz der meisten ihrer Freundinnen heraus. Sie hatte in ihrer Jugend für ein Mädchen aus dem Warschau der achtziger Jahre des 19. Jahrhunderts eine gute Erziehung genossen, sie hatte Gedichte und gute Romane gelesen und sie war in mehreren Sprachen zu Hause. Aber intellektueller Ehrgeiz zählte nicht zu ihren Tugenden, und mit den Jahren sank ihr Vergnügen an ernsthafter Lektüre. Wenn schon nicht ihr Beispiel, so war doch ihr Rat eine ständige Inspiration und Ermutigung für mich, das Beste aus meinen geistigen Fähigkeiten zu machen.

Mutter war eine leidenschaftliche Kartenspielerin. Sie spielte immer um Geld, aber die Einsätze waren niemals so hoch, als dass man von Glücksspiel hätte reden können. Schon in früher Jugend weihte sie uns in die Geheimnisse von Whist, Pinochle und Bridge ein. Mutter machte es Spaß, mit uns zu spielen und uns Tricks beizubringen. Sie sagte immer, Kartenspielen sei das Einzige, was sie besser könne als wir, und ihre Überlegenheit bereitete ihr viel Vergnügen. Gerne zitierte sie die Bemerkung eines berühmten Franzosen – war es La Rochefoucauld? – gegenüber einem Nicht-Kartenspieler: „Welch einsames Alter liegt vor dir, mein Freund." Das traf auf Mutter, die Weibergeschwätz nicht länger als ein paar Minuten ertragen konnte, in besonderem Maße zu.

Mutter erlaubte uns alles, was Jungen normalerweise taten. Niemals riet sie von einer Sportart ab, wie gefährlich sie auch sein mochte. Oft kamen wir mit Abschürfungen und Prellungen nach Hause. Sie zeigte zwar Mitleid, schockierte uns aber mehr als einmal mit der Bemerkung, dass Wunden an Beinen von selbst heilen, während zerrissene Hosen entweder Arbeit oder Kosten verursachten.

Sie brachte uns auch bei, mutig zu sein. Als wir noch die Pension betrieben, schliefen Mutter und ich in einem großen Doppelbett im Erdgeschoss. Unsere Schlafenszeiten waren so unterschiedlich, dass ich mich nicht an irgendwelche Probleme oder Prüderien im Zusammenhang mit diesem Arrangement erinnern kann. Eines Nachts weckte mich meine Mutter gegen 2 oder 3 Uhr aus tiefem Schlaf und verkündete, sie habe ein Geräusch im Haus gehört, das vielleicht von einem Einbrecher stammen könne. Dann sagte sie, als sei das die größte Selbstverständlichkeit, wir müssten durch das Haus gehen und nachsehen, denn solange sie nicht Bescheid wisse, könne sie nicht wieder einschlafen. Sie machte Licht und wir begaben uns zusammen auf die Suche. Ich habe nicht die geringste Vorstellung, was wir getan hätten, wenn wir einen Einbrecher gefunden hätten. Ich hatte eine Todesangst, schämte mich aber, meiner Mutter gegenüber Anzeichen von Furcht zu verraten. Wir fanden niemanden und gingen beide wieder schlafen.

Meine Mutter wohnte gerne mit ihren Söhnen zusammen, aber sie hatte eine tiefe Abneigung dagegen, mit jemand anderem zusammenzuwohnen. Die Jahre, in denen sie bei ihrem Bruder Maurice wohnte, waren ihr hochgradig zuwider. Onkel Maurice war so übellaunig und tyrannisch wie er intellektuell brillant war. Seine erste Frau, Tante Eva, war eine nette, gutherzige und unschuldige Person, die seinen Vorwürfen und seinem bitteren Sarkasmus schutzlos ausgeliefert war. Mehr als einmal erlebten wir peinliche Szenen beim Kartenspielen, wenn mein Onkel meine Tante wegen eines falschen Spielzuges beschimpfte. Sie versuchte dann, ihren Spielzug zu rechtfertigen, er attackierte sie noch wütender, und sie brach in Tränen aus. Dann stellte sich Mutter auf Evas Seite und der Streit ging zwischen Bruder und Schwester weiter. Dabei wechselte die Sprache plötzlich vom Englischen ins Polnische, sodass wir Kinder nichts mehr verstanden. Jahre später wurden mir diese Streitereien durch eine Szene in Sardous „Madame Sans-Gêne" wieder in Erinnerung gerufen, in der Napoleon und seine Schwestern einen Streit austragen und plötzlich vom Französischen in korsisches Italienisch wechseln. Onkel Maurice hatte viel von Napoleon – auch die kleine Gestalt und ein deutlich sichtbares Bäuchlein. Meine Mutter bewies beträchtlichen Mut, indem sie die Partei ihrer Schwägerin in einem Haus ergriff, in dem sie und ihre Söhne nur mit Duldung ihres dominierenden Bruders lebten.

Nachdem ich 1917 geheiratet hatte, musste meine Mutter aus finanziellen Gründen bei meiner Frau und mir wohnen. Aus den bekannten Gründen funktionierte dieses Arrangement sehr schlecht. Ein Jahr später bekam sie eine eigene Wohnung, und seitdem lebte sie allein bis zu ihrem Tod sechsundzwanzig Jahre später. Den Vorschlag, ihre Wohnung mit einer ihrer zahlreichen Bekannten zu teilen, lehnte sie immer ab; dabei bestand kein Mangel an passenden Witwen in ihrem Umfeld. Wir waren natürlich besorgt, dass sie mit zunehmendem Alter krank werden oder einen Unfall erleiden könnte. In ihrer Jugend war Mutters Gesundheitszustand oft heikel gewesen und in ihren besten Jahren litt sie an Herz- und Magenproblemen. Der Arzt verordnete ihr eine strenge Diät, die sie fast vollständig ignorierte mit der Begründung, es sei unsinnig, ihr Leben auf Kosten all derjenigen Dinge zu verlängern, die das Leben lebenswert machen. Trotz dieser offenkundigen Selbstvernachlässigung war sie niemals ernsthaft krank. In all den Jahren, in denen sie alleine lebte, brauchte sie nur an ein paar Tagen Hilfe wegen einer Unpässlichkeit.

Mutters Unabhängigkeit, ihr Mut und ihr leidenschaftliches Kartenspiel trugen allesamt zu ihrem Tod bei. Eines Abends im Oktober 1944 spielte sie im Haus einer Freundin an der West End Avenue Karten. Irgendwann nach Mitternacht machte sie sich auf den Heimweg. Sie wurde von einem Dieb angesprochen, der nach ihrer Handtasche griff. Im Krankenhaus erzählte sie uns, dass sie sich geweigert habe, ihre Handtasche herauszugeben. Der Dieb schlug auf sie ein, entwand ihr die Tasche und floh. Sie erlitt einen Schädelbruch und starb am nächsten Tag. Ihre Brieftasche enthielt ungefähr drei Dollar.

Es liegt eine gewisse Ironie darin, dass Mutter immer Angst hatte,

Räuber würden ihren Söhnen etwas antun. Wenn sie in der Zeitung las, dass jemand bei einem Überfall getötet worden war, mussten wir versprechen, uns nicht zu wehren, wenn wir überfallen wurden, sondern sofort alles herauszugeben, was wir besaßen. Sie wusste natürlich, dass dies auch für sie das einzig Vernünftige war. Aber als sie sich einem Verbrecher gegenübersah, der an ihr Eigentum wollte, ließ sie sich nicht berauben – nicht einmal um drei Dollar. Sie wehrte sich instinktiv, so wie sie sich in ihrem ganzen Leben gegen Ungerechtigkeit und Unfairness gewehrt hatte. Mutter starb unter tragischen Umständen, sie selbst aber würde, glaube ich, ihren Tod nicht als tragisch empfunden haben. Sie hatte sich nie vor einem plötzlichen Tod gefürchtet, sondern vor langem Siechtum oder Hilflosigkeit im Alter. Diese unerträglichen Entwürdigungen wurden ihr erspart, und ich bin sicher, sie hätte ein gewaltsames Ende langen Jahren des Leidens vorgezogen – für sich selbst wie für ihre Familie.

3. Kapitel

In der Grundschule

Meine Persönlichkeit wurde vor allem in den drei Jahren nach dem Tod meines Vaters geprägt. Zwischen 1903 und 1906 wohnten wir 116. Straße 244 West und ich ging in die Grundschule Nr. 10 nebenan. Als ich dort eingeschult wurde, war ich ein unschuldiges und sensibles Kind. Als ich die Schule mit zwölf Jahren abschloss, wusste ich mich gegen die Schlingen und Pfeile des Schicksals zu wappnen, ich kannte verschiedene Möglichkeiten, ein bisschen Geld zu verdienen. Ich hatte gelernt mich auf das, was zu tun war, zu konzentrieren, und ich hatte vor allem gelernt, hauptsächlich auf mich selbst zu vertrauen, wenn es um Erklärungen, Aufmunterung oder sonst etwas ging.

War diese Verwandlung meiner Persönlichkeit gut für mich? Ich glaube ja, aber andere sind ganz anderer Ansicht. Sie meinen, Mangel und Entbehrungen hätten in diesen Kinderjahren meinen Charakter verzerrt, eine Mauer zwischen mir und meiner Umwelt errichtet und es mir unmöglich gemacht, dauerhafte und tiefgehende Freundschafts- oder Liebesbeziehungen zu anderen Menschen aufzubauen. Ich werde auf diese negativen Aspekte zurückkommen, wenn es um die späteren Abschnitte meines Lebens geht. Jetzt will ich erst einmal den Anpassungsprozess eines kleinen Jungen an eine in seinen Augen weitgehend unsympathische Welt beschreiben.

Bedenkt man die Liebe und Aufmerksamkeit, mit der Kinder heutzutage überhäuft werden, könnte man meinen, ich sei ziemlich vernachlässigt worden. Aber das Gegenteil ist wahr. Ich erhielt Unterstützung, wenn ich sie brauchte; ansonsten ließ man mich auf eigene Faust groß werden. So war ich zum Beispiel an einem extrem kalten Wintertag zum Schlittschuhlaufen auf dem großen See im Central Park, gerade unterhalb der 110. Straße. Natürlich ging ich zu Fuß dorthin und auch wieder nach Hause. Ich weiß noch, dass ich halb erfroren wieder zu Hause ankam und mir vor Kälte fast die Tränen in den Augen standen. Mutter half mir aus dem Mantel, setzte mich ans Feuer, rieb mir die Hände warm und gab mir heißen Tee zu trinken. Alles völlig normal, würde man sagen; was ist daran Besonderes? Diese Szene hat eine unauslöschliche Erinnerung bei mir hinterlassen, weil es das einzige Mal war – außer vielleicht wenn ich krank im Bett lag –, dass meine Mutter oder sonst jemand wegen einer kleineren körperlichen Unpässlichkeit so besorgt um mich war. In unserer Familie mussten wir unsere Wunden selbst heilen, solange sie nicht ernst waren, und durften uns über so gut wie gar nichts beklagen.

Auch die Beziehung zu meinen Brüdern war natürlich geeignet, mich abzuhärten. Sie waren keineswegs Tyrannen, sie zeigten sogar eine besondere Zuneigung mir gegenüber, die über sechzig Jahre Bestand haben sollte. Aber sie waren älter, größer, stärker und viel lebenstüchtiger. Von zwei Teenagern konnte man kaum erwarten, dass sie mir mit viel Selbstlosigkeit oder Feingefühl begegneten. Glücklicherweise erinnere ich mich nicht an eine besondere Ungerechtigkeit oder schlechte Behandlung von ihrer Seite. Diese Vergesslichkeit in Hinblick auf Verletzungen oder auf störende Ereignisse im Allgemeinen wurde einer meiner typischsten Charakterzüge und ich kultivierte ihn in einem Ausmaß, das andere und sogar mich selbst überraschte. Aber ich erinnere mich daran, dass ich mir schlecht behandelt vorkam. Eines Tages nahm ich mir voller Bitterkeit vor, meine Brüder auf ihre Fehler hinzuweisen. Zu ihrem Geburtstag wollte ich ihnen eine Liste mit den Schimpfworten und den Gemeinheiten mir gegenüber erstellen und ihnen diese Liste mit der Aufschrift „vergeben" als Geschenk überreichen. Das habe ich aber nie getan.

Wir waren zwei sehr große Familien, die da in einer Neunzimmerwohnung mit einem einzigen Badezimmer lebten. Die Grossbaums und die Gesundheits waren anfangs jeweils zu viert, wobei letztere aus Onkel Maurice, Tante Eva, Cousine Helen (so alt wie Victor) und meinem sieben Jahre jüngeren Cousin Ralph bestanden. Dann wurde eine weitere Cousine geboren, Elsie. Sie kam zu Hause zur Welt, wie fast alle Kinder in jenen Tagen, und irgendwie fanden wir Platz für sie. Es muss eine Unmenge an Organisationstalent und Rücksichtnahme dafür notwendig gewesen sein, dass so viele Menschen mit nur einem Badezimmer auskommen konnten. Ich erinnere mich nicht, dass unsere beengten

Verhältnisse uns besondere Schwierigkeiten oder Unannehmlichkeiten verursacht hätten.

Irgendwie schafften wir es, die Dinge zu bekommen, die wir brauchten – Essen und Kleidung natürlich, aber auch Schlittschuhe, Baseballsachen und später Tennisschläger und -bälle. Einerseits waren die Preise damals viel niedriger, andererseits kauften wir nur Sonderangebote. Unsere Baseballs waren normalerweise Rockets zu 5 Cents, manchmal kauften wir auch welche zu 10 Cents. Zum Geburtstag bekam ich einen Tennisschläger, einen Spalding Favorite, der einen Dollar gekostet hatte. Tennisbälle kauften wir gebraucht beim Manhattan Tennis Club, der damals an der Ecke 123. Straße und Manhattan Avenue lag. Man bekam drei ziemlich gute, die noch lange hielten, für 25 Cents.

Woher hatten wir das Geld für all diese Dinge? Wir bekamen, glaube ich, immer etwas Taschengeld, vielleicht 10 Cents in der Woche, und ein bisschen extra zu unseren Geburtstagen. Außerdem versuchten wir alle, mit verschiedenen Tätigkeiten Geld dazu zu verdienen. Wie die meisten Familien hatten wir die „Saturday Evening Post" abonniert, damals die bei weitem populärste Wochenzeitung. Der Verlag suchte immer Jungen, die die „Post" auf der Straße verkauften und Abonnenten warben. Mit neun Jahren wurde ich Zeitungsjunge bei der „Post", meine Mutter unterschrieb die Bewerbung für mich. Ich bekam dreißig Exemplare in der Woche zu 3 Cents das Stück und verkaufte sie zu 5 Cents. Bei der ersten Lieferung bekam ich eine hübsche Schürze mit einer Tasche für Wechselgeld. Ich weiß noch, wie ich am Ausgang der Hochbahn Ecke 116. Straße und 8. Avenue stand und rief: „Saturday Evening Post, gerade 'raus, fünf Cent!" Ich erinnere mich auch, dass ich kurzfristig Tageszeitungen verkaufte, aber Mutter schob dem einen Riegel vor mit den Worten: „Vater hätte das nicht gewollt!" Das Selbstgefühl unserer Familie machte offenbar einen feinen Unterschied zwischen der respektablen und charakterformenden Karriere als Verkäufer der wöchentlichen Saturday Evening Post auf den Straßen New Yorks und der entwürdigenden und verderblichen Tätigkeit eines Verkäufers von Tageszeitungen.

Nach der Schule spielten wir auf der Straße. Damals hatte ich zwei oder drei engere Freunde in meinem Alter, die ich praktisch täglich sah. Mein bester Freund war Sydney Rogow. Die Rogows lebten in der 111.

Straße und waren vergleichsweise wohlhabend. Sydneys Vater und Onkel hatten ein kleines Kaufhaus in Brooklyn. Meistens ging ich zu Sydney hinüber und wir spielten Ball oder Straßenhockey auf Rollschuhen. Damals gab es so gut wie gar keine Autos, und die Pferdekutschen störten uns Jungen kaum beim Spielen. Oft spielten wir „Katze". Die Katze war ein zugespitztes Holzstück, wie ein großer Holzspan. Man musste das eine Ende mit einem größeren Stock treffen, und wenn die Katze dann hochflog, musste man sie soweit wie möglich wegschlagen. Der Gegenspieler versuchte die Katze zu fangen, und wenn es ihm nicht gelang, musste er sie zurück in Richtung auf den Schlagstock werfen. Es gab ein Punktesystem, das sich nach dem Abstand zwischen Katze und Schlagstock richtete.

Wie lang es her ist, dass ich amerikanische Jungen das letzte Mal Katze spielen sah! In diesem Jahr (1967) besuchte ich die kleine Azoreninsel Santa Maria und sah eine Gruppe von Kindern, die Katze spielten. Es war, als hätte jemand die Zeit ein halbes Jahrhundert zurückgedreht. Ich bat um den Schlagstock, den sie mir voller Verwunderung gaben, aber ich schaffte es nicht, die Katze zu treffen. Ich gab dem Ältesten 20 Escudos für Süßigkeiten und zumindest die Kinder waren glücklich.

Einmal jagte ich meiner Mutter unabsichtlich einen fürchterlichen Schrecken ein. Wir spielten gerade draußen, als ich mich plötzlich mitten auf der Straße zwei wütend bimmelnden Straßenbahnen gegenübersah, die von beiden Seiten auf mich zu kamen. Sei es aus Angeberei oder aus Hilflosigkeit, jedenfalls entschloss ich mich, in der Mitte zwischen den beiden Schienensträngen stehen zu bleiben. Die Straßenbahnen fuhren mit lautem Bimmeln aneinander vorbei. Ich war nicht mehr zu sehen – und das genau vor unserem Fenster, aus dem unglücklicherweise meine entsetzte Mutter gerade herausschaute. Ich winkte ihr lässig zu, als die Bahnen vorbei waren, aber meine Mutter war zu überwältigt um zu sprechen. Ich selbst fühlte mich auch nicht übermäßig wohl, denn die Bahnen waren mir entsetzlich nahe gekommen.

Gegenüber unserer Wohnung im zweiten Stock wohnten die Vermilyes. Sie hatten einen Jungen meines Alters namens Joseph und ein drei Jahre älteres Mädchen, das Hazel hieß. Wir vier Kinder waren recht freundlich zu ihnen, aber eine engere Beziehung war wegen der unterschiedlichen Religionen undenkbar. Nicht dass diese Frage jemals ausdrücklich zwischen uns erwähnt worden wäre, aber irgendwie schränkte sie unausgesprochen unsere Beziehungen ein. Die Erwachsenen sprachen höflich miteinander, wenn sie sich im Treppenhaus trafen, aber in den drei Jahren, in denen wir Tür an Tür wohnten, betraten sie niemals die nachbarliche Wohnung, bis auf einmal, ein oder zwei Monate bevor wir auszogen. Die Vermilyes luden Mutter, Onkel Maurice und Tante Eva zum Tee ein. Als sie wieder zurück waren, sagte Onkel Maurice, das seien wirklich nette Leute, und es sei wirklich zu dumm, dass die Familien sich erst kurz vor unserem Auszug kennenlernten. War der Grund für die Gastfreundlichkeit der Vermilyes vielleicht die Tatsache, dass die jüdischen Familien nebenan auszogen?

Mit Joseph Vermilye hatte ich die einzige Prügelei meines Lebens. Ich weiß nicht mehr, wie es dazu kam. Aber ich sehe uns noch auf der Straße vor unserem Haus stehen, umringt von meinen Brüdern, Cousin Lou und anderen Kindern, die uns anfeuerten. Der Kampf kann nicht mehr als eine oder zwei Minuten gedauert haben. Wir holten mächtig aus, wahrscheinlich ohne zu treffen. Dann kam ein Erwachsener und beendete den Kampf, zur großen Erleichterung der beiden elfjährigen Kämpfer und zum Verdruss der Zuschauer.

Wie konnte ich andere physische Auseinandersetzungen in den kommenden Jahren vermeiden? Zu meiner Ehrenrettung muss ich sagen, dass es nicht deswegen war, weil ich mir alles gefallen ließ, weglief oder feige war. Ich war von Natur aus ein außergewöhnlich friedfertiger Mensch und suchte daher niemals Streit. Aber warum wurde ich nicht von anderen herausgefordert? Wahrscheinlich hatte ich mein ganzes Leben lang einfach Glück. Eine weniger wahrscheinliche Erklärung ist, dass ich in meiner Kindheit immer mit älteren und größeren Kindern zusammen war und dass es gegen unseren Ehrenkodex verstieß, mit einem kleineren eine Prügelei anzufangen. „Warum suchst du dir nicht jemand in deiner Größe aus?" war in diesem Fall die immer wirkungsvolle Frage der Umstehenden. Eine dritte Erklärung, die allerdings etwas weit hergeholt erscheint, ist, dass etwas an mir mich vor der Feindseligkeit anderer schützte. Alle schienen mich zu mögen, auf eine gönnerhafte oder schutzbietende Art und Weise, und gleichzeitig schienen alle das Gefühl zu haben, dass ich nicht richtig dazugehörte.

Einer meiner Freunde war der Sohn eines Schneiders von gegenüber mit dem Namen Kaufmann. Er hängte immer die Plakate der benachbarten Theater in sein Schaufenster und bekam dafür zwei Freikarten. Ein paar Mal lud mich der junge Kaufmann Samstag abends ins Theater ein, und das waren große Augenblicke in meinem Leben. Aber zu Hause wurden die Augenbrauen hochgezogen und die Nasen gerümpft, als bekannt wurde, dass ich mit dem Sohn eines Schneiders zusammen war. Unsere Familie konnte sich zwar sonst kaum etwas leisten, den Luxus des Snobismus leistete sie sich immer.

Dann gab es da einen mysteriösen reichen Jungen, der mit meinem Bruder Victor befreundet war und ab und zu in unsere Wohnung kam. Er hatte einen Stiefvater – für uns ein seltsames Geschöpf – und immer eine Menge Münzen in der Tasche. Ich sehe ihn noch vor mir, wie er auf dem Bett oder auf einem Stuhl sitzt, eine Handvoll Pennies in die Luft wirft, die überall im Zimmer zu Boden fallen, und mit herablassender Miene „Kriechen!" brüllt. Worauf wir drei vor ihm auf Händen und Füßen herumkrabbelten und so schnell es ging die elenden Münzen aufsammelten, die so wichtig für uns waren. Eines Tages hielt er uns einen Vortrag darüber, wie Babies geboren wurden. Er öffnete sein Hemd und zeigte uns die Stelle unter dem Bauchnabel, die sich bei der Geburt öffne und das Kind herauslasse. Seinen Informationen zufolge wurden alle Kinder wie Julius Cäsar geboren. Dieser Junge – ich erinnere mich nicht mehr an seinen Namen – bereicherte unser Leben um ein großes Abenteuer. Er erzählte uns, dass die Demokraten von Tammany Hall jedes Jahr zu Weihnachten eine Wohltätigkeitsveranstaltung für arme Kinder in Tony Pastors Theater durchführten, direkt rechts neben Tammany Hall in der 14. Straße, wo jeder Spielsachen von einem großen Weihnachtsbaum bekam. Er sagte, er könnte Eintrittskarten für uns drei bekommen. Aber würde Mutter uns zu dem großen Weihnachtsfest gehen lassen, das damals alle Juden eher mit Zurückhaltung und Furcht betrachteten denn mit Neid? Mutter stellte sich aber als bemerkenswert nachgiebig heraus, und wir durften gehen! Von dieser Feier ist mir am lebendigsten der Augenblick im Gedächtnis geblieben, als wir vor der Bühne vorbeigehen und um Spielzeug bitten durften, das am Weihnachtsbaum hing oder unter dem Baum lag. Ich brachte einen kleinen Flexible-Flyer-Schlitten mit nach Hause – ein Glücksfall, der meine kühnsten Träume weit übertraf.

Leider hatte ich jedoch nicht lange Freude an diesem Geschenk des Himmels. Beim ersten großen Schnee im Januar ging ich mit meinem Schlitten zu dem langgestreckten Hügel um den Morningside Park. Die Abfahrtstrecke führte vom Morningside Hügel nach Westen – ungefähr bei der 113. Straße –, machte dann eine scharfe Linkskurve die 110. Straße hinunter auf den Morningside Drive und zog sich nach einer erneuten Linkskurve unten noch einmal ungefähr einen Häuserblock weit hin.

Nach ein paar Abfahrten wurde ich von hinten von einem großen Bob gerammt, in dem ein halbes Dutzend Erwachsene saßen. Für einige Augenblicke muss ich bewusstlos gewesen sein. Als ich wieder zu mir kam, kümmerte sich kein Mensch um mich und mein Schlitten war auch nirgendwo zu sehen. Ich habe ihn nie wiedergefunden, obwohl ich die Abfahrt unzählige Male herauf- und hinunterging und verzweifelt nach ihm suchte. Als ich nach Hause kam, war ich den Tränen nahe.

Neben Weihnachten, das damals weniger groß gefeiert wurde als heute, gab es noch drei Feiertage, die mich tief beeindruckten. Der erste war der Vierte Juli. Das war ein Tag unaufhörlichen und doch herrlichen Lärms, zahlreicher Feuer, Unglücke und Todesfälle. Wir erwachten bei Tagesanbruch durch das Stakkato der Revolver, die auf der Straße abgefeuert wurden. Jeder junge Mann, der etwas auf sich hielt, hatte eine kleine Pistole vom Kaliber 22, oder – was mehr Eindruck machte – eine 32er, und einen großen Vorrat an Platzpatronen. Einige Idioten brüsteten sich damit, nur scharfe Munition zu benutzen. Nachmittags waren die Straßen mit Patronenhülsen übersät und wir durchstreiften die Nachbarschaft, um so viele wie möglich aufzusammeln. Was wir mit ihnen wollten? Alles, woran ich mich noch erinnern kann, ist, dass man sehr laut auf diesen Patronenhülsen pfeifen konnte, wenn man sie zwischen zwei Finger klemmte und auf die richtige Art und Weise hineinblies. Wer zu jung für Revolver war, hatte Zündhütchenpistolen – manche mit riesigen Zündhütchen – und eine große Auswahl an Feuerwerkskörpern, wozu auch Bündel von einhundert kleinen Krachern gehörten, die aus China kamen und „Salutes" hießen. Man kaufte sie zusammengebunden in einem Päckchen für einen Cent. Normalerweise brannte man sie alle zusammen ab, was ein ganz schönes Schauspiel bot. Aber diejenigen, für die wirklich jeder Penny zählte (Leon,

Victor und Benny), nahmen die Päckchen auseinander und brannten die Kracher einzeln ab, wobei es viele verschiedene Möglichkeiten gab. Eine unserer Lieblingsvarianten war, kleine Schächtelchen aus altem Papier zu basteln, den angezündeten Kracher hineinzutun und die Schachtel aus dem Fenster oder vom Dach zu werfen. Die folgende Explosion war recht zufriedenstellend.

Dann waren da die Plakate, die verkündeten, dass um eine bestimmte Uhrzeit an einem bestimmten Platz – in der Regel an der 125. Straße – der „größte Kracher der Welt" gezündet werden würde, präsentiert von irgendeinem Unternehmen. Wir mischten uns unter die Menge, die in einem großen Kreis wartete und von behelmten Polizisten in sicherem Abstand zurückgehalten wurde, schauten voller Staunen auf den enormen Papierzylinder mit seiner dicken Zündschnur und warteten mit einer Mischung aus Aufregung und Furcht auf den ohrenbetäubenden Knall. Überall waren Feuer und von Pferden gezogene Feuerwehrwagen, hinter denen Kinder zwischen sechs und sechzig herliefen, aber die meisten Feuer waren zu klein, als dass sie unsere Zeit wert gewesen wären. Die meisten Familien hatten noch einen Vorrat an Feuerwerkskörpern für abends, Raketen, Leuchtkugeln und Feuerräder, die bei Einbruch der Dunkelheit vor den Wohnungsfenstern oder auf der Straße gezündet wurden. Heutzutage werden alle Feuerwerksvorführungen von Spezialisten organisiert und streng kontrolliert. Wir Älteren denken zwar nostalgisch, aber ohne Bedauern an den alten, ruhmreichen und feurigen Vierten Juli zurück. Es wurde in der Tat ein zu hoher Preis an Toten und Verstümmelten gezahlt für nichts anderes als ein Bacchanal von Lärm und buntem Licht. Aber ich schreibe dies mit gemischten Gefühlen, denn 1928 wurde ich Direktor und nominell auch Vizepräsident des größten Herstellers von Feuerwerkskörpern im Land, und eine Reihe von Jahren verfolgte ich mit Schrecken die Einbrüche, die der kurz und bündig so genannte „sichere und vernünftige Vierte" in unserem Geschäft bewirkte (1).

Was Halloween anging, so wusste keiner von uns, was es mit diesem Feiertag eigentlich auf sich hatte. Niemand sprach je von „Allerseelen" oder „Allerheiligen". Wie für die meisten Kinder heute hatte Halloween vor allem mit Kobolden, Hexen und Kürbislaternen zu tun, die unser jüdisches Heim allerdings nicht betraten. Für uns bestand Halloween aus einer Menge am frühen Abend durch die Straßen tobender Jungen, die ihre Mäntel falsch herum trugen und unten mit Mehl gefüllte lange Strümpfe schwangen. Mit diesen Strümpfen schlugen sie aufeinander und auf die Umherstehenden ein, was schwer zu entfernende weiße Streifen auf der Kleidung hinterließ.

Jedes Jahr im November kehrte auch die Wahlnacht wieder, da in den ungeraden Jahren der Bürgermeister von New York City für eine zweijährige Amtszeit bestimmt wurde. Der wichtigste Aspekt einer Wahlnacht waren für uns Jugendliche die Freudenfeuer. Die Freudenfeuer waren Sache verschiedener Jugendgangs, die der Polizei damals weitaus weniger Ärger bereiteten als heute. Vor dem Wahltag sammelten alle Bandenmitglieder Brennmaterial, vor allem leere Gemüsekisten, und versteckten es bis zur Brandnacht in Kellern oder auf unbebauten Grundstücken. Wurde das geheime Versteck von einer anderen Bande entdeckt, drohte Unheil. „Die 110. Straße hat uns die Wahl geklaut" – also das Brennholz – konnte dann die Schreckensbotschaft lauten. In der Wahlnacht wurden an allen Ecken Scheiterhaufen errichtet und angezündet, die umringt von begeisterten Zuschauern stundenlang brannten.

Zum Erntedankfest liefen Kinder kurz nach der Jahrhundertwende in den Anziehsachen ihrer Eltern durch die Straßen New Yorks und sammelten Pennies. „Haben Sie was für Erntedank?" war eine rituelle Frage, die jedem Vorbeikommenden gestellt wurde. Wir durften beim Verkleiden und Betteln nie mitmachen. Das hätte nicht zu unserem respektablen gutbürgerlichen – wenn auch mittellosen – Status gepasst. Wie die Zeiten sich geändert haben! Das Verkleiden und Betteln findet heutzutage an Halloween anstelle zum Erntedankfest statt.

Damals wie auch in späteren Jahren galt mein Interesse vor allem der Schule. Ich war ein guter Schüler, lernte um des Lernens willen und war sehr ehrgeizig, was meine Noten anging. Wir hatten immer viele Hausaufgaben zu erledigen, aber ich machte sie schnell und manchmal einfach zwischendurch. Mutter sagte immer, mit der üblichen Übertreibung, sie verstünde gar nicht, warum ich immer so gute Noten bekäme, wo ich doch ständig mit anderen Dingen als meinen Hausaufgaben beschäftigt sei – meistens mit Lesen.

Als ich in der sechsten Klasse war, kam es an den New Yorker Schulen zu einem wichtigen Ereignis, den „Maxwell-Prüfungen". Dr. Maxwell, New Yorker Schulinspektor und ein unsympathischer Mensch, hatte verkündet, er sei unzufrieden mit Unterricht und Wissensstand an den Schulen der Stadt. Er arbeitete persönlich einen Test in Englisch und Mathematik aus, den jeder Schüler der Grundschule absolvieren musste. Die Aufgaben galten als sehr schwierig für die jeweiligen Altersstufen und wurden streng benotet. Ich war enttäuscht, dass ich in Englisch nur 68 Punkte erzielte. Dieses Ergebnis hörte sich aber besser an, als herauskam, dass der Zweitbeste nur 42 Punkte bekommen hatte. Zu einem echten Drama kam es in Mathematik. Vorne auf der Tafel standen fünf Aufgaben. Ich fand sie nicht so schwierig, war schnell damit fertig, gab meine Arbeit ab und verließ den Klassenraum, während alle anderen noch arbeiteten. Später wurde ich ins Zimmer des Direktors gerufen. Das war damals der berühmte Dr. Birkins, an den sich noch zahllose Absolventen der Grundschule Nr. 10 erinnern.

„Benny", sagte er, „warum um alles in der Welt hast du die beiden letzten Aufgaben nicht bearbeitet?" Man kann sich schon vorstellen, was passiert war. Die Aufgaben 6 und 7 standen auf der rückwärtigen Tafel. Ich hatte sie nicht gesehen und auch die Ankündigung des Lehrers nicht gehört. Die ersten Aufgaben hatte ich perfekt gelöst und bekam dafür 70 Punkte, die höchste Punktzahl an der ganzen Schule. Mit traurigem Kopfschütteln sagte Dr. Birkins zu mir: „Wenn du nur die letzten beiden Aufgaben bearbeitet hättest! Du hättest eine Berühmtheit werden können, und unsere Schule auch!"

Die Schule wurde erst so richtig interessant, als ich in die siebte Klasse und damit in die nächste Stufe kam, aber der erste Tag im Glanz meiner neuen Würde verlief alles andere als würdig. Kurz nach Beginn des Halbjahres wurde ich von der 6B in die 7A versetzt. Jedes Jahr umfasste zwei getrennte Schulhalbjahre. Da ich jetzt zum vierten Mal in eine höhere Klasse gesprungen war, war ich kaum zehn Jahre alt, als ich zusammen mit einigen anderen Jungen in meine neue Klasse gebracht wurde. Etwa vierzig Jungen blickten mich an und brachen in brüllendes Gelächter aus. Anstelle eines Norfolk-Anzugs, wie es sich für einen Zwölfjährigen gehörte, trug ich immer noch Matrosenhemd und kurze Hosen, was mich als kleinen Jungen brandmarkte. Die anderen starrten mich wie eine Missgeburt an und ich selbst begann, mich mit einer Mischung aus Verzweiflung und Widerwillen zu betrachten. An diesem

Nachmittag machte ich zu Hause ein solches Theater, dass meine Mutter schweren Herzens mit mir zu Kochs auf der 125. Straße ging, um mir meinen ersten Norfolk-Anzug zu kaufen.

Mein Cousin Louis Grossbaum – allgemein bekannt als Louie – hatte großen Einfluss auf mich, meistens zum Guten. Er war der zweite Sohn meines ältesten Onkels väterlicherseits und genauso alt wie mein Bruder Leon. Niemals wieder bin ich jemandem mit einer so außergewöhnlichen Vielfalt von Fähigkeiten begegnet. Einerseits war er ein brillanter Schüler, hervorragend in Griechisch, Latein und Mathematik, und Gewinner des berühmten Pulitzer Stipendiums sowie vieler Preise der Fakultät für Maschinenbau des Columbia College. An meinen bescheidenen Ansprüchen gemessen war er ein exzellenter Leichtathlet, und das zu einer Zeit, in der man gute Studenten in der Regel für Schwächlinge hielt. Das Überraschenste an ihm aber war sein Geschäftssinn. Anfangs verdiente er Geld, indem er frühmorgens in der Madison Avenue, wo er lebte, Brot und Brötchen austrug. Später gab er Nachhilfestunden für die Kinder aus reichen Elternhäusern, die westlich der Fifth Avenue oder östlich an der Park Avenue wohnten. Ich war damals jung und weltfremd, und mir kam es so vor, als wisse er über alles und jedes Bescheid – auch über Mädchen, ein Gebiet, das mir lange ein Buch mit sieben Siegeln bleiben sollte. Als natürlicher Anführer seiner Altersgenossen fand er eine Möglichkeit, Geld zu verdienen, indem man Baseball-Ansichtskarten am Polo-Platz oder am Stadion der Highlander (der späteren Yankees) verkaufte. Die Karten waren wie die bekannten Leporellos mit Landschaftsaufnahmen zusammengefaltet, und wenn man sie aufklappte, waren alle Spieler der Mannschaft zu sehen. Außerdem waren ein Spielplan und eine Tabelle zum Aufschreiben der Punkte dabei. Wir verdienten 2 Cents pro Karte. Soweit ich mich erinnere, verdienten wir jeder an einem Wochentag ungefähr 20 Cents, an Wochenenden konnte es bis zu einem Dollar sein.

Irgendwo unter meinen Papieren vermodert ein braun eingebundenes Notizbuch, das meine Aufzeichnungen aus diesem Baseball-Ansichtskarten-Sommer enthält. Ich notierte meine täglichen Einnahmen, das Spielergebnis und meine sonstigen Aktivitäten. Manchmal schrieb ich alles in Reimen auf, was dann richtige Knüttelverse ergab. Als ich Louie mein neues Notizbuch zeigte, ließ er sich herab, es mit einem ei-

genen Text in Gestalt von Ratschlägen an seinen jüngeren Cousin zu eröffnen. Der Text begann mit „gnothi seauton" („erkenne dich selbst") in
griechischen Buchstaben und endete mit einer lateinisch geschriebenen
Bemerkung. Ich starb in Ehrfurcht vor soviel Gelehrsamkeit und schwor
mir feierlich, selbst auch Lateinisch und Griechisch zu lernen.

Die ersten größeren Summen verdiente ich mit meiner Begabung für
Mathematik. Ein Freund von uns, Chester Brown, der eine Klasse über
mir und ein ganzes Stück größer war als ich, war schlecht in Algebra.
Seine Mutter bezahlte mir 50 Cents pro Woche für drei Nachhilfestunden. Ich kann mir heute nicht mehr vorstellen, wie ich Nachhilfe über
einen Stoff geben konnte, den ich in der Schule noch gar nicht durchgenommen hatte. Irgendein Detail an dieser Geschichte kann wahrscheinlich nicht stimmen. Aber ich fing damals jedenfalls mit dem Nachhilfe-
geben an und blieb dabei, bis ich schließlich Nachhilfestunden für den
Sohn von General Leonard Wood und für andere Offizierssöhne auf
Governors Island gab.

Damals konnte man nach Einbruch der Dunkelheit praktisch nichts
tun als an Straßenecken herumstehen oder zu Hause zu bleiben, um
Hausaufgaben zu machen oder zu lesen. Das Nachtleben auf der Straße
war für mich unattraktiv; die meisten Jungen fand ich gewöhnlich und
uninteressant. So hatte ich viel Zeit zu lesen und ich verschlang eine gewaltige Menge von Büchern. Alle vierzehn Tage lieh ich vier oder fünf
Bücher aus der Bibliothek und las darüber hinaus eine Reihe verbotener,
aber relativ harmloser Bücher, die von Hand zu Hand weitergegeben
wurden. Hierzu zählten die berühmte Frank-Merriwell-Reihe und die
Detektivgeschichten mit Nick Carter. Aus der Bücherei bekam ich ein
breites Spektrum an Literatur, von den Rollo-Büchern über Horatio Al-
ger, G. A. Henty und Oliver Optic bis zu Klassikern wie Dickens, Ste-
venson und Charles Reade.

Später entdeckte ich staunend, wie viel größer der Einfluss des Le-
sens auf mich im Vergleich zu meinen Freunden war. Die allgemeine
Ansicht ging dahin, dass man nur las, um Prüfungen zu bestehen oder
sich zu amüsieren, das Gelesene aber umgehend vergessen konnte.
Wenn ich auch viel von dem vergessen habe, was ich in der Schule lernte oder las, so erinnere ich mich doch an eine ganze Menge, zumindest
in Grundzügen. Ich hatte immer den Vorteil eines hervorragenden Ge-

dächtnisses, aber ich interessierte mich auch sehr für die Dinge, die ich lernte, und von klein auf war ich entschlossen, diese Dinge zu einem Teil meiner Kultur, meiner Geisteswelt und meines zukünftigen Lebens zu machen.

Lernen war für mich ein kontinuierlicher Prozess, und ich freute mich immer, in höheren Klassen einen Hinweis auf etwas zu finden, was mir schon früher begegnet war. Kürzlich, im Jahr 1957, bemerkte ich, dass mein Sohn Buz einen Aufsatz über Washington Irvings „Legend of Sleepy Hollow" schrieb, einen Text, den ich auch viele Jahre zuvor in der Schule gelesen hatte. Ich erinnerte mich daran, dass in Irvings Text eine Stelle aus Miltons „L'Allegro" zitiert wird („Of linked sweetness long drawn out"), um Ichabods näselnden Gesang zu beschreiben. Ich fand die Stelle, die mich 1904 beeindruckt und die ich seitdem nicht mehr gesehen hatte, nach kurzem Suchen. Aber das war nichts Besonderes. Als ich „L'Allegro" an der High School las, erinnerte ich mich an das Zitat in Irvings „Legend". Und diese Erinnerungen kehrten jedesmal in späteren Jahren wieder, wenn ich Passagen aus Miltons Gedicht vor mich hin sprach.

Ich überrasche andere und auch mich selbst immer wieder mit meinem Gedächtnis für Literatur. Gestern war ich bei einem Augenarzt in Beverly Hills, um meine Augen untersuchen zu lassen. Er gab mir einen Text zu lesen, der in immer kleiner werdenden Buchstaben gedruckt war. Ich warf einen Blick darauf und fragte unschuldig: „Ist das nicht die Autobiographie von Benjamin Franklin?" Dr. Hare antwortete: „Ja" und schien so verblüfft, dass er die Karte – sicher unabsichtlich – weglegte und ich den Test nie beendete. Er hatte noch niemals einen Patienten gehabt, der den Text wiedererkannt hätte. Ich sagte nonchalant, ich hätte das Buch einmal gelesen, und zwar vor sechzig Jahren in der Grundschule. Vielleicht hätte ich hinzufügen sollen, dass dieses Buch einen besonderen Eindruck in meinem Unterbewusstsein hinterlassen hatte, denn in meinen Tagträumen sah ich mich als eine Mischung aus Odysseus, Benjamin Franklin und Victor Hugo. Wie wundervoll, wenn man alt genug ist um anzugeben, ohne sich auch nur einen Deut um Bescheidenheit bemühen zu müssen!

Odysseus war einer der großen Helden meiner Kindheit. Ich muss gestehen, dass ich die als erstes Gedicht der Weltliteratur vielgepriesene

Ilias niemals bis zum Ende gelesen habe, bevor es Robert Graves ironi-
sierte Fassung gab. Einige Stellen, wie den Abschied Hektors von An-
dromache, mochte ich gleichwohl sehr. Aber die Odyssee hat mich von
Anfang an begeistert und in ihrer Faszination für mich bis heute nichts
verloren. Die List und der Mut, das Leiden und die Triumphe des Titel-
helden haben mich immer in einem Ausmaß berührt, das ich selbst nicht
ganz verstehen konnte. Anfangs dachte ich, dies beruhe auf der Anziehungskraft, die Gegensätze aufeinander ausüben. Ich glaubte, deshalb
von Odysseus fasziniert zu sein, weil sein Charakter und sein Schicksal
so verschieden von dem meinigen waren. Erst als ich schon lange erwachsen war, stellte ich bei mir selbst Fehler und Fähigkeiten fest, die
auch für Odysseus typisch gewesen waren.

Als Junge freute ich mich an dem Gedanken, dass die Wanderungen
und Abenteuer des Odysseus schließlich mit seinem triumphalen Wie-
dertreffen mit Penelope endeten und dass sie beide glücklich bis ans Ende ihrer Tage lebten. Einige Jahre später zeigte mir Tennyson den wahren Odysseus, für den seine Insel und das eheliche Lager niemals mehr
als ein Anlaufhafen sein konnten. Der Schluß des Gedichts hallte in mir
wider wie die Herausforderung zu einem Leben, das das genaue Gegenteil meiner Werte, Ziele und Erwartungen war. Wie oft wiederholte ich
vor mir selbst die Worte: „Kämpfen, suchen, finden, und niemals nachgeben!" (2) Noch später las ich Dantes Version der unerschrockenen
Reise des Odysseus und seines Todes auf stürmischer See, wie er selbst
sie in jener unvergesslichen Passage des „Inferno" erzählt. Und heute
halte ich die großartige Erzählung des begabten Kazantzakis über dasselbe Thema in Händen. Vielleicht ist Odysseus so alt wie ich jetzt, als
er noch einmal seine Frau und seinen inzwischen verheirateten Sohn
verlässt. Vielleicht ist er alterslos, wie ich mich auch manchmal fühle.
In dem listenreichen Geist (polytropon), der ruhelosen Seele und dem
unerschrockenen Mann unter der spitzen Seefahrerkappe sehe ich jedenfalls ein Idealbild, das mich immer gleich einem unsichtbaren Magnet-
pol mit wachsender Kraft angezogen hat.

Solche Erfahrungen mögen jenen unfreiwilligen Erinnerungen gleichen, die Prousts Wiedererschaffung seiner Jugend zugrundeliegen. Für
ihn aber waren es keine intellektuellen Auslöser, sondern das berühmte
Eintauchen der Madeleines in den Tee oder das Bücken zum Schuheöff-

nen, während es für mich immer Worte sind, Literatur, vor allem Poesie, die Szenen und Zusammenhänge in Erinnerung rufen.

Die Besonderheiten der Erinnerung verraten viel über die Besonderheiten des Charakters. Beides muss bei mir wie ein Bündel von Widersprüchen erscheinen. Die Dinge, an die ich mich trotz wiederholter Begegnungen nicht erinnern kann, sind Legion. Ich habe dieselbe Telefonnummer fünfzig- oder hundertmal im Telefonbuch nachgesehen. Ich bin dutzende Male bei einem Freund oder Verwandten zu Besuch gewesen, ohne mich an die Etage erinnern zu können, auf der er lebt, oder daran, ob man vom Aufzug aus nach rechts oder links gehen muss. Ich erkenne auch viele Menschen nicht wieder, obwohl ich sie oft gesehen und mit ihnen gesprochen habe, und vergesse viele Namen, an die ich mich höflichkeitshalber erinnern sollte.

Oft konnte ich meine Vergesslichkeit in diesen Dingen ins Lustige ziehen und Peinlichkeiten vermeiden, indem ich eine entwaffnende Bemerkung Italo Svevos, des Autors von „Zeno Cosini", entlieh: „Es gibt drei Dinge, die ich immer vergesse – Namen, Gesichter, und – und – das dritte weiß ich nicht mehr." Andererseits habe ich oft einen ehemaligen Studenten damit überrascht, dass ich seinen Namen noch lange Jahre später wusste.

Der Schlüssel zu diesem Widerspruch, und zu anderen hinsichtlich der Qualität meiner Erinnerung, liegt in einer scharfen Trennung zwischen Personen und Ereignissen einerseits und Ideen andererseits. Ich erinnere mich eher an Gelerntes als an Erlebtes. Dinge, die ich gelernt habe, meine Freizeitlektüre, meine Arbeit und meine Aktivitäten hinterlassen einen besonderen und oft unauslöschlichen Eindruck in meinem Gedächtnis. Ereignisse oder Menschen, die ich auf gesellschaftlicher Ebene, beim Sport oder auf Reisen treffe, hinterlassen kaum eine Spur. Ich kann den Namen eines Studenten behalten, sobald ich ihn in irgendeinen Zusammenhang mit dem Gegenstand einer Lehrveranstaltung oder seinem Beitrag hierzu gebracht habe. Ich würde mich wahrscheinlich sonst nicht an ihn erinnern, selbst wenn er einen besonders angenehmen oder besonders schwierigen Eindruck hinterlassen hätte.

Im New Yorker Metropolitan Museum of Art habe ich einmal die Nachbildung eines römischen Triumphbogens gesehen. Eine Tafel darunter gab die Auskunft, es handele sich um den „Triumphbogen des

Septimus Severus". Als ich die Inschrift zum ersten Mal las, war ich wirklich schockiert. Sie wagten es, den Namen eines der großen Kaiser Roms falsch zu schreiben! Und sogar in einem Zentrum der Gelehrsamkeit bedeutete dieser Mann so wenig, dass ein solch offenkundiger Irrtum nicht korrigiert wurde! Meine emotionale Reaktion auf diesen Fehler war zweifellos befremdlicher als der Fehler selbst. Man könnte mit Hamlet fragen: „Was bedeutet Septimius Severus für ihn, oder er für Septimius Severus?" In der Tat muss ich bekennen, dass Severus für mich ein Freund war, auf eine Weise, in der lebende Menschen nicht meine Freunde werden konnten – oder, genauer gesagt, in der ich nicht Freundschaften mit lebenden Menschen schließen konnte. Als ich fünfzehn Jahre alt war, wurde Septimius für mich durch das großartige Werk Edward Gibbons lebendig. Ich verfolgte seinen Kampf mit Feinden im Inneren und von außen. Ich hatte Freude daran, wie er die Macht des Römischen Reiches wiederherstellte. Ich wusste, dass dieses Reich zum Niedergang verurteilt war, aber ich war begierig, Roms Fall so lange wie möglich herauszuzögern. Septimius Severus setzte nach Britannien über, in mein Geburtsland, und stellte den Hadrianswall wieder her. Dadurch assoziierte ich ihn mit Hadrian, jenem noch bedeutenderen und komplexeren Herrscher, den ich in Gibbons Darstellung liebte und bewunderte, und den ich erst viele Jahre später durch Margaret Yourcenars Meisterstück „Die Memoiren des Hadrian" vollständig verstehen lernte. Hadrian war beinahe so etwas wie eine Identifikationsfigur für mich.

Die wahren Freunde und Vertrauten in meinem Leben waren Hadrian und Severus und zahllose andere historische Figuren, sogar Gustav Adolf und Oxenstierna aus Schweden, gemeinsam mit denjenigen Schriftstellern, deren Werk und Persönlichkeit in den Jahren des Heranwachsens eine besondere Bedeutung für mich hatten. Hierzu zählen Vergil eher als Homer, Milton eher als Shakespeare und Lessing eher als Goethe. Was diese Autoren schrieben, war für mich viel wichtiger und beeindruckte mich viel mehr, als lebendige Menschen um mich herum dies vermochten.

Meine Laufbahn an der Grundschule ging erfolgreich zu Ende. Im Wettstreit um den besten Notendurchschnitt mit meinem Freund Sydney Rogow hatte ich knapp die Nase vorn. Ich wurde dadurch offizieller

Abschiedsredner und Herausgeber der Schulzeitung „Wide-Awake", für die ich allerdings nichts als ein längliches Gedicht geschrieben habe. Aber ich war sehr stolz, die Rede auf der Abschiedsfeier halten zu dürfen, und noch stolzer, als mir mein Lieblingslehrer, Mr. Bayne, mit großer, schwungvoller Handschrift folgende Widmung in mein grünes Autographenalbum schrieb: „Dem Dichter, dem Präsidenten, und dem Abschiedsredner! Mit besten Wünschen, Stephen F. Bayne."

Meine Zeit an der Grundschule Nr. 10 ging allerdings mit einem Missklang zu Ende. Die Schüler der Abschlussklasse sollten Schulabzeichen aus reinem Gold kaufen, zu einem Preis von fünf Dollar. Um eine solche Summe konnte ich meine Mutter eigentlich gar nicht bitten, aber weil ich gegenüber meinen Mitschülern nicht zugeben wollte, wie arm wir waren, schwatzte ich Mutter das Geld ab. Nach kaum einem Monat hatte ich das Abzeichen verloren und alles, was mir von dieser Geschichte blieb, war ein schlechtes Gewissen wegen meines Mangels an Charakterstärke für den Rest meines Lebens. Ich tröste mich mit dem Gedanken, dass Mutter meine Schwäche und meinen falschen Stolz gut verstanden haben muss, denn sie kannte diese Gefühle aus eigener Erfahrung. Damals wollten alle reicher erscheinen als sie waren. Für uns schien es aber noch wichtiger, nicht so arm zu erscheinen wie wir tatsächlich waren. Mutter gab sich alle Mühe, nicht zu oft und mit zuviel Bedauern von unserem vergangenen Glanz zu sprechen. Aber so vieles erinnerte sie daran, dass sie den Gedanken daran kaum verdrängen konnte. Den meisten Verdruss bereiteten in dieser Hinsicht unsere wohlmeinenden alten Freunde. Sie blieben uns treu und ließen uns nicht im Stich. Aber der Gegensatz zwischen ihren finanziellen Verhältnissen und unseren war für Mutter nur zu offenkundig. Darüber hinaus setzten unsere wechselseitigen Besuche Mutter ständig unter den Druck, unsere Armut so weit wie möglich zu verbergen, alle erdenklichen Kniffe schäbiger Respektabilität zu entwickeln und prekärerweise immer ein bisschen über statt unter unseren Verhältnissen zu leben.

Wir Jungen wuchsen in dieser frustrierenden Atmosphäre auf, die zumindest auf einen von uns einen nachhaltigen, schädlichen Einfluss ausübte. Von Natur aus war ich immer eher an der intellektuellen und spirituellen Seite des Lebens interessiert als an der materiellen. Aber die schwierigen Lebensverhältnisse meiner Kindheit betrafen mich nicht weniger als meine Brüder. Geld wurde mir immer wichtiger. Ich sah es als selbstverständlich an, dass hohe Einnahmen und Ausgaben das wichtigste Anzeichen für Erfolg im Leben waren. Mehrere Jahrzehnte sollten vergehen und viele Wechselfälle des Lebens waren zu meistern, ehe ich die einfachste und wichtigste Regel für materiellen Wohlstand begriff: Die genialste Finanzstrategie besteht darin, nicht mehr auszugeben, als man einnimmt.

4. Kapitel

Auf der High School: Brooklyn und die Bronx

Mit meinem Abschluss an der Grundschule Nr. 10 wurde ich als geeigneter Kandidat für eine Aufnahme an die Townsend Harris Hall empfohlen, die die High School des College of the City of New York war. Während die High School normalerweise vier Schuljahre umfasste, waren es auf der Townsend Harris Hall nur drei. Von den Schülern wurde jedoch verlangt, dass sie mindestens denselben Lehrstoff wie alle anderen – wenn nicht mehr – in viel kürzerer Zeit schafften. Die Anforderungen für eine Aufnahme und ein Verbleiben an dieser Schule waren relativ hoch. Dennoch hatte die Townsend Harris Hall nach meinem Eindruck einen sehr starken Anfangsjahrgang mit über vierhundert Schülern, die sich auf ungefähr zwanzig Klassen verteilten. Die gesamte Schülerschaft wurde strikt nach alphabetischer Reihenfolge aufgeteilt, was zu seltsamen Ergebnissen führte. Man sagte, eine Klasse habe nur aus Cohens und Cohns bestanden. Das mag so gewesen sein oder auch nicht, ich weiß jedenfalls mit Bestimmtheit, dass alle Nachnamen in meiner Klasse mit G begannen. Am ersten Schultag hatte ich das Glück, einen Jungen meines Alters zu treffen, Frederick F. Greenman, der sofort mein Freund wurde und es ein Leben lang blieb. In unserer Klasse der G's war auch der kleine Morrie Gottshalk, der später Dekan jenes großen Colleges werden sollte, das er damals mit so bescheidener und furchtsamer Miene betrat.

Die meisten unserer Lehrer an der Townsend Harris School habe ich vergessen, und einige, an die ich mich erinnere, sind kaum der Erwähnung wert. Zwei jedoch ragen in meiner Erinnerung heraus. Der eine von ihnen war Eduardo San Giovanni, ein Schreckensbild von einem Lateinlehrer, der es tatsächlich schaffte, mir diese schwierige Sprache beizubringen. Ich höre ihn noch mit wie immer drohender Stimme fragen: „Garten, was ist der charakteristische Vokal der zweiten Deklination?" Garten antwortete und schon kam die nächste Frage: „Mr. Garten, ist die Erde rund? Wie eine Null? Ja? Genauso viele Punkte bekommen Sie!" Keine falsche Bescheidenheit hielt ihn davon ab, sich vor seinen Klassen damit zu brüsten, wie er sich mit dem Papst im Garten des Vatikan auf Lateinisch unterhalten hatte.

Der zweite Lehrer in meiner Erinnerung ist ein außergewöhnlich ruhiger und unscheinbarer Geometrielehrer, von seinem Temperament her das genaue Gegenteil des aufbrausenden San Giovanni. Er hieß Morris Raphael Cohen, ein Name, der der Welt damals nichts bedeutete, der jedoch ein Stern in den Annalen der Philosophie werden sollte. Der Geometrieunterricht war allerdings offenkundig nicht seine starke Seite. Townsend Harris Hall hatte einen besonderen Lehrplan, der viel Arbeit erforderte, und wir mussten alle zwölf Lehrbücher der Geometrie und Stereometrie in einem Jahr bewältigen. Mr. Cohen teilte unsere Schulaufgaben nicht besonders gut ein und Anfang Juni waren wir mit dem Stoff noch lange nicht fertig. Eines Tages kündigte er daher seiner wie vom Donner gerührt dasitzenden Klasse an: „Für morgen bereiten Sie bitte das zehnte Buch vor, meine Herren!" Wir mussten gewöhnlich in Gruppen an die Tafel kommen, wobei jeder eine andere Aufgabe oder Frage zugeteilt bekam. Der schon erwähnte Garten war ein großer, kräftiger und fröhlicher Mensch, der als Freund erfolgreicher war denn als Schüler. Gottshalk und ich wurden mit unseren Aufgaben in der Regel schnell fertig, und einer von uns tauschte manchmal den Platz mit Garten und erledigte dessen Aufgabe an der Tafel. Mr. Cohen, tief versunken in einen Band James oder Royce, bemerkte gar nicht, was vorging.

Ungefähr sieben Jahre später traf ich Cohen, inzwischen Professor, unter ganz anderen Umständen. Ich war ein ziemlich überheblicher Student im Endsemester am Columbia College und unter anderem an Philosophie und Französisch interessiert. Ein Professor von der Sorbonne, Raymond Boutroux, hielt einen Vortrag über das Thema „M. Bergson, est-il un pragmatiste?" („Ist Henri Bergson Pragmatist?"). Boutroux begann seinen Vortrag mit der Erklärung: „Oui, Mesdames et Messieurs, M. Bergson est certainement un pragmatiste" („Ja, meine Damen und Herren, Henri Bergson ist mit Sicherheit Pragmatist"); und beendete ihn, nicht weniger bestimmt, mit dem Satz: „Alors, M. Bergson n'est pas du tout un pragmatiste" („Henri Bergson ist also in keiner Weise Pragmatist").

Voller Verblüffung verließ ich den Hörsaal und sah meinen alten Geometrielehrer mit seinem kurzen lockigen Haar und wenig anziehenden Aussehen. Er begrüßte mich höflich und ich bemerkte in dem leicht gönnerhaften Ton, den ein Angehöriger des Columbia College damals gegenüber jemandem aus dem College of the City of New York anschlug: „Hallo Mr. Cohen, Sie interessieren sich also auch für Philosophie?" Morris Raphael Cohen lächelte bescheiden. „Ein bisschen", antwortete er und schritt davon. Der Student, der mich begleitete, starrte mich entsetzt an. „Du Trottel", rief er, „weißt du nicht, dass Morris Cohen allgemein als Nachfolger von William James gilt?" Nein, das wusste ich nicht. Aber ich zog eine Lehre fürs Leben aus meiner Unwissenheit: Sei niemals herablassend zu anderen.

In meine Zeit an der High School fiel auch Mutters Entscheidung, bei Onkel Maurice auszuziehen und eine Pension zu eröffnen. Sie mietete ein Ziegelgebäude an der 129. Straße in Harlem und richtete es, ich weiß nicht wie, ein. Mutters Geschäftssinn war so wenig entwickelt, dass wir erst viel zu spät entdeckten, dass das Haus gegenüber einem Mietstall lag. Mit fortschreitendem Sommer und steigenden Temperaturen wurden die Nachteile dieser Lage nur zu deutlich, für unsere Mieter sogar noch mehr als für uns.

Als ehrgeiziger Junge von gerade zwölf Jahren wurde mir die Notwendigkeit einer einträglichen Beschäftigung deutlich. Nicht weit entfernt in Saxton's Milchladen hing ein Schild mit der Aufschrift „Junge gesucht". Ich fragte nach der Stellung und erntete einen misstrauischen Blick des Geschäftsführers: „Du bist nicht kräftig genug für diese Arbeit!" Ich versicherte das Gegenteil und sagte, zudem könne man auf meinen Eifer und meine Zuverlässigkeit zählen. Rechtlich war die Beschäftigung von Saisonarbeitern jeden Alters und zu jedem Lohn gestattet, und so wurde ich mit einem Gehalt von $ 2 in der Woche eingestellt. Zunächst ging alles ganz gut. Ich schob einen beladenen Lieferkarren zu verschiedenen Mietshäusern in der Nachbarschaft, trug die Waren in den Keller, suchte die Klingel und Sprechanlage des Kunden und meldete mich. Dann musste ich den vollen Speiseaufzug hinaufziehen, ihn wieder hinunterlassen, um das Geld herauszunehmen und ihn in der Regel noch einmal mit dem Wechselgeld hinaufziehen. Das war nicht allzu schwierig, wenn auch alle Welt in der sechsten Etage zu wohnen schien.

Dann aber bekam jemand anders den Lieferkarren und ich musste einen vollgepackten Korb tragen. Das war sehr mühselig, vor allem in der heißen Augustsonne. Einmal setzte ich meinen schweren Korb ab, um mir das Gesicht abzuwischen und meine schmerzenden Arme auszuruhen. Vor dem Nachbarhaus spielten zwei Jungen Ball. Als ich meinen Korb wieder aufnahm und weitertrottete, rief mir einer der beiden nach: „An die Arbeit, du Pferd!" Ich war den Tränen nahe. Kurz darauf übernahm Victor, der viel kräftiger war als ich, meinen Job und kam viel besser damit zurecht als ich.

Wir gaben das duftende Haus in der 129. Straße Ende des Sommers auf und verlegten unser Geschäft in ein ähnliches Ziegelgebäude, Manhattan Avenue 350, in der Nähe der 114. Straße. Hier hatte ich meine erste romantische Affäre. Für mich hatte es bislang zwei Gruppen von Frauen gegeben: (1) Mutter; (2) Wesen von einem anderen Planeten. Diese ungesunde Einstellung resultierte aus meiner Erziehung. Mit Ausnahme der beiden wenig erfolgreichen Wochen im Kindergarten war ich kein einziges Mal mit Mädchen zusammen in einer Klasse. Ein feindliches Geschick brachte mich um jeden normalen Kontakt mit Mädchen meines Alters, ausgenommen allein meine Cousine Helen, die wenig Eindruck auf meine Gedanken oder Gefühle machte.

Gegenstand meiner Liebe war ein strahlend schönes und munteres Mädchen, das ich anhimmelte und das mich sehr gern hatte. Unglücklicherweise war sie volle achtzehn Jahre alt, während ich mit meinen zwölf Jahren noch fast ein Kind war. Constance Fleischmann lebte mit ihrer Mutter bei uns, um möglichst nahe am Barnard College zu sein. Niemand konnte freundlicher zu einem schüchternen Jungen sein als Constance Fleischmann es zu mir war. Sie erklärte sich bereit, mir Französischstunden zu geben, auf die ich mich trotz meiner vielfältigen anderen Aufgaben gewissenhaft vorbereitete. Noch lange danach enthielt meine Bibliothek eine Lehrbuchausgabe von Prosper Mérimées Colomba mit Vokabelteil, Anmerkungen und der folgenden, in Constances wunderschöner Handschrift geschriebenen Sentenz auf der Titelseite: „J'aime les marrons glacés" („Ich liebe glasierte Kastanien").

Wir lasen auch französische Gedichte zusammen. Constances Lieblingsgedicht war „La Tombe et la Rose" von Victor Hugo, und sie ließ es mich auswendig lernen. Das tat ich voller Eifer – ich kann es heute noch – und ich übersetzte es darüber hinaus auch ins Englische. Hier liegt der Anfang einer der wichtigsten geistigen Zerstreuungen in meinem Leben. Wie viele romantische und nachdenkliche Menschen habe ich selbst viele Gedichte geschrieben, denen aber meiner eigenen kritischen Beurteilung zufolge der göttliche Funke fehlt. Aber wenn ich die Meisterwerke anderer übersetzte, konnte ich deren Inspiration nutzen. Diese Aufgabe erfordert Hingabe und ein gewisses Geschick, und über beides verfügte ich. Ich habe viel persönliche Befriedigung aus der Übersetzung zahlreicher Texte aus dem Griechischen, Lateinischen, Französischen und Deutschen gezogen – und auch aus der Übersetzung eines Gedichtes von A. A. Housman ins Französische. Ich kann nicht umhin, hier meine Übersetzung des kurzen Gedichts von Victor Hugo einzufügen:

The Tombe and the Rose

The tomb said unto the rose,
'With those tears the dawn bestows
What does thou, flower of love?'
Said the rose unto the tomb,
'What dost thou with them whose doom
To thy maw sends from above?'

Said the rose, 'Home of the dead,
Of the tears the breezes shed
Amber-sweet perfume make I.'
The tomb said, 'O plaintive flower,
Of each soul that knows my power
I an angel make on high.'

Ich war jetzt fast dreizehn und wurde auf die Bar Mitzvah-Zeremonie vorbereitet. Hierzu will ich nur soviel sagen, dass ich meinen Lehrer durch meine störrische Weigerung bestürzte, die übliche Rede des Dankes an meine Eltern und der feierlichen Verpflichtung auf den Glanz und die Bräuche der jüdischen Religion zu halten. Ich hatte unzählige Reden dieser Art an Sabbatmorgenden in der Synagoge gehört und eine

tiefe Abneigung gegen die monotonen Wiederholungen, die Gefühlsdu-
selei und die offensichtliche Heuchelei dieser Reden entwickelt.
Wenig später verlor ich meinen Glauben. Das gekünstelte und anti-
quierte Ritual, das ich früher ohne zu fragen akzeptiert hatte, erschien
mir nun als Feind sowohl der Vernunft als auch der Behaglichkeit. Jede
wirkliche Bedeutung und jede Anziehungskraft, die die großen Versprechen eines religiösen Glaubens für ein empfindsames Gemüt haben
mochten, gingen in einem Meer sich ständig wiederholender Floskeln
unter. Die Sonntagsschule wurde eine Plage, die Synagoge ein Ort der
Langeweile. Im leicht beeinflussbaren Alter von zehn oder elf Jahren
war ich jedoch für kurze Zeit von den ethischen Prinzipien unseres
Glaubens bewegt. Ich lauschte Freitag abends gerührt dem Gesang junger Stimmen und hörte auf die ernsten, wenn auch wenig redegewandt
vorgetragenen Ermahnungen des Rabbi. Aber dieses Interesse hielt
nicht lange an. Mit fortschreitendem Alter wurden die Bande der jüdischen Bräuche und Rituale immer lockerer, bis sie schließlich ganz aus
meinem Gesichtsfeld verschwanden.

Aber das bedeutete für mich nicht, wie für so viele andere aus meinem Bekanntenkreis, dass ich jedes Interesse an Religion verloren hätte.
Die Religion im Allgemeinen ist für mich vielmehr lange ein Gegenstand des Forschens und Nachdenkens geblieben. Die Vielfalt der religiösen Offenbarungen, Überzeugungen und Erfahrungen hat mir ein un-
begrenztes Studienobjekt geliefert. Der Unterschied zwischen dem
unbestreitbaren Bedarf des Menschen an Religion und dem zweifelhaften Charakter seiner Religionen ist augenfällig. Es ist schwierig, die
Existenz des Göttlichen im Universum zu leugnen; genauso schwierig
ist es aber, eine der zahlreichen und widerstreitenden Doktrinen zu akzeptieren, in denen sich das Göttliche dem Menschen offenbart haben
soll. Sogar der Monotheismus – das Geschenk des Judentums an die
Welt – erscheint mir bei spektischer Betrachtung suspekt. Die Idee des
einen Gottes besticht in ihrer großartigen Einfachheit, aber ob sie den
Realitäten der unsichtbaren Welt entspricht, ist eine andere Frage. Während meiner Collegezeit las ich William James' 1909 erschienene
Schrift „A Pluralistic Universe" und war sehr beeindruckt von seinen
brillanten Spekulationen, die den Ergebnissen meiner eigenen Überlegungen entsprachen.

Als neugieriger Mensch der westlichen Welt faszinierten mich die Geschichte und die Doktrinen des Christentums. Schon früh wurde Jesus zu einem Vorbild für mich, und zwar auf recht komische Weise. Die meisten Geschenke, die ich zu Bar Mitzvah bekam, waren Bücher. Eines dieser Bücher kam von einem jungen Rabbi, einem engen Freund der Familie. Der Titel war „Ein Prinz aus dem Hause David". Als ich das Buch einige Monate später las, stellte ich überrascht fest, dass es aus einer Reihe fiktiver Briefe bestand, die Leben und Martyrium Jesu schilderten. Das Geschenk des Rabbi bekehrte mich zwar nicht zum Christentum, es machte mich jedoch mit einer Figur bekannt, die mich mein ganzes Leben angezogen und gefesselt hat.

Natürlich wunderte ich mich über dieses für einen jüdischen Rabbi seltsame Geschenk. Ich traf ihn ein paar Jahre später wieder, er war inzwischen der bekannte Dr. Rudolph I. Coffee, und er erzählte mir, dass ich unwissentlich die Ursache beträchtlicher Verlegenheit und Gewissensbisse geworden war. Offenbar hatte er eine gemeinsame Freundin gebeten, ein passendes Buch für mich auszusuchen. Die Dame fand das Bändchen bei einem eiligen Einkauf und schloss – ohne es aufzuschlagen – aus dem Titel, es müsse um eine unserer jüdischen Heldenfiguren gehen. Sie nannte Dr. Coffee den Titel, der ihm jedoch damals nichts sagte. Zufälligerweise erfuhr er einige Zeit später, worum sich das Buch wirklich drehte. Inzwischen war der Schaden jedoch nicht wieder gut zu machen und eine Erklärung zu peinlich.

In „A Night in the Luxembourg" sagt Rémy de Gourmont 1906 über die Juden: „Welch seltsames Schicksal für ein Volk, den Gott abzulehnen, den es der Welt geschenkt hat." Dies sind die beiden größten Ironien der Weltgeschichte: Eine obskure östliche Sekte bürdet der gesamten westlichen Welt und in Ursprung und Wesensart völlig unterschiedlichen Völkern ihre Religion auf und das Judentum überdauert die Jahrhunderte, nicht wegen, sondern trotz seiner großen Schöpfung, des Christentums.

Wenn man das Neue Testament liest, ist der Kontrast zwischen seinem ethischen und seinem theologischen Gehalt augenfällig. Die ethische Lehre Jesu ist ein großer Fortschritt gegenüber dem Alten Testament, nicht aufgrund der Neuheit der Ideen, sondern aufgrund der Vielfalt, in der diese zum Ausdruck gebracht werden. Aber wenn Jesus

das Ende der Welt nahen sieht, wenn er sich mit Teufeln oder den physischen Aspekten des Himmels befasst, scheint er eher Ausdruck einer
naiven oder sogar abergläubischen Umwelt zu sein, den ausgefeilten
Konzeptionen der alten jüdischen Propheten intellektuell unterlegen.
Für einen nicht gläubigen Menschen ist zudem die nach Jesu Tod konstruierte komplizierte christliche Doktrin ein außergewöhnliches Beispiel für den Triumph des Glaubens über die Vernunft.

Der Wandel der religiösen Orientierungen, der sich in Teilen der
westlichen Welt innerhalb eines Menschenlebens vollzogen hat, ist
überraschend. Es ist erstaunlich, wie problemlos manche Menschen ihren Glauben und sogar jedes Interesse an Religion aufgegeben haben,
vor allem, wenn man bedenkt, welchen Einfluss die Religion auf das
Denken der meisten Menschen hatte. Jungen Leuten habe ich oft gesagt:
„Man muss lange über Gott nachdenken, bevor man das Recht hat, nicht
an ihn zu glauben." Aber vielen scheint es mit der Religion so zu gehen
wie Astronauten mit dem Schwerkraftfeld der Erde. Wer mit den religiösen Traditionen seiner Familie einmal gebrochen hat, führt ohne Probleme ein Leben, das Religion völlig ignoriert. Es ist eine seltsame Vorstellung, dass auf ein und demselben Planeten Millionen von Menschen
leben, für die Gott, Himmel und Hölle real existieren, zusammen mit
Millionen anderen, die über diese Dinge noch nicht einmal nachdenken.

Nachdem ich ein ganzes Leben lang über die großen Fragen der Religion nachgedacht habe, kann ich kein Ergebnis vorweisen, das religiösem Glauben nahekäme. Aber ich hege großen Respekt, sogar Neid, denen gegenüber, die sich ihren Glauben bewahrt haben und für die er
Richtschnur ihres Verhaltens in der Welt ist, ein Felsen in der Brandung
und das Versprechen auf Errettung und ewiges Leben. Wenn Glauben
ein so wundervolles und zudem für jeden frei erhältliches Gut ist, warum akzeptiere ich ihn nicht frohen Herzens? Leider kann ein geistig in-
tegrer Mensch nicht nur deshalb gläubig sein, weil der Glaube ihn
glücklich macht. Pascal mag mit seiner berühmten Beweisführung viele
Leser vom mathematischen Vorteil des christlichen Glaubens überzeugt
haben, der einen Schutz gegen die unendlich kleine Wahrscheinlichkeit
bietet, dass der Ungläubige in die Hölle kommt. Aber auch ihm muss
klar gewesen sein, dass seine Beweisführung zu weit führte und dass sie
zudem bei der Entscheidung, welche der widerstreitenden Religionen

die beste sei, nicht helfen konnte. Ich gebe mich damit zufrieden, bis ans Ende meiner Tage die nie fassbare Wahrheit zu suchen, mir dieselben, unbeantwortbaren Fragen zu stellen und Gott von Zeit zu Zeit dafür einen milden Vorwurf zu machen, dass er sich denen gegenüber verborgen hält, die ihm ehrenvoll dienen würden, wenn sie ihn nur fänden.

Ich möchte in aller Kürze und Offenheit meine Haltung gegenüber dem Judentum klarstellen. Ich denke trotz allem, dass es ein großes Unglück ist, als Jude geboren zu werden. Das Schicksal meint es besser mit denen, die als Christen geboren werden. Aber mit gleicher Offenheit kann ich für mich sagen, dass meine jüdische Herkunft mir nur wenig Nachteile gebracht hat, und dass diese Nachteile mehr als wettgemacht worden sind durch gewisse Geistesgaben und Persönlichkeitsmerkmale, die ich dem Judentum verdanke. Die Probleme, die Juden in meiner Jugend sogar in Amerika hatten, waren nur zu deutlich, und ich persönlich habe sie bei bestimmten Vorkommnissen, meist von geringer Bedeutung, sowie in Form einer allgemeinen Atmosphäre des Unwohlseins und der Angst in unseren Beziehungen mit Christen erlebt. Die meisten, wenn auch nicht alle dieser Probleme sind im Laufe eines Menschenlebens verschwunden. Als ich neulich eine private Sonntagsschulstunde für eine Gruppe von acht in Beverly Hills lebenden jüdischen Kindern abhielt, stellte ich erstaunt fest, dass keines dieser Kinder jemals das Wort „Antisemitismus" gehört hatte. Sie kannten nicht einmal die Bedeutung des Wortes. Als ich in ihrem Alter war, war Antisemitismus ein wichtiger Teil unseres Alltags. Er betraf alle unsere Kontakte mit der Außenwelt. Er spielte eine wichtige Rolle in unserer Literatur und in unserem Humor. Als Erwachsener habe ich in dieser Beziehung Glück gehabt. Meine berufliche und meine akademische Laufbahn haben mich in engen Kontakt mit einer Vielzahl von Christen gebracht, und ich habe kaum jemals Zurückweisungen oder Schwierigkeiten aufgrund meiner Religion erlebt. Dass ich solch unerfreulichen Erlebnissen entgangen bin, liegt natürlich zu einem guten Teil auch daran, dass ich aus einer Art Selbstschutz heraus solche sozialen Kontakte und Ambitionen vermieden habe, die ungünstig aufgenommen werden konnten.

Ich muss hier zugeben, dass ich kaum emotionale Loyalität gegenüber dem jüdischen Volk empfinde, dem ich entstamme. Loyalität ist für sich genommen zweifellos eine große emotionale Tugend, sie kann jedoch ein ebenso großer intellektueller Fehler sein. Loyalität ist die glänzende Vorderseite eines Schildes, auf dessen Rückseite die Worte Vorurteil, Intoleranz und Fanatismus eingraviert sein können. Ich kann vollkommen loyal sein – gegenüber Ideen und großen Zielen, gegenüber Dingen oder Menschen, die ich bewundere. Aus einem gewissen Pflichtgefühl heraus kann ich mich auch loyal gegenüber Menschen und Institutionen verhalten, denen ich aus Gründen einer gewiss vernünftigen Konvention Loyalität schulde. Aber ich kann mich nicht nur deshalb voller Leidenschaft für Menschen und Institutionen zeigen, weil ich zufällig zu ihnen gehöre. Das ist wahrscheinlich ein Charakterfehler, ein Ausdruck noch größerer Unzulänglichkeiten, die aus einer lebenslangen Bevorzugung der intellektuellen Seite des menschlichen Lebens gegenüber der emotionalen resultieren.

Offenbar haben viele Juden eine geringe Meinung vom jüdischen Volk, zumindest von denen, die in den weniger begünstigten Regionen dieser Welt geboren sind. Ich zähle nicht zu diesen Menschen. Ich glaube, dass der jüdische Charakter sowohl erniedrigt als auch erhöht, sowohl verroht als auch verfeinert worden ist durch die langen Jahrhunderte von Verachtung und Unterdrückung. Ich glaube aber, dass die Juden unter günstigen Umständen die ihnen von ihrem Elend aufgezwungene Engstirnigkeit und Gerissenheit ablegen und doch die intellektuelle Wendigkeit und Spiritualität bewahren können, mit der sie entschädigt wurden – ein wundervoller Vorteil. Ich habe eine Theorie, die für die meisten meiner jüdischen Freunde ein Tabu ist. Diese Theorie besagt, dass die wahre Mission der Juden die ist, Nichtjuden zu heiraten und so ihren schwer erworbenen Vorrat an Talenten und Fähigkeiten einer viel größeren Gruppe zugänglich zu machen. Ein wunderbares genetisches Abenteuer wäre das!

Mutters Karriere als Leiterin einer Pension endete in Schrecken. Wir gingen bankrott und fast unser gesamter Besitz wurde versteigert. Ich weiß noch, dass meine Gefühle zwischen der Schande, öffentlich unter den Hammer zu kommen, und der Aufregung über die Menschenmenge, die Geschäftigkeit und die seltsamen Vorgänge hin und her schwankten. Am Tag der Versteigerung wurde jedem von uns Jungen eine kleine Aufgabe übertragen. Da ich als der Mathematiker in der Familie galt, musste ich die Erträge aus der Versteigerung der Möbel in jedem Raum addieren. Wie traurig Mutter schaute, als Stück um Stück zu lachhaft niedrigen Preisen versteigert wurde! Aber unser Klavier fand zwei entschlossene Interessenten und wurde schließlich für stolze $ 150 verkauft. Das war das einzige Mal an diesem Tag, dass ich ein Lächeln auf dem Gesicht meiner armen Mutter sah.

Uns blieb nichts anderes übrig als wieder bei Onkel Maurice in seinem Holzhaus in Borough Park zu wohnen. Diese Gegend galt damals als ziemlich abgelegen, und sie war besonders weit von Townsend Harris Hall auf den Amsterdam Heights in Manhattan entfernt. Um von unserem neuen Heim aus in die Schule zu kommen, musste ich zunächst die Straßenbahn nehmen, dann eine Hochbahn über die Brooklyn Bridge und schließlich die neue U-Bahn zur Station Ecke 137. Straße und Broadway. Für die Hin- und Rückfahrt brauchte ich jeweils eineinhalb Stunden. Das Hauptproblem war jedoch das doppelte Fahrgeld, jeweils 5 Cents, also $ 1 pro Woche. Die lange Zeit, die ich auf der Bahn verbrachte, war aber keineswegs verschwendet. Ich erledigte fast meine gesamten Hausaufgaben auf meinen Hin- und Rückfahrten. Ich erinnere mich noch daran, wie ich langsam über die Brooklyn Bridge rollend Griechisch lernte und hin und wieder zu den roten Trägern der Manhattan Bridge hinüberschaute, die damals gerade gebaut wurde.

Ich verdiente kleinere Geldbeträge auf alle möglichen Weisen, die einem dreizehnjährigen Jungen offenstanden. Ich kümmerte mich um den Kohleofen, was nicht allzu schwierig war, sieht man einmal davon ab, dass man die schweren Aschenkübel die Kellertreppe hinaufschleppen und sie an einem tiefer liegenden Teil der Straße auskippen musste. Ich gab auch einem Jungen, der ein paar Häuser weiter an der Straßenecke wohnte, Nachhilfeunterricht in Mathematik, Barondess hieß er. Sein Vater war der berühmte Arbeiteragitator Joseph Barondess (2). Unsere Familien freundeten sich schnell an, und ich folgte vielen angeregten Diskussionen zwischen Barondess und Onkel Maurice – beides brillante Männer. Eine meiner Hauptverdienstquellen bestand darin, die Berichte abzutippen, die mein Onkel für seine verschiedenen Klienten anfertigte. Hierbei handelte es sich um ausgefeilte Ausarbeitungen von vielen Seiten, die ich auf einer Oliver-Schreibmaschine abschrieb. Die Oliver hatte nur drei Reihen Tasten, dafür waren auf jeder Taste drei Zeichen statt nur zwei. Ich brauchte eine Menge Zeit, um mir das schwer erlernte

Schreiben nach dem Oliver-System wieder abzugewöhnen. Ob wohl solche Maschinen noch irgendwo in Gebrauch sind?

Ich warf einen Teil meiner Einkünfte mit meinem Geburtstagsgeld zusammen und konnte mir so ein gebrauchtes Fahrrad kaufen. Der Tag, an dem ich es bekam, war ein wichtiger Tag in meinem Leben. Ich schob das Rad in eine abgelegene Straße – in jener Gegend nicht schwer zu finden – und nach einer halben Stunde voller Stürze, Schwanken und Unsicherheit konnte ich Fahrradfahren. Im Sommer erwies sich das Rad als Segen. Fast jeden Tag fuhr ich zusammen mit meinem nebenan wohnenden Freund Claude Gassner zum Grundschulsportplatz in Flatbush, wo wir mit großem Enthusiasmus und einigem Erfolg Tennis spielten.

Während meines Sommers in Borough Park bemühte ich mich ernsthaft, Französisch zu lernen. Die Basis hierfür bildeten meine Französischstunden mit Constance. Es gab nur ein französisches Buch im Bücherschrank der Grossbaums, „Etudes sur la Nature" von Bernardin de St. Pierre. Wie viele andere Bücher hatte mein Vater es beim Verkauf der Sammlung von Sir Moses Montefiore erworben. Früher hatte es einen schönen Einband, zerfiel aber nun zusehends. Die Seiten des Buches waren vergilbt, der Druck altertümlich und schwer lesbar und das Französisch St. Pierres reichlich antiquiert. Die Endung -ait wurde zum Beispiel -oit geschrieben. St. Pierre war ein typischer französischer Schriftsteller des 18. Jahrhunderts, ein Naturforscher, Wissenschaftler und Romancier zugleich. Er schrieb ausführlich über Pflanzen und Tiere und über seine verschiedenen wissenschaftlichen Theorien. So war er zum Beispiel der Meinung, Ebbe und Flut würden vom Abschmelzen der Polkappen verursacht! Darüber hinaus stellte er alle möglichen philosophischen Spekulationen an.

Jedes Wort, das ich nicht kannte oder bei dem ich unsicher war, schaute ich in „Heath's French Dictionary" nach, und schrieb es zusammen mit der englischen Übersetzung auf einen Zettel. Abwechselnd deckte ich den englischen und den französischen Teil dieser Listen ab und übersetzte die Begriffe in die jeweils andere Sprache. Gegen Ende des Sommers verfügte ich über einen zusätzlichen, wenn auch recht ausgefallenen Wortschatz von mehreren tausend Wörtern. Da viele von ihnen mit exotischen Pflanzen und Tieren zu tun hatten, benutzte ich sie nie und vergaß sie daher ziemlich schnell wieder, eine beträchtliche Zahl aber behielt ich im Gedächtnis. Später versetzte ich meine Französisch-Professoren in Erstaunen, indem ich sehr spezielle oder altertümliche Ausdrücke bei meinen Konversationsübungen benutzte. Leider sprach ich einen großen Teil dieses eindrucksvollen französischen Wortschatzes falsch aus, da ich die Wörter beim Lesen gelernt hatte und meine Vorstellungen von ihrer Aussprache oft so irrig waren wie die wissenschaftlichen Theorien des guten St. Pierre.

Als Onkel Maurice wohlhabender geworden war und in eine elegante Wohnung auf den Washington Heights zog, wechselten wir in eine kleine Wohnung in Bath Beach, weiter draußen in Brooklyn. Meine Mutter war sehr froh, dass wir wieder für uns wohnten, und wir alle akzeptierten die Einschränkungen, die unsere bescheidenen Wohnverhältnisse mit sich brachten, gerne.

Weil wir jetzt noch weiter von Manhattan entfernt wohnten, wurde es mir allerdings unmöglich, weiter in Townsend Harris Hall zur Schule zu gehen. Widerwillig entschied ich mich, auf die Boys High School nach Brooklyn zu wechseln, die das gängige System mit vier Schuljahren hatte statt der drei Jahre auf der Townsend Harris Hall. Ich hatte das eitle Ziel verfolgt, bereits mit fünfzehn aufs College zu kommen, und mein Schulwechsel bedeutete, dass ich diesen ziemlich wahnwitzigen Plan aufgeben musste.

In jenem Jahr bekam die Boys High School einen neuen Direktor, Dr. Sullivan, der später der offizielle Geschichtsschreiber des Staates New York wurde. Mein Bruder Leon hatte ihn an der Handelsschule in Manhattan als Geschichtslehrer. Als ich sein Büro mit meinem Zeugnis von Townsend Hall betrat, empfing er mich zunächst kühl. Aber als er meine Noten sah, verzog sich sein rundes Gesicht zu einem breiten Lachen. „Solche Zeugnisse sehe ich gern", sagte er. „Fast alle Jungen, die von Townsend Hall zu mir kommen, sind dort 'rausgeflogen, weil sie es nicht geschafft haben, und ich muss sie aufnehmen, obwohl sie unseren Leistungsdurchschnitt senken." Tatsächlich gehörte die Boys High School lange zu den Schulen mit dem besten Ruf im Land, und es war ein Glück für mich, dorthin gehen zu können.

Ich verbrachte zwei fruchtbare Jahre an der Boys High School. Aufgrund von Schwierigkeiten mit dem Lehrplan konnte ich nicht weiter

Griechisch lernen, aber dafür warf ich mich mit besonderem Enthusiasmus auf Latein. Wenn ich auch die Beredsamkeit Ciceros bewunderte, konnte ich mich doch nie an seinen Egoismus und seine Selbstverliebtheit gewöhnen. Mein Lieblingsklassiker war Vergil. In ihm fand ich einen Geist, der perfekt zu den Ansprüchen und Grenzen meines eigenen Denkens passte. Zugegebenermaßen imitiert Virgil Homer und sein Werk lässt die Unmittelbarkeit und Klarheit Homers vermissen. Dafür hat Vergil etwas, das Homer fehlt, und das mir sehr wichtig ist – ein Gefühl für die vielfältigen Nuancen einer Erzählung und eine raffinierte Meisterschaft poetischen Ausdrucks sowohl in der Aussage als auch im Klang der Dichtung. Bei Vergil finden sich weder Naivität noch übertriebene Raffinesse, weder unergründliche Rätsel noch die geringste Spur von Mystifizierung. Er bedeutete für mich dasselbe wie Brahms in der Musik. Der Schöpfer der vier Symphonien ist ohne Zweifel in der Breite und Ausdruckskraft seines Werkes dem Schöpfer der neun Symphonien unterlegen – aber irgendwie gibt mir Brahms mehr als Beethoven.

Obwohl die klassischen Sprachen mich unschätzbar bereichert haben, bin ich kein Verfechter des obligatorischen Latein- oder gar Griechischunterrichts; ich befürworte auch keine Schwerpunktsetzung auf diese Sprachen als Wahlfächer. Beide Sprachen sind ein teurer geistiger Luxus, der viele Stunden harter Arbeit und Mühe kostet. Arbeit an sich ist nichts Schlechtes. Tragisch finde ich es jedoch, dass sich für viele meiner Mitschüler letzten Endes diese Zeit und Mühe praktisch als verschwendet herausstellten. Nach einigen wenigen Jahren hatten sie jede Idee und so gut wie jedes Wort vergessen. Beim Erlernen jeder Sprache, egal ob es sich um eine alte oder eine moderne Sprache handelt, gibt es einen gewissen Punkt, der überwunden sein muss, bevor sich die investierte Arbeit als lohnend herausstellt. Wenn der Schüler aufhört, bevor dieser Punkt erreicht ist, wird praktisch alles Gelernte über die Jahre verblassen, und das manchmal mit ungeahnter Geschwindigkeit. Aber wenn man dabeibleibt und den Punkt überwindet, kann man sich eine Sprache auf Dauer aneignen und seine Kenntnisse während des restlichen Lebens ausweiten und vertiefen.

Die Vorstellung, eine Fremdsprache als geistiges Training oder Denkschule zu lernen, ohne sich um die in dieser Sprache ihren Ausdruck findende Literatur und Kultur zu kümmern, halte ich für abwegig. Man kann eine Menge geistiger Disziplin bei einem wirklich intensiven Studium der englischen Sprache gewinnen. Zu einem solchen Studium zählt die Kunst, schnell zu lesen, das Gelesene zu verstehen und sich an den Kern und die wichtigen Einzelheiten eines Textes über Jahre hinweg zu erinnern ebenso wie die Fähigkeit, eigene oder fremde Gedanken klar, kurz und grammatikalisch richtig zu formulieren. Wenn ich meinen eigenen „Emile" schreiben müsste, würden in den ersten acht Schuljahren nur zwei Fächer auf dem Lehrplan stehen: Englisch und Naturwissenschaften einschließlich Mathematik. Der Englischunterricht würde auch Geschichte, Geographie und Staatsbürgerkunde umfassen, und ich würde diese Fächer nicht zu scharf gegenüber der Literaturwissenschaft abgrenzen.

Wenn ich auch immer gut buchstabieren konnte, so hat doch bei vernünftiger Betrachtung das Erlernen korrekten englischen Buchstabierens für sich genommen nur einen geringen Wert und ist nur aus Gründen der Tradition oder Konvention erforderlich. Von mir aus könnte jeder schreiben wie er wollte, wie es die großen Männer zu Shakespeares Zeit ja auch taten, solange eine Aussage treffend und sicher formuliert wird. Aber wahrscheinlich war ich immer ein Utopist. Jeder will das gegenwärtige Bildungssystem verbessern. Hier ist nicht der Ort, detailliert auf meine eigenen Vorstellungen in diesem Zusammenhang einzugehen. Ich möchte mich aber für die Ermutigung und besondere Behandlung begabter Schüler vom frühesten Alter an aussprechen. Solche Schüler sollten zusätzlich zu dem Standardcurriculum Fremdsprachen lernen, da der normale Lehrplan für ihre Interessen und Fähigkeiten zu langsam vorgeht.

Meine Erfolge an der Boys High School waren halbwegs eindrucksvoll. Ich war Dritter in meiner Klasse. Zu meiner Rechtfertigung muss ich sagen, dass das Leistungsniveau sehr hoch war. Ich schrieb eine Geschichte, „Die große Pastetenverschwörung", für das literarische Jahrbuch der Schule, einen dicken Band mit dem Titel „The Recorder" mit einem Einband in unseren Schulfarben rot und schwarz. Mein wichtigster Erfolg war die Wahl in die Arista, eine in meinem Abschlussjahr gegründete Ehrenliga aller New Yorker High Schools. Die tiefste Befriedigung zog ich aber aus dem Gewinn des Tennisturniers an meiner

Schule. Anfang des Jahres hatte ich mich für die Tennismannschaft gemeldet, war aber übergangen worden. Daher war es ein großer persönlicher Triumph für mich, zwei von drei Sätzen gegen Jennings, den Mannschaftskapitän, zu gewinnen, der wiederum Cedric Major geschlagen hatte. Major gewann später den Titel im Einzel der nationalen Veteranenmeisterschaft in Forest Hills. Er muss sich also seit jenem Turnier damals noch deutlich gesteigert haben. Später wurde er Präsident der Lehigh Valley Railroad und starb im Alter von sechzig Jahren auf dem Tennisplatz. Da ich an der Boys High als Streber und vermutlich als Versager in Leichtathletik galt, hätte mein Erfolg im Tennis mein Ansehen bei meinen Klassenkameraden bedeutend steigern können, wenn er nicht zu einer so unglücklichen Zeit gekommen wäre. Das Turnier ging nämlich nach meinem Abschluss zu Ende und daher erfuhr so gut wie niemand von der welterschütternden Neuigkeit. Ich bekam auch meine Medaille erst im folgenden Herbst. Unser sportlicher Leiter übergab sie mir mit den Worten: „Wie hast du das geschafft?"

Wir zogen noch einmal um, diesmal von Brooklyn in die Kelly Street in die Bronx. Die Situation von vor zwei Jahren kehrte sich damit absurderweise um. Damals lebte ich in Brooklyn und ging im nördlichen Manhattan zur Schule; jetzt lebte ich in der Bronx und besuchte eine High School im Herzen Brooklyns.

Im Alter von fünfzehn Jahren gelang mir eine Erfindung, eine von vielen, die mir zeitlebens im Kopf herumschwirrten, bei denen aber niemals etwas herauskam. Wer uns in unserer Wohnung besuchen wollte, musste unten einen Klingelknopf drücken, worauf es in unserer Küche schellte. Dann drückten wir von oben auf und der Besucher konnte herein. Da ich der Jüngste war, musste ich immer mein Buch weglegen, wenn es klingelte. Der Ärger über diese Verpflichtung war der Urheber meiner Erfindung. Ich fand heraus, wie man die Türglocke so mit dem Türöffner verbinden konnte, dass das Betätigen der Klingel gleichzeitig unten die Tür entriegelte.

Nach einer Reihe von ungeschickten Versuchen schaffte ich es endlich, meine Konstruktion richtig anzuschließen. Ich brachte sogar einen kleinen Schalter an, mit dem man die Vorrichtung abschalten konnte, wenn keiner von uns da war und sich die Haustür nicht öffnen sollte. Sobald jemand unten bei uns klingelte, wurde auch tatsächlich die

Haustür entriegelt und man konnte die Tür öffnen. Inzwischen wurden wir, wie immer, von der Klingel vorgewarnt. Ich sah meine Erfindung schon in jeder Wohnung auf der ganzen Welt installiert. Die Kosten würden gering sein, und wenn wir die Anlage anfangs selbst einbauten, konnten wir pro Stück leicht einen Dollar verdienen. Später würden natürlich hohe Gebühren von Lizenznehmern aus anderen Städten fließen. Benny, der ungeschickte Träumer würde den Wohlstand der Familie wiederherstellen, ja ihn sogar in ungeahnte Höhen steigern.

Die Seifenblase platzte nach ein paar Tagen. Was war falsch? Zunächst gab es da ein mechanisches Problem. Die Haustür wurde nur so lange entriegelt, wie man unten auf den Klingelknopf drückte. Unser Besucher klingelte also, hörte das Entriegeln der Haustür, hörte auf zu klingeln und griff nach dem Türgriff. Aber ach! Sobald er den Klingelknopf losließ, war die Haustür sofort wieder verriegelt. Frustriert wiederholte der Besucher das Manöver, vielleicht sogar mehrmals, jedesmal mit dem gleichen Erfolg. Inzwischen musste jemand von uns oben eingreifen. Wir entschuldigten uns und unser Besucher bemerkte, er halte nicht viel von unserer Erfindung. Schlimmer aber als die Leute, die mit unserer Vorrichtung nicht umgehen konnten, waren die, die es konnten. Die Kinder in unserem Haus hatten den Trick nach kurzem heraus. Ungeniert klingelten sie bei uns, wobei sie die andere Hand geschickterweise schon auf dem Türgriff hatten, öffneten die Tür und sausten in ihre Wohnung, während wir auf der obersten Etage uns immer noch wunderten, warum keiner heraufkam. Meine Mutter hatte bald genug von der Sache. Sie befal den Abbau der verflixten Schaltung und ich gehorchte schweren Herzens. Noch lange danach habe ich über verschiedene Möglichkeiten nachgegrübelt, wie das Problem zu lösen sei, aber ich habe die Sache nie mehr wirklich in Angriff genommen.

5. Kapitel

Landarbeiter und Mechaniker

Es ist halb vier an einem Junimorgen des Jahres 1910. Der Bahnhof der Erie Railroad in Jersey City hat die Atmosphäre einer großen, leeren Scheune. Nur ein an die Düsternis gewöhntes Auge kann das gewölbte Sparrenwerk des Wartesaales erkennen. In einer Ecke ist ein kleiner gelber Lichtfleck. Das Licht fällt aus einer Telefonzelle, deren Tür offen steht.

In der schmalen Zelle sitzt der einzige Mensch in diesem mächtigen Gebäude, ein junger Mann von gerade sechzehn Jahren. Er hockt unbequem auf dem kleinen Sitz neben dem Telefon, der auf altmodische Weise aus der Wand herausragt. Er hält ein Buch unter die Lampe mit dem grünen Schirm, die an dem hölzernen Sims befestigt ist. Das Buch ist schwer und gleichfalls grün. Es handelt sich um Band 44 der „Library of Universal Literature": „Magna Instauratio, or the Advancement of Learning" von Francis Bacon, Baron Verulam.

Ich war furchtbar müde. Niemals zuvor war ich so lange aufgeblieben, und das Wachbleiben verursachte mir körperliche Schmerzen. Alles drängte mich zu schlafen: die vorgerückte Stunde, die Anstrengungen und die Erschöpfung des vorigen Tages, die Finsternis, Ruhe und Einsamkeit um mich herum, der schwere Band, den ich las – all das kämpfte wie eine Armee gegen meine Entschlossenheit, wach zu bleiben. Aber ich wollte wach bleiben. Durch reine Willenskraft hielt ich meine schweren Augenlider geöffnet. Ich durfte den Zug nicht noch einmal verpassen. Schon der Gedanke daran war zu lächerlich.

In der langen Zeit bis zur Abfahrt des Zuges um fünf Uhr morgens erlebte ich meinen dummen Fehler von gestern Nachmittag wieder und wieder. Wie hatte ich mich nur so albern, so kindlich und blöd anstellen können?

Kurz nach dem gestrigen Mittagessen hatte ich mich von meiner Mutter verabschiedet. Ich war auf dem Weg nach New Milford, New

York, um den Sommer über als Landarbeitshelfer auf der Farm von Mr. Jacob Barman zu arbeiten. Arrangiert hatte das Ganze Dr. Weaver, der Mathematiklehrer an der Boys High School. Dr. Weaver, mit seiner Kappe und seiner sauertöpfischen Art, hatte sich mit intensiver Hingabe dem Ziel verschrieben, jungen Burschen aus der Stadt die Erfahrung der gesunden Disziplin des Landlebens und der Landarbeit zu ermöglichen. Mit seiner Beredsamkeit hatte er mich schnell überzeugt. Zusammen mit drei anderen hatte ich mich für den Sommer als Hilfsarbeiter auf einer Farm gemeldet. Die Bezahlung betrug $ 10 im Monat, plus Kost und Logis.

Ich war das erste Mal von meiner Mutter getrennt, seit sie vor sieben Jahren Witwe geworden war. Sie war bei unserem Abschied sichtlich bewegt, aber sie lächelte tapfer mit etwas feuchten Augen, als sie die unvermeidlichen Worte sprach: „Paß auf dich auf, Liebling, und schreib!" Schnell rannte ich die drei Treppen hinunter, Mutters nicht allzu voll gepackten schwarzen Koffer in der Hand. Fast augenblicklich schien ich erwachsen zu werden, oder jedenfalls beinahe. In meiner Tasche steckten das Ticket nach New Milford, das Bauer Barman mir geschickt hatte, sowie $ 5 in bar.

Ich nahm die U-Bahn nach Cortland Street und dann die Fähre hinüber nach New Jersey und kam eine gute Stunde vor Abfahrt meines Zuges auf dem Erie-Bahnhof an. Ich setzte mich auf eine der unbequemen langen Bänke, öffnete meinen Koffer und holte Bacons Abhandlung heraus. Ich hatte noch andere Bücher eingepackt, aber die waren nur zum Lernen: eine griechische Ausgabe der Anabasis und eine griechische Grammatik von Greenough und Kittredge, die ich als Abschiedsgeschenk von Dr. Reiss bekommen hatte, dem Leiter der Abteilung für klassische Sprachen an der Boys High. Ich war so gut gewesen in seinem Vergil-Kurs, dass der gute Professor – ein Original mit Van-Dyck-Bart und schwerem deutschen Akzent – mich bedrängt hatte, an den jetzt vor mir liegenden langen Sommerabenden Griechisch zu lernen. Zusätzlich zu dieser leichten Kost hatte ich ein rotes Taschenbuch mit dem Titel „Mit der Palmer-Methode zur perfekten Schreibkunst" mitgenommen. Auch dieses Buch war ein Geschenk von einem Lehrer, allerdings keine Anerkennung für eine graphische Hochleistung, sondern ein Mittel gegen meine einzige akademische Schwäche. Meine

Handschrift war entsetzlich. Ein weiterer Beweis meiner Genialität, wie meine Familie nachsichtig meinte. Aber mein Englischlehrer, Mr. Edwards, hatte mir bei meinem letzten Aufsatz fünf Punkte wegen schlechter Schrift abgezogen. „Und das ist noch wenig", hatte er gesagt, „wenn ich an den Schaden denke, den du meinen Augen und meiner Gemütsverfassung zugefügt hast!" Freundlicherweise hatte mir Mr. Edwards also das Palmer-Übungsbuch gegeben gegen das Versprechen, getreulich mit steifem Ellbogen und lockerer Schulter Linien und Kurven zu üben – wiederum an den langen Sommerabenden.

Bacons Abhandlung war das einzige Buch in der geplünderten Familienbibliothek, das ich noch nicht wenigstens einmal gelesen hatte. Wir hatten die „Universal Literature"-Reihe ursprünglich komplett, aber wie so viele andere Bücher waren die meisten davon von einem Langfinger von Bruder in Taschengeld verwandelt worden.

Ich saß also im Wartesaal und rang mit Bacon, einer schwerverdaulichen Kost, bis kurz vor der Abfahrt meines Zuges. Dann ging ich zu einem Schalter um zu fragen, auf welchem Bahnsteig der Zug nach New Milford abfahren würde. „5 Uhr 12, Gleis 9", antwortete der Fahrkartenverkäufer brüsk. Das war erstaunlich, denn Barman hatte in seinem Brief geschrieben, der Zug führe um 4 Uhr 30. Aber ich war zu schüchtern, um noch einmal zu fragen – der Mann am Schalter war nicht der angenehmste Zeitgenosse –, und begab mich wieder auf meinen Platz, um weiter zu warten und zu lesen.

Kurz vor halb fünf ging mir auf einmal auf, dass der Mann am Schalter sich geirrt haben könnte. Schnell ging ich zum Schalter und fragte noch einmal. Jetzt kam meine Dummheit – und auch die des Fahrkartenverkäufers – ans Licht. Da ich nur nach „New Milford" gefragt hatte, hatte mir der Mann die Abfahrtszeit nach New Milford, Pennsylvania, genannt. Das war eine viel bedeutendere Stadt und ein wichtigerer Bahnhof als ihr Namensvetter im Staate New York. Ja, der Zug nach New Milford, N.Y., fuhr tatsächlich um halb fünf – in genau zehn Sekunden.

Ich rannte los, nur um das Gatter vor der Nase geschlossen zu bekommen. Der nächste Zug würde ungefähr um fünf Uhr am kommenden Morgen fahren. Es würde eine Art Milchzug auf dem Rückweg sein, der die leeren Milchkannen aus der Stadt wieder aufs Land zurückbrachte. Jetzt hatte ich also fast dreizehn Stunden zu warten. Was sollte ich tun? Ich dachte daran, nach Hause zurückzufahren, um zu Abend zu essen und mich ins Bett zu legen. Aber das ließ mein Stolz nicht zu. Weder konnte ich Mutter meine Dummheit beichten, noch wollte ich mich dem gutmütigen Spott meiner Brüder aussetzen, die von der Arbeit kamen.

Mannhafter war es meiner Ansicht nach, alleine zu bleiben und zu warten. Eine Stunde oder mehr verbrachte ich auf der Erie-Fähre über den Hudson. Wenn ich auf der Fähre blieb, konnte ich endlos hin und her fahren, ohne noch einmal zu bezahlen. Anfangs fand ich Vergnügen an der Silhouette von New York, den Schiffen auf dem Fluss und der milden Juniluft, und fast freute ich mich schon über meine Verspätung. Nach der zehnten Überfahrt war ich jedoch zu Tode gelangweilt. Ich nahm ein preiswertes Abendessen zu mir, ging lange spazieren, saß dösend am Bahnhof und absolvierte ein weiteres halbes Dutzend von Überfahrten mit der Fähre.

Ich fand viel Zeit, über mich nachzudenken, über meinen High School-Abschluss, meine Hoffnungen und meine Pläne fürs College. Obwohl ich immer wieder an meinen dummen Fehler denken musste („Wie schwachsinnig kann man eigentlich sein?") war ich keineswegs unzufrieden mit meinen Erfolgen. Ich war zum Lernen geboren, hatte in allen Fächern gut abgeschnitten und gehörte zu den Besten meiner Klasse. Mein Ziel war natürlich das College, am liebsten das Columbia College, und ich hatte die Hoffnung, eines der zwölf Pulitzer-Stipendien zu bekommen, ein großartiges Stipendium, das die gesamten Studiengebühren sowie die Unterhaltskosten für Studenten abdeckte, die nicht zu Hause wohnten. Ich hatte mich daher an den als sehr schwierig geltenden College-Aufnahmeprüfungen beteiligt. Ich hatte meine Noten mit einigen befreundeten Mitbewerbern verglichen und war sicher, dass ich ziemlich hoch auf der Liste rangieren würde, über Hunderten von anderen Kandidaten.

Ich hatte also viel, über das ich mich freuen konnte. Die Jahre der Armut nach Vaters Tod hatten mich nur leicht berührt. Ich hatte einen ausgeprägten Sinn für Geld entwickelt, eine Entschlossenheit, auch für kleine Beträge hart zu arbeiten, und war sehr sparsam in meinen Ausgaben.

Um zwei Uhr morgens ereignete sich ein weiteres Desaster. Plötzlich gingen alle Lichter im Wartesaal aus und ich saß in vollkommener Dunkelheit. Offenbar fuhren bis zum frühen Morgen keine weiteren Züge mehr und es war sinnlos, für ein leeres Gebäude Energie zu verschwenden. Verzweifelt fragte ich mich, wie ich die Schläfrigkeit bekämpfen konnte, die meine Augen schwerer und schwerer machte. Ich wanderte ziellos im Dunkeln von einer langen Wand zur anderen. Dann entdeckte ich die einsame Telefonzelle im Wartesaal. In der Zelle war eine kleine elektrische Lampe, und zu meiner Freude funktionierte sie: ich war gerettet. Ich war schon ziemlich weit in dem schweren grünen Buch gekommen. Ich schlug es auf, lehnte es an das Sims und machte mich an die doppelte Aufgabe, Bacons grandiosen Entwurf einer neuen Welt des Wissens zu verstehen und meine müden Augen offen zu halten.

Nach einer Weile sah ich auf und blickte mich um. In dem Raum, der vorher nur schwarz gewesen war, war eine leichte Grauschattierung zu erkennen. Ein langer, neuer Sommertag kündigte sich an den Fenstern des Erie-Bahnhofs an. Einige Fahrgäste kamen herein. Ich war nicht länger allein und wusste, dass ich den Zug nicht verpassen würde.

Ich blieb zwei Monate auf Mr. Barmans Farm als Saisonarbeiter. Das macht bis heute (1958) ein Viertel Prozent meines Lebens aus, aber irgendwie hat dieser kurze Aufenthalt mehr bleibende Eindrücke hinterlassen als viele jahrelange Erfahrungen. Nicht, dass ich übermäßig glücklich in New Milford gewesen wäre, ich fand die Arbeit schwer und unangenehm und wartete ungeduldig auf den Tag meiner Befreiung. Ich habe auch nie die geringste Lust gefunden, noch einmal auf eine Farm zurückzukehren, noch nicht einmal als nicht mitarbeitender Eigentümer. Aber es war nicht mein Leiden, das meinem Gedächtnis so viele Szenen einprägte. Ich wurde nicht schlecht behandelt, und ich hatte überdies bereits die Fähigkeit entwickelt, die Gemeinheiten anderer zu ignorieren. Es war vielmehr der vollständige Wandel meiner Lebensumstände, und das in einem sehr beeinflussbaren Alter, der die Klarheit und Lebendigkeit meiner Erinnerungen erklärt.

Mr. Barman war ungefähr dreiundsechzig und wirkte uralt mit seinem weißen Bart und zerfurchten Gesicht. Er war nach den politischen Unruhen 1848 mit seinen Eltern aus Deutschland nach Amerika ausgewandert. Gegen Ende des Bürgerkriegs hatte er sich mit achtzehn Jahren der Unionsarmee angeschlossen. Ich weiß nicht genau, ob er wirk-

lich an einer Schlacht teilgenommen hat, aber er war ein echter Bürger-
kriegsveteran mit einer monatlichen Pension, die ein Gutteil seines Bar-
einkommens ausmachte. Mr. Barman hatte eine kleine Farm, ein paar
Morgen Land um das Farmgebäude herum sowie eine Wiese etwas weiter die Straße hinunter. Er besaß zwei Kühe, die beide Lucy hießen,
einige Schweine und eine Menge Hühner sowie das unentbehrliche
Pferd Charly, das sowohl bei der Landarbeit als auch als Kutschpferd
eingesetzt wurde. Mr. Barman baute verschiedene Gemüse- und Obst-
sorten an sowie Heu und Luzernen als Futterpflanzen. Einen Teil seiner
Milch verkaufte er, den Rest verbrauchte er selbst, auch in Gestalt von
Butter und Käse.

Der Haushalt bestand aus Barman selbst, seiner zweiten Frau und einer Tochter aus erster Ehe, die Lehrerin war. Die Damen waren sehr
nett zu mir, vertrugen sich untereinander jedoch überhaupt nicht. Barman musste ständig ihre Streitereien schlichten. Zu den Mahlzeiten kam
auch noch Mr. Snedecker, der den Dorfladen führte. Snedecker war ein
mürrischer alter Junggeselle, mit dem ich während des ganzen Sommers
nicht mehr als ein paar Worte wechselte. Wie bei anderen Dorfbewoh-
nern auch hatte sein Leben eine tragikomische Komponente. Er war seit
achtzehn Jahren mit einer jungen Dame aus New Milford verlobt. Die
Heirat sollte stattfinden, sobald der Laden genug abwarf, um eine Frau
und Kinder zu ernähren. Aber irgendwie schien sein kleines Unternehmen niemals zu wachsen. Die Heirat wurde Jahr um Jahr verschoben,
die unglückliche Dame verlor mit der Zeit jede Aussicht auf eine andere
Partie und die Verlobung wurde ebenso end- wie aussichtslos.

Dann und wann kamen weitere Männer, die im Dorf arbeiteten, zum
Essen, wofür sie den Barmans einen bestimmten Betrag pro Tag bezahlten. Ihr Appetit war unglaublich. Ich sehe noch einen von ihnen vor mir,
der mich beim Essen verächtlich ansieht und ein vernichtendes Urteil
fällt: „Nennst du das Eier essen? Weniger als ein Dutzend kämen mir
überhaupt nicht auf den Teller!"

Das Haus hatte auch ein echtes Geheimnis: einen unsichtbaren Be-
wohner! Lange Zeit wusste ich nicht, wer dieser geheimnisvolle Be-
wohner war. Aber schon bald nach meiner Ankunft entdeckte ich, dass
alle einen bestimmten Flügel des Hauses mieden, in dem irgendjemand
wohnte.

Ich hatte eine kleine Dachstube mit einem Bett, einem Regal, einem Waschgeschirr und einer Kerosinlampe. Elektrischen Strom oder fließendes Wasser gab es nicht. Wie bei den meisten anderen Farmen jener Tage war die Toilette – stilecht mit einem Sears Roebuck Katalog aus dem letzten Jahr ausgestattet – auf dem Hof. Dass es kein Auto und kein Telefon gab, braucht gar nicht mehr erwähnt zu werden. Auf dem Hof gab es eine Pumpe, in der Regel von mir bedient, die das Wasser für den Haushalt lieferte. Bei den wenigen Gelegenheiten, bei denen ich zu einem Bad kam, wurde Wasser in einem Kessel auf dem Kohleofen heiß gemacht und in einer Waschbütt, die ich hinauf in mein Zimmer trug, mit einem oder zwei Eimern kalten Wassers gemischt.

Der Arbeitstag war lang. Mr. Barman weckte mich um halb sechs. Ich zog mich schnell an und stolperte schläfrig in die Scheune zu meiner ersten Aufgabe, dem Melken von Lucy Senior und Lucy Junior. Es folgte ein reichliches Frühstück, wie mickrig mein Appetit einem echten Landarbeiter auch erscheinen mochte. Dann fütterte ich die Hühner und Schweine, spannte das Pferd an und machte mich an meine Tagesarbeit. Gearbeitet, gemolken und gefüttert wurde bis zum Abendessen. Samstag war ein Tag wie jeder andere, aber sonntags wurden nur die unbedingt notwendigen Arbeiten getan. Ich kam auf sechzig bis fünfundsechzig Arbeitsstunden in der Woche.

Ich lernte mancherlei auf dieser Farm. Eine Kuh zu melken ist harte Arbeit. Die Finger werden einem schnell müde, bevor man aus vier Zitzen zwölf Liter Milch herausbekommen hat, und eine Kuh kann ganz schnell einen Eimer umkippen, wenn man nicht aufpasst. Ein Pferd anzuschirren ist erstaunlich kompliziert, und es muss regelmäßig Futter bekommen, Heu im Stall und Hafer im Futtersack. Anstrengend ist auch das häufige Striegeln. Und dann muss natürlich der Stall von Zeit zu Zeit ausgemistet werden, der Pferdestall ebenso wie der Kuhstall. Das fand ich eine außergewöhnlich widerwärtige Arbeit. In meinem Selbstmitleid verglich ich mich mit Herkules beim Ausmisten der Ställe von König Augias, nur dass ich keinen Fluss hatte, der mir zu Hilfe gekommen wäre.

Die Hühner wurden in einem großen Raum über dem Geräteschuppen gehalten. Zu ihrer Stallung gelangte man über eine ziemlich hohe Leiter. Zweimal am Tag trug ich einen Eimer Hühnerfutter dort hinauf.

Sobald ich die unterste Sprosse der Leiter betrat, begann ein Huhn, im Raum herumzurennen, worauf alle anderen sofort folgten. Während ich die Leiter hinaufkletterte, konnte ich das Geräusch trappelnder Füße hören, die schneller und schneller rannten. Wenn ich schließlich die Tür oben aufstieß, war der Lärm zu einem Toben geworden, und ich blickte auf ein seltsames Schauspiel. Es gab keinen Anführer mehr. Alle Hühner rannten in einem endlosen Kreis mit verblüffender Geschwindigkeit hintereinander her. Sie beachteten mich überhaupt nicht und hatten offensichtlich vergessen, warum sie so rannten. Es war sinnlos zu warten, bis sie aufhörten. Ich warf mehrere Handvoll Futter über sie, als sie vorübersausten. Nach einer Weile blieb ein besonders hungriges Huhn stehen, um einen Bissen hinunterzuschlingen. Dann machte ein anderes es ihm nach. Nach und nach ließen die Teilnehmer an diesem verrückten Rennen von ihrem Toben ab und begannen zu fressen. Wenn ich meinen Eimer geleert hatte und wieder unten war, war alles wieder ruhig. Dieses lärmende Schauspiel wiederholte sich bei jeder Fütterung.

Die Schweine stellten sich auch dämlich an, aber auf eine andere Weise. Sie bekamen jedesmal zwei große Eimer Abfall. Sobald ich mich ihrem Trog näherte, steckten sie ihre großen Schnauzen hinein. Man konnte sie nur füttern, indem man den Abfall über ihre Köpfe goss. Die Schweine sahen nie besonders hübsch aus, aber nach dieser Taufe boten sie einen wirklich ekelhaften Anblick.

Als studierter Landwirt war Barman der einzige in der Gegend, der Luzernen anbaute, eine damals im Osten recht unbekannte Pflanze. Barman hielt sehr viel von ihr: Luzernen versorgten den Boden mit Stickstoff und wurden von den Tieren sehr gerne gefressen. Unglücklicherweise musste man Luzernen an einem Hügelabhang anbauen, um die beste Ernte zu bekommen, und mein Boss hatte den steilsten Abhang auf seinem Land zu diesem Zweck ausgesucht. Wenn die Erntezeit kam, mussten die Luzernen mit einer Mähmaschine geerntet werden, die von dem gehorsamen Charly gezogen wurde. Die Mähmaschine hatte die natürliche Neigung, den Hügel hinab zu rutschen, und hier begann meine Aufgabe. Während Barman vergleichsweise komfortabel hinter der Maschine saß, musste ich in der brennenden Sonne auf der hügelabwärts liegenden Seite gehen und mit aller Kraft gegen die Mähmaschine drücken, damit sie nicht abrutschte.

Die Heuernte auf der großen Wiese war weniger anstrengend. Ich stand auf dem Heuwagen und musste die Gabeln Heu, die der unermüdliche Farmer hinaufwarf, in Empfang nehmen und möglichst gleichmäßig verteilen. Damals gab es noch keine Maschinen, die das Heu zu hübschen Quadern verpackt in geometrischen Abständen auf dem Feld verteilen. Es war angenehm, morgens und am Nachmittag eine Viertelstunde Pause zu machen und im Schatten eines dicht beblätterten Baumes aus einer kleinen Milchkanne kühles Wasser zu trinken. Noch angenehmer war es, am Ende des Tages nach Hause zu fahren, bequem oben auf dem Heuwagen ausgestreckt und mit einem Strohhalm im Mund. Dann folgte allerdings eine weitere, weit weniger angenehme Tätigkeit, die „das Heu wegmähen" hieß. Die gesamte Heuernte musste auf dem Dachboden über der Scheune verstaut werden. Jetzt stand Barman mit seiner Heugabel auf dem Wagen und ich in der kleinen Tür zum Heuboden. Das Heu wurde zu mir hinaufgeworfen, ich musste es fangen und zu einem passenden Platz im Speicher bringen. Die Luft war glühend heiß und so voller Staub, dass man kaum atmen konnte. Die Arbeit schien kein Ende zu nehmen. Schließlich war es aber doch geschafft, und ich war immer sehr glücklich, wenn die letzte Gabel voll Heu in dem übervollen Speicher verstaut war.

Eine Farm ist natürlich der beste Ort für einen jungen Mann, um alles über Sex zu lernen. Wenn man auf einem Hof mit Tieren lebt, gibt es keine Unschuld. Eines Tages wurde die ältere Lucy brünstig und ich sollte sie zu einem Bullen zum Decken bringen. Ein Termin auf einer benachbarten Farm wurde vereinbart, aber Barman musste an diesem Tag auf einen Jahrmarkt. „Das geht schon in Ordnung, Ben", sagte er. „Du bringst Lucy allein zu Jones' Farm hinüber. Da ist nicht viel dabei, und sie werden dir helfen." Ich hatte so meine Zweifel, aber Befehl war Befehl.

Am nächsten Tag fuhr Barman mit Charly los, und ich machte mich mit Lucy an einem Seil auf den Weg. Die Kuh war ungewöhnlich bockig. Ich zerrte sie hinter mir her, und schließlich kamen wir zu Jones' Farm. Auf der Veranda des Farmhauses saß ein ungefähr vierzehnjähriges Mädchen in einem Schaukelstuhl.

„Was willst du?" fragte sie.

Ich war verlegen und muss schrecklich rot geworden sein.

„Ich komme von Mr. Barman. I-I-Ich habe hier diese Kuh ...“
„Oh, du bringst die Kuh zum Bullen“, bemerkte sie gleichgültig. „Du findest ihn da hinten bei der Scheune.“
„Aber wo ist Mr. Jones?“, wollte ich verzweifelt wissen.
„Dad ist unten auf der Südweide. Aber das ist schon in Ordnung. Du kannst allein hingehen.“

Ich konnte diesem selbstsicheren Mädchen einfach nicht sagen, dass ich nicht die geringste Ahnung hatte, wie man eine Kuh mit einem Bullen bekanntmacht. Ich hoffte das Beste und zog Lucy hinter die Scheune. Ich fand den Bullen auch wie angegeben alleine in einem Stall. Er war enorm groß, gigantisch, titanisch. Er stampfte mit den Hufen und ich könnte schwören, dass Feuer aus seinen Nasenlöchern schlug. Ich band Lucy an einen Zaun und sah mich verzweifelt nach Unterstützung um. Weit und breit war keine Hilfe in Sicht. Ich weiß nicht, wie lange ich dort stand, den Bullen ansah und von Minute zu Minute ängstlicher und hilfloser wurde.

Schließlich retteten mich zu meiner Schande Miss Jones und ihre füllige Mutter. „Junger Mann, ich glaube nicht, dass du mit diesem Bullen alleine klar kommst“, sagte Mrs. Jones. „Am besten nimmst du deine brünstige Kuh wieder mit nach Hause, dann kann Mr. Barman sie an einem anderen Tag herbringen.“

Sie war mit diesem Satz kaum fertig, da zog ich auch schon die widerwillige Lucy Richtung Heimat. Ich fühlte den spöttischen Blick des Mädchens im Rücken, aber ich war viel zu glücklich, um mich zu schämen. Barman hörte sich meine Geschichte mehr amüsiert als ärgerlich an. „Vielleicht habe ich einen kleinen Fehler gemacht, dich alleine zu diesem Bullen zu schicken“, gab er zu. Einige Tage später machten wir uns zu dritt auf den Weg zu Jones' Farm. Diesmal versuchte Lucy, über jeden Zaun zu springen, an dem wir vorbeikamen. Als wir angekommen waren, zeigte sie sich jedoch unerklärlich spröde und musste schließlich zum Traualtar geschleift werden. Im Gegensatz zu ihr war der Bulle ganz Leidenschaft und Wut. Mr. Barman und Mr. Jones mussten ihn zu zweit halten, während ich als Lucys Brautjungfer fungierte. Diese Pflicht, worin immer sie auch bestanden haben mag, versperrte mir leider den Blick auf die weiteren Vorgänge.

Nach dem Abendessen und den letzten Arbeiten nahm ich eine Lampe hinauf in mein Schlafzimmer und begann zu lernen. Mit Hilfe der griechischen Grammatik las ich die „Anabasis", zumindest ein gutes Stück davon, wenn ich auch nie ganz damit fertig wurde. Als Werk der Weltliteratur begeisterte sie mich nicht, obwohl ich weiß, dass sie als Klassiker gilt. Ein Stück der Handlung werde ich nie vergessen, und zwar die Stelle, wo Apollo Marsyas bei lebendigem Leib die Haut abzieht, nachdem er ihn im Sängerwettstreit bezwungen hat. Mein Buch enthielt eine Illustration dieser greulichen Tat, die von einem antiken Fries oder Krug stammte. In plötzlicher Erkenntnis und Verzweiflung wurde mir die Verderbtheit und Grausamkeit des Menschen klar. Die alten Griechen, die die Wahrheit suchten und die Schönheit liebten, die sich von dem großen philosophischen Motto „Nichts im Übermaß" leiten ließen, konnten sich doch an einem solchen Abbild des Schmerzes ergötzen, konnten ihrem Phoebus Apollo, dem Gott des Lichts, des Gesanges und der Freude, eine sadistische Befriedigung beim Abziehen der Haut von einem lebenden menschlichen Körper zutrauen! Für mich hat die Geschichte eine gerade Linie von dem Marsyas-Mythos zu den nur zu realen Lampenschirmen von Bergen-Belsen gezogen. Baudelaire fühlte diesen Sog der Barbarei unter unserer gesamten Zivilisation, als er in „Le Voyage" von dem Blut schrieb, „das das Fest würzt und wohlriechend macht".

Zu meinen Obliegenheiten gehörte es auch, die Asche zu sieben, die sich in dem großen Kohleofen ansammelte. Hinter dem Farmhaus war ein riesiger Aschehügel. Mein Boss baute seinen verzinkten Aschesieber neben dem Haufen auf und zeigte mir, wie man die Kurbel drehen musste. Die Asche wurde zerkleinert und fiel durch ein Sieb, während die Kohlestücke in der Trommel blieben. Ich brauchte einen ganzen Tag für diese Arbeit, die meiste Zeit davon war es glühend heiß. Um die Sache noch interessanter zu machen, stand mein Aschesieb direkt in der Flugrichtung mehrerer Bienenstöcke. Während ich schaufelte, konnte ich unzählige geschäftige Bienen an meinem Gesicht vorbeisausen hören. Ich war nicht so begeistert von ihnen wie Tennyson, als er von dem

Raunen der Tauben in undenklich alten Ulmen
und Murmeln unzähliger Bienen

schrieb. Und doch entwickelte ich nach anfänglicher Unruhe, auf die eine Phase stoischen Gleichmuts folgte, schließlich ein Gefühl der Kameradschaft mit diesen unermüdlichen Arbeitern, die so blind den strengen Anweisungen ihrer eigenen Mrs. Barman folgten.

Ich traf in New Milford auch einige Burschen in meinem Alter und verbrachte etwas Zeit mit ihnen. An ein ebenso charakteristisches wie lächerliches Ereignis erinnere ich mich noch. Wir gingen die Straße entlang und ich verbreitete mich über die Wunder von New York City und prahlte, es gäbe dort so viele Autos, dass niemand mehr Notiz von ihnen nehmen würde. Da erschien ein Auto auf der Straße und kam mit hoher Geschwindigkeit auf uns zu. Meine Kameraden sprangen sofort auf das angrenzende Feld, ich aber schlenderte nonchalant am Straßenrand weiter. Der Fahrer hupte wie verrückt und brauste in Armeslänge an mir vorbei. Er muss mich für irre gehalten haben, was ich auch war. Aber meine Kameraden waren sehr beeindruckt.

Barmans Apfelbäume trugen hervorragende Früchte und ich fand dort den größten und rotbackigsten Apfel, den ich je gesehen hatte. Ich beschloss, ihn meiner Mutter zu schicken. Ich packte ihn ein, adressierte ihn und brachte ihn zum Postamt, das eine Ecke im Dorfladen einnahm. Der alte Snedecker, der auch der Posthalter war, fragte:

„Wie willst du das schicken, Junge?"

„Ich weiß nicht. Was wäre denn das Beste? Es ist ein Apfel."

„Ein Apfel!" (Diese Städter waren wirklich verrückt.) „Wenn du ihn schon schicken willst, musst du ihn als Eilsendung schicken. Sonst wird er sicher schlecht. Aber das Porto kostet das Fünffache von dem, was der Apfel wert ist."

Hier ging es um meinen Verstand, die Liebe zu meiner Mutter und meine Großzügigkeit. „Also als Eilsendung", sagte ich entschlossen. Das Porto, 89 Cent, war ein kleines Vermögen. Mutter schrieb, sie wisse meine Zuneigung zu schätzen, aber sei es nicht ziemlich unklug gewesen, soviel Geld für Porto auszugeben, vor allem da der Apfel schon in einem etwas zweifelhaften Zustand gewesen sei, als er ankam?

Nicht lange später kam meine Mutter mich besuchen. Sie schaffte es fast immer, einen kurzen Sommerurlaub zu machen, und diesmal hatte sie die großartige Idee, eine Woche als zahlender Gast bei den Barmans zu wohnen. Sie nahmen sie gerne auf, und sie freuten sich über die $ 8.

Mutter kam Anfang August, und es wurde ein fröhliches Wiedersehen. Sie freundete sich schnell mit den drei Barmans an und wusste nach einigen Tagen mehr über sie als ich nach einem Monat. Sie schaffte es auch tatsächlich, das Geheimnis des abgelegenen Flügels im Haus zu lösen. Er wurde von Mr. Barmans Schwester bewohnt, die Epileptikerin war. Ich kann nur darüber spekulieren, warum ihre Krankheit sie zu einem Leben als Gefangene verdammen sollte. Vielleicht war das damals die gängige Methode im Umgang mit der „Fallsucht". Man kann sich mein Erstaunen vorstellen, als ich Mutter in jenem Flügel in eine Unterhaltung mit einer alten Dame in einem Schaukelstuhl vertieft sah. Alles, was meine Mutter mir über das Gespräch mitteilte, war, dass die Kranke ganz vernünftig sprach.

Eines Tages bekam ich einen in Versen geschriebenen Brief von meinem Bruder Victor. Er enthielt aufregende Neuigkeiten über die Ergebnisse der Prüfungen für das Pulitzer Stipendium. „Hurra, Hurra! Du hast gewonnen, du hast gewonnen! Du hast den siebten Platz auf der Liste geschafft!"

Es gab ungefähr zwanzig solcher hochdotierten Stipendien, um die sich Kandidaten aus allen öffentlichen High Schools im Großraum New York bewarben. Ich wäre wirklich aufgeregt gewesen, wäre ich erster, zweiter oder auch dritter geworden. Aber auch so schien meine Position ziemlich sicher, und alle beteuerten mir, ich hätte nichts zu befürchten. Ich hatte es geschafft. Die Leute von Pulitzer besuchten uns und Mutter hatte ein angenehmes Gespräch mit ihnen. Dann wurde ein Termin für mein Vorstellungsgespräch vereinbart, das unmittelbar nach meiner Rückkehr nach New York stattfinden sollte.

Endlich war der 28. August herangerückt. Ich verabschiedete mich freundlich, wenn auch nicht traurig, von den Barmans. Den Zug nach Hause verpasste ich nicht; der alte Farmer brachte mich selbst zum Bahnhof.

Sobald ich nach New York zurückgekehrt war, ging ich zum World Building am Park Place, wo mein Prüfungsgespräch für das Pulitzer-Stipendium stattfand. Mein Prüfer war kein geringerer als der damalige leitende Herausgeber der Pulitzer-Tageszeitungen, Mr. [Alfred] H[armsworth], der auch Vorsitzender des nach dem Willen des großen Zeitungsmannes eingerichteten Stipendiatsgremiums war. Ich war ner-

vös, aber Mr. H. beruhigte mich und ich sprach bald lebhaft von meinen
Interessen und Zielen. Auf die Frage nach meinem Lieblingsbuch nannte ich begeistert „Niedergang und Fall des Römischen Reiches", das ich
von Anfang bis Ende mit nicht nachlassendem Interesse gelesen hatte.
Mr. H. schien sehr beeindruckt und bemerkte, er habe zuvor noch nie einen Jungen getroffen, der diese literarische Großtat vollbracht habe. Das
Gespräch verlief meinem Eindruck nach sehr gut und ich musste mir
Mühe geben, in Hinblick auf das Ergebnis nicht zu sicher zu erscheinen,
als ich meiner Familie davon erzählte.

Wie vereinbart telefonierte ich eine Woche darauf mit Mr. H.'s Sekretärin, um mein Ergebnis zu erfahren. „Tut mir leid", kam die geschäftsmäßige Antwort, „aber du bist nicht dabei." Einige Sekunden
lang war ich zu betäubt um zu sprechen. Dann fragte ich mit schwacher
Stimme: „Können Sie mir sagen, ob Fred Greenman ein Stipendium bekommen hat?" „Greenman? Ja, er hat eins." „Das ist gut. Vielen Dank."
Damit war das Gespräch beendet.

Diese Wendung war schlimmer als eine Enttäuschung, es war ein
vernichtender Schlag. Jeder Glanz, jede Hoffnung verschwanden plötzlich aus meinem Leben. Nicht dass das Pulitzer Stipendium heute übermäßig großzügig erscheinen würde. Ein Stipendiat bekam $ 150 im
Jahr, über vier Jahre, was die Unterrichtskosten am College deckte. Wer
an ein College in einer anderen Stadt ging, bekam weitere $ 250 jährlich
als Unterhalt. Für solch geringe Beträge konnte man damals eine erstklassige Hochschule besuchen. Mutter konnte den Gedanken nicht ertragen, ich würde sie für so lange Zeit verlassen, und obwohl ich heftig in
Versuchung war, wie mein Freund Fred Greenman nach Harvard zu gehen, hatte ich mich pflichtschuldig dazu bereit gefunden, zu Hause zu
bleiben und ans Columbia College zu gehen. Aber jetzt waren alle Pläne
gestrichen – weder Harvard noch Columbia waren mir bestimmt.

Meine Mutter und meine Brüder schienen genauso niedergeschlagen
von meinem Unglück wie ich, waren jedoch sehr viel entrüsteter darüber. Wie konnte ihr Benny – Nummer sieben auf der Liste – übergangen werden, wenn andere, ihm weit unterlegene – darunter einige seiner
Freunde – angenommen wurden? So seltsam es auch klingen mag, Mutter gab schließlich unseren Möbeln die Schuld! Trotz unserer diversen
Umzüge hatten wir unsere Louis XVI.-Möbel behalten, Stühle, Sofas

und einige andere elegante Stücke. Sie waren inzwischen zwar ziemlich abgenutzt, verbreiteten aber immer noch zumindest einen leichten Abglanz von Luxus. Die Pulitzer Stipendien wurden nicht nur nach schulischer Leistung und Charakter, sondern auch nach dem Kriterium der Bedürftigkeit vergeben. Mutter meinte, trotz unserer Armutsbeteuerungen müsse der Pulitzer-Mitarbeiter gemeint haben, ich könne meine College-Karriere selbst finanzieren. Sollte das zutreffen, hätte er in keinen größeren Irrtum verfallen können!

Ich hatte eine eigene Theorie über meine Ablehnung. Ich führte sie auf meine mangelnde Charakterfestigkeit zurück. Jahrelang hatte ich gegen etwas gekämpft, das die Franzosen „mauvaises" habitudes nennen und das durch das Zusammenwirken eines angeborenen Puritanismus und der haarsträubenden Gesundheitstraktätchen jener Zeit zu einem moralischen und physischen Problem enormen Ausmaßes geworden war. Ich sagte mir, der hellsichtige Mr. H. müsse diese geheime Deformation meiner Seele entdeckt haben und das Stipendium einem reineren und besseren Menschen zugeteilt haben, als ich es war. Diese Erklärung war noch phantastischer als Mutters Möbeltheorie. Nachdem ich intensiv mit meinem Problem gerungen hatte, besann ich mich schließlich am 12. Februar 1911 auf die Charakterstärke Abraham Lincolns, dessen Geburtstag wir gerade feierten. Ich würde mir Lincoln zum Vorbild nehmen und ihn um Hilfe bei der Einhaltung meines neuen, unverrückbaren Vorsatzes bitten, den ich an jenem Tag fasste. Es klappte, und mit meinen „mauvaises habitudes" war es vorbei.

Nach dem ersten Schock gewann Mutter ihre gewohnte Entschlossenheit wieder. Wenn ich nicht ans Columbia College konnte, musste ich eben ans College of the City of New York gehen, wo der Unterricht Gott sei Dank unentgeltlich war. Und ich konnte bestimmt einen Job finden, mit dem ich mir nach dem Unterricht das benötigte Taschengeld verdienen konnte. So immatrikulierte ich mich wenn auch schweren Herzens am City College. Warum schweren Herzens? Aus purem Snobismus. Das City College hatte sicher nicht so viele brillante Professoren wie Harvard, Yale und Columbia. Aber es hatte einen guten und schwierigen Lehrplan und brachte gut ausgebildete Absolventen hervor. Zu den Ehemaligen des City College zählten viele hervorragende Persönlichkeiten. Aber es war ein College ohne Studiengebühren, auf das vor allem ärmere Studenten mit niedrigem sozialen Status gingen, denen oft der rechte Schliff fehlte. Darüber hinaus waren die Studenten des City College überwiegend Juden. Auf dieses College zu gehen, statt nach Columbia, bedeutete, meine Minderwertigkeit zu akzeptieren und mein Scheitern zuzugeben. Ein Absolvent des College of the City of New York würde in seiner beruflichen und gesellschaftlichen Karriere im Vergleich zu einem Absolventen eines erstklassigen Colleges immer im Nachteil sein. Diese Einstellung spiegelte den allgemein verbreiteten Snobismus im Amerika des Jahres 1911 wider; dass ich diese verzerrten Werte akzeptierte, verstärkte mein Gefühl der Demütigung.

Ich war einfach unglücklich am City College. In meinem schrecklichen Gemütszustand erschien mir alles als unerfreulich und unbefriedigend. Eines Tages ließ ich mein Schließfach offen und prompt verschwanden zwei Bücher daraus. Ich musste sie ersetzen. Ich war niedergeschlagen und angewidert und ich hatte keine Erwerbsquelle für mein Taschengeld. In meiner Verzweiflung fasste ich einen extremen Entschluss. Ich wollte das College aufgeben und mir einen Job suchen.

Mein erster Job bestand darin, Druckknöpfe für elektrische Türklingeln zusammenzubauen. Ungefähr sechs Jungen saßen um einen Tisch, auf dem Körbe mit den verschiedenen Teilen standen, die man zusammensetzen musste. Nach kurzer Einarbeitung lernte ich die einfachen Handgriffe und wurde ein vollwertiges Mitglied meiner Arbeitsgruppe. Wir begannen um sieben Uhr morgens und arbeiteten bis halb sechs mit einer dreiviertelstündigen Mittagspause. Ich habe wohl ungefähr eine 55-Stunden-Woche gehabt. Ich will nicht ausrechnen, wie oft ich dieselben einfachen Handgriffe in einer Woche ausgeführt habe.

Um mir die endlose Zeit zu vertreiben, begann ich, bei der Arbeit im Stillen Gedichte aufzusagen. Glücklicherweise verfügte ich über ein großes Repertoire, zu dem Grays „Elegy", das gesamte Rubáiyát und sogar die ersten vierhundert Zeilen der Äneis zählten. Da saß ich, isoliert vom Rest, in der Gemeinschaft großer Dichter, während meine Finger eifrig und gekonnt ihre relativ einfache Arbeit verrichteten.

Nach kurzer Zeit – es waren vielleicht zwei Wochen – hatte ich die Monotonie der Klingelknöpfe satt und blätterte wieder die „Junge Gesucht"-Anzeigen in der Sunday Times durch. Eine Anzeige bot eine Stellung bei einem Hersteller von Telefonapparaten in der New Yorker

Innenstadt an, Fulton Street 95. Der Lohn betrug $ 5 in der Woche und war somit recht attraktiv. Ich stellte mich in dem schäbigen Laden schon sehr früh Montag morgens vor. Eine Menge Leute waren hinter dem Job her. Schon bald kam der Chef, Mr. L. J. Loeffler, herein und sprach mit jedem von uns. Er fragte nach meiner Ausbildung und war beeindruckt zu hören, dass ich die High School absolviert hatte. Dann fragte er nach meiner Berufserfahrung, wobei ihn vor allem interessierte, ob ich eine Bohrpresse bedienen konnte. Als ich das bejahte, sagte er mir, ich hätte den Job und könne am nächsten Tag anfangen. Gearbeitet wurde von halb acht morgens bis um sechs. Zu meiner neuen Stelle musste ich viel länger mit der U-Bahn fahren, aber ich konnte ungefähr zur gleichen Zeit aufstehen wie früher. Schmerzlich war, dass ich erst um sieben wieder zu Hause war, gerade rechtzeitig zum Abendessen.

Loeffler stellte noch vier andere Jungen mit mir zusammen ein, und damit war die Werkstatt bis oben hin voll. Es war klar, dass er uns nicht alle behalten wollte. Dies war, wie uns einer der älteren Arbeiter prompt erklärte, die jedes Jahr wiederkehrende Strategie des alten Mannes. Er fertigte eine Anzahl von Teilen auf Lager und behielt die meisten von uns nur, bis diese Aufgabe erledigt war, wenn überhaupt so lang.

Die L. J. Loeffler Telephone Co. belegte nur eine Etage in einem ziemlich kleinen Gebäude, aber die Werkstatt beherbergte eine Menge Maschinen und erlaubte die Erledigung einer außergewöhnlich großen Anzahl verschiedener Produktionsschritte. Das Endprodukt waren Telefonsysteme für private Nutzer. Die meisten hiervon wurden in den großen Mietshäusern eingebaut, die damals an der Park Avenue, der Fifth Avenue, der West End Avenue und am Riverside Drive gebaut wurden. Eine Anlage umfasste einen Schaltkasten für den Hausflur und Telefonapparate für jede Wohnung sowie die ausgefeilte Verkabelung, die man zu ihrem Anschluss brauchte. Noch viele Jahre nach meiner Anstellung bei Loeffler sah ich häufig, wenn ich Freunde in dieser Gegend besuchte, den Namenszug Loeffler auf dem Schaltkasten. Ich fragte mich dann, ob ich wohl selbst an der Montage dieser Anlage mitgearbeitet hatte.

Loefflers Motto war: „Bezahle niemals jemand für etwas, was du selbst herstellen kannst!" Er kaufte daher alle Teile so billig und unfertig wie möglich, um sie dann zu schneiden, zu bohren, zu schleifen, zu stanzen, zusammenzusetzen und zu montieren. Für die Klingeln seiner Telefonapparate kaufte er lange Eisenstangen, die wir für das Klingelwerk zurechtschnitten. Wir stanzten Pappringe aus, um daraus Spulen zu machen. Dann wurde mit einer Wickelmaschine Kupferdraht um die Spulen gewickelt. Alle anderen Teile der Klingel wurden ebenfalls in unserer Werkstatt hergestellt, einschließlich der kleinen runden Kugel am Ende des Schlegels, den wir an dem Drahtarm befestigten. Wir formten die schwereren Metallteile auf Drehbänken, brachten Metallteile über Feuer in Form, polierten Druckknöpfe aus Hartgummi an Poliermaschinen, montierten komplizierte Verkabelungen, prägten alle möglichen Bezeichnungen in schwarz lackierte Namensschilder und färbten die Buchstaben mit einer Art von weißem Gips. Wir trugen sogar die dünne Goldschicht auf die vibrierenden Membranen in den Telefonapparaten auf.

Ich kann mit einigem Stolz sagen, dass ich diese Arbeiten gut ausführte. Als ich bei Loeffler anfing, waren meine Finger ungeschickt und ich kannte mich nicht mit Werkzeug und elektrisch betriebenen Maschinen aus. Aber ich lernte die unzähligen Tricks dieses Gewerbes; meine Finger wurden gelenkiger, Hände und Augen sicherer. Ich begann, mich für die mechanischen und elektrischen Probleme des Betriebs einer Telefonanlage zu interessieren. Schon bald befasste ich mich mit den komplizierten Bauplänen, die bei der Installation von Telefonanlagen benutzt wurden. Mein großer Tag kam, als ein Elektriker hereinkam, der sich in aller Eile nach einem kniffligen Problem bei der Verkabelung erkundigte. Loeffler war nicht da, und ich konnte dem Elektriker die Sache nach einem Blick in unsere Konstruktionspläne erklären. Von da an war ich Loefflers Liebling.

Wie ich Mutter versprochen hatte, hatte ich im vorigen Herbst ans Columbia College geschrieben und angefragt, ob ich mich für ein Stipendium zum Sommersemester bewerben könne. Die Antwort besagte, dass es keine mit dem Sommersemester beginnenden Stipendien gäbe, aber ich könne mich im Frühjahr für das im September 1911 beginnende Studienjahr bewerben. Dies tat ich auch Anfang April. Schon nach einigen Tagen bekam ich eine seltsame Notiz von Frederick F. Keppel, dem Dekan des Columbia College. Sie besagte, das Stipendium, für das ich mich bewerben wollte, sei nicht verfügbar, aber der Dekan würde gerne etwas mit mir besprechen, wann immer es mir angenehm sei. Würde ich bitte einen Termin mit seiner Sekretärin vereinbaren? Ich rief an und erklärte, dass ich jeden Tag bis sechs Uhr abends arbeitete, möglicherweise aber einmal eine Stunde früher gehen könne. In diesem Fall wollte mich Dekan Keppel gerne am nächsten Tag kurz vor sechs in seinem Haus willkommen heißen. Was in aller Welt konnte das bedeuten?

Am nächsten Nachmittag reinigte ich meine schmutzigen Hände so gut es ging mit Fettlöser, nahm die West Side U-Bahn von Fulton Street zur 116. Straße und ging hinüber zum nahe gelegenen Wohnhaus des Dekans. Ich klingelte mit klopfendem Herzen. Mrs. Keppel öffnete, führte mich hinauf in ein Arbeitszimmer, in dessen Kamin einige Holzscheite brannten, und sagte, der Dekan werde sofort kommen. Wenige Minuten darauf trat er ein, ein großer, ansehnlicher und gut gekleideter Mann, der eine geschäftsmäßige Art mit einem charmanten Lächeln kombinierte. Tee wurde hereingebracht. Mir wurden meine schäbigen Arbeitsklamotten und die Dreckreste unter meinen Fingernägeln schmerzlich bewusst. Keppel erkundigte sich freundlich nach meiner Arbeit, während wir unseren Tee tranken. Dann kam er zur Sache.

„Weißt du, wir haben im Immatrikulationsbüro ein ganz schlechtes Gewissen wegen dir. Und ich teile dieses schlechte Gewissen, denn ich war der Leiter des Immatrikulationsbüros, bevor ich Dekan wurde, und ich habe das System eingeführt, das den Fehler verursacht hat."

Ich war zu verwirrt, um etwas zu sagen, und saß wie auf heißen Kohlen.

„Die Sache ist die, Grossbaum", fuhr er fort, „du hast hier letztes Jahr ein Stipendium zugeteilt bekommen, aber wir haben es dir vorenthalten."

„Wie – wie konnte das passieren?" platzte ich heraus.

„Du hast einen Bruder oder Cousin, Louis Grossbaum, der drei Jahre mit einem Pulitzer-Stipendium bei uns war. Als wir dir dein Stipendium zusprachen, wurden im Immatrikulationsbüro die Namen verwechselt. Sie konnten niemandem ein Stipendium geben, der bereits eines hatte, und so gaben sie dein Stipendium dem nächsten auf der Liste."

Er berichtete mir weiter, der Preis, den ich gewonnen hätte, sei das Stipendium der Ehemaligen des Columbia College gewesen. Es decke die gesamten Studienkosten ab und werde alljährlich dem Bewerber verliehen, der den höchsten Notendurchschnitt bei den College-Aufnahmeprüfungen erzielt habe. Das war ich gewesen, denn die sechs Bewerber auf den höheren Plätzen der Pulitzer-Liste hatten alle Pulitzer-Stipendien erhalten oder sich anderswo um eine Zulassung beworben. Wenn ich noch ans Columbia College wollte, könnte ich das Ehemaligen-Stipendium zu Beginn des kommenden Herbstes erhalten. Dabei würde ich mich finanziell genauso gut stellen wie mit dem Pulitzer-Stipendium, von dem ich geträumt hatte.

„Das ist sehr interessant", war alles, was ich sagen konnte. Dann fügte ich hinzu: „Aber ich habe ein ganzes Jahr verloren."

„Wohl wahr", antwortete Keppel. „Und unser Fehler tut uns schrecklich leid. Wie alt bist du denn jetzt?"

Ich sagte ihm, dass ich gerade siebzehn wurde.

„Gut, dann ist es ja überhaupt nicht schlimm. Du wärest noch viel zu jung gewesen, um wirklich etwas vom College zu haben, wenn du letztes Jahr schon angefangen hättest. Dieser Werkstatt-Job ist das Beste für dich. Du wirst viel tüchtiger und reifer als deine Altersgenossen sein. Zudem kannst du vielleicht deinen Abschluss schon nach drei Jahren schaffen, wenn du hart genug arbeitest."

Das Gespräch war vorbei. Aufgeregt kam ich nach Hause. Die Freude in unserer Wohnung in der Kelly Street war grenzenlos. Aber Mutter sagte wieder und wieder, während sie sich die Augen wischte: „Nie werde ich ihnen den Kummer vergeben können, den sie meinem Benny zugefügt haben."

6. Kapitel

Student am College

Ich begann mein Studium als Alumni-Stipendiat am Columbia College im September 1911. Ich hatte an meinen beiden High Schools einen Lehrstoff absolviert, der mehr als einem Semester am College entsprach, und darüber hinaus so viel gelernt, dass ich die Einstufungsprüfungen schaffte und so hoch wie möglich eingestuft wurde. Für den College-Abschluss brauchte man 120 Punkte, wobei jeder Punkt einem einsemestrigen Kurs mit einer Semesterwochenstunde entsprach. Ich wollte meinen Abschluss in drei Jahren schaffen. Ich schaffte ihn schließlich nach zweieinhalb Jahren.

Meine Vorstellungen vom Leben am College hatten sich schon viele Jahre zuvor auf der Basis einer begierigen Lektüre der Bücher Frank Merriwells geformt. Natürlich war mir klar, dass Merriwell außerordentlich lange in Yale studiert hatte – ob wohl jemand seine Semester gezählt hat? – und dass er sich bei allen möglichen studentischen Aktivitäten engagierte, nur nicht beim Studium. Wahrscheinlich war das der Grund, dass seine Collegelaufbahn sich so lange hinzog. Nichtsdestotrotz hatte ich mir das Collegeleben als Zeit einer friedlichen Jugend vorgestellt, als wunderbare Kombination von Bildung, Freundschaften, Romanzen, Sport und Spaß. Aber im Rückblick auf meine Zeit am College erinnere ich mich nicht an eine derart glückliche Phase. Tatsächlich kann ich mich nur noch an relativ wenig erinnern.

Prägend ist das College vor allem für mein Unterbewusstsein gewesen: In meinen Träumen kehrt es wieder. Normalerweise träume ich selten so lebhaft, dass ich mich nach dem Aufwachen erinnern kann, aber in den fünfunddreißig Jahren, die seit meinem Abschluss am Columbia College vergangen sind, wiederholt sich häufig ein bestimmter Traum. Ich bin wieder am College. Ich bin auf dem Weg zu einem Referat, aber ich habe meinen Stundenplan verlegt und weiß nicht, wo ich hin soll. Ich gehe von Etage zu Etage, von Raum zu Raum und versuche herauszubekommen, wo ich hin muss. In einer anderen Variante dieses Traums bin ich in einem Hörsaal, aber ich habe mich nicht vorbereitet. Ängstlich überlege ich, mit welchem Bluff ich durchkommen kann, wenn ich mit meinem Referat an der Reihe wäre. Beide Dilemmata werden in meinen Träumen nicht gelöst, weil ich nämlich immer in einem besonders unangenehmen Moment aufwache. Zweifellos könnte ein Psychoanalytiker mir sagen, was diese Mitteilungen meines Unterbewusstseins bedeuten. Aber ein wirklicher Zusammenhang zwischen meinen Träumen und den tatsächlichen Begebenheiten während meines Studiums besteht nicht.

Allzu brillant verlief mein Einstieg am College nicht. Eine der obligatorischen Einführungsvorlesungen war Geschichte I mit dem Thema Westeuropa. Im Gegensatz zu den meisten meiner Kommilitonen hatte ich diesen Stoff bereits an der Townsend Harris Hall durchgenommen und daher wenig Lust, mich noch einmal damit zu beschäftigen. Aber meine Note zu Mitte des Semesters war nur ein C. Das rüttelte mich wach, ich holte in der zweiten Semesterhälfte auf und bekam schließlich ein B. Alle meine Kurse am Columbia College habe ich mindestens mit B abgeschlossen. Mit einigem Abstand betrachtet erscheinen mir meine Leistungen heute besser als damals. Ich schaffte in meiner Klasse das zweitbeste Ergebnis, was mir eine ehrenvolle Erwähnung – wenn auch keinen Preis – bei der Abschlussfeier einbrachte. Ich frage mich heute, wie ich das schaffen konnte, wenn ich meinen hohen Wochenstundenanteil und die immense Zahl meiner nebenbei betriebenen Studentenjobs bedenke.

Ich studierte Französisch bei Prof. Jourdain, der eine Kombination von weltoffener Kultur, religiösem Skeptizismus und einer Vorliebe für Zoten verkörperte. Das war für mich ein neues Phänomen: ein Lehrer, der meinen Intellekt faszinierte, aber auf meine viktorianische Moral schockierend wirkte. Jourdain war einer der ersten, mit dem ich Freundschaft schloss. Als Sekretär der Vereinigung der Französischprofessoren in Amerika musste er mehrmals im Jahr Programmankündigungen verschicken. Für die ansehnliche Bezahlung von einem Dollar pro Stunde ließ er mich die Adressiermaschine bedienen und die Programme falten und kuvertieren. Ich bekam auch eine Freikarte für die Veranstaltungen. An einem solchen Abend, kurz nach Beginn des Krieges 1914, rezitierte die berühmte Yvette Guilbert ein Kriegsgedicht von Edmond Rostand.

Sie war damals schon alt, aber ihr Haar war noch rot und ihre Stimme feurig. Ich war tief bewegt. Jahre später las ich in James Hunekers „Painted Veils" einen Bericht über einen Abend in Greenwich Village, an dem er Yvette Guilbert Baudelaires „Le Balcon" vortragen gehört hatte – ein unvergängliches Poem, dem sie auf unvergleichliche Weise ihre Stimme geliehen hatte. Das war dieselbe Guilbert, die mit Toulouse-Lautrec und Proust bekannt gewesen war. Und auch ich hatte sie zumindest einmal gehört!

Eines Abends lud mich Prof. Jourdain zum Abendessen zu sich nach Hause ein. Nach dem Essen unterhielt er seine Frau und mich, indem er ein Kapitel aus „Gargantua" von Rabelais vorlas, dasjenige, in dem der riesige Prinz das perfekte Toilettenpapier sucht. Der Professor brüllte vor Lachen, während er vorlas, während Madame Jourdain von Zeit zu Zeit ziemlich gequält lächelte und ich voller Verlegenheit zuhörte. Die komische Dimension von Tiraden über Exkremente hat sich mir nie erschlossen. Dreck hat für mich nichts Lustiges. Andererseits hat ein guter unflätiger Witz viel für sich. Sex ist wichtig, vielseitig und aufregend. Er ist daher perfekt für ungewöhnliche, absurde und witzige Provokationen geeignet, die uns zum Lachen bringen, ohne dass man sich zu schämen braucht.

Ein anderer Französischprofessor, Camille Fontaine, überredete mich zur Beteiligung an dem jährlichen Wettbewerb der Vereinigung der Französischprofessoren. Für die Ostküste fanden die Tests am Barnard College statt. Das war das erste und einzige Mal, dass ich die Pforten unserer Schwestereinrichtung betrat und das einzige Mal, dass ich mich in einem Klassenraum mit Mädchen befand. Die Prüfung bestand aus einem Aufsatz und einer Übersetzung. Das Aufsatzthema weiß ich nicht mehr, aber der zu übersetzende Text, Renans berühmtes „Gebet auf der Akropolis", ist mir im Gedächtnis geblieben, weil ich bei den ersten Worten einen Fehler machte. Dennoch erzielte ich zu meiner Überraschung den dritten Preis bei der Übersetzung und eine ehrenvolle Erwähnung für meinen Aufsatz.

Professor Fontaine sagte, er sei sehr stolz auf mich. Etwas später bekam ich meinen Gewinn, zwei schwer beschreibbare, in zweitklassiges Leder gebundene französische Bücher, aber mit Widmung. Prof. Fontaine überreichte sie mir mit viel Brimborium vor unserer Französischstunde und ich antwortete mit gespieltem Enthusiasmus. Nach der Französischstunde winkte er mir zu bleiben. Er holte einen sehr schönen Füllfederhalter aus der Schublade seines Schreibtisches hervor und sagte etwas verlegen, die Bücher seien nicht ganz ein adäquater Preis für meine hervorragende Leistung. Er selbst bekomme viel mehr Füller von seinen Studenten geschenkt, als er jemals benutzen könne und er wolle mich fragen, ob ich diesen als persönlichen Preis von ihm annehmen würde. Ich war von seiner Aufmerksamkeit gerührt. Aber ich verlor diesen wertvollen Füller kurze Zeit später, wie es mir mit den meisten meiner kleinen Besitztümer ging.

Am College las ich eine Menge deutscher Literatur und wurde tatsächlich so etwas wie ein Kenner. Ich belegte einen Kurs über Goethe, Schiller und Lessing bei Prof. William Addison Hervey und absolvierte ihn blendend mit einem noch nie dagewesenen A+. In meiner Arbeit stellte ich Goethes „Iphigenie auf Tauris" der Iphigenie des Euripides gegenüber. Ich belegte auch einen Kurs über Hebbel, Kleist und Grillparzer bei Frederick Heuser. Ich besuchte Heuser nach meinem Collegeabschluss 1915 und er erzählte mir von seinen Problemen mit diesem Kurs, da die Blockade Deutschlands die Einfuhr der Werke dieser drei Autoren unmöglich gemacht habe. Daraufhin schenkte ich meine Gesamtausgaben von Hebbel und Lessing der College-Bibliothek. Ich musste sie mir vom Herzen reißen, denn die schön ausgestatteten Bände gehörten zu meinen wertvollsten Besitztümern.

Ich verlor schließlich mein Interesse an deutscher Literatur. Vor dem Weltkrieg war ich ein großer Bewunderer des deutschen Geistes. Mein Urteilsvermögen war noch nicht voll ausgebildet, ich war von der Kombination wissenschaftlicher Effizienz mit poetischer Sentimentalität beeindruckt und übersah oder entschuldigte die Drohung, die in der Stiefelleckerei gegenüber Vorgesetzten und dem Schikanieren von Untergebenen lag. Aber zwischen 1914 und 1918 entwickelte ich eine tiefe Ablehnung der deutschen Volksseele gegenüber und wendete mich fast völlig von einer Sprache und Literatur ab, die zuvor mein tiefstes Interesse gefunden hatte. Vielleicht nahm ich undeutlich den Schatten Hitlers und seiner Vernichtungslager hinter den feurigen Ungereimtheiten eines Fichte und der süßlichen Alt-Heidelberg-Sentimentalität des „Studentenbaron" wahr.

Was war mit Latein? Eben weil es eines meiner besten Fächer war, entschied ich mich, am College nicht mit Latein weiterzumachen. Warum sollte ich Vorlesungen über Horaz, Catull, Lukrez und Tacitus hören, wenn ich sie zu Hause in meiner Freizeit lesen konnte? Ich schloss Bekanntschaft mit diesen und auch mit anderen lateinischen Autoren und Horaz wurde für mich ein sehr enger Freund. Meine Entscheidung gegen Latein am College führte zu einer ziemlich absurden Situation. Ich konnte keinen Abschluss als Bachelor of Arts machen, da hierfür in jener Zeit Latein obligatorisch war. Ich schloss also kurioserweise als Bachelor of Science ab, ohne einen einzigen naturwissenschaftlichen Kurs belegt zu haben. Das bisschen Physik und Chemie aus meiner Zeit an der High School reichte für die Anforderungen des B. S. in diesen Fächern, und Mathematik war als mein naturwissenschaftliches Hauptfach durchaus akzeptabel. Dekan Keppel warf mir bei einem zufälligen Treffen vor, eine ehrwürdige College-Tradition gebrochen zu haben. „Bis heute", bemerkte er, „wurde immer gesagt, bei dem Bachelor of Science-Abschluss in Columbia sei eines gewiss, nämlich, dass der Inhaber dieses Titels kein Latein könne. Wegen dir ist das nicht mehr so."

Da Mathematik mein Hauptfach war, belegte ich in diesem Fach eine Menge Kurse. Am besten erinnere ich mich an Herbert E. Hawkes, der Keppels Nachfolger als Dekan wurde, nachdem dieser zum stellvertretenden Kriegsminister befördert worden war. Im mathematischen Kolloquium legte ich zwei Referate vor. Keines von ihnen war ein bedeutender Beitrag, und das erste der beiden kostete mich eine Stange Geld. Es ging um geometrische Axiome. Uns war immer gesagt worden, Axiome seien evident, jedoch nicht beweisbar. Als kleiner Descartes, für den ich mich hielt, konstruierte ich einen meiner Ansicht nach sicheren Beweis für das Axiom, dass eine Gerade die kürzeste Verbindung zwischen zwei Punkten ist. Prof. Hawkes war beeindruckt und forderte mich auf, meinen Beweis dem Kolloquium vorzulegen. Zu spät fiel mir ein nachzuschlagen, was Euklid selbst über dieses Axiom geschrieben hatte. In der großen kommentierten Euklid-Ausgabe der Universitätsbibliothek fand ich zu diesem Axiom vier Beweise von späteren Mathematikern, dass eine Gerade die kürzeste Verbindung zweier Punkte sei. Ein weiterer Jugendtraum persönlicher Größe löste sich in Nebel auf. Ich hatte jedoch zumindest den Trost, dass mein Beweis anders geführt war als die vier bereits vorliegenden. Hawkes fand, er sei es in jedem Fall wert, unserer Arbeitsgruppe vorgestellt zu werden.

Ich bekam eine Sondergenehmigung der Bibliothek, den ersten Band der wertvollen Euklid-Ausgabe auszuleihen. Ich hielt mein Referat, wies auf die verschiedenen Beweise hin und machte mich mit dem Buch auf den Heimweg. Aber ich ließ das Buch in der U-Bahn liegen und bekam es nie zurück. Die Bibliothek verlangte schließlich $ 15 von mir, viel weniger als der Wert der Gesamtausgabe betrug, die jetzt für alle Zeit unvollständig bleiben musste. Das war ein harter finanzieller Schlag für mich. „Die Pfade des Ruhms bringen einen nur ins Armenhaus", sagte ich mir traurig.

Ich interessierte mich auch für Philosophie. Ich belegte den obligatorischen Einführungskurs in formaler Logik. Später hörte ich Geschichte der Philosophie bei Prof. Frederick A. Woodbridge. In der ersten Stunde hielt Woodbridge jeweils einen Vortrag vor großem Auditorium, in der zweiten Stunde bildeten seine Assistenten dann kleinere Arbeitsgruppen. Woodbridge war ein großartiger Redner, dem sein großes Auditorium fast atemlos lauschte. Ich weiß noch, wie er einen Vortrag über Kant ungefähr mit den Worten begann: „Immanuel Kant war einer der größten Philosophen, er hatte mehr Einfluss auf seine Nachfolger als beinahe jeder andere. Aber manchmal wünsche ich mir, er sei nie geboren worden."

Einmal begann Woodbridge eine Vorlesung mit einem Hinweis, der für mich persönlich aufregend war. Es ging um Descartes, konkret um dessen berühmten Dualismus, der Geist und Körper des Menschen getrennten Universen zuweist. Dann zitierte Woodbridge mich: „Wenn ich jetzt vor Ihnen über Descartes sprechen will", sagte er, „geht mir ein Satz nicht aus dem Sinn, den einer Ihrer Kommilitonen in seinem Referat über den Dualismus formuliert hat. Er lautet: ‚Was Descartes getrennt hat, soll kein Mensch zusammenfügen.'"

In Englisch hörte ich Brander Matthews' berühmte Vorlesung über den Roman. Matthews stand damals fast schon am Ende seiner großartigen Karriere. Er hatte ein unvergessliches backenbärtiges Löwengesicht und ist durch den Brander Matthews-Hörsaal auf dem Campus verewigt. Ich studierte auch bei John Erskine, einem äußerst beliebten

Hochschullehrer, Schriftsteller („The Private Life of Helen of Troy")
und Musiker. Er wurde später Leiter der Juilliard School of Music. Erskine gratulierte mir einmal zu einer Beobachtung, die ich in einem Referat über „Sturmhöhe" gemacht hatte. Ich hatte die Überlegung angestellt, ob die unheimliche Atmosphäre in diesem Roman der Gewalt
nicht auch auf der seltsamen und völlig unbritischen Tatsache beruhe,
dass in dem gesamten Roman kein Polizist oder sonstiger Gesetzesver-
treter auftritt. Erskine sagte mir, dies sei ein neuer und wichtiger Beitrag
zum Studium jenes Meisterwerks.

Ich studierte auch bei Carl Van Doren, einem weiteren großartigen
Professor und Schriftsteller. Ihm zeigte ich meine ersten, kurzen romantischen Gedichte, Gedichte, die ebenso unvermeidlich und zu gleicher
Zeit in mein Leben traten wie das Rasieren. Van Doren mühte sich mit
mir, einige Zeilen zu verbessern – sie hatten seine Kunstfertigkeit bitter
nötig. Nach meinem Abschluss im Sommer 1914 wurde Van Doren Direktor der Brierly School, einer der besten Vorbereitungsschulen für
Mädchen. Er ließ mich holen und fragte, ob ich seinem Lehrkörper als
Englischlehrer beitreten wolle. Angenehme Umgebung, gute Bezahlung, hervorragende Aufstiegschancen. Ich überlegte mir seinen Vorschlag und entschied mich dagegen – aus Gründen, die ich heute nicht
mehr zusammenbekomme. Noch einige Male habe ich seit jener Zeit eine Vision gehabt, in der ich als schüchterne, zwanzigjährige, koboldhaf-
te Gestalt versuche, einer Schar fast gleichaltriger Mädchen aus gutem
Hause Englischunterricht zu erteilen. Was wäre wohl daraus geworden?
1937 traf ich Carl Van Doren wieder, er sah inzwischen viel älter aus.
Seine und meine Tochter machten gerade ihren Abschluss an der damaligen Lincoln School. Jetzt, im Jahr 1967, fällt mir Van Doren noch einmal ein. Einer seiner Neffen hat eine gigantische Summe in einem Fern-
sehquiz gewonnen und es kommt heraus, dass dabei Betrug im Spiel
war. So tauchen Menschen in unserem Leben auf, verschwinden wieder,
und tauchen erneut auf.

Mein engster und wichtigster Freund am Columbia College war ein
Englischprofessor, der im Campusleben keine besondere Rolle spielte.
Sein Name war Algernon Duvivier Tassin. Er hatte in Harvard studiert,
hatte sich dann für das Theater interessiert und war mehrere Jahre mit
der gefeierten Julia Marlowe auf Tour. Tassin war Autor mehrerer

Theaterstücke, von denen niemals eines kommerziell aufgeführt worden ist. Ich hatte einen englischen Konversationskurs bei Tassin belegt. Man musste eine Textpassage vorlesen, sie erklären und intelligent interpretieren. Ein anderer Kurs bei Tassin, den ich im folgenden Jahr belegte, hieß „Tagesthema". In diesem Kurs mussten wir an jedem Wochentag einen einseitigen Aufsatz abliefern, dessen Thema jeweils am Tag zuvor bekanntgegeben worden war. Das war eine greuliche Arbeit, aber man lernte, sich schriftlich auszudrücken.

Tassin mochte meine Aufsätze meistens. Gegen Mitte des Semesters mussten wir eine Reihe kurzer Charakterstudien abliefern. Ich schrieb über Menschen, die ich gut kannte – meine Mutter, meine Brüder, meinen Cousin Lou und meine damalige Freundin Alda. Eines Tages rief mich Tassin in sein Büro – er habe mich etwas Ernstes zu fragen: „Hast du alle diese Charakterstudien selbst geschrieben?" – „Natürlich", antwortete ich verblüfft. „Dann muss ich dir sagen", entgegnete er, „dass du über eine große Gabe verfügst. Ich habe noch nie bei jemandem deines Alters eine solche Reife und eine solche Fähigkeit gefunden, präzise und kurz zu formulieren." Mir schwirrte der Kopf. Aber ich habe, abgesehen von diesen kurzen Skizzen, nie wieder Charakterstudien geschrieben. Tassin blieb in späteren Jahren ein enger persönlicher Freund und ein finanzieller Verbündeter in mageren und fetten Jahren.

Der Höhepunkt meiner akademischen Laufbahn war ein Oberseminar mit dem Thema Englisch-Geschichte-Philosophie. Eine kleine Gruppe fortgeschrittener Studenten traf sich alle zwei Wochen und diskutierte wissenschaftliche Fragen unter der Leitung von Erskine, Woodbridge und James Harvey Robinson, einem berühmten Historiker. Diese Treffen waren wirklich inspirierend.

Enge Freundschaften schloss ich am Columbia College nicht. Hatte ich zu viel mit meinem Studium und meiner Arbeit zu tun oder war etwas an meiner Persönlichkeit, das Bekanntschaften oder Freundschaften mit anderen ausschloss? Zweifellos das letztere, denn dieser Mangel hat mich mein Leben lang beeinträchtigt. Ich hatte nie Schwierigkeiten, Bekanntschaften zu machen, tatsächlich fällt es mir sogar etwas zu leicht. Eine Gruppe von Freunden am Columbia College erwies mir die Ehre, mir die Mitgliedschaft in der führenden jüdischen Studentenverbindung, der Zeta Beta Tau, anzubieten. Ich lehnte mit der Begründung ab, ich hätte dazu weder Zeit noch Geld. Ich hätte mir die Zeit nehmen und das Geld leihen sollen.

Während meiner Collegezeit, vom September 1911 bis zum Juni 1914, hatte ich eine Vielzahl von Jobs. Da meine Brüder zum Familieneinkommen beitrugen, war das Mindeste, was ich tun konnte, das Geld für meine persönlichen Ausgaben und das College zu verdienen. Im ersten Jahr arbeitete ich als Kassierer in einem Kino an der Park Row, in der Nähe von Bowery und Chinatown. Meine Arbeitszeit begann wochentags um fünf und endete um halb elf, hinzu kam eine Zwölfstundenschicht an jedem zweiten Sonntag. Ich bekam $ 6 pro Woche, wovon 60 Cents Sozialabgaben abgingen. Das war mein zweiter Job in dieser Branche, der erste war eine Tätigkeit als Platzanweiser in einem Varieteetheater, dem Prospect Theatre, im Sommer 1910.

Da ich hier die volle Wahrheit aufschreiben will, muss ich auch von Begebenheiten berichten, an die ich mich etwas ungern erinnere. Sie haben mit Unterschlagung zu tun. In meiner langen Karriere als Geschäftsmann habe ich den Ruf peinlicher Ehrlichkeit gewonnen. Mit Befriedigung kann ich sagen, dass dieser Ruf wohlverdient war. Nur dreimal bin ich vom Pfad strikter Rechtschaffenheit abgewichen. Als sehr kleiner Junge wollte ich immer mehr Süßigkeiten, als unsere strenge Mademoiselle mir zuteilte. Ab und zu klaute ich einen Penny aus Mutters Portemonnaie, um Süßigkeiten aus einem Automaten zu ziehen. Einmal passte der glänzende Penny nicht in den Schlitz und verwirrt brachte ich ihn wieder nach Hause zurück. Es war ein goldenes Fünfdollarstück. Meine Mutter hatte sich über den Verlust schon aufgeregt und war nicht weniger verwirrt, als sie das Geldstück wieder in ihrem Portemonnaie fand. Im Jahr 1900 war es nichts Besonderes, ein Goldstück in der Tasche zu haben. Der Gedanke, dass ich fünf Dollar gestohlen hatte statt eines Penny, erschütterte mich so, dass ich nie wieder etwas klaute.

Dann gab es einmal eine Woche im Prospect Theatre, wo ich gegen ein paar Münzen Besuchern bessere Plätze zuwies, als sie bezahlt hatten. Das waren auch Kleinigkeiten, die mich aber immer belastet haben. Ich entdeckte auch einen Trick, wie man mit zehn Tickets elf Personen einlassen konnte, und für einige Wochen finanzieller Knappheit bediente ich mich dieser Methode, um mir ein paar Dollar zu verdienen. Aber mir war so unwohl dabei, dass ich damit schnell wieder aufhörte.

Die letzte meiner Unterschlagungen betrifft den einzigen Fall in meiner Karriere als Geschäftsmann, in dem ich mir ernste moralische Vorwürfe mache. Eine Gesellschaft, an der meine Investmentgesellschaft beteiligt war, musste ein Grundstück für Straßenbauzwecke an den Staat abtreten, und wir hatten ein Anrecht auf Entschädigung. Der betreffende Bundesstaat befand sich im Griff einer Parteibuchbürokratie und man sagte uns, wenn wir ein schnelles und zufriedenstellendes Ergebnis wollten, müssten wir das „richtige" Anwaltsbüro beauftragen, und zwar gegen ein beträchtliches Honorar. Wie die meisten Firmen in unserer Lage folgten wir diesem guten Ratschlag. Mein Partner, der selbst Rechtsanwalt war, erhielt später einen Teil des gezahlten Honorars als Provision. Da wir alle Einkünfte teilten, bot er mir die Hälfte seines Anteils an. Ich hätte das Geld nicht annehmen sollen, tat es aber doch – und habe es seit dem Tag bereut.

Meine eigene Schwäche hat mich dazu gebracht, mit einer gewissen Toleranz auf Unterschlagungen durch Verwandte, Freunde, Kollegen oder Angestellte zu reagieren. Ich habe eine solche Tat immer missbilligt, aber ich habe mir nie eine „Ich bin der bessere Mensch"-Haltung gegenüber dem Schuldigen erlaubt. Wo ein Diebstahl aufgrund schweren finanziellen Drucks geschah, und das war oft so, habe ich mehr zu Mitleid als zu Vorwürfen geneigt. Nur Verachtung habe ich aber für reiche Leute übrig, die sich aus Gewohnheit, Gier oder schierer Perversität unehrenhaft verhalten, und auch für jene, die Vertrauenspositionen oder Ehrenposten missbrauchen. So war in meinen Augen das Benehmen Jimmy Walkers als Bürgermeister von New York City [1925 bis 1932] eine Schande. Seine enorme Popularität nach seinem Sturz und die an Heiligsprechung grenzende Verehrung, die er nach seinem Tod erfuhr, lassen mich an meinen Mitmenschen verzweifeln.

Anfang Juni, gegen Ende meines ersten Jahres am College, kam ein Freund am Kino vorbei und wir unterhielten uns. Er hatte gerade einen wunderbaren Job angefangen, der $ 40 im Monat bei Tagschichten und $ 50 im Monat bei Nachtschichten einbrachte. Es wurden noch weitere Leute vom College gebraucht und er meinte, er könne etwas für mich arrangieren. Natürlich war ich interessiert. Nach einem kurzen Vorstellungsgespräch wurde ich für die Nachtschicht eingestellt, die bei sechs Arbeitstagen in der Woche von vier Uhr nachmittags bis Mitternacht ging. Mein Arbeitgeber war die U. S. Express Company, mein Vorgesetzter M. A. Fisher, ein Organisationsfachmann.

Dieser Job markierte einen wichtigen Punkt meiner Entwicklung. Die Interstate Commerce Commission hatte eine neue Berechnungsbasis für die Festlegung der Paketdienstgebühren im ganzen Land eingeführt, die sogenannte Block-Methode, die die komplizierte Gebührenberechnung von Standort zu Standort ablösen sollte. Die Paketdienste hatten protestiert und versichert, das neue System werde sie ruinieren. Um ihren Protest zu untermauern, bereiteten sie eine detaillierte Eingabe vor, die alle Geschäftsbewegungen eines Tages aufführte, für jede einzelne Sendung die neuen Gebühren berechnete und so zeigen sollte, wie sehr die neue Berechnungsmethode die Gewinne senkte.

Die anderen vier großen Paketdienste – Adams, American, Southern und Wells Fargo – erarbeiteten ihre Aufstellung auf konventionelle Art mit der Hand. Mr. Fisher aber hatte U. S. Express von der neuen Hollerith-Methode überzeugt, bei der mittels Lochkarten komplizierte Daten schnell geordnet und tabelliert werden konnten. Die Hollerith-Maschinen wurden von einer finanzschwachen Gesellschaft geleast, die Computing-Tabulating-Recording Corporation hieß und über kein großes Ansehen verfügte. Ihr Aktienkapital stellte dem Vernehmen nach nur heiße Luft dar und war am Markt etwa drei Millionen Dollar wert. Ich konnte kaum ahnen, dass ich es noch erleben sollte, wie die Aktien dieser Gesellschaft – inzwischen in International Business Machines umbenannt – an der New Yorker Börse für Milliarden von Dollar gehandelt wurden.

Das Projekt der U. S. Express wurde in angemieteten Räumen in der Washington Street 76 durchgeführt. Den Teams wurde beigebracht, die auf der alten Basis berechneten Daten abzulochen, dann die Karten zur Umstellung auf die neuen Gebühren und Erträge durch die Sortiermaschinen laufen zu lassen und sie schließlich in die Tabelliermaschinen zu geben, um verschiedene Summen zu berechnen. Das Ganze wurde von verschiedenen Faktoren kompliziert, wie zum Beispiel dem Unterschied zwischen Sendungen innerhalb eines Bundesstaates und Sendungen zwischen Bundesstaaten.

Obwohl die tatsächlichen physischen Tätigkeiten sehr monoton waren, fand ich den größeren Rahmen der Arbeit interessant. Einer meiner

Kollegen, ein lebhafter Bursche namens Lou Bernstein, den ich schon vom College kannte, fand das Projekt ebenso aufregend wie ich. Wir diskutierten unsere Arbeit mit Mr. Fisher, der sich über unser Interesse an seiner Arbeit so freute, dass er uns für Sonntag Nachmittag zu einer langen Männergesellschaft in seine Wohnung einlud. Unsere Gespräche hatten sowohl für ihn als auch für uns völlig unerwartete Resultate.

Im September 1912 begann mein zweites Jahr am Columbia. Ich arbeitete weiterhin von vier Uhr nachmittags bis Mitternacht bei U. S. Express und absolvierte darüber hinaus einundzwanzig Wochenstunden am College. Hinzu kamen noch die Hausaufgaben. Bernstein war auch in die Nachtschicht gewechselt und wir arbeiteten eng zusammen. Eines Abends erreichte uns ein überraschendes Gerücht: Fisher hatte nach einem Streit mit dem Leitenden Rechnungsprüfer über irgendeine Verletzung der Betriebsordnung durch seinen Assistenten gekündigt. Wir fragten uns, was wohl aus seinem hochspezialisierten Projekt werden würde. Wir mussten nicht lange warten, bevor Mr. Tait, der Hauptrechnungsprüfer, in unseren Arbeitsraum kam. Er war leicht angeheitert, was bei ihm nichts Neues war. Mr. Tait fragte nach Bernstein und Grossbaum, und wir stellten uns vor. Er sagte, man habe ihm berichtet, wir beide hätten einen guten Durchblick bei diesem Projekt, ob das so sei. Ohne falsche Bescheidenheit antworteten wir, dies träfe zu. Daraufhin bat er uns nach Schichtschluss um Mitternacht in sein Büro.

Dort fand eine kurze und aufregende Unterhaltung statt. Glaubten wir, Fishers Platz einnehmen und das Projekt leiten zu können? Ja. Konnten wir bis zum nächsten Abend einen Plan aufstellen, der jeden einzelnen Schritt des Arbeitsprozesses aufführte? Ja. Würde ich – Benny Grossbaum – mich vom College beurlauben lassen, in die Tagschicht wechseln und die Verantwortung für das Projekt übernehmen? Ich antwortete, da müsse ich erst mit Dekan Keppel sprechen und ich müsse adäquat bezahlt werden. Wir verabredeten, uns um 22 Uhr am folgenden Abend wieder in seinem Büro zu treffen. Bis dahin sollten der Arbeitsplan fertig, der Dekan gefragt und meine Gehaltsvorstellungen klar sein.

Der nächste Tag verging wie im Traum. Dekan Keppel war begeistert, als ich ihm von der Sache erzählte. Er war schon damals ein Verfechter der Auffassung, dass Leute vom College in die Wirtschaft gehen sollten, und diese Geschichte war Wasser auf seine Mühlen. „Aber natürlich, Ben, lass' dich beurlauben. Wenn du dich soweit vorbereiten kannst, dass du die Semesterabschlussprüfungen schaffst, kümmere ich mich darum, dass du deine Kurse anerkannt bekommst." Diese Hürde war also leicht aus dem Weg geräumt. Wir machten uns daran, unseren Plan auszuarbeiten. Er wurde schließlich auf ein großes Stück linierter Pappe übertragen, auf dem in Lous gestochener Handschrift jeder Arbeitsschritt verzeichnet stand. Gott allein weiß, was passiert wäre, hätte Lou eine Handschrift wie ich gehabt. Unter unser Schaubild schrieben wir, doppelt unterstrichen, folgenden Satz: „ALLE ARBEITSGÄNGE MÜSSEN ZWEIMAL AUF RICHTIGKEIT ÜBERPRÜFT WERDEN."

Pünktlich um zehn Uhr abends fanden wir uns mit unserem Plan in Taits Büro ein. Er betrachtete ihn ohne viel Verständnis, da er mit den Feinheiten des Projekts nie vertraut gewesen war. Aber unsere klare und logische Aufstellung der Arbeitsschritte beeindruckte ihn, vor allem der Satz mit der zweifachen Überprüfung. Er schien sichtlich erleichtert. Sehr wahrscheinlich stand sein eigener Job auch auf dem Spiel. Tait wiederholte die Fragen vom vorigen Abend und wir antworteten. Dann fragte er mich: „Welches Gehalt erwartest du, wenn du dich um dieses Projekt kümmerst?" Ich blickte ihn fest an und sagte: „Sie müssen mein Gehalt verdoppeln, Sir!" – „Gemacht", antwortete er wie aus der Pistole geschossen. Mir wurde klar, dass meine Forderung nach einem Monatsgehalt von $ 100 zu bescheiden gewesen war, aber jetzt war es zu spät. Bernstein vereinbarte eine Erhöhung um 50%, sodass er jetzt auf $ 75 im Monat kam. Aber er brauchte sich auch nicht vom College beurlauben zu lassen.

Nach diesen Vereinbarungen schien Tait noch erleichterter. Er floss geradezu über von rührseliger Dankbarkeit. Er umarmte mich und sagte: „Ben, ich werde niemals vergessen, was du für mich tust. Mach dir um nichts Sorgen. Ich stehe persönlich dafür gerade, dass du das College schaffst, wenn du zurückgehst." Als wir gerade gehen wollten, fragte er: „Sag mal, Ben, wie alt bist du?" Ich schaffte es nicht, ihm zu gestehen, dass ich gerade achtzehn geworden war. Also log ich, was ich damals und auch später ziemlich selten tat, und sagte, ich sei neunzehn und würde bald zwanzig. Er schüttelte den Kopf und murmelte, da würde ich ja für einen jungen Burschen mächtig viel Geld verdienen. Schon nach fünf Minuten war es mit seiner Dankbarkeit offensichtlich nicht mehr so weit her.

Haben wir mit Mr. Fisher gesprochen, bevor wir die Stelle endgültig annahmen? Ich weiß es nicht mehr, aber wir trafen ihn etwas später wegen einer offenen Frage und er war uns gegenüber sehr herzlich. Wie er sich wohl in Wahrheit gefühlt hat?

Ich hatte meine hohe Position viereinhalb Monate lang inne. Ich bezweifle, dass ich sehr effektiv gearbeitet habe, obwohl Bernstein und ich die technischen Probleme gut verstanden. Ich wurde für ein neues Verfahren beim Ablochen und Sortieren von Teilmengen für gewisse Sendungen gelobt, das im ursprünglichen Lochkartendesign nicht vorhanden war. Aber als Vorgesetzten einer großen Zahl von Beschäftigten fehlten uns zweifellos Reife und Erfahrung. Einen Tag nachdem wir das Projekt übernommen hatten, tauchten zwei neue Gesichter auf. Es handelte sich um zwei schlaue Männer mit Namen Greiner und Ryan aus der Buchführung. Sie waren hierher versetzt worden, um sich von Grund auf in das Projekt einzuarbeiten und sich auf seine Übernahme vorzubereiten. Ein kluger Schachzug von Tait, wenn auch Bernstein und ich nichts davon hielten.

Dann passierte etwas Verrücktes. Vizepräsident Platt war unzufrieden mit dem Fortgang des Projekts und Tait entschied daraufhin, dass in drei Schichten gearbeitet werden sollte, von denen ich zwei zu übernehmen hatte – nicht nur die Tagschicht von acht bis vier, sondern auch die tödliche Schicht von Mitternacht bis acht Uhr morgens. Damit blieben mir ganze acht Stunden am Tag zum Essen, Ausruhen und Schlafen. Schließlich war ich jung und konnte das aushalten. Es war völlig unmöglich, jeden Tag in die Bronx zum Essen zu fahren, und ich quartierte mich für die Nacht in einem alten und bekannten Gasthaus an der Cortland Street ein, Smith und McNeills.

Wenn ich um vier Uhr nachmittags mit der Tagschicht fertig war, aß ich etwas und krabbelte um fünf ins Bett mit der Bitte, mich um halb zwölf nachts wieder zu wecken. Mein Arbeitstag begann im Stockdunkeln und dauerte sechzehn Stunden mit zwei vierzigminütigen Pausen. Überstunden wurden in unserem Unternehmen mit dem eineinhalbfachen Satz bezahlt. Mein erster Halbmonatsscheck entsprach einem Gehalt von $ 250 im Monat – ein fürstliches Salär für die Zeit vor 1914. Das war Tait ein Dorn im Auge. Er sagte, unter wichtigen Angestellten der Firma könnte es zur Unzufriedenheit kommen, wenn sie weniger verdienten als ich, und er forderte mich auf, auf meinen Überstundenzuschlag zu verzichten. Ich gab nach. Aber das ganze Arrangement hielt sich sowieso nur noch zwei Wochen. Die Arbeit in der Hundsschicht war so ineffektiv, und wahrscheinlich meine Leitungtätigkeit auch so unvollkommen, dass ein großer Teil unserer Arbeit in dieser Schicht von Fehlern wieder zunichte gemacht wurde. Das Experiment wurde daher bald fallengelassen. Ich bekam wieder $ 100 im Monat und nahm mein normales Leben wieder auf. Mutter war glücklich.

Mit Fortschreiten des Projekts brachten Greiner und Ryan zunehmend ihre Autorität zur Geltung. Gegen Ende hatten sie die Projektleitung praktisch übernommen, Bernstein und ich kümmerten uns nur um einige wenige Operationen und gaben ab und zu einen Rat in einer technischen Frage. Ende Januar war die statistische Aufbereitung der Daten abgeschlossen. Es blieben nur noch die endgültige Einordnung der Zahlen und die Formulierung der Schlussfolgerungen. Ich erhielt meinen letzten Gehaltsscheck und ein recht kühles Lebewohl. Ich werde später noch einmal auf meine Beziehungen zu der U. S. Express Company zurückkommen.

Während des letzten Monats meiner Tätigkeit hatte ich viel Zeit, mich auf meine Rückkehr ans College vorzubereiten. Mit Dekan Keppels Angebot im Sinn entschloss ich mich, die Semesterabschlussprüfungen in Englisch, Französisch, Deutsch und Mathematik zu absolvieren. Ich hatte auch einen Grundkurs in Volkswirtschaftslehre begonnen, bevor ich mich beurlauben ließ. Aber die wenigen Wochen, in denen ich mich mit dieser „trüben Wissenschaft" befasste, hatten kein Interesse bei mir geweckt und ich beschloss, mich nach der Wiederaufnahme meines Studiums nicht weiter mit diesem Fach zu befassen. Wie es sich später ergab, sollte ich meine Karriere im Finanzwesen machen und dieses Fach an zweien unserer größeren Universitäten unterrichten.

Unsere Familie wurde plötzlich von einem weiteren finanziellen Desaster getroffen. Leon wollte sich beruflich gegenüber seiner Stellung als Porzellanverkäufer bei Wanamakers verbessern und war von den Möglichkeiten der schnell wachsenden Filmindustrie fasziniert. Für

$ 1 500 wollte er ein kleines Kino in Jamaica, Long Island, kaufen – damals kaum mehr als ein Dorf. Mutter lieh $ 1 000 von ihrer reichen Schwester in Warschau und ich steuerte meine Ersparnisse aus dem Job bei U. S. Express bei. Wie man bei Leons Jugend und Unerfahrenheit erwarten konnte, wurde das Unternehmen ein vollständiger Reinfall, und das gesamte Geld war in wenigen Monaten verloren.

Jetzt hatte ich kein Geld und keinen Job mehr. Ich schrieb sofort an Mr. Tait, berichtete von meiner misslichen Lage, erinnerte an sein Versprechen, mir während meiner Collegezeit zu helfen und fragte nach einer Teilzeitstelle. Seine Sekretärin schrieb zurück, Mr. Tait bedauere, aber es widerspreche der Unternehmenspolitik, Teilzeitkräfte einzustellen, daher könne er nichts für mich tun. Das war eine bittere Lektion, und ich verließ mich nie wieder auf ein unverbindliches Hilfeversprechen. Ich suchte überall Arbeit, konnte aber nichts finden. Schließlich nahm ich aus Verzweiflung einen Klinkenputzerjob an, bei dem ich Gutscheine für verbilligte Fotografien verkaufen musste. Einen erniedrigenderen und elenderen Job konnte es gar nicht geben. An einer Tür zu klingeln, von einer zerzausten Frau mit gequältem oder hässlichem Gesichtsausdruck begrüßt zu werden, einen in der Regel vergeblichen Versuch zu unternehmen, das attraktive Angebot vorzustellen, zahllose Türen mitten im Satz vor der Nase zugeschlagen zu bekommen, oft ohne irgendetwas verkauft zu haben, nach einem langen Nachmittag voller Arbeit nach Hause zu kommen – das würde auch einen hartgesottenen Vertreter entmutigt haben, und der war ich bei weitem nicht.

Ich weiß noch, wie ich eines Tages von dieser fruchtlosen Tätigkeit nach Hause kam, mich aufs Bett warf und in Tränen ausbrach – ein Luxus, der mir so gut wie unbekannt war. Meine Mutter kam ruhig herein, nahm mich in die Arme und sagte, sie sei sicher, dass sich die Dinge bald zum Besseren wenden würden. Ihre Unterstützung half mir, klarer zu sehen. Ich dachte noch einmal über Taits Weigerung, sein Versprechen zu halten, nach und schrieb dann direkt an Mr. Sereno Platt, den stellvertretenden Präsidenten der U. S. Express Company, um ihm meine Geschichte so würdig und pointiert wie möglich darzustellen. Ich hatte Erfolg. Mr. Platt schrieb zurück, in Betracht der besonderen Umstände wolle er eine Ausnahme von den Prinzipien des Unternehmens machen. Ich könne halbtags bei der Überprüfung der Frachtbriefe arbei-

ten, für $ 25 im Monat, und in den Sommerferien könne ich die gleiche
Tätigkeit ganztags ausführen. Ich fühlte mich, als sei mir gerade das Leben gerettet worden.

Die Arbeit war schrecklich eintönig, aber ich fand bald ein Gegen-
mittel gegen die Langeweile. Ich schrieb Sonette. Ich versuchte, jeden
Tag ein neues zu schreiben, wobei ich vormittags den ersten Entwurf
machte und ihn nachmittags langsam glättete. Meistens waren es Lie-
besgedichte an meine persönliche Laura jener Tage, ihr Name war Alda.
All diese Gedichte sind vollständig verschwunden, außer einer Zeile,
die mir im Gedächtnis haften geblieben ist, da ich damals so ungemein
stolz auf sie war: „Hoffnung schreibt die Grabinschrift begrabener
Hoffnung."

Eines Tages, als ich mit meinen Frachtbriefen und meinem Sonett-
rhythmus beschäftigt war, gab es plötzlich eine Aufregung in dem großen Raum, in dem ich arbeitete. Eine Gruppe von leitenden Angestellten betrat den Raum, unter ihnen ein kleiner Mann mit strengem Blick,
den wir nicht kannten. Es war Mr. Roberts, der kürzlich gewählte neue
Präsident des Unternehmens. Die Unternehmensführung hatte beschlossen, das Unternehmen zu liquidieren, und er sollte diesen Beschluss
durchführen. Ich bemerkte, wie er auf die lange Reihe Spucknäpfe sah,
die seit langem so wichtig für das Unternehmen waren wie die Haupt-
bücher. Fast jeder Büroangestellter nahm Kautabak. „Ekelhaft", hörte
ich ihn sagen. Am nächsten Tag kam die Anweisung: kein Tabakkauen
und keine Spucknäpfe mehr. Roberts Hand lastete in der Tat schwer auf
seinem Personal.

Drei Jahre nach Roberts Wahl zum Präsidenten war die Gesellschaft
in Liquidation. Ich hatte das College hinter mir und machte meinen
Weg als Angestellter eines New Yorker Maklerhauses. Mein Chef sagte
zu mir: „Ben, soweit ich weiß, besitzt U. S. Express noch $ 100000 in
Lehigh Valley Railroad Schuldtiteln zu sechs Prozent. Lauf doch mal
rüber und frag den Präsidenten, was er für sie haben will." Dieses neue
Verhältnis zu Roberts schmeichelte meiner Eitelkeit. Ich schnappte meinen Hut und war schnell in Roberts Büro, wo ich die Behandlung genoss, die mir als Emissär eines Wall Street Maklers zuteil wurde. Als
ich die Lehigh Valley Papiere ansprach, sagte Roberts, er würde sie
vielleicht verkaufen, und fragte nach meinem Gebot. Schande über mein

Haupt! In meiner Hast, den großen Mann zu spielen, hatte ich jede Vorsicht außer Acht gelassen und vergessen, den Kurs der Anleihen nachzusehen, bevor ich ging. Ich stammelte schreckliches Zeug über die
Notwendigkeit einer Marktstudie durch unser Büro in Philadelphia und
verließ das Büro voller Bestürzung. Ich weiß nicht mehr, ob wir die Anleihen von Roberts kauften. Was ich aber genau weiß, ist, dass ich von
jenem Tag an niemals wieder zu einer geschäftlichen Unterredung ging,
ohne sichergestellt zu haben, dass ich adäquat vorbereitet war.

Ich traf Mr. Roberts ungefähr sieben Jahre später noch einmal. Inzwischen hatte ich ein eigenes Unternehmen im Handel mit unterbewerteten
Wertpapieren aufgebaut und beschäftigte mich vor allem mit Papieren
von in Liquidation befindlichen Gesellschaften, die wahrscheinlich sehr
viel mehr für ihre Aktien auszahlen würden als den Marktpreis. Die Aktien von U. S. Express waren genauso eine Möglichkeit. Die endgültige
Auflösung des Unternehmens war lange hinausgezögert worden, aber ein
Profit schien sicher. So wurde ich einer der Hauptaktionäre des Unternehmens – ein ganz schöner Wandel, denkt man an den kleinen Frachtbriefprüfer von 1913. Ich ging hin, um den Präsidenten nach Zeitpunkt
und Betrag der nächsten Barausschüttung zu fragen, die meiner Meinung
nach bald fällig war. Mr. Roberts hatte sich auch sehr verändert. Er war
ein runzliger alter Mann geworden, der großteils in der Vergangenheit
lebte. Er bestand darauf, mir in aller Ausführlichkeit zu erzählen, wie er
das U. S. Express-Gebäude, Rector Street 2, für $ 3 500 000 in bar verkauft hatte – das lag schon Jahre zurück. Er erzählte im Detail, wer in diesem Stuhl gesessen hatte und wer in jenem, als die Schecks von Hand zu
Hand gingen. War dieses senile Plappermaul wirklich der kleine Tyrann,
vor dem wir gezittert hatten, als er an jenem Sommertag 1913 durch unseren Raum schritt? Während meiner Karriere an der Wall Street sollte
ich viele solche Veränderungen beobachten, bei Menschen wie bei Institutionen. Und ich sollte lernen, dass es einen großen Unterschied zwischen der Geschichte eines Unternehmens gibt und der Lebensgeschichte
der Menschen, die es leiten. Unternehmen wie Menschen können altmodisch werden und ihre Überlegenheit verlieren, aber manch ein ins Taumeln geratenes Unternehmen hat frisches Blut erhalten und seinen Platz
an der Sonne zurückerkämpft, während ein Manager in der Regel am Ende ist, wenn er zu alt geworden ist.

Ich hatte auch einmal einen Job, bei dem ich die Kinder von Armee-offizieren unterrichten musste, darunter auch die Söhne des berühmten Generals Leonard Wood, der mit seiner Familie auf Governors Island lebte. Leonard Wood war 1920 ein aussichtsreicher Bewerber um die republikanische Präsidentschaftskandidatur auf dem Nominierungskongress in Chicago. Ihm fehlten nur ein paar Stimmen zur erforderlichen Mehrheit. Die Wahl fiel schließlich auf einen eher unbekannten Mann, Senator Warren Harding. Ich traf General Wood einmal in seiner prächtigen Bibliothek und war tief beeindruckt von seinem Auftreten und seiner Konversation. Unglücklicherweise waren seine Kinder weitaus weniger interessant als ihr bemerkenswerter Vater und ihre würdevolle Mutter.

Ich fuhr viermal in der Woche von Manhattan aus mit einer besonderen Fähre hinüber, die in South Ferry ablegte. Die Offiziere und ihre Gäste (darunter ich) waren relativ luxuriös auf dem Oberdeck untergebracht, während die Mannschaftsdienstgrade unten auf hölzernen Bänken saßen. Einmal war ich allein oben, und da ich mich langweilte, ging ich die Treppe hinunter und begann eine Unterhaltung mit einigen Männern. Am nächsten Tag kam Colonel Mitchum ins Arbeitszimmer, wo ich seinen Sohn unterrichtete, um mir zu sagen, man habe mich bei der Unterhaltung mit einfachen Soldaten auf dem Unterdeck der Fähre beobachtet. Dies sei strengstens untersagt und dürfe nicht noch einmal vorkommen. Das waren die eisernen Sitten in der U. S. Army 1913.

Einer meiner weniger erfolgreichen Jobs war der, den man „Operation Hemdkarton" nennen könnte. In meinem letzten Jahr am College vermittelte mich das Arbeitsamt des Columbia College an Mr. Buchman, der Werbeaufdrucke auf den länglichen Kartons verkaufen wollte, die Wäschereien in Herrenhemden einlegen. Bevor er potenzielle Anzeigenkunden ansprechen konnte, musste er eine ausreichende Zahl von Wäschereien zusammenbringen, die seine Kartons benutzen wollten. Der Vorteil für die Wäschereien war, dass sie nicht mehr $ 1.40 sondern nur noch $ 1 für 1000 Kartons bezahlen mussten. Mein Job war es, so viele der örtlichen Wäschereien als Kunden zu gewinnen wie möglich. Für jeden unterschriebenen Vertrag bekam ich 15 Cent Provision. Als Muster hatte ich von Mr. Buchman sehr schöne Anzeigen für Arrow-Kragen in Dreifarbendruck bekommen. Sie wurden in Straßenbahnwagen eingesetzt und hatten dieselbe Größe wie die Hemdenkartons, die noch nicht fertig waren. Ich sagte den Wäschereileuten, dies sei die Sorte Kartons, die sie bekommen würden, wenn sie mit uns einen Vertrag abschlössen, der ihnen zudem noch eine Ersparnis einbringen würde. Als Mr. Buchmans Kartons aber endlich fertig waren, waren sie von schlechter Qualität und darüber hinaus noch entstellt durch eine Vielzahl kleiner Anzeigen in schwarzer Farbe.

Mein Eifer und argloser Enthusiasmus muss die Wäschereileute beeindruckt haben, denn ein großer Teil von ihnen unterschrieb unseren Vertrag. Vielleicht lag es auch daran, dass sie nichts bezahlen mussten. Ich konnte allerdings nicht alle überzeugen. Die dritte Wäscherei, die ich besuchte, wurde von einem Chinesen geleitet, der meiner langen Ansprache teilnahmslos lauschte, den Karton mit der Anzeige für Arrow-Kragen interessiert prüfte und den zweiseitigen Vertrag genau durchlas, um ihn mir schließlich mit der Bemerkung zurückzugeben: „Chinesische Wäscherei nicht benutzen Hemdkarton."

Nach einiger Zeit rief mich Mr. Buchman hinunter in sein Büro. Ich hatte mit den Wäschereiverträgen so viel Erfolg gehabt, dass er mir eine viel wichtigere Aufgabe übertragen wollte, bei der ich wirklich Geld verdienen konnte. Jetzt sollte ich potenzielle Anzeigenkunden suchen und ihnen Werbeverträge für unsere Hemdenkartons verkaufen. Ich versuchte es zuerst bei einem ziemlich großen Einzelhandelsgeschäft, Blumstein's, auf der 125. Straße. Mit einigen Schwierigkeiten gelangte ich in das Büro von Blumstein Junior, der für die Werbung zuständig war. Ich hatte kaum mit meiner Geschichte begonnen, da schnauzte er schon: „Kein Interesse!" Ich fuhr fort, und er wiederholte: „Kein Interesse! Raus!" Ich fühlte mich verpflichtet, einen Einwand zu äußern, worauf er sagte: „Verschwindest du jetzt oder soll ich dich 'rausschmeißen lassen?" Ich verschwand. Mein Enthusiasmus sank. Ich versuchte es bei verschiedenen anderen auf meiner Liste, aber ohne Erfolg. Am nächsten Tag erstattete ein ziemlich entmutigter Verkäufer Mr. Buchman Bericht. Er nahm es gelassen. Offensichtlich war ich ein wenig zu jung für das Anzeigengeschäft, aber ich konnte weiterhin gute Arbeit bei den Wäschereileuten leisten. Ich kehrte wieder zu meinem Fahrrad zurück.

Dann war da die Sache mit dem Sex. Obwohl frühreif von meinem Verstand her galt ich als zurückgeblieben, sobald es um Mädchen und

Liebe ging. Als ich im Alter von dreizehn Jahren Fieldings Tom Jones las, hörte ich meine Französischlehrerin Constance Fleischmann zu meiner Mutter sagen: „Ist das nicht ein etwas gewagtes Buch für Benny?", worauf meine Mutter vertrauensvoll antwortete: „Ach, diese Stellen versteht er nicht." Natürlich konnte sie nur elterliche Blindheit dazu verleiten zu glauben, ihr Benjamin könnte alles schnell lernen a u ß e r Sex. Natürlich war ich genauso neugierig wie jeder andere in meinem Alter, und da ich mehr las als andere Kinder, hatte ich eine Menge Bücherwissen in dieser Frage. Aber was echte Erfahrungen anging, hinkte ich tatsächlich hinter anderen Jungen her.

Zum einen hatte ich eine gewisse sprachliche Prüderie vererbt bekommen oder mir Gott weiß wo angeeignet. Die Vulgarität meiner Kameraden stieß mich immer ab. Ich hätte lieber glühende Kohlen als solche Wörter in den Mund genommen. Diese Zurückhaltung in der Ausdrucksweise hat mich mein ganzes Leben begleitet. Zum anderen war ich Mädchen gegenüber schüchtern. In meiner ganzen Schullaufbahn war ich nie in einem Klassenraum mit Mädchen zusammen. Bis zum College beschränkte sich mein Kontakt mit Mädchen auf eine kindliche Hingabe zu Constance und auf ein nie zum Ausdruck gebrachtes Interesse für ein Mädchen namens Violet Gassner. Dieser unnatürliche Zustand konnte nicht ewig dauern. Meine Verwandlung in dieser Hinsicht wurde von meinem älteren Bruder Leon bewirkt, der ein Händchen für den Umgang mit jungen Damen hatte. Er war selbstsicher und redegewandt und konnte romantische Gedichte rezitieren. Von Zeit zu Zeit hatte er mehr Freundinnen, als er brauchen konnte, und so trat er natürlich einige an mich ab. Leon erzählte seinen Freundinnen oft von mir. Wenn man ihm Glauben schenken durfte, war ich nicht nur ein Genie, sondern d a s Genie. Leons Freundinnen wollten dieses Wunder mit eigenen Augen sehen, und Leon stimmte gnädig zu.

Über meine Cousine Helen lernte ich ein Mädchen namens Rose kennen, aber ich traute mich nicht, meinen Arm um sie zu legen, noch nicht einmal in Ye Olde Mill auf Coney Island. Rose heiratete einen anderen, aber es gibt ein ihrem Andenken gewidmetes Jugendgedicht von mir, das sich in meiner Ringbuchsammlung „Übersetzungen und Verse" findet. Leon nahm mich auch mit zu einem hübschen Mädchen, das Schallplatten bei

Abraham und Strauss in Brooklyn verkaufte. Er hatte eine Leidenschaft für Opern entwickelt, mit der er mich ansteckte, und nachdem er die Zuneigung des Mädchens geweckt hatte, verbrachte er seine freien Samstagnachmittage am Schallplattenstand. Er hörte sich buchstäblich die gesamte Opernsammlung an, ohne je eine Platte zu kaufen. Die junge Dame war attraktiv und gefühlvoll, wurde aber von meinem schallplattenbesessenen Bruder in recht unhöflicher Weise vernachlässigt.

Diese Treffen waren nur Vorläufer einer ernsteren Begegnung. Leon hatte begonnen, sich für Sylvia Mazur zu interessieren, die in Bath Beach, Brooklyn, lebte. Als sich Sylvia mit einem gewissen Armand verlobte, widmete Leon seine Besuche ihrer jüngeren Schwester Hazel, die damals erst sechzehn war. Für Hazel sprach alles. Sie war hübsch, intelligent, auffallend graziös und in allen Dingen des praktischen Lebens zu Hause. Sie war energisch und ehrgeizig und verdiente eine ziemliche Menge Geld, indem sie die Kinder der Nachbarschaft und auch einige Erwachsene in Tanz und Vortragskunst unterrichtete. Sie war warmherzig, hilfsbereit anderen gegenüber und in jeder Hinsicht ein großartiges Wesen. Wenn sie einen Fehler hatte, so resultierte der aus ihren vielfältigen Vorzügen: sie war überzeugt von ihrer eigenen Unfehlbarkeit.

Es war bald soweit, dass Leon Hazel gegenüber mit seinem berühmten jüngeren Bruder angeben musste. Überdies war die Fahrt von der Bronx nach Brooklyn lang und öde – er konnte auf diesen Reisen Gesellschaft gebrauchen. Eines Sonntags begleitete ich ihn und fand mich im Salon eines kleinen Fachwerkhauses wieder. Hazel kam herein und begrüßte uns. Sie hatte eine vollschlanke Figur und sah mit ihrem dunkelbraunen, über die Schultern fallenden Haar fast noch wie ein Kind aus. Wir fanden einander höchst interessant. Ich besuchte die Mazurs häufig, manchmal mit Leon zusammen, manchmal alleine. Dass wir beide Hazel den Hof machten, blieb unserem Cousin Lou nicht verborgen, der sich oft auf unsere Kosten darüber amüsierte. Einige Monate später bereitete Hazel eine Vorstellung vor, die Talent und Fortschritte ihrer jungen Schüler zeigen sollte. Zu diesem Anlass schrieb ich ein Maskenspiel in der Art von Miltons „Comus" mit dem Titel „A Fairy Festival", das Hazel mit Musik versah. Das Stück begann mit einem von einem siebenjährigen Mädchen vorgetragenen Prolog:

Weit von den ländlichen Geistern von Bensonhurst,
Und Bath Beach, dem alten, tief versunken in Schlummer,
Liegt lieblich das Land der Feen ...

Um bei diesem großen Unternehmen zu helfen, hatte Hazel all ihre Verehrer auf den Plan gerufen, die verflossenen, die gegenwärtigen und sogar die zukünftigen. Sie bildeten ein zahlreiches Team von Platzanwei-
sern, Kartenverkäufern und Bühnenarbeitern. Hazel engagierte sogar
Victor, meinen anderen Bruder. Sie wusste über alles Bescheid, sogar
über Victors Fähigkeiten als Amateurschauspieler. Der Höhepunkt des
Abends war ein Duett, bei dem der hoch aufgeschossene Victor und ein
winziger Sechsjähriger Al Jolsons aktuellen Hit „When the grown-up
ladies act like babies, I've got to love'm – that's all" sangen. Der Beifall
war enorm. Aber Cousin Lou, der irgendwie überredet worden war zu
kommen, grinste zynisch. Was? Alle drei von uns in den Fängen eines
Mädchens, das fast noch ein Kind war? Das war eine Schande, ein Ma-
kel auf dem Namen der Grossbaums. Aber es dauerte nicht lange, und
auch er gehörte zu Hazels Begleitung.

Mit neunzehn hatte ich eine ernstere Romanze. Über Lou Bernstein
lernte ich Alda Miller kennen. Alda war nicht so hübsch wie Hazel, aber
sie hatte ein lebendiges, interessantes Gesicht. Sie arbeitete als Sekretärin und Tippse für ein Patentanwaltsbüro, und die technischen Papiere,
die ständig über ihren Schreibtisch gingen, erweiterten ihren Horizont.
Ich werde Alda immer mit tiefer Zuneigung und mit leichten Gewis-
sensbissen im Gedächtnis behalten. Unsere Romanze entwickelte sich
sehr schnell. Bald traf ich sie täglich an der Hochbahnstation bei unserer
Heimfahrt von der Arbeit. Die Millers hatten einen Hinterhof mit einer
Schaukel, die an einem Baum befestigt und gerade groß genug für zwei
junge Menschen war. Ich erinnere mich an einen Flieder duftenden
Abend, als ich neben ihr in der Schaukel saß und Unsinn schwafelte –
ich glaube über die Philosophie Kants. Ich fühlte ihre Hand auf meiner
Wange und spürte, wie sie mein Gesicht langsam und gebieterisch zu
sich drehte. Ich brauchte viel zu lange um zu begreifen, dass ich sie küssen sollte, aber selbst die größten Trottel werden irgendwann klug.

Danach waren wir richtig verliebt. Es war eine herrliche und ver-
worrene Zeit. Jedes Mal wenn wir uns trafen, forderte Mutter Natur,

dass unsere Körper sich vereinigen sollten. Das taten sie aber nie, da das nicht ehrbar gewesen wäre, und wir waren beide sehr ehrbar. Es spielte sich allerdings einiges in der Hängematte der Millers ab, was ich der Phantasie des Lesers überlassen muss – aber wir blieben beide jungfräulich. Allerdings habe zumindest ich mich geschämt. Irgendwie hatte ich eine irrationale Abneigung gegen Aldas körperliche Macht über mich.

An irgendeinem Sonntagnachmittag trafen sich verschiedene junge Leute bei den Millers. Alda saß auf meinem Schoß, was ich sehr mochte, wenn wir allein waren, aber vor all unseren Freunden als lächerlich empfand, und fragte nicht gerade leise: „Ben, liebst du mich?" – „Natürlich, mein Liebes", flüsterte ich. „Aber sag mir, dass du mich mehr liebst als irgendjemand sonst auf der Welt. Sag es allen!", verlangte sie mit beinahe greller Stimme. „Ja, ja, Alda, ich liebe dich mehr als jeden anderen auf der Welt."

Am nächsten Abend schrieb ich Alda einen langen, vernünftigen Brief. Ich legte ihr dar, dass ich noch auf dem College war und nach meinem Collegeabschluss wahrscheinlich drei Jahre an der Juristischen Fakultät verbringen würde. Wie konnten wir ernsthaft an Liebe denken, wenn wir unsere Hochzeit herausschieben mussten, bis ich wirklich für sie sorgen konnte? Und in der Zwischenzeit würden wir uns immer näher kommen. Es würden sich Wünsche entwickeln, für die es keine Hoffnung auf Befriedigung gab! Ich schrieb ihr, sie sei so sehr Teil meiner Gedanken und Gefühle, dass ich mich nicht mehr auf meine Arbeit fürs College konzentrieren konnte. Nach einer Vielzahl von Argumenten und Entschuldigungen verkündete ich ihr schließlich meinen traurigen Entschluss: Wir mussten unsere Romanze sofort beenden und einen vollständigen Schlussstrich ziehen. Es war besser für beide, uns nicht mehr zu treffen.

Nach so langer Zeit und vielen Erfahrungen ist es schwer für mich, die Voraussetzungen klar zu machen, die diesem Brief zu Grunde lagen. Damals war mir nie in den Sinn gekommen, Alda und ich könnten uns körperlich lieben. Mit einem anständigen Mädchen zu schlafen oder auch nur eines zu heiraten, bevor man in passender Weise für die junge Dame sorgen konnte – das war dasselbe wie Diebstahl oder Trunkenheit. Für einen anständigen, ehrbaren jungen Mann waren solche Dinge undenkbar. Alda antwortete mir, akzeptierte meine Entscheidung ohne Groll und wünschte mir für die Zukunft Erfolg und Glück.

Meine Beziehung mit Alda und eine weitere, nicht so tiefgehende mit einem weniger interessanten Mädchen ebneten den Weg für das wichtigste romantische Kapitel in meiner Jugend, das zur Heirat mit Hazel, fünf Kindern und vielen gemeinsam getragenen Erfolgen und Schmerzen führte und schließlich in einer Scheidung endete. Gerade heute morgen habe ich in Conrads „Heart of Darkness" gelesen und war begeistert von Marlows tiefer Einsicht:

Eine komische Sache ist das Leben, eine geheimnisvolle Verknüpfung unbarmherziger Logik für einen nichtigen Zweck. Alles was man von ihm erwarten kann, ist etwas Selbsterkenntnis, wenn auch zu spät, und eine Menge unauslöschlichen Kummers.

Hazel und ich konnten uns fast alles geben, aber uns fehlte die notwendige Selbsterkenntnis, und das stellte sich als fatal für unsere Ehe heraus.

Hazel kehrte nach einem Jahr an der Emerson School in Boston nach Bath Beach zurück und versammelte sofort alle ihre alten Verehrer wieder um sich, mich eingeschlossen. Langsam und sorgfältig überlegte sich Hazel, dass ich derjenige war, den sie wollte, um mich dann ebenfalls davon zu überzeugen. Das brauchte Zeit und Geschick. Es gab keine peinlichen öffentlichen Liebesbekenntnisse wie bei Alda, noch nicht einmal aufregende Geständnisse unter vier Augen. Es war das Beste für uns beide zu warten, bis die Zeit gekommen war.

Im Frühjahr 1914 machte ich meinen Abschluss am Columbia College und begann meine berufliche Karriere, wenn auch der Sommer 1914 kaum der geeignete Zeitpunkt dafür schien. Der Erste Weltkrieg hatte begonnen und die New Yorker Börse blieb geschlossen, aber ich schaffte es, einen Job an der Wall Street zu bekommen und auch zu behalten. (1) Ich bekam nur $ 10 in der Woche, aber ich verdiente mir etwas hinzu, indem ich Offizierssöhne auf Governors Island unterrichtete und Ausländern an der Abendschule Englisch beibrachte. Letzteres war meine erste Unterrichtserfahrung. Wir benutzten die Gouin-Methode, bei der Wort und Tat immer übereinstimmen müssen. In der ersten Unterrichtsstunde sagte der Lehrer zum Beispiel: „Ich öffne das Fenster", und tat dies auch unverzüglich. Einer nach dem anderen wiederholten die Schüler den Satz so gut sie konnten und gingen jeder zum Fenster, um einen kurzen Schwall kalter Luft hereinzulassen. Diese Methode war etwas besser als die Unterrichtsmethode in Dotheboys Hall aus „Nicholas Nickleby". Wenn ich mich richtig entsinne, unterrichtete dort der Direktor Wackford Squeers das Buchstabieren ungefähr so: „Fensta – f-e-n-s-t-a. Johnson, du putzt heute Nachmittag die Fensta des Klassenzimmers, oder ich prügel' dich windelweich!"

Wir zogen 1914 in ein recht exklusives Apartmenthaus mit dem Namen Hunt's Point Palace – ein unerwarteter Luxus. Wie konnte ein solches Märchen wahr werden? Ganz einfach. Es stellte sich heraus, dass man eine der weniger begehrten Fünfzimmerwohnungen für $ 45 im Monat bekommen konnte, das waren nur $ 10 mehr, als wir in der Kelly Street bezahlten. Meine drei Jobs brachten mir $ 28 in der Woche und zusammen mit dem, was meine Brüder beisteuerten, konnten wir uns diese bescheidene Miete gut leisten. Man kann sich vorstellen, mit welchem Stolz die Familie Grossbaum ihren Wohnsitz in diesen großen, glänzenden Palast verlegte, stilecht mit Markise, prächtig ausstaffierten Türstehern, zahlreichen Aufzügen und fünf Tennisplätzen, die ihresgleichen suchten. Das war ein goldener Tag in unserer Familiengeschichte. Wir waren nicht so übersättigt, dass unser Enthusiasmus für diese neue Luxuswelt hätte abgestumpft sein können, und es gab auch keine tiefere Einsicht, die uns im Augenblick des Triumphs gesagt hätte, dass diese Dinge nur Tand waren.

Ich erhielt ein offizielles Schreiben von der Juristischen Fakultät der Columbia Universität mit der Nachricht, dass mir ein Stipendium zugeteilt worden sei und ich es binnen einer Woche annehmen müsse. Das war eine gute Nachricht, aber sie stürzte mich in Verwirrung. Sollte ich eine wissenschaftliche Laufbahn beginnen, wie ich immer geplant hatte? Meinen Job an der Wall Street konnte ich ohne größere materielle Opfer aufgeben, und bislang gab es noch keine Hinweise darauf, dass ich etwa eine besondere Begabung für das Finanzwesen hätte. Schwer dagegen wog allerdings die Aussicht auf eine Verzögerung von noch einmal drei Jahren, bevor ich meinen Start ins Leben richtig beginnen konnte – und das bedeutete auch, bevor ich an Heirat denken konnte. Ich besprach die Sache mit Hazel. Sie gab mir feinfühlend zu verstehen, dass diese drei Jahre für sie und auch für mich sehr lang werden würden, dass ich andererseits mit meinen großen Fähigkeiten, wenn ich nur meine bisherige Stellung behielte … Sie sagte mir nicht, was ich zu tun hätte, aber ich tat, was sie wollte – und das entsprach letztendlich auch meinen Wünschen. Ich schrieb an die Juristische Fakultät und lehnte das Stipendium dankend ab. Ich teilte auch Dekan Keppel meine Entscheidung mit, ohne freilich Hazel zu erwähnen. Er stimmte mir zu und schrieb, mit der Schließung der Börse würde sich an der Wall Street zweifelsohne die Spreu vom Weizen trennen, was die Chancen für einen guten Mann verbessern würde.

Hazel und ich verlobten uns bald darauf. Ich erinnere mich nicht mehr an das Datum, wohl aber an die Gelegenheit. Ich brachte sie vom Theater nach Hause, und wir mussten einige Zeit an einer der BMT-Haltestellen auf den Zug nach Bensonhurst warten. Zunächst habe ich ihr wohl gestanden, wie viel sie mir bedeutete, „mein Sehnen und Verlangen". Sie sagte, auch ich bedeute ihr viel und sie habe sich in jedem Fall entschieden, auf mich zu warten. Glück und feierlicher Ernst erfüllten uns. Hazel ermahnte mich, dass unser wechselseitiges Versprechen für jeden ein unbedingtes Geheimnis bleiben müsse, da ihre Mutter (von Leon als „der Drache" tituliert) und ihr wichtiger Onkel Max empört sein würden bei der Vorstellung, dass ihre geliebte Hazel sich an einen Grünschnabel wegwarf, der gerade mit der Schule fertig war. Ihr Vater, ein Typ wie Pop Miller, zählte nicht. Hazel versicherte mir jedoch, dass sie mit allen etwa entstehenden Problemen zurechtkommen würde, und ich glaubte ihr.

Wir hielten unsere Verlobung ungefähr eineinhalb Jahre geheim, bis zum Sommer 1916. Diese Zeitspanne erforderte Hazels ganze Einfallskraft und Findigkeit im Umgang mit ihren zahlreichen Verehrern, darunter ein leidenschaftlicher und heißblütiger Südamerikaner namens Caicedo, sowie mit ihrer zielbewussten Mutter, die immer auf der Suche nach einer guten Partie war. Der Eifer ihrer Mutter führte zu verschiedenen Zwischenfällen, von denen einer etwas erniedrigend war. Offenbar hatte Mrs. Mazur einen ganz außergewöhnlich passenden jungen Mann gefunden, Nathan Gutman, der zusammen mit seinem Vater ein gutgehendes Geschäft mit Damenstrickjacken betrieb. Mrs. Mazur und Hazel planten, die Osterwoche 1915 in Lakewood, New Jersey, zu verbringen. Ich fragte Hazel, ob ich am Wochenende dazukommen könnte, und sie sagte, das würde ihr große Schwierigkeiten bereiten. Aber es würde gehen, wenn ich mich als ihr Cousin ausgeben würde – und bitte keine weiteren Fragen. In aller Unschuld stimmte ich zu. Als ich nach Lakewood kam, fand ich Gutman gemütlich in Hazels Hotel einquartiert. Mrs. Mazur behandelte ihn mit ausgesuchter Liebenswürdigkeit, während sie „Cousin Ben" mit unverhülltem Missfallen begrüßte.

Natürlich war ich unglücklich mit dieser Komödie, aber Hazels schwierige Lage war mir hinreichend klar, um nicht mürrisch zu reagieren. Das war keine leichte Zeit für zwei junge Leute, die sich sehr zueinander hingezogen fühlten, die sich fast täglich trafen, von den Moralvorstellungen der damaligen Zeit an sexuellen Kontakten gehindert wurden und vom Temperament her nicht immer allzu gut zueinander passten.

Hazel war sehr lieb, aber sie konnte auch hart wie Stahl sein, selbstsicher und sogar über das normale weibliche Maß hinaus besitzergreifend. Ich war nach außen hin bequem und nachgiebig, tief im Innern aber lehnte ich es ab, von mir Besitz ergreifen oder mich dominieren zu lassen. Darüber hinaus neigte ich dazu, geistesabwesend zu sein, kleine Aufmerksamkeiten zu vernachlässigen und eine gewisse britische Zurückhaltung an den Tag zu legen.

Es gab viele kleinere und größere Missverständnisse. Wir wollten uns mehr als einmal trennen, aber solche Verstimmungen gingen schnell vorbei. Außergewöhnlich war nur ein Zwischenfall. Ich war mit Hazel rudern gegangen. Plötzlich verkündete sie, sie sei sicher, dass ich sie nicht genug liebe, dass unsere Romanze zum Untergang verurteilt sei, dass sie nichts mehr habe, wofür es sich lohne zu leben und sie daher ins Wasser gehen wolle. Daraufhin sprang sie, wie sie war, in den See. Sie war eine gute Schwimmerin und hatte keine Schwierigkeiten, sich an der Oberfläche zu halten, während ich so nahe wie möglich an sie heranruderte und sie beschwor, vernünftig zu sein, mir zu vertrauen und so weiter. Dieser Auftritt dauerte einige Minuten, dann kletterte Hazel ins Boot zurück und verkündete, sie habe sich entschlossen, unserer Liebe noch einmal eine Chance zu geben.

Später in diesem Sommer hielt ich offiziell um Hazels Hand an. Ich trug meine Sache dem Triumvirat aus Vater, Mutter und Onkel Max vor. Hazel hatte sich vorgeblich in ihr Zimmer zurückgezogen, saß aber oben auf der Treppe und hörte genau zu. Ich sprach kurz von unserer wechselseitigen Hingabe und ausführlicher über meine finanziellen Aussichten, die damals beträchtlich waren. Mutter Mazur gestand, sie hätte schon eine Weile mit so etwas gerechnet, könne sich aber kaum mit meiner außergewöhnlichen Jugend abfinden. Sie erkundigte sich sogar, ob ich mich schon regelmäßig rasierte. Ich konnte sie in dieser Frage zufriedenstellen, und weitere Einwände gab es nicht. Wir feierten den Anlass mit einer Flasche Champagner, die für solche Notfälle bereitgehalten wurde. Im November veranstalteten wir die übliche Verlobungsfeier, und im darauffolgenden Juni heirateten wir. In der Zwischenzeit sah ich mich allerdings mit einem quälenden persönlichen Problem konfrontiert, das sich aus dem Kriegseintritt der USA ergab.

7. Kapitel

Meine Karriere beginnt

Mein letzter Monat am College brachte eine Vielzahl von Aktivitäten mit sich. Zunächst erhielt ich eine Einladung von Professor Woodbridge, dem Leiter des Philosophischen Instituts, mit ihm im Fakultätsclub zu essen. Er schlug vor, ich solle als Mitglied des Philosophischen Instituts am Columbia College bleiben. Wenig später kam ein entsprechendes Angebot von Professor Hawkes, diesmal für das Mathematische Institut. Dann bat mich zu meiner Überraschung der große Professor Erskine zu einem Gespräch in sein Büro. Er war der Ansicht, ich sei eine willkommene Ergänzung des Anglistischen Instituts und eine Universitätskarriere würde mir bestimmt sehr zusagen. Gewiss sei das Anfangsgehalt niedrig und das Fortkommen langsam, dafür werde man aber mit vielem entschädigt. Um mich zu überzeugen, gab er mir einen faszinierenden Bericht seiner Anfänge als Lehrbeauftragter am College, seiner frühzeitigen Heirat und der daraus folgenden finanziellen Probleme.

Ich brauche kaum zu erwähnen, dass mir diese Vielfalt von Angeboten schmeichelte, mich aber auch in Verwirrung versetzte. Dekan Keppel, mit dem ich die Sache besprach, riet mir jedoch, meine Entscheidung noch hinauszuschieben. Er hatte eine ausgeprägte Vorliebe dafür, gute Collegeabsolventen in die Wirtschaft zu schicken, statt sie in den Elfenbeinturm des akademischen Lebens zu sperren. Vielleicht konnte er etwas für mich in die Wege leiten.

Als wir uns wenige Tage später auf dem Collegegelände trafen, sagte Keppel zu mir: „Ich habe gestern erfolglos versucht, dich ans Telefon zu bekommen. Zu dumm. Ich hatte eine sehr interessante Möglichkeit für dich."

„Was war es, Sir?"

„Sir Norman Angell war bei mir – du weißt schon, der Verfasser von ‚The Great Illusion'. Er ist heute Morgen zu einer neuen Friedenskampagne aufgebrochen, die ihn durch ganz Europa führen soll. Er brauchte einen jungen Assistenten, und ich habe dich empfohlen. Aber so musste er ohne dich fahren."

Ich war richtig niedergeschlagen, weil ich die Gelegenheit verpasst hatte, in der Begleitung eines bekannten Schriftstellers und Redners eine solch ungewöhnliche Reise machen zu können. Später hielt ich es für einen Wink des Schicksals, dass ich telefonisch nicht zu erreichen war. Ungefähr zwei Monate später brach der Erste Weltkrieg aus. Zu der Zeit hätte ich gut mit Angell in England sein können. Als britischer Staatsbürger war ich wehrpflichtig und hätte mich schnell auf den Schlachtfeldern Flanderns wiederfinden können. Das wäre ein ironischer Abschluss meiner Friedensmission gewesen!

Einer meiner Freunde, Freddy Sweyd, hatte ein kleines Werbeunternehmen. Er meinte, ich könnte ganz erfolgreich beim Verfassen von Werbetexten sein, und schlug vor, ich solle doch versuchsweise mit einem geringen Gehalt bei ihm anfangen. Da ich einige Tage zwischen dem Ende der Vorlesungen und dem Tag der Abschlussfeier frei hatte, ergriff ich die Gelegenheit beim Schopf. Sein wichtigster Werbeauftrag war Carbona, das bekannte nicht brennbare flüssige Reinigungsmittel. Ich sollte mir Slogans und andere Werbeideen ausdenken. Meine erste Idee war, glaube ich: „Carbona – vertreibt Flecken überall." Nach einer Reihe weiterer Slogans in dieser Art verfasste ich mein Meisterstück – einen Limerick, an den ich mich noch genau erinnere:

> There was a young girl from Winona
> Who never had heard of Carbona,
> She started to clean
> With a can of benzene,
> And now her poor parents bemoan her.

Als ich Sweyd diesen Limerick zeigte, wurde er sofort so enthusiastisch, wie es nur ein Werbemann sein kann. Er setzte seinen Hut auf und eilte hinüber zum Büro von Carbona, um dem Präsidenten, Mr. Weinstein, dieses Juwel zu präsentieren. Ich saß wie auf glühenden Kohlen. Nach einer halben Stunde kehrte er niedergeschlagen zurück.

„Was ist schiefgegangen, Fred? Gefiel Mr. Weinstein der Limerick nicht?"

„Doch, er hat sich fast darüber totgelacht. Dann sagte er mir, sowas würde nicht gehen."

„Aber warum nicht?"

„Weil, wie er sagt, seine ganze Werbekampagne darauf zielt, den Leuten Angst zu machen, damit sie Carbona kaufen. Hiermit würden wir sie zum Lachen bringen, und der Rest ihrer Kampagne wäre nichts mehr wert. Zu dumm, Ben. Für mich sah das ganz toll aus."

Ich weiß nicht, ob Weinsteins Urteil über meinen Limerick besser war als Sweyds. Aber ich erinnere mich, dass ich ziemlich entmutigt war und über eine verlässlichere Beschäftigung als das Verfassen von Werbetexten nachdachte.

Ich hatte am Columbia College am Wettbewerb um den Mathematik-preis teilgenommen, der jedes Jahr vergeben wurde und $ 150 betrug – damals eine Menge Geld. Ich glaube, es gab fünf Mitbewerber. Mein Cousin Lou hatte den Preis in seinem Abschlussjahr gewonnen, und irgendwie galt es in der Familie als sicher, dass mir das auch gelingen würde. Das ging so weit, dass meiner Erinnerung nach Lous älterer Bruder Wilfred mir $ 100 bar auf die Hand bot im Austausch gegen meine Gewinnchance. Ich sagte ihm, er überschätze meine Fähigkeiten und unterschätze die meiner Mitbewerber. Gerade in jenem Jahr waren nämlich einige echte Mathematik-Cracks dabei. Der Preis ging dann an meinen Freund J. J. Tanzola, der sich Tag und Nacht mit Mathematik beschäftigte und schließlich Mathematikprofessor wurde. Ich wurde zu meiner Enttäuschung, wenn auch nicht Überraschung, Zweiter.

Im Programm für die Abschlussfeier las ich, dass ich bei dem Preis für den besten Notendurchschnitt in der gesamten Collegezeit ebenfalls Zweiter geworden war. Mein einziger Trost war eine ehrenvolle Erwähnung unter dem Namen des Siegers.

Trotz dieser Rückschläge hatte ich das Vergnügen, zum Mitglied von Phi Beta Kappa gewählt zu werden. Dies war eine begehrte Auszeichnung, die mir im späteren Leben in der einen oder anderen Weise Vorteile gebracht hat. Eine weitere Auszeichnung entging mir allerdings zufällig oder irrtümlich, woran ich inzwischen schon fast gewohnt war. Offensichtlich wollte die Mathematische Fakultät mich für die Sigma Xi vorschlagen, die Ehrenvereinigung der Techniker und Ingenieure, also das Gleiche, was Phi Beta Kappa für die Geisteswissenschaften war. Eine solche Nominierung hätte meine Wahl sicher gemacht. Aber man wusste nicht, dass ich schon lange genug am Columbia College war, um meinen Abschluss zu machen, und verschob die Nominierung so auf das nächste Jahr. Das stellte sich dann als zu spät heraus, denn die Regeln verboten es, jemanden zu wählen, der bereits graduiert war. Ich erfuhr von dieser Panne später durch Professor Hawkes.

Unmittelbar vor der Abschlussfeier wurde ich noch einmal zu Dekan Keppel gerufen. Offensichtlich war ein Mitglied der New Yorker Börse wegen der schlechten Noten seines Sohnes bei ihm gewesen, und im Laufe des Gesprächs hatte er den Dekan gebeten, einen seiner besten Studenten für eine Beschäftigung als Rentenhändler zu empfehlen. Keppel hatte diesem Mr. Newburger meinen Namen genannt und mich über den grünen Klee gelobt. Er war davon überzeugt, dass die Wall Street Collegeabsolventen große Möglichkeiten bot und dass ich eine solche Laufbahn anstelle einer Karriere am College ernsthaft überlegen sollte. Ich erklärte mich bereit, Mr. Newburger zu treffen, und wir verabredeten uns für den kommenden Tag um Viertel nach drei, wenn er von der Börse zurück sein würde. Der Name der Firma war Newburger, Henderson, and Loeb, und ihre Adresse war Broadway 100.

Ich weiß noch, dass ich zu früh da war und vor der Kirchturmuhr von Trinity Church auf und ab ging und darauf wartete, dass es endlich zehn nach drei wurde. Dann überquerte ich die Straße und betrat ein ziemlich enges Büro im Erdgeschoss des American Surety Building. Ich wurde in Mr. Samuel Newburgers („Mr. S. N.") Büro geführt und fand einen gut aussehenden, korpulenten Herrn mit beeindruckendem weißem Haar. Er erschien mir schrecklich alt, obwohl er tatsächlich kaum über fünfzig war. Nach einigen allgemeinen Bemerkungen reichte er mich an seinen Bruder Alfred H. Newburger weiter, der das Bewerbungsgespräch mit mir führte. Mr. A. N., groß, gutaussehend wie sein Bruder, aber grau- statt weißhaarig, stellte sich bald de facto als Leiter und spiritus rector des Unternehmens heraus. Er sprach mit Autorität und großem Ernst. Er fragte nach meinem Studium der Wirtschaftswissenschaften, und ich musste zugeben, dass ich dieses Fach nicht belegt hatte, vor allem wegen meines Jobs bei der U. S. Express Company. Ich beruhigte ihn allerdings dahingehend, dass mir der Unterschied zwischen einer Aktie und einem Rentenpapier geläufig sei. Mr. A. N. sagte, er werde mich wegen der Fürsprache Dekan Keppels einstellen, obwohl mir eine entsprechende Ausbildung fehle. Dann wollte er wissen, wie es um meine finanzielle Situation bestellt sei. Ich antwortete ihm, meine finanzielle Situation sei angespannt und ich müsse arbeiten um zu leben. „Bei uns fangen junge Leute mit $ 10 in der Woche an, aber angesichts Ihrer Situation werden wir uns etwas nach der Decke strecken und $ 12 sagen. Sie müssen wissen, dass es noch einige Zeit dauern wird, bis Sie ihr Geld bei uns mit dem Verkauf von Rentenpapieren verdienen können." Er sprach dann weiter von den großen Möglichkeiten, die Wall Street für den richtigen Mann bieten würde. Ich kannte Wall Street nur vom Hörensagen oder aus Romanen, als Ort aufregender und dramatischer Entwicklungen. Ich spürte den Wunsch, an den mysteriösen Riten und weitreichenden Ereignissen teilzuhaben, die sich hier abspielten. Ich akzeptierte die Bedingungen und wir kamen überein, dass ich in der folgenden Woche anfangen sollte. Als ich aufstand um zu gehen, sagte er zu mir mit priesterlicher Feierlichkeit und erhobenem Finger: „Eine letzte Warnung, junger Mann. Wenn Sie spekulieren, werden Sie Ihr gesamtes Geld verlieren. Denken Sie immer daran!" Mit diesen etwas erschreckenden Worten war mein Bewerbungsgespräch vorbei, wir waren uns einig, und mein Lebensweg lag fest.

Unsere Vereinbarung ging dahin, dass ich zunächst einige Wochen als Laufbursche und Hilfe bei allen möglichen Tätigkeiten im Abrechnungsbüro arbeiten sollte, um das Geschäft von der Pike auf zu lernen. Danach sollte ich in die Rentenabteilung versetzt werden und den Rentenhandel kennenlernen. Wall Street war damals noch lange nicht so modern wie heute, es wurden in viel größerem Umfang Schlussnoten ausgetauscht (bekannt als „comparisons"), Wertpapiere zugestellt, Schecks bestätigt und ähnliche Botendienste verrichtet. Ich lernte eine ganze Menge, zunächst in der Lieferabteilung, dann im Auftragsraum und schließlich in der Buchhaltung.

In meiner ersten Woche als Laufbursche gab mir unser Kassierer einen Scheck, der von der National City Bank bestätigt werden musste. „Du weißt, wo das ist, oder?" Ich sah die Adresse auf dem Scheck, Wall Street 55, antwortete „sicher", und machte mich auf den Weg. Nach dem Haus Wall Street 49 kam ich zu einem riesigen Gebäude, bei dem es sich offensichtlich um meine Bank handelte, und suchte nach dem

Namen, der irgendwo an der Hauswand stehen musste. Ich umkreiste das Gebäude, das einen ganzen Häuserblock einnahm, zweimal, bevor ich aufgab und jemanden fragte. Natürlich war das die National City Bank; die Bank war sich ihres Ansehens so bewusst, dass niemand es für nötig erachtete, den Namen an die Tür zu schreiben.

Ich war erstaunt, wie leichthin im Finanzwesen mit großen Summen umgegangen wurde. Wenn ein Scheck bestätigt war und zurückgegeben werden konnte, rief der Kassierer am Schalter „Newburger" oder „Content" oder was auch immer. Dann trat ein Laufbursche an den Schalter, sagte „Scheck für Newburger", und ein Stück Papier im Wert von möglicherweise einer halben Million Dollar wurde ihm ausgehändigt, ohne dass er gebeten wurde, sich zu identifizieren. Noch verblüffender war die beiläufige Behandlung von Aktienzertifikaten. Ich kam zum Beispiel aus dem Aufzug, um etwas zuzustellen. Ein anderer Laufbursche kam auf mich zu und sagte: „Gehst du nach Sartorius?" „Ja." „Dann nimm dies für mich mit. Danke." Und er drückte mir einen Stapel Aktienzertifikate in die Hand und verschwand. Seltsamerweise gingen bei diesem offenkundig verrückten System nur sehr wenige Schecks oder Wertpapiere verloren. Aber ich weiß, dass die Zustellmethoden sich seit meiner Zeit sehr geändert haben.

Obwohl es im Maklergeschäft um große Summen ging, fand ich zu meiner Überraschung heraus, wie knauserig reiche Männer sein können. Wenn ich in Mr. A. N.'s Büro kam, verschickte er manchmal Schecks, um persönliche Rechnungen zu bezahlen. Zu diesem Zweck benutzte er frankierte und voradressierte Umschläge, die er von Unternehmen für die Stimmrechtsvollmachten für die Jahreshauptversammlung bekommen hatte. Er strich die Adresse des Unternehmens aus, setzte einen neuen Adressaten ein und sparte so eine 2-Cent-Briefmarke. Mit stiller Zufriedenheit bemerkte er dann, es gäbe keinen Grund, warum man die Umschläge und Briefmarken in den Müll werfen sollte. Dieses Beispiel für Geiz bei einem sehr reichen Mann fand ich schockierend und abstoßend, vor allem da ich A. N.'s Intelligenz und Scharfsinn sehr bewunderte. Wie konnte jemand, der Tagesaufträge für unsere Bank im Wert von einer Million Dollar unterzeichnete, Umschläge mit 2-Cent-Marken stibitzen? Das war etwas, was ich tun konnte, jemand, für den jeder Penny zählte. Aber ich hätte verdammt aufgepasst, dass keiner davon erfahren hätte.

Fast ein halbes Jahrhundert ist seit jenen Gedanken vergangen. Nach einigen ernsten finanziellen Rückschlägen auf diesem Weg habe ich einen beträchtlichen Wohlstand erlangt – in der Tat weit mehr als meine Arbeitgeber an der Wall Street. Im Laufe der Zeit habe ich die Geldpsychologie reicher Leute besser verstehen gelernt. Wenig ist bislang über dieses Thema geschrieben worden. Unsere Einstellung zum Geld bildet sich schon früh im Leben heraus, aufgrund angeborener Anlagen, der Lebensumstände und gewisser Schlüsselerlebnisse. Wer extravagant auf die Welt kommt, bleibt wahrscheinlich so, es sei denn, eine Form höherer Gewalt schränkt seine Ausgaben ein. Wenn so ein Mensch dann die Armut abschüttelt und zu Wohlstand gelangt, wirft er die Fesseln früherer Zwänge ab und gibt großzügig Geld aus. Er ist mit seinem Wohlstand völlig vertraut.

Die meisten Kinder kommen jedoch ohne ausgeprägte Neigungen in finanziellen Angelegenheiten auf die Welt. Ihre Einstellungen und ihr zukünftiges Verhalten werden zu einem guten Teil von den Bedingungen ihrer Kindheit bestimmt. Auch wenn ihre Familien wohlhabend sind, kann man Kindern beibringen, sorgfältig oder auch knauserig mit Geld umzugehen, sei es durch eigenes Vorbild, durch Vorschriften oder durch Strafen. Wenn Kinder den Umgang mit Geld lernen, geht es um kleine Beträge, normalerweise ihr Taschengeld. Erben sie später ein großes Vermögen, wird ihre Einstellung zu Geld unausgewogen. Sie tendieren dazu, in kleinen Dingen übervorsichtig und kleinlich zu sein, in größeren Dingen hingegen sorglos, großzügig oder sogar extravagant. Wer im Wohlstand geboren wird und in einer Atmosphäre der Freigebigkeit aufwächst, bleibt natürlich ohne Probleme bei den angenehmen Verhaltensmustern, die solchen Umständen entsprechen.

Es ist nützlich, drei Typen zu unterscheiden: (a) den echten Geizhals, (b) den Schnäppchenjäger und (c) das Opfer einer in der Persönlichkeit angelegten Knauserigkeit. Der echte Geizhals ist immer habsüchtig, er häuft begierig nicht benötigten Wohlstand an und hat eine neurotische Blockierung gegen Ausgaben in welcher Höhe auch immer. Die Angehörigen der zweiten Kategorie, zu der eine Vielzahl erfolgreicher Geschäftsleute gehört, arbeiten jenseits aller vernünftigen Grenzen immer weiter und türmen emsig und aus Gewohnheit zusätzlichen Reichtum auf. Sie tendieren dazu, ihre Geschäftsphilosophie auch auf ihre privaten Ausgaben zu übertragen, suchen nach Sonderangeboten und verhandeln hart. Solche Leute sind nicht unglücklich, sie lieben es, im Wohlstand zu leben und ihr Rolls-Royce, ihre große Jacht und ihre Juwelen vermitteln ihnen ein triumphales Glücksgefühl. Aber sie kaufen sowohl ihren Rolls als auch ihre Brötchen mit Rabatt.

Besonders interessant ist jedoch die dritte Kategorie reicher Menschen, da sie am komplexesten und widersprüchlichsten ist. Hier geht es um Menschen, die arm geboren wurden oder in ihrer Kindheit und Jugend ein Leben in Armut kennengelernt haben, wie es bei mir der Fall war. Die Not hat sie gezwungen, jeden Penny umzudrehen. Ich erinnere mich noch an eine zylindrische Röhre, die Schokoladentaler von Van Houten enthielt. Meine Pennystücke passten genau in diese Röhre, und ich zählte sie oft nach, um die Höhe meines jeweiligen Besitzes festzustellen. Im späteren Leben verlagern sich solche tief eingeprägten Gewohnheiten ins Unterbewusste, wo sie das Verhalten dieser Menschen in Hunderten von irrationalen und peinlichen Kleinigkeiten beeinflussen. Dabei geht es immer nur um kleine Beträge, nie um größere Ausgaben oder Geschenke. Ihre kindliche Prägung betrifft Beträge unter einem Dollar, oder allenfalls in Höhe von einigen wenigen Dollar. Tausend Dollar oder auch nur hundert liegen so weit außerhalb des Erfahrungshorizonts eines solchen Kindes, dass es keine Gewohnheiten im Umgang mit solchen Summen entwickeln kann.

Dementsprechend entwickelt ein arm geborener reicher Mann, so wie ich selbst, eine lächerliche Unbeständigkeit in seinem Ausgabeverhalten. Bei größeren Ausgaben kann er leichtsinnig oder sogar extravagant sein, und doch muss er gleichzeitig einen ewigen Krieg gegen einen tief verwurzelten Geiz in kleineren Dingen führen. In meinem Fall wird dieser Geiz von zwei ausgleichenden Faktoren in Schach gehalten. Zunächst einmal bin ich mir des Problems bewusst geworden und entschlossen, meine Intelligenz und Willenskraft daranzusetzen, meinen Geiz so gut wie möglich zu überwinden. Zweitens reagiere ich sehr empfindlich auf die Reaktionen anderer auf mein Verhalten, zumindest im Alltag. Ob das insgesamt ein schlechter Zug ist, weiß ich nicht. Was kleine Dinge angeht, ist es aber ein Segen. Ich geniere mich viel zu sehr vor meinen Nachbarn, als dass ich meinem instinktiven Knausern nachgeben würde, wenn mich jemand sehen könnte.

Nur wenn ich ganz alleine bin, entspanne ich mich manchmal und bin so kleinlich und knauserig, wie es sich mir in meiner Kindheit eingeprägt hat. Für alles muss es natürlich eine Rationalisierung geben. So benutze ich in New York Taxis, wenn ich mit jemandem zusammen unterwegs bin, und nehme oft die U-Bahn, wenn ich allein bin. Hierfür habe ich zwei Erklärungen auf Lager. Die erste ist die, dass die U-Bahn bei den verstopften Straßen schneller ist als ein Taxi. Die zweite besagt, dass ich in der U-Bahn lesen kann, im Taxi aber nicht. Und doch – man mag es glauben oder nicht – sehe ich vielleicht auch davon ab, eine Zeitung zu kaufen, da es ärgerlich ist, sie herumschleppen zu müssen. Diese Abneigung gegen das Ausgeben kleiner Beträge ist vielleicht auch dafür verantwortlich, dass ich nie geraucht oder an Alkohol Gefallen gefunden habe.

Wie alle Neulinge an der Wall Street war ich fasziniert vom Curb-Markt mit seinem ungeregelten Freiverkehr. Wie schon seit Jahren lag er damals noch direkt an der Broad Street, wo er eine mit Seilen abgeteilte Fläche von ungefähr zwanzig Quadratmetern einnahm. Hier versammelten sich die Freiverkehrsmakler bei jedem Wetter und wickelten ihre Geschäfte unter freiem Himmel ab. Wenn es sehr regnete, trugen alle Ölzeug, an einem kalten Wintertag hatten sie Ohrenschützer an. Viele setzten bunte Hüte auf, um besser von den Auftragsbearbeitern gesehen zu werden, die sich in Fenstern über dem Markt niedergelassen hatten und mit komplizierten Handzeichen Anweisungen hinabsignalisierten und Antworten erhielten. Obwohl der Curb-Markt weitaus weniger wichtig war als die New Yorker Börse, wurden hier nicht nur viele zweit- und drittklassige Papiere, sondern auch Papiere von Unternehmen erster Güte gehandelt. Das Handelsvolumen erreichte manchmal viele Millionen Dollar am Tag. Trotz des äußerlich seltsamen Arrangements wurden die Geschäfte ziemlich effizient abgewickelt. Zehn Jahre später zog der Curb Markt nach drinnen, in ein großes neues Gebäude westlich des Trinity-Friedhofs. Man war aber so konservativ, den bescheidenen Namen „New York Curb Market" noch weitere zwanzig Jahre beizubehalten um ihn dann anmaßenderweise in „American Stock Exchange" zu ändern. Alteingesessene Börsenleute aber sprechen immer noch vom „Curb", eine nostalgische Bezeichnung, die an die Zeit dieser lustigen roten Hüte auf der Broad Street erinnert.

Nach ungefähr vier Wochen als Laufbursche kam ich in die Rentenabteilung, die in einem offenen Raum angesiedelt war, nur durch einen
schmalen Korridor vom Kundenraum mit seiner Kurstafel getrennt. Als
ich dort anfing, bestand das Personal dieser Abteilung aus zwei jungen,
aber relativ erfahrenen Rentenhändlern, die das College gerade einige
Jahre hinter sich hatten. Der eine war Daniel Loeb, ein Neffe von Jack
Loeb, der Teilhaber des Unternehmens war. Er war ein dunkelhaariger
Typ mit gebeugten Schultern, der immer ernst wirkte und hart arbeitete.
Harold Rouse, der zweite Mann, schien das genaue Gegenteil. Er war
groß, gutaussehend, blond, ein hervorragender Schwimmer und ein
ziemlicher Playboy. Sein Motto, das er mir bald ohne rot zu werden mitteilte, war: „Tue niemals etwas, was ein anderer für dich tun kann." Er
schaffte es, dieses Prinzip erfolgreich auf fast alles anzuwenden, was
nach Arbeit aussah. Er fand immer jemand anderen, der seine Arbeit
machte. Ironischerweise hatte das Schicksal eine völlig unterschiedliche
Zukunft für diese beiden jungen Männer vorgesehen. Der empfindsame
und hingebungsvolle Dan Loeb heiratete die irische Telefonistin der Firma und verlor in den zwanziger Jahren sein gesamtes Vermögen bei einer spekulativen Anlage. Der immer gelassene und nie wirklich arbei-
tende Harold Rouse erbte das Vermögen seines Vaters, wurde Teilhaber
eines großen Börsenunternehmens und strafte alle Alltagsweisheit Lü-
gen.

Meine doppelte Aufgabe bestand darin, erstens alles über Rentenpa-
piere zu lernen und mich zweitens in der Abteilung so nützlich wie
möglich zu machen. Hauptsächlich war ich damit beschäftigt, kurze Be-
schreibungen jeder Anleihe für die Liste mit Kaufempfehlungen zusam-
menzustellen, die Dan und Harold fast täglich an potenzielle Kunden
verschickten. Auch in meiner Freizeit nahm ich meine Lehrzeit sehr
ernst. Ich besorgte mir ein kleines Ringbuch, in dem ich mir jeweils auf
einer Seite die wichtigsten Daten über eine bestimmte Anleiheemission
in einer leicht zu behaltenden Form notierte. Nach all diesen Jahren erinnere ich mich noch an dieses schwarze Ringbuch und an einige Ein-
träge darin. Der erste war: „Atchison, Topeka, & Santa Fe, General 4s,
fällig 1995: 150 Mill." Ich muss hunderte verschiedene Anleiheemissionen eingetragen haben. Ich lernte Umfang, Zinssatz, Fälligkeit und Si-
cherungspfandrecht der einzelnen Anleihen auswendig. Warum ich die-

se Dinge auswendig wissen wollte, die doch leicht aus Handbüchern oder meinem Notizbuch zu entnehmen waren, kann ich nicht sagen. Wahrscheinlich war das ein weiterer Ausdruck meiner Eitelkeit. Nachdem ich, wie ich glaubte, ziemlich weit mit dem Auswendiglernen gekommen war, stellte ich fest, dass in meinem Gedächtnis ein hoffnungsloses Durcheinander von Anleiheemissionen herrschte, und ich gab die Sache auf. Überrascht stellte ich jedoch einige Monate später fest, dass die einzelnen Zahlen in meinem Kopf wieder an die richtige Stelle gerutscht waren. Ich war ein wandelndes Nachschlagewerk für Eisenbahnanleihen geworden.

Im Juli 1914 wurde der österreichische Thronerbe im bosnischen Sarajewo ermordet. Ein Austausch scharfer diplomatischer Noten zwischen Wien und dem kleinen Serbien war die Folge. Der New Yorker Aktienmarkt nahm kaum Notiz von diesen Spannungen in Europa; wahrscheinlich würden sie sich wieder legen, wie es vor wenigen Jahren auch bei der Agadir-Krise (1) gewesen war. Ich bekam meinen Schlüssel von der Phi Beta Kappa und befestigte ihn stolz an einer Uhrkette, wo er über meiner Weste baumelte. Lester Newburger, das jüngste Mitglied der Firma und vor nicht allzu langer Zeit noch Zigarrenverkäufer, war sehr beeindruckt von dieser Ehre, die einem der Firmenangestellten widerfahren war. Eine Stunde später sagte er zu mir: „Ben, kann ich ein Phi Beta Kappa-Mitglied bitten, mir Zigaretten zu holen? Du weißt, welche Marke." Ich rannte los, und der Schlüssel tanzte auf meiner Weste.

Eine meiner einfältigsten Aufgaben war das Verfassen von Marktberichten. Samuel Newburger musste als Börsenmitglied jeden Tag nach Geschäftsschluss einen Bericht über die Marktentwicklung diktieren. Dieser Bericht wurde an unser Büro in Philadelphia geschickt, wo das Unternehmen gegründet worden war, um unseren dortigen Kunden in Erinnerung zu rufen, dass unser Mann sich im Mittelpunkt des Geschehens an der Broad und Wall Street in New York befand. S. N. mochte diese Aufgabe so wenig, dass er sie mir übertrug. Er schlug vor, ich solle einige seiner alten Berichte lesen und im gleichen Stil weitermachen. Für einige Zeit konnte sich also unsere Klientel in Philadelphia jeden Tag an einem Bericht über den Aktienmarkt ergötzen, den ein neuer Experte mit insgesamt sechswöchiger Erfahrung im Finanzwesen verfasst hatte.

Diese ruhige Zeit kurz vor dem Untergang der viktorianischen Welt und dem verspäteten Ende des 19. Jahrhunderts, das eigentlich auch erst 1815 begonnen hatte, ist mir tief im Gedächtnis geblieben. Australien forderte Amerika im Davis Cup heraus. Eine der Newburgers hatte zwei Eintrittskarten für die Spiele des dritten Tages; er konnte sie nicht nutzen und schenkte sie freundlicherweise mir. Ich lud Fred Greenman ein, der ein enthusiastischer Tennisfan war, und wir machten uns auf den Weg ins Forest Hills Stadion, das gerade in dieser Woche eingeweiht worden war. Die Australier führten, sie hatten eines der ersten beiden Einzel und das Doppel gewonnen. Im dritten Einzel traf Norman Brooks, der alte australische Haudegen, auf den jungen Norris Williams, der in Harvard Greenmans Klassenkamerad gewesen war und gerade sein Examen gemacht hatte. Es war dieses dramatische Spiel, das das Tennis aus der Welt der Teepartys, der Glacéhandschuhe und des höflichen Beifalls in eine neue Ära des Enthusiasmus, der Spannung und der ungezügelten Emotionen katapultierte. Williams schlug oft ins Aus, verlor die ersten beiden Sätze, und unsere Sache schien verloren. Dann fand er zu seinem Spiel, bestimmte und kontrollierte die Begegnung und gewann den dritten und vierten Satz. Die Zuschauer verloren jeden Sinn für Anstand. Jeder Punkt, den der schmale Amerikaner gewann, wurde mit immer lauterem Beifall begrüßt. Als Williams wieder einmal einen Ballwechsel für sich entschieden hatte, wurde der Lärm so laut, dass Brooks seinen Schläger zu Boden warf, mitten auf dem Platz stand und sich die Ohren zuhielt – ein Anblick, der mir immer im Gedächtnis geblieben ist. Das Publikum wurde um Zurückhaltung gebeten, aber ohne Erfolg. Der entschlossen, überlegt und gekonnt kämpfende Australier gewann dann schließlich den fünften Satz doch noch. Von der Tribüne war ein verzweifeltes Aufstöhnen zu hören. Als Norman Brooks mit seiner seltsamen Reisemütze vom Platz ging und an dem Tisch mit dem silbern glänzenden Davis Cup vorbeikam, wirbelte er den Pokal triumphierend herum. Das Publikum, jetzt wieder sportlich-fair, belohnte diese Geste mit Beifall.

Dann gelang dem Amerikaner Maury MacLaughlin, jenem sagenhaften Rotschopf, ein wunderbarer, aber bedeutungsloser Fünf-Satz-Sieg über einen chancenlosen Anthony Wilding. Tony Wilding fiel wenig später auf den Schlachtfeldern Frankreichs.

Anfang August 1914 loderte der schreckliche Brand auf. Würde er mit dem Untergang der westlichen Kultur enden? Resultierte er aus einem Mangel an vernünftiger Führung oder diplomatischem Geschick in den Staatskanzleien Europas? Oder war es nur ein weiterer Krieg in der endlosen Reihe von Auseinandersetzungen zwischen den Völkern, die letztendlich keine tieferen historischen Narben hinterlassen, aber eine Katastrophe für die Beteiligten und ein Unheil für die Überlebenden sind? Meine eigenen Überlegungen zu diesen Fragen sind kaum der Mitteilung wert; andere haben hierüber intensiver und verständiger nachgedacht als ich. Darum will ich hier nur aus dem engen Blickwinkel eines jungen New Yorkers berichten, der zu Beginn dieses Dramas genauso bestürzt und durcheinander war wie seine Nachbarn.

Einige Tage vor dem 3. August war der Aktienmarkt sehr nervös, aber keineswegs panisch. Als die Kampfhandlungen dann begannen, war die Finanzwelt, sowohl hier als auch in Europa, überrascht. Unser Aktienmarkt wurde von einer enormen Flut von Verkäufen überschwemmt, und schon sehr bald beschloss der Börsenvorstand, die New Yorker Börse zu schließen. Alle anderen Börsen folgten sofort. Diese Flut von Verkäufen mag demjenigen seltsam und ziemlich unlogisch vorkommen, der aus der Distanz nur an den bald darauf folgenden Kriegsboom denkt. Doch die Sache lässt sich einfach erklären. Europäische Investoren hielten große Mengen an amerikanischen Wertpapieren. Bei Ausbruch des Krieges ging es ihnen vor allem darum, ihr Geld nach Hause zu bringen. Sie waren der instinktiven, wenn auch, wie sich herausstellte, irrigen Meinung, dass sie in Konfliktzeiten besser dastünden, wenn sie ihre Mittel bei der Hand hätten, statt in einem fernen Land. Diese plötzliche und massive Reaktion ausländischer Anleger setzte unsere Märkte unter unerträglichen Druck, zumal hier die Stimmung sich damals nach der Londoner Börse richtete, und unsere Börsenmakler warfen schnell das Handtuch. Es ist vielleicht interessant, diese Reaktion mit dem Verhalten unserer Märkte bei Ausbruch des Zweiten Weltkriegs, fünfundzwanzig Jahre später, zu vergleichen. Auch dann gab es wieder einige Panikverkäufe als natürliche Reaktion auf die Katastrophe. Aber schon nach einigen Tagen sahen die Amerikaner die Aussichten auf große Kriegsaufträge, und noch im September 1939 erholten sich die Märkte deutlich. Aber auch dies stellte sich für das Publikum als Täuschung heraus, denn der Fall Frankreichs 1940 verursachte Mutlosigkeit und einen steilen Kurssturz.

Ich sehe noch die Schlagzeilen vor meinem geistigen Auge: Österreich erklärt Serbien den Krieg; Rußland erklärt Österreich den Krieg; Deutschland erklärt Rußland den Krieg, Frankreich und England erklären Deutschland den Krieg. Es war alles kaum zu glauben, und doch schrecklich wahr. Aber wie schnell wir uns alle an diese weltweite Katastrophe gewöhnten, wie schnell wir unser Hauptinteresse auf die Auswirkungen dieser Katastrophe für uns richteten! Als die Börsen schlossen, fragte ich mich, was aus unserem Unternehmen und aus meinem Job werden würde. Es tat sich einfach gar nichts an der Wall Street, aber alle Firmen behielten ihre Angestellten, wenn auch zu reduziertem Gehalt. Ich war froh, noch eine Stelle zu haben, wenn auch nur mit $ 10 in der Woche.

Einige Monate später wurde der Börsenhandel in begrenztem Rahmen wieder aufgenommen, wobei Transaktionen unterhalb der niedrigen Preise bei Schließung der Börse nicht zugelassen waren. Schon bald kamen die ersten Kriegsaufträge aus Frankreich und Großbritannien, und die Katastrophenstimmung in der Wirtschaft machte einem neuen Boom Platz. Die Handelsrestriktionen wurden aufgehoben, und der Aktienmarkt begann seinen großen Höhenflug. Wir wurden von dieser plötzlichen Trendwende ziemlich auf dem falschen Fuß erwischt, da eine Reihe der Angestellten das Unternehmen verlassen hatten. Daher musste ich an verschiedenen Fronten aushelfen. An manchen Tagen hektischen Handels half ich dem Jungen an der Kurstafel, die Aktiennotierungen anzubringen. Dazu trug ich einen schweren Ledergürtel mit Fächern, die jeden Bruch zwischen 1/8 und 7/8 enthielten. An anderen Tagen saß ich an der Telefonanlage, half in der Abrechnungsstelle oder führte auch die eine oder andere wichtige Wertpapierzustellung aus. Mein Gehalt betrug wieder $ 12 in der Woche.

Nach einer Weile kehrte ich wieder in die Rentenabteilung zurück und bald war ich so weit, Kundenbesuche zu machen. Das war eine weitaus angenehmere Beschäftigung als meine früheren Tätigkeiten als Verkäufer von verbilligten Fotogutscheinen oder von Anzeigen auf Hemdenkartons. Der Besuch eines Rentenhändlers schmeichelte offensichtlich der Eitelkeit des durchschnittlichen Geschäftsmanns, und wenn die Antwort „Nein" lautete, so war es immer ein sehr höfliches Nein.

Einer dieser Besuche, genauso erfolglos wie alle anderen, wurde durch die Ankunft eines Kunden meines Gesprächspartners unterbrochen. Mein Kunde zeigte auf mich und erklärte mit wichtiger Miene: „Entschuldigen Sie mich bitte einen Augenblick, Mr. Zilch, ich spreche gerade mit meinem Bankier!" Ein schöner Bankier! Allerdings nannten sich damals alle Maklerhäuser an der Wall Street „Banker and Broker". So stand es auch in unserem Briefkopf und auf unseren Schecks. Ich habe immer die Geschichte gemocht, in der ein Mann im Aktien- und Anleihengeschäft anfängt, den Schildermaler bittet, die Aufschrift „John Smith, Broker" auf seiner Tür anzubringen und fragt, wieviel er dafür zu bezahlen hätte. Der Schildermaler sagt $ 5 und fügt hinzu, für $ 7 könnte er die Aufschrift „John Smith, Banker and Broker" bekommen. Darauf antwortet John Smith: „Dann machen wir es so. Wer würde nicht gern für $ 2 zum Bankier!" Einige Jahre später wurde uns gesetzlich verboten, uns „Banker" zu nennen.

Während meiner ersten Monate an der Wall Street hatte ich Mr. Richard Willstatter kennengelernt, ein Mitglied der New Yorker Börse, der einen Tisch in unserer Abteilung gemietet hatte. Er kam jeden Nachmittag nach Börsenschluss herüber und verbrachte etwas Zeit an seinem Tisch. Schon bald wurde er auf mich aufmerksam. Er war ein überzeugter Junggeselle, kurzsichtig, rothaarig, mit einem Knebelbart und ausgeprägtem deutschem Akzent. Er war in der Tat der Bruder des berühmten deutschen Chemikers, der den Nobelpreis gewonnen hatte. Nichtsdestotrotz waren seine Sympathien ganz auf der Seite der Alliierten. Willstatter nahm mich manchmal zum Essen in den Republikanischen Club mit, wo Ansprachen von prominenten Leuten gehalten wurden. Bei einer solchen Gelegenheit versuchte der deutsche Botschafter von Bernstorff die deutsche Sache zu vertreten, aber ohne viel Erfolg. Ein andermal erläuterte der japanische Botschafter, warum sein Land auf der Seite der Alliierten in den Krieg eingetreten war. Ein Fest war für mich, den jungen, gewitzten Bürgermeister von New York, John Purroy Mitchell, über seinen erfolgreichen Kampf gegen die Demokraten reden zu hören. Drei Jahre später zählte ich zur Ehrengarde bei seinem Begräbnis.

Im Zusammenhang mit meiner Beschäftigung mit Obligationen hatte ich begonnen, mich genauer mit den Geschäftsberichten von Eisenbahngesellschaften zu befassen. Ich arbeitete auch emsig das Standardlehrbuch zu diesem Thema durch, Lawrence Chamberlains „The Principles of Bond Investment", einen in jeder Hinsicht schweren Band. Wie hätte ich damals vermuten können, dass ein Lehrbuch aus meiner Feder eines Tages Chamberlains Buch im ganzen Land ersetzen könnte? Angeregt durch meine Studien fasste ich den Plan, eine Analyse der Missouri Pacific Railroad zu schreiben. Der Bericht dieses Unternehmens für das im Juni 1914 endende Geschäftsjahr hatte mich zu der Überzeugung gebracht, dass die Gesellschaft in einem schlechten physischen und gefährlichen finanziellen Zustand war und Investoren ihre Schuldverschreibungen nicht halten sollten. Als mein Bericht fertig war, zeigte ich ihn meinem Freund Willstatter. Er fand ihn gut und gab ihn an einen Teilhaber von J. S. Bache & Co. weiter. Die Leute von Bache sagten Willstatter, wenn ich an dieser Art von Arbeit interessiert sei, würden sie mich gerne in ihrer Statistikabteilung beschäftigen. Ich war mir damals schon sicher, dass ich lieber ein „Statistiker" sein würde, wie die Wertpapieranalysten damals genannt wurden, als ein Rentenhändler. Ich traf mich daher mit Mr. Morton Stern, der später ein wichtiger Teilhaber bei Bache werden sollte. Nach einer kurzen Besprechung bot er mir $ 18 in der Woche, wenn ich für ihn arbeiten, Berichte anfertigen und Anfragen beantworten würde, vorausgesetzt, mein gegenwärtiger Arbeitgeber sei einverstanden.

Das war alles ganz wunderbar! Ich war mir vollkommen sicher, dass N. H. & L. froh sein würden, mich los zu werden, da ich ihnen als Rentenhändler absolut nichts an Provision eingebracht hatte, was meine Einkünfte von $ 12 in der Woche gerechtfertigt hätte. Aber als ich Mr. Samuel Newburger ziemlich leichthin meine Entscheidung mitteilte, die Stelle zu wechseln, war das Ergebnis so ziemlich das Gegenteil von dem, womit ich gerechnet hatte. Wie konnte ich so illoyal sein, an einen Stellenwechsel zu denken, nach allem, was sie für mich getan hatten? Wie konnte diese andere Firma die Unverschämtheit besitzen, einen ihrer Angestellten abzuwerben – das war gegen die Börsenregeln! „Aber ich dachte, ich bringe hier mein Geld nicht ein!" – „Das entscheiden wir, nicht Sie!" – „Aber der Rentenhandel ist nichts für mich; als Analyst könnte ich sicher Besseres leisten." – „Das ist gut. Es wird Zeit, dass wir hier einen Wertpapieranalysten haben. Das können Sie sein." – „Also, Mr. Newburger, wenn Sie mich wirklich behalten wollen, bleibe ich natürlich gern." – „Das ist gut – wegen des Gehalts müssen wir uns noch abstimmen, ich sage Ihnen dann Bescheid."

Nach einer Besprechung der Teilhaber wurde beschlossen, mein Gehalt auf $ 15 in der Woche anzuheben – ich konnte ja wohl kaum mehr erwarten, wenn man die bislang unproduktive Investition in mich bedachte, und so weiter. Ich ließ mich gern auf dieses Angebot ein und war froh, endlich meine wahre Karriere als Wertpapieranalyst beginnen zu können. Einige Monate später lief das Geschäft sehr gut und S. N. ließ mich rufen, um mir mitzuteilen, ich bekäme jetzt $ 18 in der Woche. Ich solle nicht denken, dass ich einen Verlust machte, wenn ich bei ihnen blieb. Damit endete die Geschichte mit Bache. Einige Monate später, als mein Gehalt noch einmal erhöht wurde, sagte mir S. N. dann noch mit großer Verve, wenn ich das andere Angebot angenommen hätte, wäre die Firma entschlossen gewesen, niemals wieder jemanden vom College einzustellen.

Kurze Zeit später wechselte mein Gönner Willstatter das Quartier, und wir sahen uns nicht mehr so oft. Er lud mich ein, aber ich war zu beschäftigt. Einmal sah ich ihn auf der Straße. Ich fühlte mich schuldig, weil ich ihn so vernachlässigte, und änderte die Richtung. Als sich unsere Wege das nächste Mal kreuzten, machte er mir Vorwürfe wegen meiner brüsken Unhöflichkeit – das letzte Mal hätte ich ihn noch nicht einmal mehr gegrüßt! Ich schämte mich furchtbar und gab das auch zu, und er nahm es wohlwollend zur Kenntnis. Diese kleine Geschichte hat mich, glaube ich, etwas gelehrt. Wenn man jemandem gegenüber seine Pflicht nicht erfüllt hat, entwickelt man die natürliche Tendenz, sich von diesem Menschen fern zu halten, was ihn dann noch mehr verletzt. Wenn man sich anständig und freundlich verhalten will, muss man seinen Fehler zugeben und bei der nächsten sich bietenden Gelegenheit wieder gutmachen.

8. Kapitel

Meine frühen Jahre an der Wall Street

Es war mir bestimmt, mein gesamtes Berufsleben an der Wall Street zu verbringen, zweiundvierzig Jahre. Ich begann als Laufbursche eines Maklerhauses und beendete meine Karriere als einer der Leiter eines bedeutenden Investmentfonds und Vorsitzender zweier größerer Unternehmen. Über die Jahre habe ich eine Menge durch die Unterweisung und das Vorbild anderer gelernt. Das hat mich aber nicht davor bewahrt, meine eigenen kleinen und großen Fehler zu machen, noch hat dieses Wissen viel zu meinem Erfolg beigetragen. Diese Einstellung spiegelt wahrscheinlich jene unbewusste Eitelkeit wider, die auch einen wahrheitsliebenden und verhältnismäßig bescheidenen Autobiographen einfach vergessen lässt, was er anderen verdankt.

Was ich mit an die Wall Street gebracht habe, war eine akademische Vorgehensweise, die sich an praktische Überlegungen anpasste. Meine Ausbildung hatte mich zu einem wissbegierigen, nachdenklichen und kritischen Menschen gemacht. Zu diesen Qualitäten kamen bei mir zwei weitere hinzu, die im Allgemeinen nicht mit einem Hang zur Theorie einhergehen: erstens ein guter Instinkt für das Entscheidende bei einem bestimmten Problem oder einer Situation und die Fähigkeit, keine Zeit mit Nebensächlichkeiten zu verschwenden; zweitens eine praxisbezogene Orientierung mit dem Ziel, Dinge in Bewegung zu setzen, Lösungen zu finden und vor allem neue Vorgehensweisen und Techniken zu entwickeln.

Wenn ich schon Glück hatte mit den Talenten, die ich in die Finanzanalyse einbringen konnte, so hatte ich noch einmal Glück mit dem Zeitpunkt, an dem ich an der Wall Street anfing. Damals beschränkten sich Investitionen fast ausschließlich auf Anleihen. Stammaktien wurden, mit wenigen Ausnahmen, als Spekulationsobjekte gesehen. Nichtsdestotrotz begann man eine Menge Schönfärberei zu betreiben, was Stammaktien anging, um ihnen eine Aura der Respektabilität zu verleihen und sie von ihrem schlechten Ruf zu befreien, der sie in die Nähe von Spielcasinos rückte. Unternehmen begannen, entweder freiwillig oder aufgrund von Börsenvorschriften, detaillierte Informationen über ihre Geschäfte und Finanzen vorzulegen. Finanzdienste präsentierten dieses Material in übersichtlicher Form in ihren Handbüchern und Periodika. Zusätzlich sammelten Aufsichtsbehörden wie die Kommission für Zwischenstaatlichen Handel (Interstate Commerce Commission, ICC) und verschiedene staatliche Kommissionen für die öffentlichen Versorgungsbetriebe gewaltige Datenmengen über die Eisenbahnen sowie die Gas- und Elektrizitätsunternehmen und stellten sie der Öffentlichkeit zur Verfügung.

Was die Analyse von Stammaktien angeht, wurden im Jahr 1914 diese vielfältigen Finanzinformationen allerdings großteils nicht genutzt. Nicht dass diese Zahlen ignoriert worden wären, aber sie wurden nur oberflächlich und ohne großes Interesses zur Kenntnis genommen. Man verließ sich vor allem auf Insider-Informationen verschiedener Art, einerseits in Hinblick auf geschäftliche Aktivitäten, neue Aufträge, erwartete Gewinne und so weiter, andererseits aber vor allem hinsichtlich der Aktivitäten und Pläne derjenigen Männer, die den Markt manipulierten – jener mysteriösen Gruppe, die man für alle bedeutenden Kursbewegungen jeder wichtigen Aktie verantwortlich machte. Alten Wall Street-Hasen erschien es dumm, über Statistiken zu brüten, wo die Kursbewegungen doch von ganz anderen Faktoren bestimmt wurden – nämlich von Menschen.

Aber nach 1914 sollten der eigentliche Wert einer Aktie und die Vorteile einer Investition eine zunehmende Bedeutung bei der Aktienanalyse bekommen. Hierfür war eine Vielzahl von Gründen ausschlaggebend, nicht zuletzt die im Zuge des Ersten Weltkriegs zunehmende Finanzkraft der großen Industrieunternehmen. Als Neuling konnte ich unbeeinflusst von den Verzerrungen der alten Traditionen auf diese neuen Tendenzen im Finanzwesen reagieren. Ich lernte, zwischen Wichtigem und Unwichtigem, zwischen ehrlich und unehrlich, zwischen den abhängigen und den unabhängigen Variablen zu unterscheiden und entwickelte dabei ein sichereres Auge als meine älteren Kollegen, deren Blick von der eigenen Erfahrung getrübt war. Die Wall Street stellte sich mir daher als Neuland für eine echte und gründliche Wertpapieranalyse dar. Ich hatte das doppelte Glück, mit den richtigen Fähigkeiten zur richtigen Zeit zu kommen, und musste einfach erfolgreich sein. Dennoch habe ich in meiner Karriere mehr als einen Rückschlag einstecken müssen.

Zu Beginn gleich ein kleines Beispiel. Unter den Kundenbetreuern bei Newburger, Henderson, and Loeb war der alte Mr. Werner, der sein eigenes Börsenunternehmen aufgrund des schlechten Geschäftsgangs hatte aufgeben müssen und als Angestellter zu uns kam. Er war weißhaarig, eine aristokratische Erscheinung und ein gutmütiger Mensch. Er trug ein schweres Kreuz in Gestalt seines Sohnes Arthur, der ein brillanter junger Mann, aber auch ein Trinker war. Er schien immer noch unfehlbar die letzte Notierung jeder Aktie zu wissen und kannte alle Informationen und Gerüchte, die man sich gerade erzählte. Er war nie ohne seinen Spazierstock zu sehen, und einmal überredete er mich, mir einen anständigen Stock zu kaufen und damit über die Straße zu schlendern. Das machte ich allerdings nur kurze Zeit.

Im Jahr 1915 half ich dem Jungen an der Kurstafel im Kundenraum, wo ich mich mit Mr. Werner über finanzielle Entwicklungen, Unternehmensgewinne und so weiter unterhielt. Bei der „Missouri, Kansas and Texas Railroad" („Kitty") ging es mit den Gewinnen bergauf, aber ihre Aktien wurden zu dem anscheinend niedrigen Preis von $ 12 pro Aktie gehandelt. Ich muss Mr. Werner irgendwie geholfen haben, und aus Dank schlug er mir vor, wir sollten gemeinsam hundert Kitty-Aktien kaufen. Er würde seine Hälfte übernehmen und meine vorschießen. Ich stimmte gerne zu. Etwas später bekam Mr. A. N. Wind von der Sache – er schien über alles und jeden im Büro Bescheid zu wissen. Er rief mich in sein Büro und verpasste mir eine ordentliche Zigarre. Er erinnerte mich daran, dass er mir doch von Spekulationen abgeraten habe, und fügte in besonders vorwurfsvollem Ton hinzu: „Und wenn du schon spekulieren musst, Ben, solltest du wenigstens so viel Verstand haben, dir nicht eine heruntergekommene, wertlose Eisenbahngesellschaft wie die M. K. T. auszusuchen." Ich beendete die Angelegenheit natürlich sofort und verkaufte meinen Bestand mit einem kleinen Gewinn. Ich kann mir die Vorwürfe vorstellen, die A. N. dem ehrwürdigen Mr. Werner gemacht haben muss.

Später war ich derjenige, auf dessen Rat die Firma hörte, nicht umgekehrt. Ironischerweise waren es wieder die Missouri, Kansas und Texas Stammaktien, die sich für eine ungewöhnliche finanzielle Transaktion eigneten, von der ich meine Firma überzeugen konnte. Es war genau die Art von Geschäft, mit der ich später Erfolg haben sollte. Die Kitty-Eisenbahn war inzwischen bankrott, eine Tatsache, die A. N.'s Kritik an meinen ersten Flugversuchen unterstrich. Es war ein Reorganisationsplan verkündet worden, der den Aktionären nur das Recht einräumte, Aktien der neuen, umorganisierten Gesellschaft zu kaufen. Die Aktien der alten Firma galten als praktisch wertlos und wurden zu 50 Cents pro Stück gehandelt. Ich machte unserer Unternehmensspitze klar, dass es mindestens ein Jahr dauern würde, bis die Neuordnung des Unternehmens durchgeführt worden sei. In der Zwischenzeit stellten die alten Kitty-Aktien einen preiswerten Anspruch auf dieselbe Zahl von Aktien der neuen Gesellschaft dar. Wenn mit anderen Worten die neuen Aktien nur um $ 1 gegenüber ihrem gegenwärtig sich abzeichnenden Preis stiegen, würde der Wert der alten Aktien auch um $ 1 steigen – was einen Gewinn von 200 Prozent auf eine Investition in die alten Aktien bedeuten würde. Wenn die Eisenbahnaktien gut standen, konnte man tatsächlich leicht einen Gewinn von drei oder vier Punkten machen, während der Verlust schlimmstenfalls nur einen halben Punkt betragen konnte. Die Teilhaber von N. H. & L. waren in ihrem Unternehmen aus Prinzip gegen alles, was nach Spekulation roch, auch wenn sie nur zu glücklich waren, wenn sich ihre Kunden auf diesem Gebiet betätigten. Aber in diesem Fall trug meine Logik den Sieg über ihre Skrupel davon. Wir kauften 5000 Aktien. Im Laufe des nächsten Jahres betrug unser Gewinn ungefähr das Sechsfache des investierten Betrages.

Meine Karriere als Spezialist an der Wall Street begann dann richtig im Jahr 1915, mit der angekündigten Auflösung der Guggenheim Exploration Company. Der Konzern hatte umfangreiche Anteile an mehreren bedeutenden Kupferbergwerksgesellschaften, wie Nevada, Chino, Ray Consolidated und Utah, die alle an der New Yorker Börse gehandelt wurden. Wenn Guggenheim aufgelöst und die verschiedenen Beteiligungen anteilig an die Aktionäre verteilt wurden, dann war meinen Berechnungen nach der Marktwert dieser verschiedenen Beteiligungen zusammengenommen deutlich höher als der Preis der Guggenheim-Aktien. Man konnte also einen fast sicheren Arbitrage-Gewinn machen, wenn man Guggenheim-Anteile kaufte und gleichzeitig Aktien von Chino, Nevada, Ray und Utah verkaufte. Mögliche Risiken lagen darin, dass (1) die Aktionäre der Auflösung der Gesellschaft nicht zustimmten, (2) ein Rechtsstreit oder andere Schwierigkeiten eine Verzögerung hervorrufen würden oder (3) es schwierig werden könnte, solange eine Baisseposition in den verkauften Aktien zu halten, bis sie tatsächlich an die Aktionäre von Guggenheim verteilt wurden.

Keines dieser Risiken erschien mir bedeutend. Ich empfahl diese Transaktion meinem Unternehmen, und es wurde ein Arbitrage-Geschäft mit einer namhaften Anzahl von Aktien durchgeführt. Ich gab meine Empfehlung auch an andere im Büro weiter. Ich weiß noch, dass Harold Rouse mich bat, gegen einen Gewinnanteil von 20 Prozent die gesamte Transaktion für ihn durchzuführen. Das war mein erstes Arbitrage-Geschäft, eine Art von Transaktion, die sich zu meinem Spezialgebiet entwickeln sollte. Der Auflösungsvorschlag ging bei Guggenheim ohne Probleme durch, die realisierten Gewinne entsprachen genau meinen Berechnungen und jeder war glücklich, nicht zuletzt ich.

Die Jahre 1915 und 1916 brachten den großen Haussemarkt des Ersten Weltkriegs. Die USA waren noch nicht an den Kämpfen beteiligt, profitierten aber in hohem Maß von den Kriegsaufträgen für Munition und Nachschub aus England und Frankreich. Die Aktienkurse, die bei Kriegsausbruch eingebrochen waren, stiegen in ungeahnte Höhen. Unser Geschäft wuchs. Ich nahm eine Vielzahl von Pflichten war, nicht nur als Wertpapieranalyst und Verfasser von Finanzberichten, sondern auch als Assistent des Cashiers, wenn er bei lebhaftem Geschäft mit Arbeit überhäuft war. Der Cashier einer Wall Street-Firma war in jenen Tagen der Leiter der Abrechnungsstelle, zuständig für die Auslieferung von Wertpapieren, Tagesgelder und mittelfristige Kredite sowie die gesamte Buchführung. Unser Cashier war ein Mr. Herd, den wir alle sauertöpfisch, sarkastisch und ziemlich tyrannisch fanden. Ich arbeitete mit ihm jedoch gut zusammen und er schien meine Hilfe zu schätzen. Als ich wieder einmal eine Gehaltserhöhung von $ 5 oder $ 10 bekam, vielleicht von $ 25 auf $ 30 pro Woche, händigte er mir mein erhöhtes Gehalt mit den mürrischen Worten aus: „Wird auch Zeit, dass du gescheit wirst."

Im September 1916 war mein Gehalt auf $ 50 in der Woche angestiegen. Ich nahm meinen Mut zusammen und hielt formell um Hazels Hand an, ein Antrag, der ohne allzuviel Zögern angenommen wurde. Im November fand unsere Verlobungsparty statt, stilecht mit Champagner und Telegrammen. Eines dieser Telegramme enthielt keine Glückwünsche, sondern bezog sich auf meine Wehrpflicht. Dies war ein Problem, das mir großen Kummer bereitete, und ich will so offen und ehrlich wie ich kann darüber berichten.

Im April 1917 erklärten wir Deutschland den Krieg. In Plattsburg, N. Y., wurde sofort ein Ausbildungslager für Offiziersanwärter eingerichtet, um junge Offiziere für die in Aufstellung begriffenen großen Heeresgruppen auszubilden. Ich beschloss, mich um eine Aufnahme in dieses Ausbildungslager zu bewerben in der Hoffnung, den Rang eines Leutnants zu erreichen. Ich bewaffnete mich mit einer ganzen Armee von Empfehlungsschreiben, darunter Briefe von General Leonard Wood, Colonel Mitchum, dem Kommandierenden Offizier von Governors Island, sowie einem besonders enthusiastischen Schreiben meines alten Dekans Frederick Keppel, der jetzt stellvertretender Kriegsminister war. Mit dieser Unterstützung war ich mir meines Erfolgs praktisch sicher und plante entsprechend, sehr zum Kummer von Mutter und Hazel. Aber ich sollte enttäuscht werden. Schon bald erhielt ich eine kurze Notiz mit der Mitteilung, es sei Politik der Armee, nur amerikanische Staatsbürger als Offiziersanwärter zuzulassen. Da ich britischer Staatsbürger sein, könnten sie meine Bewerbung nicht berücksichtigen. Den Packen Empfehlungsschreiben erhielt ich beiliegend zurück.

Daraus ergab sich für meine Familie und für mich ein ernsthaftes Problem. Meine beiden Brüder verdienten damals relativ wenig; den Hauptbeitrag zum Familieneinkommen leistete ich. Mit einem Offizierssold hätte ich weiter für meine Mutter sorgen können, mit dem Sold eines einfachen Soldaten wäre das sehr schwierig geworden. Die logische Folge war, dass meine beiden Brüder zur Armee gingen, als die Zeit gekommen war, und ich in meiner gegenwärtigen Stellung blieb und als Ernährer meiner Mutter einen Antrag auf Rückstellung stellte. Ich ließ mich darauf nur widerwillig ein, denn ich war ein patriotischer junger Mann und wollte für mein Land kämpfen. Damals betrachtete ich die USA zu dreiviertel als mein Land, während England das restliche Viertel darstellte; beide brauchten meine Dienste, und ich wollte sie nicht im Stich lassen.

Hazel und ich hatte schon lange eine Heirat im Juni geplant. Als ich mich als Offiziersanwärter bewarb, hatte ich ihr mitgeteilt, dass unsere Hochzeit auf unbestimmte Zeit verschoben werden müsse. Aber als ich nicht angenommen wurde und eine Einberufung unwahrscheinlich erschien, entschlossen wir uns, trotz aller Unwägbarkeiten unsere Heiratspläne weiter zu verfolgen. Wir heirateten am 3. Juni 1917 in der Wohnung meiner Braut. Morgens hatte ich noch mit Sey Cohn und Archie London auf dem Platz am Hunt's Point Tennis gespielt, und ich nahm meinen Tennisschläger mit, als Hazel und ich uns auf den Weg zu unseren Flitterwochen in Old Point Comfort, Virginia, machten. Als wir das Haus verließen, bemerkte meine Schwiegermutter, ich sähe nicht gerade wie ein Bräutigam aus mit meiner kleinen Gestalt, meinem zu glatten Gesicht und dem Tennisschläger unter dem Arm. In dieser Beobachtung mag etwas Prophetisches gelegen haben. An vielen Sonntagen sollte ich schon morgens in aller Frühe auf dem Tennisplatz zu finden sein, obwohl ich mich besser zu Hause im Bett beschäftigt hätte.

Mein Bruder Leon heiratete seine Nellie einige Tage vor unserer Hochzeit, da seine Braut aus einer sehr orthodoxen Familie stammte. Sie waren der Ansicht, ein jüngerer Bruder solle nicht vor dem älteren heiraten. Leon ging bald darauf zur Armee, und aufgrund seiner Ausbildungszeit in der Nationalgarde wurde er zur Offiziersausbildung geschickt – der Mangel einer fehlenden amerikanischen Staatsbürgerschaft wurde im Schnellverfahren behoben – und er wurde Leutnant in der Quartiermeisterkompanie. Den größten Teil des Krieges kämpfte er im Heim für Taube und Stumme in Indianapolis, das die Armee als Stützpunkt übernommen hatte. Auch Victor wurde eingezogen, aber bei Kriegsende war auch er noch in Amerika.

Gegen Ende 1917 erschien ich vor der Musterungskommission im Zusammenhang mit meinem Antrag auf Zurückstellung. Damals erwarteten wir unser erstes Kind. Ich wurde nach den Umständen meiner Heirat gefragt, und man war beeindruckt von den Glückwunschtelegrammen zu unserer Verlobung im vorigen November. Obwohl alle sehr höflich zu mir waren, fühlte ich mich in einer unwürdigen Lage. Ich stellte energisch fest, nur die Verpflichtungen meiner Familie gegenüber hätten mich zu diesem peinlichen Rückstellungsantrag bewegt, und sollte die Kommission entscheiden, mich jetzt oder später einzuziehen, würde ich persönlich diesen Spruch mit einer gewissen Erleichterung aufnehmen. Mein Rückstellungsantrag wurde aber bewilligt. In der Zwischenzeit hatte ich eine ziemlich heruntergekochte militärische Karriere begonnen. Anstelle der in den Krieg gezogenen Einheiten der Nationalgarde war eine neue Organisation gegründet worden, die New York State Guard hieß und den Platz der Nationalgarde einnehmen sollte. Ich wurde Mitglied der Kompanie M der 22. Pioniere. Wir exerzierten in der Exerzierhalle an der 168. Straße in der Nähe des Broadway, wo die wirklichen 22. Pioniere ihre Basis hatten. Außer dem wöchentlichen Exerzieren und den monatlichen Regimentsparaden gab es noch verschiedene Sonderaufgaben, hierunter auch die Funktion als Ehrengarde bei dem Begräbnis von Bürgermeister Mitchell. Unser Oberst war Cornelius Vanderbilt, unser Ehrenkapellmeister der bekannte Victor Herbert. Ich erinnere mich noch an das erhebende Gefühl, als unsere Kompanie am Abend unserer ersten Parade auf den großen Exerzierplatz marschierte. Da stand die Kapelle und schmetterte aus Leibeskraft, während der rundliche Kapellmeister energisch dirigierte; und da stand unser Oberst, groß, schlank, mit einem Knebelbart, der jede mit dem Kommando „Die Augen rechts!" an ihm vorbeimarschierende Formation kritisch musterte.

Unsere Kompanie wurde von einem Leutnant Leisenring befehligt, der auf eine Beförderung zum Hauptmann hoffte, sobald unsere Musterrolle die erforderliche Mindestzahl von vierzig Männern aufwies. Das stellte sich als schwierig heraus, aber Leisenring mühte sich ohne Ende, neue Mitglieder zu werben und die alten bei der Stange zu halten. Wir mochten ihn alle sehr. Schließlich war das Ziel erreicht und wir wurden eine vollwertige Kompanie in unserem Regiment. Wenige Wochen später starb Leisenring an Lungenentzündung. Ein Hauptmann aus einem anderen Regiment wurde uns zugeteilt, aber ihm fehlte Leisenrings Feuer, und unsere Begeisterung ließ schnell nach. Mit dem Waffenstillstand im November 1918 verschwand unser Enthusiasmus völlig, und keiner von uns sah einen Grund, weiter Soldat zu spielen. Ich blieb allerdings noch ein Jahr als amtierender Korporal in der New York State Guard und hatte einen Zug unter mir. „Amtierender" Korporal war ich deshalb, weil ich mit meinem Fortkommen in der Welt zu beschäftigt war, als dass ich einen Abend in der Woche in der Exerzierhalle hätte verbringen wollen, wie es von Unteroffizieren verlangt wurde. 1919 waren meine zwei Jahre abgelaufen und ich war froh über meine ehrenhafte Entlassung.

Das ist die unrühmliche Geschichte meiner Kriegserfahrung. Dass ich nicht in der regulären Armee war und zusammen mit Millionen anderer junger Männer meinen Hals riskiert habe, hat mir mein Leben lang Reuegefühle und Unbehagen verursacht. Während ich dies schreibe, fällt mir eine höchst unangenehme Szene wieder ein. Vor allem wegen eines finanziellen Problems, von dem ich später berichten werde, gab meine Mutter im Verlauf des Jahres 1918 ihre Wohnung auf und zog zu uns. Hazel und sie vertrugen sich überhaupt nicht. Meine Mutter war es gewohnt, völlig unabhängig zu sein und niemandem gegenüber Rechenschaft abzulegen; meine Frau war energisch, gewissenhaft und befehlshaberisch. Es herrschte eine ständige Spannung und es gab eine Reihe von Auseinandersetzungen, bei denen jede von beiden meine Unterstützung der anderen gegenüber suchte. Im Verlauf eines solchen Streits habe ich, wie ich mich erinnere, ernsthaft erklärt, ich würde mein Heim verlassen und mich freiwillig zur Armee melden. Das sorgte sofort für Ruhe und meine Drohung geriet in Vergessenheit. Heute sagt mir mein Verstand, dass es besser für mich und hoffentlich auch für mein Land war, dass ich nicht in Frankreich gefallen bin. Dennoch kann ich das Gefühl nicht loswerden, dass meine Rolle im Ersten Weltkrieg weit davon entfernt war, glaubwürdig zu sein.

1916 war das Jahr des Präsidentschaftswahlkampfs zwischen Wilson und Hughes, eine der knappsten Wahlentscheidungen in der Geschichte Amerikas. Wall Street war damals das Zentrum für Wetten auf den Wahlausgang. Jeder, der mit Aktien handelte, nannte sich damals freimütig „Spekulant"; heute ist jeder ein „Investor". Es wurde keine allzu scharfe Trennlinie gezogen zwischen Finanzgeschäften und Pferderennen oder anderen Wetten. Der Leser mag erstaunt sein zu hören, dass eine der Dienstleistungen der New Yorker Börsenhäuser darin bestand, die Wetteinsätze ihrer Kunden anzunehmen. Diese belebende Praxis wurde einige Jahre später verboten, als die Börse ganz und gar respektabel werden wollte. Dass ich beauftragt wurde, mich bei Newburger, Henderson, and Loeb um die Wahlwetten zu kümmern, macht meine Stellung als Factotum des Unternehmens deutlich. Die Wahlwetten waren fast alle Pari-Wetten. Ich hatte eine Kassette mit Bargeld und unterschriebenen Wettzetteln. Am Tag nach der Wahl herrschte eine Menge Aufregung, als keiner wusste, wer gewonnen hatte. Erst am dritten Tag danach wurde Wilsons Wiederwahl offiziell an der Wall Street bekanntgemacht, und ich durfte die lärmenden Wetter auszahlen, die auf den Demokraten gesetzt hatten.

Ich komme jetzt auf den ersten von zwei ernsten Rückschlägen in meiner Karriere im Finanzwesen zu sprechen. Mein guter Freund Algernon Tassin, Englischprofessor am Columbia College, überzeugter Junggeselle und ein, sagen wir einmal, sehr sparsamer Mensch, hatte ein hübsches Sümmchen gespart, von der das meiste in sehr teuren und mündelsicheren Aktien eines öffentlichen Versorgungsunternehmens namens American Light & Traction angelegt war. Mein Anfangserfolg mit der Auflösung von Guggenheim Exploration hatte mein besonderes Interesse an diesen speziellen Transaktionen – Arbitrage- und Sicherungsgeschäften – geweckt sowie ganz allgemein an unterbewerteten Wertpapieren, die ich zu meinem Spezialgebiet an der Wall Street machte. Unter anderem wurde mir klar, dass man auf konservative Weise viel Geld verdienen konnte, wenn man Aktien kaufte, deren Kurs einer Analyse zufolge zu niedrig schien, und demgegenüber Aktien verkaufte, die überbewertet waren.

Als ich Tassin meine Ideen erläuterte und auf einige kleinere Erfolge bei solchen Transaktionen hinwies, war er sehr interessiert. Wir kamen zu einer Übereinkunft, derzufolge er ein Kapital von $ 10 000 in Gestalt von fünfundzwanzig American Light & Traction-Aktien zur Verfügung stellte, die damals zu ungefähr 400 gehandelt wurden. Ich sollte das Konto verwalten und Gewinn und Verlust sollten zu gleichen Teilen zwischen uns geteilt werden.

Das Konto entwickelte sich ungefähr ein Jahr lang prächtig und warf für mich mehrere tausend Dollar als meinen Gewinnanteil ab. Für dieses Geld wurde ich Miteigentümer eines Schallplattenladens namens „The Broadway Phonograph Shop" an der Ecke Broadway und 98. Straße. Mein Bruder Leon wollte seine Stellung als einer von vielen Angestellten bei John Wanamaker schon lange aufgeben. Sein Interesse an Musik, vor allem an Opern, und an Plattenspielern hatte sich über die Jahre noch weiter entwickelt. Irgendwie hatte er erfahren, dass ein Mr. Zion den Laden am Broadway für einen anscheinend ganz vernünftigen Preis verkaufen wollte. Leon hielt das für eine hervorragende Gelegenheit, vor allem da er Exklusivrechte auf Aeolian Vocalion hatte, ein damals noch ziemlich neues Plattenlabel. Ich dachte an unseren fehlgeschlagenen Einstieg ins Filmgeschäft vor einigen Jahren und war etwas weniger enthusiastisch als mein Bruder, nichtsdestoweniger ermöglichte ich ihm aber gern die Realisierung seines Traums. Wenn ich mich richtig erinnere, zahlten wir an Zion $ 3 500 für Inventar und Kundenstamm des Geschäfts und übernahmen den Warenbestand zum Großhandelspreis. Insgesamt investierten wir $ 7 000. Die rechtlichen Formalitäten erledigte unser Freund Alexander Rosenthal, derselbe, der dreizehn Jahre zuvor bei der Enthüllung von Vaters Grabstein gesprochen hatte. Als die Papiere fertig waren, wandte sich Alex ungefähr mit folgenden Worten an den grauhaarigen und hohlwangigen Irving Zion: „Also, Mr. Zion, ich möchte Sie bitte, etwas für diese beiden jungen Männer zu tun, die offensichtlich über mehr Enthusiasmus als Geschäftserfahrung verfügen. Sie haben Ihre Bedingungen akzeptiert ohne zu feilschen, wie ältere Männer es getan hätten. Könnten Sie nicht mit dem Preis um $ 500 heruntergehen und den beiden damit das Kapital lassen, das sie in ihrem Kampf um Erfolg dringend brauchen?" Mr. Zion lächelte wohlwollend und gratulierte Mr. Rosenthal zu seinem Engagement für die Interessen seiner jungen Klienten. Aber sein Preis war schon das absolute Minimum und jede weitere Preisminderung würde heißen, seinen Kindern ohne Grund ihr täglich Brot zu nehmen. Alex seufzte, und der Handel wurde wie besprochen abgeschlossen.

Unser Schallplattengeschäft war zwar kein gewaltiger Erfolg, wir betrieben es aber für mehrere Jahre, bevor wir es – natürlich zu einem reduzierten Preis – an einen ehemaligen Opern-Impresario weiterverkauften, der sich im Musikgeschäft viel besser auskannte als wir. Was Aeolian Records anging, fand ich mich in einer ironischen Situation, wie sie mir mehrmals in meiner Karriere begegnet ist. Aeolian besaß einen Palast an der 42. Straße, den wir in ehrfürchtiger Scheu aufsuchten – entweder um irgendeinen Gefallen zu erbitten oder um uns gegen die Kritik zu verteidigen, wir vernachlässigten ihre Produkte zu Gunsten anderer Labels. Fünfzehn Jahre später war Aeolian selbst in finanziellen Schwierigkeiten. Mein Investmentfonds war zu dieser Zeit der Hauptinvestor in Aeolians siebenprozentige Vorzugsaktien, und ich war Vorsitzender eines Komitees, das eine Strategie zum Schutz unserer Beteiligung ausarbeiten sollte – wir kamen schließlich ohne Verlust aus der Sache heraus. Ich sagte ein paar deutliche Worte zu der Art und Weise, wie das Management von Aeolian die Sache handhabte – im Vergleich zu 1917 waren die Rollen jetzt vertauscht.

Der Erste Weltkrieg war natürlich verheerend für unser Schallplattengeschäft. Als Leon zur Armee ging, nahm Victor seinen Platz ein, bis auch er eingezogen wurde. Ich half an einigen Abenden sowie an Samstagen aus. Manchmal gab es amüsante Kundenwünsche. Einmal wurde Leon von einem Kunden gefragt, ob wir Platten von Lucy Gates (2) hätten, und er antwortete freundlich: „Nein, aber wir haben Platten von Lucy Marsh." Das erinnerte mich an Barmans Farm: zwei Kühe, die beide Lucy hießen. Ein andermal fragte ein Deutscher nach „Games from Cavalleria Rusticana". Ich versicherte ihm ernsthaft, das sei eine tragische Oper, in der keine Spiele vorkämen. Er reagierte verständlicherweise verschnupft auf diese Erklärung, denn was er wollte, waren natürlich „gems", Perlen, aus diesem Meisterwerk.

Als Victor das Unternehmen verlassen musste, trat der Bruder eines unserer besten Freunde an seine Stelle. Ich kannte den jungen Mann nur flüchtig, hatte aber oft über ihn reden hören, wobei von ihm meistens als „dem Prinzen" gesprochen wurde. Er war in der Tat gutaussehend, liebenswürdig und so wenig intelligent, wie es sich die meisten Prinzen leisten können. Nach nur wenigen Monaten seiner Amtszeit als Geschäftsführer unterschlug er eine beträchtliche Summe, indem er einen Teil unseres Inventars an andere Läden verkaufte und den Erlös in die eigene Tasche steckte. Als die unvermeidliche Abrechnung kam, erschien er zu der Besprechung flankiert von einer jungen Dame und derem Vater. Die junge Frau zog mich zur Seite und flüsterte: „Machen Sie sich wegen der lumpigen tausend Dollar keine Sorgen. Ich will ihn heiraten, und meinen Vater bringe ich dazu, alles zu tun, damit er nicht ins Gefängnis muss." Ich weiß nicht mehr, wie viel wir von unserem verlorenen Geld zurückbekamen, aber der „Prinz" kam besser davon, als er es verdient hatte.

Abgesehen von den Wechselfällen von Broadway Ecke 98. Straße lernte ich auf unangenehme Weise die Fallstricke der Wall Street kennen. Beginnend mit der sogenannten Friedenspanik von 1916 und noch ein Jahr nach unserem Kriegseintritt 1917 fielen die Wertpapierkurse ständig. Meine Transaktionen mit dem Tassin-Konto betrafen in der Regel relativ unbekannte Papiere, wie zum Beispiel gewisse Obligationen meiner alten Bekannten, der Missouri, Kansas & Texas Railroad, deren Wert meinen Berechnungen zufolge nach dem Abschluss der Reorganisation des Unternehmens weit über dem gegenwärtigen Marktpreis liegen würde. Aber mit der allgemeinen Schwäche des Marktes sank auch der Kurs dieser Papiere, wie es auch bei anderen Anlagen der Fall war. Schlimmer war noch, dass die Gebote ausblieben. Es gab eine Nachschussforderung für das Tassin-Konto, aber ich konnte das Kapital, das ich abgezogen hatte, nicht ersetzen, da es in Plattenspielern, Schallplatten und Inventar steckte. Schließlich wurde es erforderlich, einige der geliebten American Light & Traction des Professors zu verkaufen, und das auch noch mit beträchtlichem Verlust. Der Kontostand sank unter den Mindestdeckungsbetrag und das Konto wurde eingefroren. Ich schuldete dem Konto Geld, das ich nicht hatte. Schlimmer noch war, dass mein Management von Tassins Kapital ein jämmerlicher Fehlschlag geworden war.

Ich erinnere mich, wie ich einmal in der Mittagspause in völliger Verzweiflung durch das Bankenviertel lief. In jenem Augenblick dachte ich mehr oder weniger ernsthaft an Selbstmord. Aber als ich ins Büro zurückkehrte, war ich entschlossen, meinem alten Freund sofort reinen Wein einzuschenken und mich aus meiner misslichen Lage so gut wie möglich zu befreien. Es muss nicht erwähnt werden, dass der ahnungslose Algernon von meinem Bericht schockiert war, aber er stellte sich als sehr verständnisvoll und wohlwollend heraus. Er schlug vor, ich solle einen monatlichen Betrag auf das Konto einzahlen, bis mein Defizit wieder wettgemacht war. Wir einigten uns auf $ 60 im Monat. Ich leistete diese Zahlungen zwei Jahre lang, bis ein Aufschwung des Marktes im Allgemeinen und auch unseres eigenen Portefeuilles diese Zahlungen überflüssig machte. Zum Glück behielt Tassin sein Vertrauen in mich, wenn ich es auch vielleicht nicht verdient hatte. In den kommenden Jahren vermehrte ich sein Kapital zu einem ziemlich respektablen Vermögen.

In jener Zeit finanzieller Knappheit zog Mutter zu uns und die Auseinandersetzungen mit Hazel begannen. Aber meine finanzielle Situation verbesserte sich ziemlich schnell, noch bevor meine Schulden bei Tassin vollständig abgetragen waren, sodass ich bald wieder Geld hatte, um meiner Mutter eine eigene Wohnung zu bezahlen. Sie behielt ihre einsame Lebensweise für mehr als ein Vierteljahrhundert bis zu ihrem tragischen Tod bei. Kein Vorschlag von Familienmitgliedern oder Bekannten, sie solle doch mit anderen zusammenziehen, keine Vorhaltungen aus gesundheitlichen oder psychologischen Gründen konnten sie von ihrer Entschlossenheit, allein zu leben, abbringen. Konnten diese wenigen Monate, in denen sie mit ihrer Schwiegertochter zusammengelebt hatte, wirklich einen so unauslöschlichen Eindruck bei ihr hinterlassen haben, oder war ihre Entscheidung eher von ihrem Charakter bestimmt?

In den ersten Jahren meiner Ehe hatte ich, wie schon früher, zusätzlich zu meinem wöchentlichen Gehalt noch Nebeneinkünfte. Hierzu zählte der jährliche Weihnachtsbonus der Firma. Im Dezember 1914 öffneten die Börsen gerade wieder, nachdem sie nach Ausbruch des Ersten Weltkriegs für längere Zeit geschlossen worden waren. Niemand erwartete einen nennenswerten Weihnachtsbonus, und in der Tat fiel der Bonus überall mager aus oder es wurde gar keiner gezahlt. Als ich Heiligabend das Büro verließ, deutete ein langjähriger Angestellter unserer Firma auf eine fast leere Bar im Nachbarhaus und sagte traurig: „Sie hätten die Kneipe mal letztes Weihnachten und all die Jahre zuvor sehen sollen. Da haben wir in Dreierreihen dort gestanden und unseren Bonus ausgegeben." Es gab da eine Sache, die ich meinem Freund nicht sagen konnte, da A. N. mir strikte Vertraulichkeit auferlegt hatte. Er hatte mir einen Umschlag mit einem Wechsel über $ 100 gegeben, als besonderen Dank für die Vielzahl der Dienste, die ich der Firma geleistet hatte.

Ich erinnere mich aus einem besonderen Grund an diesen Betrag. Für $ 20 kaufte ich meiner Mutter einen kleinen elektrischen Kocher von GE, den sie immer haben wollte. Das Geschenk überraschte sie und machte sie überglücklich. Sie benutzte den Kocher fast jeden Tag, wenn sie sich ihr Lammkotelett oder ihren Fisch machte, und hatte ihn noch in Gebrauch, als sie dreißig Jahre später starb. In jedem der folgenden Jahre wurde mein Bonus immer höher, bis er in die Tausende ging, aber über keinen dieser dicken Schecks habe ich mich so gefreut wie damals, als ich jenen ersten Umschlag öffnete.

1915 gab ich meinen Nebenjob als Abendschullehrer auf, aber die Offizierssöhne auf Governors Island unterrichtete ich noch für einige Zeit. Daneben gab es andere mehr oder weniger erfolgreiche pädagogische Tätigkeiten, wie zum Beispiel die Unterweisung einer Miss Koues in Zeichensetzung. Der Kontakt mit der Schwester dieser Dame, einer Redakteurin bei Vogue Magazine, gab mir zudem eine Gelegenheit, die ich irrigerweise als Beginn einer Karriere als Schriftsteller missverstand. Ich sollte ein kurzes Essay zu einem literarischen oder geisteswissenschaftlichen Thema für die Redaktionsseite schreiben. Mit großer Sorgfalt produzierte ich einen Text mit der Überschrift „Heilige und Sünder", der wieder einmal die Frage aufwarf, warum schlechte Menschen in Büchern – und vielleicht auch im Leben – immer so viel interessanter waren als gute. Mit meiner vielgepriesenen Belesenheit verwies ich auf die Wendung „cher criminel" in Corneilles „Le Cid", in der gewagten Annahme, alle Leser von Vogue würden diese Anspielung ohne Schwierigkeit verstehen. Ich schrieb dann gleich noch drei oder vier weitere Essays, aber meine hochfliegenden Hoffnungen wurden durch die Ankündigung zerstört, dass Vogue einen Literaturredakteur eingestellt hatte, der zukünftig die monatlichen Essays schreiben würde. Aus irgendeinem Grund versuchte ich es nie irgendwo anders und gab, bis zu meinen Bemühungen als Dramatiker viele Jahre später, die Schreiberei auf.

Ein Grund dafür, dass ich die Waffen streckte, lag vielleicht darin, dass ich gerade mit einer anderen Art von Artikeln begonnen hatte. Mit einigen Zweifeln hatte ich bei „The Magazine of Wall Street" einen Artikel mit dem Titel „Schuldverschreibungen zum Vorteilspreis" eingereicht. Dieser Artikel beruhte auf einer ziemlich umfassenden Studie aller an der Börse notierten Obligationen und machte auf Preisunterschiede bei vergleichbaren Emissionen aufmerksam. Barnard Powers, der Chefredakteur des Magazins, nahm den Artikel sofort an – ich bekam, glaube ich, $ 25 – und fragte nach weiteren. Von nun an schrieb ich häufig, fast regelmäßig, für „The Magazine of Wall Street". Ich lernte den Gründer der Zeitschrift, Richard D. Wyckoff, sowie die gefürchtete Carrie G. Wyckoff kennen, die seine Frau und die Herausgeberin der Zeitschrift war. Mrs. Wyckoff machte eine faszinierende Karriere. Sie begann meines Wissens als Mr. Wyckoffs Sekretärin und wurde dann seine Frau, seine Geschäftspartnerin, sein Nachfolger als Herausgeber des Magazins und schließlich die alleinige Eigentümerin der Zeitschrift. Diese letzte Stufe erreichte sie als Ergebnis ihrer Scheidung, die mit einer Menge rechtlicher Auseinandersetzungen und bitterer Feindschaft einherging.

Trotz dieses Wirrwarrs bei den Wyckoffs stand ich immer ohne Probleme mit beiden Parteien auf gutem Fuß. Wenn ich daran denke, wird mir wieder bewusst, dass ich mich immer mit jedermann gut stand, aber nie einen engen Freund hatte. Der Grund, weshalb ich bei (fast) allen gut gelitten war, ist recht einfach und keineswegs uneingeschränkt lobenswert. Ich habe nur sehr selten jemanden um einen Gefallen gebeten, und ich habe nur sehr ungern jemandem einen Gefallen verweigert. In jeder Beziehung und bei jedem Geschäft wollte ich immer das Gefühl haben, dass ich mehr gab, als ich bekam, und ich wollte auch, dass die andere Seite das ebenfalls so sah. Das mag sehr nach Altruismus klingen, in Wahrheit und alles zusammengenommen war es aber sehr einträglich für mich. Erstens bin ich in meinem Leben mit einem Minimum an Hilfe anderer ausgekommen. Zweitens habe ich anderen gerne einen Gefallen getan, jedenfalls solange ich nicht ausgenutzt wurde. Drittens war ich in der glücklichen Position, mein Gegenüber nie in die Ecke drängen zu müssen um zu bekommen, was ich wollte. Ich neige wenig zu moralischer Entrüstung über das Verhalten anderer, sicher ein zweifelhafter Charakterzug, denn ich richte meine Kritikfähigkeit fast ausschließlich auf mein eigenes Verhalten. Und ich habe auch das selektivste Gedächtnis, das man sich vorstellen kann, ich vergesse nämlich alle unangenehmen Ereignisse so schnell und vollständig wie nur möglich, vor allem die, bei denen andere mich schlecht behandelt haben.

Mit dieser Wesensart, mag man sie nun als liebenswürdig oder schlapp bezeichnen, habe ich mir schnell Freunde gemacht und sie kaum wieder verloren. Letzteres trifft nicht nur auf die Männer zu, mit denen ich manchmal ziemlich ernste geschäftliche Differenzen hatte, sondern auch auf die Frauen, mit denen mich eine romantische Beziehung verband. Irgendwie verursachte sogar die normalerweise fatale Beendigung einer solchen Beziehung nicht mehr als eine vorübergehende Entfremdung, gefolgt von neuer Freundlichkeit oder sogar Liebe. Vor einigen Tagen sagte zum Beispiel meine Frau Estelle etwas über eine meiner ehemaligen Geliebten und ich sollte raten, um wen es ging. Ich suchte nach einem Hinweis und fragte unschuldig: „Ist es eine, mit der ich auf gutem Fuß stehe?" Estelle brach in lautes Gelächter aus: „Und mit welcher von ihnen stehst du nicht auf gutem Fuß, wenn ich fragen darf?"

Verspricht die eine Seite der Medaille leicht erworbene Freundschaften, so verkündet die andere den Mangel an Beziehungen, die die meisten Menschen „tiefgehend" nennen würden, die ich aber lieber mit „völliger Hingabe" beschreiben möchte. Ich fürchte, ich habe Kiplings Rat nur zu gut befolgt: „Lass alle mit dir rechnen, aber keinen zu sehr!" Natürlich stehen mir einige meiner Bekannten näher als andere. Aber seit der High School habe ich keinen wirklichen Freund gehabt, einen mit dem ich sofort alle meine Gedanken teilen würde, dessen Feinde automatisch meine Feinde würden und dessen Freunde halb meine Freunde, halb meine Rivalen wären. Etwas in meinem Wesen rebelliert gegen eine solche Vorstellung von Exklusivität oder Monopolstellung in menschlichen Beziehungen. Daher bin ich als Freund nicht schlecht, als Busenfreund aber ungeeignet und, wie ich hinzufügen muss, als Geliebter unerfreulich.

Nach der Trennung der Wyckoffs lieferte ich weiter Beiträge für ihre Zeitschrift und für seinen Investitionsdienst. Für letzteren verfasste ich monatliche Investitionstips, die auf besonders günstige Emissionen hinwiesen. Mrs. Wyckoff versuchte zweimal, mich zum Verlassen meiner Firma und zum Eintritt in ihr Unternehmen zu bewegen. Das erste Angebot lehnte ich ohne große Überlegungen ab. Beim zweiten ging es um den Posten eines Chefredakteurs bei „The Magazine of Wall Street", mit hohem Gehalt und einer guten Gewinnbeteiligung. Ich war in echter Versuchung, dieses schmeichelhafte Angebot anzunehmen, aber A. N. redete es mir aus. Ich glaube, damals versprach er mir eine Teilhaberschaft an seinem Unternehmen, die dann 1920 in Kraft trat.

Meine Beziehungen zu den Wyckoffs hatten eine hohe Bedeutung für die Karriere meines Bruders Victor. 1920 war er schon einige Zeit ohne feste Beschäftigung. Obwohl er fast von Geburt an ein hervorragender Verkäufer war, ging mit den Unternehmen, für die er arbeitete, immer etwas schief. Ich bat Mrs. Wyckoff, ihm eine Stelle zu verschaffen. Sie nahm ihn auf Probe und ließ ihn mit einer Art Dividendenrechner hausieren gehen, der bei den Maklerhäusern für das Magazin warb. Er absolvierte diese wenig aussichtsreiche Aufgabe so gut, dass er in die Anzeigenabteilung übernommen wurde. Seine Karriere dort verlief spektakulär. Er wurde schnell Abteilungsleiter, der ehemalige Abteilungsleiter sein Assistent. Mit der Hausse von 1920 vervielfältigte sich die Auflage der Zeitschrift, und das unter Victors energischer und geschickter Leitung schnell expandierende Anzeigengeschäft trieb den Gewinn der Abteilung in Rekordhöhen und brachte ihm selbst eine Menge Geld ein. Unheil war jedoch nicht fern. Entweder hatte Mrs. W. selbst amouröse Absichten in Hinblick auf meinen Bruder, oder er sollte ihre jüngere Schwester heiraten, oder beides. Victor hatte aber nach einigen komplizierten Romanzen eine tiefe Leidenschaft für eine hübsche und lebhafte Achtzehnjährige entwickelt, Sylvia Goodman, die er sehr bald heiratete. Das war 1928. Offenbar verzieh ihm Mrs. W. diese verruchte Tat nicht. Die Stelle beim „Magazine" war lukrativ und auch sonst wie für Victor gemacht, aber er gab sie auf und ging ins Investmentbanking. Dieser Wechsel hätte zu keiner ungünstigeren Zeit kommen können, und er führte meinen Bruder in einen Beruf, der nicht zu seinem wahren Talent als findiger Verkäufer passte. Victor brauchte fast zwanzig Jahre, bis er nach viel Kummer und Sorgen wieder auf die richtige Fährte kam. Seine Beschäftigung in den letzten zehn Jahren seines Arbeitslebens war nicht so einträglich wie sein Job in den zwanziger Jahren, sie bot ihm aber Sicherheit und die richtigen Aufgaben.

Zu meinen Einkommensquellen zählten Arbitragegeschäfte sowie mein Anteil aus den Transaktionen mit dem Tassin-Konto. Bis zum verhängnisvollen Absturz dieses Kontos 1918 hielt ich mich für einen im Finanzwesen recht erfolgreichen Mann und entwickelte Gefallen an den Annehmlichkeiten, die mein Erfolg mir ermöglichte. Schon 1915 kaufte ich mir gemeinsam mit meinem Cousin Lou ein Auto. Es war der neue Ford Modell A, der gerade Fords allgegenwärtiges und nie verändertes Modell T ablöste. In den ersten Monaten sammelte sich immer eine Menschenmenge um unser Auto und bewunderte die schöne neue Form – ziemlich erhebend für den jungen Fahrer. Louie war sehr technikbegeistert und hatte uns auf unsere Pflichten als Besitzer eines Automobils durch den Kauf einer Anleitung vorbereitet, die die technischen Grundzüge des Motors, des Getriebes und so weiter erklärte und auch ein

Pappmodell mit beweglichen Teilen enthielt. So wurden wir zu Automobilexperten, bevor wir je einen Gashebel berührt hatten. In der Tat wurden die Autos jener Zeit mit einem Handhebel beschleunigt, wie eine Lokomotive, anstatt mit einem Gaspedal.

Im New York des Jahres 1915 war das Fahrenlernen eine ganz andere Sache als heute. Ford bot allen Käufern eines Autos kostenlosen Fahrunterricht an. Ich ging also in das Verkaufsbüro am Broadway, es war eine Hausnummer in den Fünfzigern, legte meine $ 395 für einen brandneuen Tourenwagen auf den Tisch des Hauses und wurde hinüber zur West Street gefahren, wo meine Fahrstunde stattfinden sollte. Erst einmal musste ich lernen, den Wagen anzukurbeln, keine einfache Aufgabe für einen Anfänger. Dann zeigte mir der Verkäufer, wie man mehr oder weniger gleichzeitig die drei Pedale (Kupplung, Bremse, Notbremse), den Ganghebel mit seinen vier Positionen, den Hebel für die Zündverstellung am Lenkrad sowie den Gashebel bediente. Darüber hinaus musste ich noch jederzeit bereit sein, die kleine Hupe mit dem Gummiball zu bedienen. Jedes Mal, wenn ich während meiner ersten Fahrstunde den Motor abwürgte, vielleicht sechs Mal, sagte er angewidert: „Nehmen Sie die Füße von den Pedalen", und ich versuchte es noch einmal. Dies alles fand auf einer Strecke von zehn Häuserblocks die West Street hinauf und hinunter statt, wo es damals weder viel Verkehr noch den West Side Highway gab. Nach einer halben Stunde sagte mein Fahrlehrer, ich könne jetzt fahren. Ich fuhr ihn zurück zum Autogeschäft und machte mich dann mit nicht geringer Nervosität auf die gefährliche Fahrt vom Zentrum Manhattans zu den Hunt's Point Apartments in der Bronx. Irgendwie kam ich sicher nach Hause.

„Und die Führerscheinprüfung?", könnte man fragen. Man mag es glauben oder auch nicht, damals genügte es, ein Auto zu besitzen. Der Gesetzgeber ging wohl davon aus, wer ein Auto besitze, könne natürlich auch damit umgehen. Nur wer selbst kein Auto besaß, brauchte einen Führerschein und musste eine Prüfung ablegen.

Vielen Warnungen vor einem so unbesonnenen Projekt zum Trotz funktionierte das Arrangement mit Louis hervorragend. Es war so einfach wie nur möglich. Jeder von uns bekam das Auto abwechselnd, einen Tag über den anderen. Alle Kosten – der Luxus einer Versicherung zählte nicht dazu – trugen wir zu gleichen Teilen. Manchmal tauschten wir die Tage, aber ich erinnere mich nicht an irgendeine Auseinandersetzung wegen des Wagens.

Es ist schon Tradition in unserer Familie zu behaupten, ich sei schon von Anfang an ein schlechter Fahrer gewesen. Großzügigerweise wird hierfür eher meine unheilbare Geistesabwesenheit verantwortlich gemacht als irgendein Unvermögen. Zu meiner Verteidigung möchte ich aber anführen, dass ich nach 45 Jahren Fahrpraxis niemandem auch nur die kleinste Verletzung zugefügt habe, niemals ein anderes Auto beschädigt habe, sieht man einmal von einem Kratzer auf dem Kotflügel ab, und an meinem eigenen Wagen keinen anderen Schaden verursacht habe als eine zerbrochene Windschutzscheibe, die in jenen glücklichen Tagen für $ 8 zu ersetzen war.

Aber ihr, meine Kritiker, die ihr mir durch Geburt oder Heirat so nahe steht, was habt ihr meinen Autos angetan? Leon und Victor, erinnert ihr euch noch an den Tag, als ihr in mein Büro geschlichen kamt – einer von euch trug einen kleinen Koffer – und mich düster davon in Kenntnis gesetzt habt, dass mein Auto unbeabsichtigter Weise mit einem Telegrafenmast kollidiert war, dass ihr beide wundersamerweise unverletzt geblieben seid, der Wagen aber in Stücke gegangen sei? Soweit ich weiß, bestand meine einzige Antwort in der Frage, ob ihr mir die Stücke in eurem Koffer mitgebracht hättet. Und Estey, du Muster an Fahrkunst und Schärfste meiner Kritiker, warst du es nicht, die fröhlich gegen die Fahrtrichtung in die Park Avenue einbog und mit einem Taxi kollidierte, das eine schwangere Frau ins Krankenhaus brachte? Unsere Versicherung bei der Government Employees Insurance Company kam für den Schaden auf, sodass ich die endgültigen Kosten nie erfuhr. Und Hazel, erinnerst du dich an den schrecklichen Tag in Hewlett, Long Island im Jahr 1919, als du mit unserem Ford einen Maxwell rammtest und Mutter mit dem kleinen Newton auf dem Arm aus dem Wagen geschleudert wurde? Zum Glück kam wieder niemand körperlich zu Schaden. Der Besitzer des Maxwell schickte mir eine Reparaturrechnung von über $ 150. Du bestandest darauf, dass dies eine Unverschämtheit sei, du hättest nur sein Trittbrett beschädigt und der Wagen sei eine alte Kiste gewesen. Ich schrieb an den Mann und bot ihm großzügigerweise $ 75 an. Er suchte uns an einem regnerischen Abend in unserem Sommerhaus in Hewlett auf und schwor wutentbrannt, er werde sich mit keinem Dollar weniger als $ 150 zufriedengeben. Um die Sache vom Tisch zu bekommen, bot ich ihm $ 100. Er rannte hinaus in den strömenden Regen, schwang seinen Schirm und brüllte, wir würden von seinem Anwalt hören. Aber wir haben nie wieder etwas von ihm gehört oder gesehen. Er schien sich in Luft aufgelöst zu haben, und wir haben uns nie bemüht, dieses Geheimnis zu lüften.

Bei unserem eigenen Wagen war die Vorderachse beschädigt, was die Schuldfrage ebenso unausgesprochen wie unwiderlegbar beantwortete. Wir hätten gerne eine neuen Chevrolet gehabt, der damals in der Inflationszeit nach dem Ersten Weltkrieg astronomische $ 720 kostete. Um mit uns zu einem Abschluss zu kommen, schlug der Händler am Ort vor, unseren Wagen zu reparieren und für $ 250 abzüglich Reparaturkosten für uns zu verkaufen, falls wir den Chevrolet sofort voll bezahlten. Ich besaß genügend Geschäftssinn, um diese Verabredung schriftlich festzuhalten und von ihm unterschreiben zu lassen. Er reparierte unseren Wagen, konnte aber keinen Käufer finden. Kurz bevor wir nach New York zurückkehrten, marschierte ich in sein Geschäft, wedelte mit meinem Schriftstück und verlangte entweder Bargeld oder zumindest die Rückgabe des Wagens. Er schlug die Hände über dem Kopf zusammen und ließ mich mit meinem Ford nach Hause fahren. Als wir mit ihm zurück nach Washington Heights gekommen waren, fanden wird sofort einen Nachbarn, der den Wagen frohen Herzens für $ 300 kaufte. So kamen wir ungeschoren, oder sogar noch mit einem Vorteil, aus einer unangenehmen Situation heraus.

Der wahre Grund, warum ich diese Geschichte erzähle, ist die Liebesbeziehung, die sich zwischen dem Käufer und unserem verflossenen, jetzt seinem Auto entwickelte. Wie viele Autobesitzer jener Tage parkte er seinen Wagen auf der Straße an unserer Ecke. Er war Zahnarzt, und wenn er gerade keinen Patienten hatte, sauste er herunter, wischte den Wagen mit einem Autoleder ab, polierte ihn blitzblank, reinigte die Windschutzscheibe und was nicht sonst noch alles. Als wir diese rührende Szene im Vorbeigehen beobachteten, konnten wir kaum ein Kichern unterdrücken beim Gedanken an den beklagenswerten Zustand, in dem seine Rosinante noch vor wenigen Wochen in einer Werkstatt in Hewlett gestanden hatte.

9. Kapitel

Mein Erfolg beginnt

Zwischen 1919 und 1929 verlief mein Aufstieg an der Wall Street rasant, sogar spektakulär. Es war eine schöne Zeit mit vielen finanziellen Erfolgen, einem ständigen Anstieg meines Lebensstandards, einer Erweiterung und Vertiefung meines Sinnes für die materiellen und intellektuellen Freuden des Lebens und dem Gefühl tiefer Befriedigung über meine Stellung in der Welt und die Wertschätzung, die mir meine Mitmenschen entgegenbrachten. Es gab aber auch Entwicklungen auf der Soll-Seite des Lebens. Der Tod meines ältesten Sohnes im Jahr 1927 war ein bitterer Schlag, der uns wohl deshalb umso mehr erschütterte, weil er uns so plötzlich in einer Zeit blendenden Wohlergehens traf. Auch in meiner Ehe entwickelten sich Spannungen, und Hazel und ich hatten – so brillant wir uns auch vorkamen – nicht genug Verstand, sie zu erkennen und rechtzeitig etwas dagegen zu unternehmen. Ich war zu sehr bereit, materiellen Erfolg als Sinn und Zweck des Lebens zu akzeptieren und verlor idealistische Ziele aus den Augen.

Anfang 1920 wurde ich Juniorpartner bei den New Yorker Börsenmaklern Newburger, Henderson, and Loeb und entsprechende Anzeigen wurden in den Zeitungen veröffentlicht. Zusätzlich zu meinem Gehalt hatte ich damit einen Anspruch auf 2,5 % des Jahresgewinns, ohne Haftung für etwaige Verluste. Dieselbe Beförderung wurde auch Dan Loeb und Harold Rouse zuteil, die zwei Jahre länger als ich im Unternehmen waren. Mr. A. N. teilte mir mit, meine Dividende sei einen halben Prozentpunkt höher als die von Loeb und Rouse, was ich ihnen gegenüber aber nicht verlauten lassen sollte. Mein Anteil am Gewinn betrug in den vier Jahren, in denen ich in den Genuss dieser Dividende kam, jährlich etwa $ 5 000.

In jenes Jahr fiel auch mein Geschäft mit japanischen Obligationen, eine Erfahrung, die mir eine besondere Stellung an der Wall Street verschaffte. Einer meiner Freunde, Lou Berall, hatte seine Stellung als Lehrer gegen eine Karriere in der Finanzwelt getauscht und arbeitete jetzt für Bonright & Company, die im Handel mit Obligationen eine bedeutende Rolle spielten. Wir gingen von Zeit zu Zeit zusammen essen, und bei einer dieser Gelegenheiten brachte er einen sehr jungen, lebhaften Japaner namens Junkichi Miki mit. Miki kam als Repräsentant eines großen japanischen Bankhauses in Amerika, das amerikanische Schuldverschreibungen in Japan verkaufen wollte. Miki machte sich bei Bonright & Company mit amerikanischen Anlagemethoden vertraut, und die Firma versprach sich im Gegenzug Chancen auf dem japanischen Markt.

Die Dinge entwickelten sich allerdings in eine ganz andere Richtung. Miki oder seine Vorgesetzten entdeckten bald große Gewinnchancen im Geschäft mit japanischen Staatsanleihen. Man musste die Anleihen, die der japanische Staat während des Krieges mit Russland in verschiedenen Staaten platziert hatte, aufkaufen und konnte sie an japanische Investoren verkaufen. Diese Anleihen waren für Käufer in Japan einerseits wegen der Wechselkursdiskrepanzen der Nachkriegszeit attraktiv und andererseits deshalb, weil der Käufer die Auszahlung der Zinsen und die Rückzahlung des Kapitals in festen Yen-Beträgen verlangen konnte. Die Japaner boten Bonright eine Zusammenarbeit bei der Beschaffung und der Lieferung von großen Mengen dieser Anleihen nach Japan an, aber das amerikanische Unternehmen war mit seinem eigenen Emissionsgeschäft zu beschäftigt, um sich hierfür zu interessieren.

Bei meinem Essen mit Berall und Miki fragte der junge Japaner mich, ob unsere Firma die Verbindungen nach Europa und die Möglichkeiten habe, dieses Geschäft im großen Maßstab abzuwickeln. Zum Glück konnte ich das bejahen und unsere umfassende und tatkräftige Unterstützung anbieten. Nachdem wir einen oder zwei Probeaufträge zu Mikis Zufriedenheit ausgeführt hatten, war die Zeit reif für den großen Auftrag. Miki erklärte sich bereit, uns bei Käufen in großem Umfang Exklusivität zuzusichern, und wir verpflichteten uns, für keinen anderen Kunden zu kaufen als für seine Firma, die Fujimoto Bill Broker Bank in Osaka. Die Obligationen sollten mit einer beiliegenden Liste nach Japan verschifft werden. Wir bekamen eine Kommission von zwei Prozent auf jeden Kauf, wovon wir alle Kosten einschließlich der Telegramm- und Transportgebühren bestreiten mussten.

Der Umfang des Geschäfts ging in die Millionen. Wir bauten gute Kontakte zu Börsenhäusern in London, Paris und Amsterdam auf, den Zentren der ursprünglichen Platzierung der Anleihen. Aufgrund des Wechselkursverhältnisses des Franc zum Yen wurden die Anleihen in Paris mit einem enormen Agio auf den Nennwert gehandelt, während japanische Investoren sie selbst bei Berücksichtigung hoher Maklerkosten mit einem bedeutenden Disagio kaufen konnten.

Ein Aspekt dieses Geschäfts machte mich im Abrechnungsbüro recht unpopulär. Aus irgendeinem, mir nicht mehr erinnerlichen Grund wurde eine große Menge dieser Anleihen in Amerika zunächst in $ 100-Stückelungen verkauft, anstatt wie üblich zu Nennbeträgen von $ 1 000 oder auch, weniger gebräuchlich, $ 500. Das traf auch für die in Paris und London platzierten Emissionen zu. Diese kleinen Stückelungen galten als Ärgernis und wurden auf westlichen Märkten mit einem beträchtlichen Disagio gehandelt, in Japan aber gab es kein Vorurteil gegen sie. Miki war froh, sie billig zu bekommen. Das führte dazu, dass unser Büro ständig von großen Mengen dieser unhandlichen Dokumente überschwemmt wurde. Typischerweise umfasste ein einzelner Kauf Papiere mit einem Nennwert von $ 100 000, das bedeutete 1 000 einzelne Anleihen, die nicht nur gezählt, sondern auch auf die Vollständigkeit der Zinscoupons hin kontrolliert werden mussten.

Da wir gewöhnlich die Anleihen bei uns auflaufen ließen, um sie dann zu einer größeren Sendung zusammenzufassen, schafften wir eine besondere Kassette für sie an. Unsere Laufburschen, die die schwere Kassette jeden Tag aus dem Tresor holen und sie wieder zurückbringen mussten, nannten sie mehr oder weniger freundlich die „Ben Graham Kiste". Wir setzten bei diesem Geschäft jedenfalls Millionen um und die Firma zog erheblichen Gewinn daraus. Unsere Kommission hat sicher über $ 100 000 gelegen. Nach ungefähr zwei Jahren eröffnete Miki ein eigenes Büro und beschaffte die Anleihen selbst, eine Entwicklung, die wir als unvermeidlich betrachtet hatten und nicht übel nahmen. In der Zwischenzeit waren wir in japanischen Finanzkreisen sehr bekannt geworden. Zwei japanische Börsen schickten eine Delegation zu uns, die Methoden und Techniken des Maklergeschäfts studieren sollte in der Absicht, in Tokio und Osaka Ähnliches aufzubauen. Miki stellte mich vor, die Japaner fragten mich lange aus und verließen mich schließlich mit einem kompletten Satz unserer zahlreichen Formulare. Nicht viel später wurde in Japan ein langer Bericht über den New Yorker Aktienmarkt veröffentlicht, von dem ich ein Exemplar bekam. Ich war angenehm überrascht, dass alle paar Seiten die Reproduktion eines unserer Formulare zu sehen war, von denen jedes den charakteristischen Schriftzug Newburger, Henderson, and Loeb trug.

Als wir das Geschäft mit der Fujimoto Bank beendeten, lockerten wir die Exklusivitätsvereinbarung und beide Seiten betrieben nun auch Geschäfte mit anderen Häusern. Wir führten für zwei weitere japanische Banken telegrafische Kaufaufträge auf Anleihen aus. In den Telegrammen wurde ein Code aus fünf Buchstaben benutzt, was eine beträchtliche Ersparnis bei den Gebühren brachte. Obwohl es beim Gebrauch dieses Codes viele Möglichkeiten für Irrtümer und Missverständnisse gab, vor allem, da ja die eine Seite auf Japanisch dachte, lief dieses Geschäft zwei Jahre bemerkenswert glatt. Wir hatten jedoch einen unwillkommenen Zwischenfall, der zeigt, welche Bemühungen die Japaner unternahmen, um Vertrauen in ihre geschäftliche Aufrichtigkeit und Zuverlässigkeit aufzubauen. Asiatische Nationen standen damals im Ruf, gerissen und doppelzüngig zu sein.

Für eine japanische Bank kauften wir im Rahmen eines großen Auftrags mehrere hunderttausend Anleihen, was wir auch ordnungsgemäß mitteilten. Wir bekamen jedoch ein Telegramm zurück mit der Nachricht: „Cancel order. Confirm." Wir annullierten den Rest des Auftrags, telegrafierten zurück „Order cancelled" und schickten der Bank die gekauften Anleihen. Als die Sendung einen Monat später in Tokio ankam – es gab damals noch keine Luftpost – waren unsere japanischen Freunde höchst unangenehm überrascht. Sie bestanden darauf, dass dieser Kauf storniert worden sei und sie dafür nicht verantwortlich seien. Wir vertraten natürlich die Ansicht, dass ein „cancel order" sich an der Wall Street nur auf einen noch nicht ausgeführten Auftrag bezog, und sie uns „cancel purchase" hätten telegrafieren sollen, obwohl es auch für eine Stornierung des Kaufs schon zu spät gewesen war. Es war dumm von mir gewesen, in meinem Antworttelegramm nicht darauf hinzuweisen.

Die Preise waren gefallen, während die Anleihen auf dem Weg nach Japan waren, und so war ein Verlust von mehreren tausend Dollar entstanden. Wir trugen die Sache bei der Yokohama Specie Bank in New

York vor, die eine japanische Regierungsbehörde war und als offizieller
Repräsentant der japanischen Finanzwelt fungierte. Nach kurzer Zeit
zahlten sie uns den vollen Betrag für unsere Anleihen, obwohl sie auch
gut hätten vorschlagen können, dass sich angesichts der zweideutigen
Umstände beide Seiten den Verlust teilen sollten.

Miki und ich wurden gute Freunde. Von Zeit zu Zeit besuchte er uns,
und er mochte offenbar unsere jüdische Küche. Als Gegenleistung lud
er mich zu einem kostspieligen Abendessen im Nippon Club in der Nähe der Columbia Universität ein, wo ich zum ersten Mal japanisches Essen probierte. Zu meinem Erstaunen sah ich mich verschiedene Sorten
rohen Fischs verzehren, den man in zahlreiche Soßen tunkte. Eine unbe-
queme Erfahrung war es allerdings, zwei Stunden auf dem Fußboden zu
sitzen.

Miki stellte mich von Zeit zu Zeit verschiedenen wichtigen Persönlichkeiten aus Japan vor, von denen die meisten eine Rolle in der Finanzwelt spielten. Einmal fragte er mich, ob er seinen Freund Mr. Kwagai zum Essen mitbringen dürfe. Mr. Kwagai stellte sich als gut
aussehender, untersetzter und liebenswürdiger junger Mann heraus.
Während des Essens sprachen wir über Wall Street und verschiedene
andere Dinge. Als wir gingen, sagte Miki mit seinem beständigen Lächeln: „Mr. Graham, vielleicht möchten Sie Mr. Kwagai nächste Woche
in Forest Hills spielen sehen? Wenn ja, besorge ich Ihnen gerne eine
Eintrittskarte.“ Erst da wurde mir klar, dass ich mit dem berühmten japanischen Tennisspieler gegessen hatte, der gute Chancen auf den Gewinn der American Open hatte. Und wir hatten kein Wort über Tennis
gesprochen – meinen Lieblingssport! Wie viel Dummheit oder Pech
sind eigentlich erlaubt?

Fünfunddreißig Jahre später besuchte ich Japan und erneuerte meine
Freundschaft mit Junkichi Miki. Er war nach seiner Rückkehr nach Japan Angestellter der Börse in Osaka und später Professor für Finanzwis-
senschaft an der Universität Kobe geworden. Er lud mich zu einem Besuch an der Börse in Osaka und einem Treffen mit Börsenmanagern ein.
Ich wurde in den Raum des Börsenvorstands gebeten, wo bereits eine
größere Gruppe versammelt war. Miki machte uns bekannt und sagte
dann höflich zu mir: „Mr. Graham, würden Sie vor dieser Versammlung
jetzt bitte einen Vortrag von ungefähr vierzig Minuten über Wertpapier-

analyse halten? Ich werde Ihren Vortrag gerne übersetzen." Damit hatte ich sicherlich nicht gerechnet, aber ich tat mein Bestes. Nach einem oder zwei Sätzen übersetzte Professor Miki meinen mit Fachbegriffen gespickten Vortrag ohne zu zögern ins Japanische, und ringsum wurde verständig genickt.

Anlässlich der Erneuerung unserer Freundschaft lud mich Miki in die besten Restaurants in Osaka ein. Dort lernte ich auch eine wunderbare japanische Sitte kennen, die Geishas. Für seine zahlreichen amerikanischen Gäste hatte eines dieser Restaurants eine Art Grube unter dem niedrigen Tisch, sodass man auf dem Boden sitzen konnte und die Beine in die Grube baumelten, für Gäste aus der westlichen Welt viel bequemer, als auf dem Boden zu hocken. Die Geishas waren wunderschön, großartig gekleidet, perfekt in Gesang, Tanz und Musik und zeigten gegenüber ihren Gästen während des langen Essens eine ununterbrochene Aufmerksamkeit. Sie beherrschten nur wenige amerikanische Tänze, meine Geisha erlaubte mir aber, ihr einen oder zwei Tanzschritte beizubringen. Wir spielten einige harmlose Spiele, und alle amüsierten sich wunderbar. Wird es wohl jemals möglich sein, diese moralisch völlig unbedenkliche Institution auch in Amerika zum Vergnügen der müden oder auch nicht so müden Geschäftsleute und Bonvivants einzuführen? Man müsste allzu misstrauische Ehefrauen davon überzeugen, dass diese Annehmlichkeit in Wirklichkeit einen positiven Beitrag zu einer glücklichen Ehe leistet.

Zurück ins Jahr 1920: Miki kam eines Abends zu uns und bat mich, ihm das Pokerspielen beizubringen. Ich erklärte es ihm (nach Hoyle) und er notierte sich den Wert der verschiedenen Kartenkombinationen in einem kleinen Notizbuch. Nach einigen Runden, in denen er eifrig seine Karten mit seinen Notizen verglich, war er zufrieden und sagte, er könne jetzt mit seinen Freunden spielen. Ein paar Tage später fragte ich ihn, wie es ausgegangen sei. Er schüttelte traurig den Kopf und sagte: „Oh, Mr. Graham, Sie waren ein sehr unvollkommener Lehrer. Ich habe eine Menge Geld an meine Freunde verloren." „Um Gottes Willen", antwortete ich, „was habe ich Ihnen denn Falsches gesagt?" „Sie haben mir nichts Falsches gesagt. Sie haben nur vergessen, mir etwas über das Bluffen zu erzählen. Meine Freunde haben den ganzen Abend lang geblufft, und als das Spiel vorbei war, haben sie sich die ganze Zeit deswegen über mich lustig gemacht." Ich schämte mich dermaßen wegen dieses unentschuldbaren Versäumnisses, dass ich Miki anbot, seinen Verlust zu ersetzen, aber das lehnte er mit echt japanischer Würde ab. Ich leitete die „statistische Abteilung" bei N. H. & L. jetzt selbstständig, eine Abteilung, die jetzt die etwas respektablere Bezeichnung „Forschungsabteilung" oder „Investmentforschung" trägt. Mein Assistent war ein ehemaliger Studienkollege, Leo Stern, der ungefähr zwei Jahre jünger war als ich. Als ich die Firma verließ, wurde Leo in den meisten Funktionen mein Nachfolger. Er wurde Juniorpartner, dann gleichberechtigter Partner und schließlich einer der beiden Seniorpartner; der andere Seniorpartner war Lester Newburger, der jüngste der vier Brüder, unter denen ich gearbeitet hatte. Leo und ich bearbeiteten alle Anfragen in Bezug auf Wertpapierlisten oder einzelne Emissionen, die uns auf dem Postweg erreichten oder von Besuchern vorgetragen wurden. Von Zeit zu Zeit verfassten wir Rundschreiben, in denen wir ein oder mehrere Wertpapiere detailliert analysierten. Diese Rundschreiben enthielten im Allgemeinen Kaufempfehlungen für günstige Emissionen oder die Empfehlung, von einem weniger attraktiven Wertpapier in ein anderes zu wechseln. 1921 empfahlen wir zum Beispiel, die U. S. Victory-Anleihen zu vierdreiviertel Prozent, die in zwei Jahren fällig waren und bei 97 ¾ standen, gegen längerfristige 4¼-prozentige amerikanische Staatsanleihen zu tauschen, die zu einem niedrigeren Preis, um 87 ½, zu haben waren. Wir waren der, wie sich später herausstellte, richtigen Ansicht, dass das damals noch hohe Zinsniveau sinken und der Kurs der langfristigen Staatsanleihen bis zum Nennwert oder darüber steigen würde, während die kurzfristigen Papiere nur recht begrenzte Gewinnchancen versprachen. Unser Bericht wurde in den Zeitungen unter dem Titel „Memorandum an die Besitzer von Victory Bonds" angeboten. Unmittelbar nach Erscheinen forderte die New Yorker Börse ein Exemplar an. Es gab ein ungeschriebenes, aber strenges Gesetz, dass Börsenmitglieder nicht empfehlen durften, von Staatsanleihen in andere Wertpapiere zu wechseln. Aber an unserem Vorschlag gab es nichts auszusetzen. Er war nicht nur aus patriotischer Sicht korrekt, sondern erwies sich auch als sehr profitabel für die, die ihm folgten.

Ein anderes Rundschreiben, nicht so schlau und eher Routine, befasste sich mit einem detaillierten Vergleich aller notierten Papiere im

Bereich Reifen und Gummi. Auf der Basis des statistischen Materials stellten wir fest, dass die Aktien von Ajax Tire die attraktivsten zu sein schienen. Wenige Tage später betrat ein großer, gutaussehender Gentleman das Büro, stellte sich als Horace de Lisser, Präsident von Ajax Tire, vor und verlangte, den Verfasser des Reports zu sehen. Er war ein auffälliger Mann, der mitten im Winter einen Strohhut trug, eine seiner vielen Eigenheiten. Wie meine Cousine Miriam, damals meine Sekretärin, gerne erzählt, wurde Horace de Lisser in unsere Abteilung geführt, fand mich vor meinem Büro und wies mich in kommandierendem Ton an: „Junge, bring mich zu Mr. Graham!" Dass er mich für einen Büroboten hielt, mag zum guten Teil an seiner Kurzsichtigkeit gelegen haben, sicher aber auch daran, dass ich noch jung für meine hohe Position war und noch jünger wirkte. Dieser Eindruck hielt sich übrigens noch mehrere Jahre und führte zu einer Reihe von Vorfällen. Ich weiß nicht, wer von uns verdutzter war – er, weil er einen jungen Burschen als Verfasser einer Analyse über seine Branche wähnte, oder ich, der ich mich diesem seltsamen Mann mit Strohhut gegenübersah. Unser Gespräch verlief ziemlich gezwungen. Einige Jahre später bedauerte ich dann meinen Bericht und wünschte, ich hätte Mr. de Lisser vor der Veröffentlichung besucht. Ajax Tire entwickelte sich nur eine Zeit lang positiv und ging dann bankrott.

Meine Wertpapierreports führten zu einer der wichtigsten und ergiebigsten Freundschaften meines Lebens, und das auf ganz unerwartete Weise. 1919 arbeitete ich an einem detaillierten Vergleich zweier Eisenbahngesellschaften, der Chicago, Milwaukee, & St. Paul Railroad und der St. Louis & Southwestern Railroad. Ein kleiner Exkurs zur Terminologie sei gestattet. Als ich gerade in unserer Firma angefangen hatte, hörte ich Murphy, den für Aufträge zuständigen Angestellten, über etwas als „shortstop" sprechen. Ich verstand „short stock" und wunderte mich, warum jemand einhundert Aktien als Leergeschäft kaufen sollte, traute mich aber nicht, Murphy danach zu fragen. In Wirklichkeit meinte er die St. Louis & Southwestern Railroad, deren Fernschreibkürzel „SS." war. Die Chicago, Milwaukee, & St. Paul war allgemein als „Milwaukee" bekannt, nicht aber an der Börse, wo ihr Name von ihrem Fernschreibkürzel abgeleitet wurde. Das amüsanteste Beispiel war die Atchison, Topeka, & Santa Fe. Kein Eisenbahner oder Fahrgast hätte sie je anders als Santa Fe genannt. Unzählige Jahre hindurch war ihr Fernschreibkürzel jedoch ATCH, und so hieß sie an der Wall Street immer „Atchison" oder „Atch". Die niederländische Börse taufte sie mysteriöserweise „Topeka". Diese große Eisenbahngesellschaft war also auf drei unterschiedlichen Märkten unter jeweils einem anderen Städtenamen aus ihrer Firmenbezeichnung bekannt.

Bevor ich an die Wall Street kam, gab es sowohl Vorzugsaktien als auch Stammaktien der Northern Pacific Railroad, und sie waren in der gesamten Finanzwelt als „Big Nipper" und „Little Nipper" bekannt. Die Vorzugsaktien waren als Ergebnis der berühmten Northern Pacific-Panik von 1901 zurückgekauft worden, aber noch dreizehn Jahre später hörte ich von den Stammaktien oft als „Little Nipper" reden. Ein viel gefährlicheres Beispiel dieser Vorliebe für eine bestimmte Terminologie betrifft die Great Northern Railway, Nachbar, Rivale und ehemaliger Partner der Northern Pacific. Als Ergebnis ihrer Finanzpolitik waren ihre Stammaktien zurückgekauft worden, und die ehemaligen Vorzugsaktien nahmen nun den Platz der Stammaktien ein und entsprachen in jeder Beziehung anderen Stammaktien. Doch für unzählige Jahre hießen sie sowohl offiziell wie inoffiziell „Great Northern Preferred". Sie wurden bei den Wall Street Maklern unter den Vorzugsemissionen im Eisenbahnbereich geführt, und natürlich glaubten viele Amateure, diese Aktien hätten den besonderen Schutz einer Vorzugsemission. Es dauerte einige Jahre, bis dieser nicht zu entschuldigende Etikettenschwindel durch die New Yorker Börse korrigiert wurde.

Dann gab es da den Bedeutungswandel der Bezeichnung „Big Steel". Als U. S. Steel 1901 seine wechselvolle Börsenkarriere begann, wurde die teurere Vorzugsaktie sofort „Big Steel" getauft, und die recht spekulative Stammaktie wurde „Little Steel", genau wie bei Big Nipper und Little Nipper. Schließlich stiegen die Stammaktien über den Kurs der Vorzugsaktie, eine Entwicklung, die 1901 kaum jemand an der Wall Street vorausgesehen hätte, und die alten Spitznamen wurden ungebräuchlich. Irgendwann hörte ich verwundert einen Analysten von „Big Steel" sprechen, wobei er aber U. S. Steel Stammaktien meinte. Die Aktien waren zu „Big Steel" geworden, weil U. S. Steel das größte Stahlunternehmen war. Ohne Zweifel könnten man einen langen Essay über die Veränderungen von Spitznamen an der Wall Street schreiben.

Zurück zu meiner Geschichte: Meine vergleichende Analyse von Milwaukee und SS zeigte überzeugend, dass SS Stamm- und Vorzugsaktien ein attraktiverer Kauf waren als die entsprechend teuren Emissionen der Milwaukee. Tatsächlich erschien die Milwaukee in einem sehr ungünstigen Licht, und ich hielt es sowohl für fair als auch für klug, meine Ergebnisse vor der Veröffentlichung einem leitenden Mitarbeiter des Unternehmens vorzulegen. Ich traf mich mit dem Finanzvize der Milwaukee, Mr. Robert J. Marony, der sein Büro am Broadway 42 hatte. Er war recht jung für den Vizepräsidenten einer Eisenbahngesellschaft, um die vierzig, ein kleiner Ire mit lebhaftem, intelligentem Gesicht. Verlegen erklärte ich ihm den Grund für meinen Besuch. Er sah sich meine Unterlagen ziemlich schnell durch, gab sie mir zurück und sagte: „Ich finde da nichts zu beanstanden, weder an den Fakten, noch an Ihren Schlussfolgerungen. Ich wünschte, wir stünden besser da, das tun wir aber nicht, und das ist es schon." Dann fragte er allgemein nach meiner Arbeit. Bald sprachen wir über Arbitrage, ein Gebiet, das eine meiner Spezialitäten werden sollte und auf dem er sich auch gut auskannte. Ich erwähnte eine interessante Gelegenheit, die er noch nicht kannte. Er hörte meinen Erläuterungen aufmerksam zu und erteilte mir dann einen Auftrag über eintausend Aktien. Das war ein Ergebnis, das man von meinem Besuch bei Chicago, Milwaukee, & St. Paul am wenigsten hätte erwarten können.

Diese seltsame Episode war der Beginn einer geschäftlichen und persönlichen Beziehung, die bis heute (Juni 1960) besteht. Bob Marony wurde Investor im Benjamin Graham Konsortium, ein bedeutender Aktionär und Direktor der Graham-Newman Corporation von ihrer Gründung bis zu ihrer Auflösung und schließlich gemeinsam mit mir Direktor der sagenhaft erfolgreichen Government Employee Insurance Group (GEICO). Wir waren in guten und schlechten Tagen gute Kameraden. Er trat mir einmal einen Teil seines Gewinns aus einem erfolgreichen Geschäft ab, weil er glaubte, ich brauche etwas Geld, um mich aus persönlichen finanziellen Schwierigkeiten zu befreien. Einige Jahre vorher waren er, seine Frau Beatrice und seine Tochter Marjorie meine Gäste auf der Jacht „Reposo", die der liebenswürdige Dr. Herman Baruch, einst Arzt und später Aktionär, mir geliehen hatte. Nicht lang nach dieser glücklichen Reise verloren Bob und Bea ihr einziges Kind unter besonders tragischen Umständen. Der immer jugendlich wirkende Marony erlitt vor einigen Jahren in unserem Büro einen Schlaganfall und konnte nie wieder richtig sprechen.

In den achtunddreißig Jahren unserer Bekanntschaft hatten Bob und ich niemals eine Meinungsverschiedenheit. Das ist besonders bemerkenswert, bedenkt man die finanziellen Wechselfälle, die wir durchstanden, die vielen schwierigen Entscheidungen, die wir treffen mussten, die Notwendigkeit, uns über die Aufteilung von Gewinnen und anderen Vergütungen zu einigen sowie das irische Temperament Maronys, unter dem ich allerdings nie zu leiden hatte. Ehrlicherweise und mit Bedauern muss ich jedoch zugeben, dass auch Bob, den ich mehr mochte als jeden anderen Mann auf dieser Welt, niemals ein enger Freund war. Vielleicht kann ich es so sagen: Wir haben niemals zusammengehockt. Wie einfach das für einige Leute zu sein scheint, und wie schwierig ich das immer gefunden habe!

Ich schrieb für N. H. & L. drei kleine Broschüren mit dem Titel „Lehren für Anleger". In meinem kecken Alter von fünfundzwanzig fand ich diesen Titel nicht anmaßend und hielt es auch nicht für arrogant, eine im Durchschnitt doppelt so alte Finanzwelt belehren zu wollen. Aber ich glaube, was ich schrieb, hatte Hand und Fuß. Besonders stolz bin ich auf meine entschiedene Empfehlung, gesunde Stammaktien zu vernünftigen Preisen zu kaufen. Der springende Punkt war die damals revolutionäre Feststellung: „Wenn eine Stammaktie eine gute Investition ist, stellt sie auch eine gute Spekulation dar", denn, so fuhr ich fort, wenn sie für den Anleger den vollen Gegenwert des investierten Kapitals darstellt und der Marktwert deutlich unter dem eigentlichen Wert des Papiers liegt, sollten auch die Aussichten auf eine Kurssteigerung hervorragend sein. Das war auch wirklich eine vernünftige Schlussfolgerung, solange sich nicht alle Welt danach richtete. Als das nämlich mehrere Jahre später in der Hausse der zwanziger Jahre geschah, ließen die Anleger den „vernünftigen Preis" außer Acht und vormals gesunde Investitionen wurden überzogene und gefährliche Spekulationen.

Meine Tätigkeit als Wertpapieranalyst war nur ein Teil meiner Pflichten als Juniorpartner. Ich handhabe alle Transaktionen, die die Firma auf eigene Rechnung ausführte und die vor allem auf Arbitrage und Sicherungsgeschäfte begrenzt waren, ich war der Steuerexperte und ich führte die Tafelgeschäfte durch, zu denen auch das Geschäft mit den japanischen Anleihen gehörte. Ich war für die Effizienz der Büroorganisation zuständig und hatte natürlich eine wachsende Zahl verschiedener Kunden zu betreuen, die der Firma beträchtliche Kommissionszahlungen einbrachten.

Nach dem Ersten Weltkrieg wurde das zuvor recht simple amerikanische Steuersystem zunehmend kompliziert und belastend. Ich setzte mich mit der steuerlichen Entwicklung gründlich auseinander, da sie einen Einfluss auf die Einkünfte der von mir analysierten Kapitalgesellschaften hatte. Dass ich etwas mehr als andere wusste, machte mich schon bald zum Experten, und ich verdiente etwas Geld, indem ich Steuerrückzahlungen für einige unserer Kunden erreichte. Gegen Ende des Jahres 1920 mussten viele unserer Kunden auf dem Papier beträchtliche Wertverluste ihres Wertpapierbestandes hinnehmen, während sie gleichzeitig hohe Steuern auf ihr regelmäßiges Einkommen zahlten. Wie alle Menschen wollten sie sich aber nicht von ihren Wertpapieren trennen, in der Hoffnung, sie würden wieder steigen. Ich wies unter Nennung des entsprechenden Paragraphen darauf hin, dass das Einkommensteuergesetz zur Feststellung des Verlustes den Verkauf solcher Papiere erlaubte, die gleichwohl sofort wieder zurückgekauft werden konnten, um die Position wieder herzustellen. Das kostete nur Kommissionsgebühren und Börsenumsatzsteuer. Als sich die Nachricht verbreitete, erhielten wir eine Menge dieser lukrativen „Verkauf und Rückkauf"-Aufträge. Ich schmeichele mir, dass wir das erste Maklerhaus waren, das solche Aufträge an der New Yorker Börse durchführte, aber vor dem Ende des Jahres machten das alle. Im nächsten Jahr, glaube ich, setzte der Kongress diesem Spielchen ein Ende, indem er einen Zeitraum von dreißig Tagen zwischen Verkauf und Rückkauf vorschrieb.

Meine ehrgeizigste Studie über das Steuerrecht und seine Folgen betraf die Berechnung der damals eifersüchtig gehüteten Position „goodwill" (oder heiße Luft) in Unternehmensbilanzen. Die Kriegsgewinnsteuer von 1917 erlaubte einen Gewinn von einem gewissen Prozentsatz auf in Sachanlagen investiertes Kapital und einen geringeren Satz auf Bilanzpositionen wie „goodwill", Patente und so weiter. Die Patente wurden in dem von den Unternehmen veröffentlichen Eigentumsverzeichnis immer mit den Sachanlagen zusammen aufgeführt. Mit Hilfe einer Reihe von Berechnungen konnte ich aus den drei bekannten Größen – zurückgestellte oder gezahlte Steuern, Einkommen vor Steuern und Eigentumsverzeichnis – berechnen, wie hoch der „goodwill"-Anteil am Eigentum eines Unternehmens war. Ich fasste meine Ergebnisse in einem Artikel für das Magazine of Wall Street zusammen. Barnard Powers, der Chefredakteur, sagte mir: „Ben, weder ich noch jemand sonst hier versteht Ihre Formeln. Für uns sieht das wie Hexerei aus. Aber ich habe genug Vertrauen in Sie, um den Artikel trotzdem zu bringen." Berücksichtigt man die vielen Fehlermöglichkeiten, die sich aus falsch veröffentlichten Daten ergeben, stellte sich meine Berechnung später als ziemlich genau heraus. Erst viele Jahre später machten die Unternehmen Angaben zu ihren „goodwill"-Positionen, um schließlich auf die „heiße Luft" in ihren Bilanzen zu verzichten. Inzwischen waren Vermögenswerte gegenüber Einnahmen und Einnahmesteigerungen allerdings so unwichtig geworden, dass diese Enthüllungen keinen Einfluss auf die Finanzwelt mehr hatten.

Ich kann noch hinzufügen, dass meinen Berechnungen zufolge Stammaktien von U. S. Steel im Wert von 500 Millionen und sogar ein beträchtlicher Teil der 360 Millionen in Vorzugsaktien ursprünglich nichts als heiße Luft verkörpert hatten. Im folgenden Artikel zeigte ich durch eine ähnliche Berechnung, dass U.S. Steel für 1918 zu viel Steuern berechnet und bezahlt hatte. Diese Schlussfolgerung stellte sich als richtig heraus und U. S. Steel bekam eine beträchtliche Rückzahlung vom Finanzamt.

Obwohl ich mich niemals besonders bemühte, Aktien- oder Anleihekunden für unsere Firma zu gewinnen, entwickelten sich im Lauf der Jahre ganz unvermeidlich einige Beziehungen. Einige Konten, bei denen es vor allem um mein Spezialgebiet Arbitrage und Sicherungsgeschäfte ging, führte ich selbst. Eines davon war das Tassin-Konto. Bei anderen war ich an Verlusten nicht, an den Nettogewinnen jedoch zu 25 Prozent beteiligt. Solch ein Konto hatte auch mein alter Freund aus der Volksschule, Sydney Rogow. Mein Standardvorgehen war, Wandelanleihen ungefähr zum Nennwert zu kaufen und dagegen Kaufoptionen auf die entsprechenden Stammaktien zu verkaufen. Eine etwas ausgefeiltere Variante bestand darin, ein Leergeschäft mit Stammaktien zu machen und Verkaufsoptionen gegen unsere offene Position zu verkaufen. Der Umfang dieser Stellagegeschäfte war beträchtlich und garantierte insgesamt gesehen einen befriedigenden Gewinn, egal ob die Aktienkurse stiegen, fielen oder gleich blieben. Ich erspare dem Leser eine detaillierte Erklärung dieses komplizierten Geschäfts, es war jedenfalls ebenso erfolgreich wie genial.

1919 führten wir eine dieser ausgefeilten Transaktionen mit Anleihen von Pierce Oil durch und veräußerten Verkaufsoptionen gegen unsere offene Position. Das Kursniveau ging zurück, einige der Verkaufsoptionen wurden ausgeübt, aber eine Option auf zweihundert Aktien im Wert von $ 400 wurde bis zum Verfallsdatum nicht vorgelegt. Sie kam einen Tag zu spät. „Doc" Dougherty vom Abrechnungsbüro kam und erklärte, die andere Firma habe die Sache übersehen und wolle wissen, ob der Kunde die Option noch akzeptieren wolle. Ich fragte Doc, was normalerweise in einem solchen Fall üblich sei. „Oh", sagte er, „jeder, der eine Kauf- oder Verkaufsoption akzeptiert, ohne es zu müssen, wäre ein großer Trottel." Da ich nicht für einen g. T. gehalten werden wollte, lehnte ich im Namen meines Kunden ab. Als ich Syd von diesem unerwarteten Gewinn erzählte, schlug er vor, wir sollten das Geld für ein Wochenende in Atlantic City verwenden, natürlich gemeinsam mit unseren Frauen. Das taten wir auch. Wir wohnten im besten Hotel, gaben äußerst großzügig Geld aus und hatten ein wunderbares Wochenende. Ich erwähne das, um auf eine Besonderheit aufmerksam zu machen, die mir während meiner Karriere oft aufgefallen ist. Geschäftsleute haben für gewöhnlich eine bestimmte Einstellung in Bezug auf geschäftliche Ausgaben und eine andere, viel engere in Bezug auf private Ausgaben. Eine Ausgabe von hundert Dollar am Tag sind im Geschäftsleben ein kleiner Betrag, zu Hause aber kann dieser Betrag andere Dimensionen annehmen und für eine Menge Streit zwischen Mann und Frau sorgen. Dieser Unterschied ist psychologisch verständlich und möglicherweise auch notwendig, um privat ein vernünftiges Haushalten zu ermöglichen, Geschäftsleute entwickeln jedoch dadurch eine Art doppelte Persönlichkeit in Gelddingen. Das Besondere an unserem Wochenende in Atlantic City lag gerade darin, dass wir dieses eine Mal einen bestimmten, wenn auch relativ bescheidenen Betrag direkt vom Berufs- ins Privatleben transferieren konnten.

Onkel Maurice Gerard eröffnete 1918 ein Privatkonto bei mir, das für mich entscheidend werden sollte. Es begann mit einigen paar tausend Dollar und entwickelte sich recht zufriedenstellend. Im Jahr 1920 kam er dann mit einem erstaunlichen Vorschlag zu mir. Er hatte gerade einen Auftrag als Organisationsexperte für General Motors beendet, für den er $ 20000 bekommen hatte. Er wollte den gesamten Betrag auf sein Konto einzahlen, sich aus dem Berufsleben zurückziehen und von dem Gewinn leben, den ich – oder vielleicht sagte er wir beide – mit seinem Kapital erzielen würde. Er wies mich darauf hin, da ich jetzt einen bedeutenden Fonds verwalten würde, müsse ich auf höherer Ebene arbeiten als vorher. Ich habe meinen Onkel sicher nicht zu dieser meiner Ansicht nach gefährlichen Entscheidung ermutigt, aber ich akzeptierte die Treuhänderschaft. Von jetzt an kam er regelmäßig und verfolgte die Marktentwicklung an unserer Kurstafel. Er griff nie selbst in den Handel ein und ich erinnere mich auch nicht, dass er sich in die Handhabung des Kontos eingemischt hätte. Das ist, wenn ich mich richtig besinne, außergewöhnlich, denn er war sonst jemand, der sich überall einmischen musste.

In den folgenden zehn Jahren schien seine Entscheidung vollkommen richtig gewesen zu sein. Obwohl er monatlich Beträge für seine private Lebensführung abzog, wuchs sein Kapital zu einer schönen Summe an. Nach 1929 verlief die Entwicklung anders und war recht niederdrückend. Er starb in den dreißiger Jahren, als wir gerade dabei waren, unser Vermögen zurückzugewinnen. Nichtsdestoweniger hinterließ er einen ausreichenden Besitz, um für größere Auseinandersetzungen und Feindseligkeiten zwischen seiner Witwe und den Kindern aus erster Ehe zu sorgen. Ich fungierte als Vermittler und konnte die Auseinandersetzungen beilegen, wenn auch nicht die Feindseligkeiten.

Ein weiterer Klient war ein Schulkamerad, Douglas Newman. Seine Anlage war spekulativ, und hier war ich nicht beratend tätig. Anscheinend bekam er Tipps von einem bedeutenden Spekulanten. Als die Zeit gekommen war, begann dieser Spekulant mit uns Geschäfte zu machen, und ich wurde Zeuge echter Spekulationsgeschäfte. Er favorisierte Mexican Petroleum und Pan American Petroleum, die zu den lebhaftesten und unbeständigsten Papieren an der Börse gehörten. Er kaufte und verkaufte größere Pakete. Er gewann oder verlor anscheinend immer größere Summen, ohne mit der Wimper zu zucken. Er war ein geborener Spieler, mit all den attraktiven Eigenschaften, die einen Spieler auszeichnen. Er ging während des Abschwungs zwischen 1920 und 1921 bankrott und ich sah ihn nie wieder.

1919 konnten wir uns an einem typischen Haussemarkt erfreuen, mit kalter Berechnung auf Seiten der Insider und Gier, Unwissenheit und kindlichem Enthusiasmus auf Seiten der Öffentlichkeit. Fünfzehn Jahre später, während meiner Zeit als Dramatiker, entschied ich mich, ein Schauspiel über die Wall Street zu schreiben. Die spektakulären und tragischen Ereignisse der Jahre zwischen 1929 und 1932 waren mir noch frisch im Gedächtnis, aber ich empfand diese Zeit als zu extrem, als dass sie sich für eine klassische künstlerische Darstellung geeignet hätte. Ich griff vielmehr auf meine Erinnerungen an die Zeit zwischen 1919 und 1921 zurück und ließ auch einige Charaktere mitspielen, die ich vor unserer Kurstafel beobachtet hatte. Hierzu zählten beispielsweise der monomanische Apotheker Riddle, der sich nur für American Coal Products interessierte, und die Friedman Brüder, die ein Schuhgeschäft hatten, zunächst nur die allerkonservativsten Anleihen kauften, dann vorsichtig in einige der besten Aktien investierten und schließlich ihr Geschäft und gesamtes Vermögen bei wilden Spekulationen verloren.

Ich kam natürlich in meinem Stück als der Held vor, der kluge junge Mann, der von der schamlosen Manipulation eines anderen profitiert, ohne irgendwelche finanzielle Risiken einzugehen. Ich gestaltete dieses Thema in Form einer Geschichte, die von der Verwandlung einiger kleiner Konzerne aus Pittsburgh in eine große, auf dem ganzen Kontinent aktive Ölgesellschaft handelte. Ich nannte das Stück „Zornige Flut", nach der Stelle aus „Julius Caesar", wo es heißt:

Wagst, Cassius, du's nun
Einzutauchen mit mir in diese zorn'ge Flut?

Das Stück wurde niemals irgendwo herausgebracht und ich weiß nicht, wo das Manuskript jetzt ist. Fraglos verdient es, vergessen zu werden.

Ich kam sehr gut über die gefährliche Zeit zwischen 1919 und 1921 hinweg. Ich hatte viel aus meinem erschütternden Erlebnis mit dem Tassin-Konto 1917 gelernt und ließ mich von der zornigen Flut nicht mitreißen. Meine Transaktionen betrafen fast alle Arbitragen und Sicherungsgeschäfte, brachten einen begrenzten, aber zufriedenstellenden Gewinn ein und schützten mich vor ernsthaften Verlusten. Typisch war folgendes Geschäft: Ein Lieblingsobjekt der Spekulanten jener Zeit war Consolidated Textile, ein noch junger Zusammenschluss ziemlich zweitklassiger Baumwollwebereien. Ich hatte einige ihrer siebenprozentigen Wandelanleihen gekauft, die ich für hinreichend sicher hielt, und als die Aktien später stiegen, verkaufte ich die entsprechende Menge Aktien zu einem Preis, der mir einen guten Gewinn sicherte – was auch immer später geschehen würde. Dan Loeb war ein enthusiastischer Haussespekulant in diesen Aktien und hatte viele Tausende davon in seinen Kundenkonten. Ich weiß noch, wie ich ihm vorschlug, die Aktien durch die siebenprozentigen Anleihen zu ersetzen, wodurch er so ziemlich dieselbe Aussicht auf Gewinn haben würde, aber ein viel geringeres Verlustrisiko einginge und eine bessere Rendite erzielen könne. Hierauf entgegnete Dan, seine Kunden wollten sich nicht mit Wandelanleihen belasten, sie wollten ihre Aktien an der Kurstafel sehen und es sei überdies nicht nötig, einen zusätzlichen Punkt für die höhere Sicherheit der Bonds zu opfern, da ein weiterer bedeutender Anstieg des Aktienkurses absolut sicher sei. Nach einem Jahr war die Aktie von 70 auf 20 gefallen, während die siebenprozentigen Anleihen refinanziert worden waren und ein Agio über dem Nennwert brachten.

Ich sage ohne falsche Bescheidenheit, dass ich ein schlaues Kerlchen in meinem Spezialgebiet geworden war. Ich schaffte es dennoch, in anderen Bereichen an der Wall Street Dummheiten zu begehen. Als ich eines Tages mit Barnard Powers über einen Artikel für The Magazine of Wall Street sprach, erzählte er mir, er wolle sich bald zur Ruhe setzen, da er einen hohen Spekulationsgewinn mit einer Aktie namens Ertel Oil gemacht habe. Ein enger Freund hatte ihn von Anfang an mit ins Boot genommen. Er war bei der ersten Gruppe gewesen, die die Aktien zu $ 3 gekauft hatten. Wenige Tage später wurden sie am Curb Market mit $ 10 gehandelt. Der Leiter des Konsortiums hatte die Aktien aller Teilnehmer für diesen Betrag verkauft, und Powers hatte gerade einen dicken Scheck über seinen Gewinnanteil erhalten. Ich war übermäßig beeindruckt von dieser Geschichte und habe vielleicht etwas neidisch geklungen. Powers bot mir freundlicherweise an, mich beim nächsten

Geschäft dieser Art mit ins Boot zu nehmen, wenn noch Anlagemöglichkeiten offen sein sollten.

Es tauchte auch wirklich bald danach ein weiteres vielversprechendes Geschäft auf, und ich konnte mich in begrenztem Rahmen beteiligen. Ein neues Unternehmen war gegründet worden, das den Namen Savold Tires führte und über ein patentiertes Verfahren zur Runderneuerung von Autoreifen verfügte. Runderneuern war damals ein neuer Gedanke und vor allem deshalb attraktiv, weil Reifen relativ teuer waren. Der Zeichnungskurs der Aktien betrug $ 10, und es wurde ein sehr viel höherer Eröffnungskurs am New York Curb erwartet. Ich investierte, glaube ich, $ 5000. Alles klappte wie am Schnürchen. Einige Tage später wurden die Aktien erstmals gehandelt und begannen wie durch Zauberei bei 35, in einer Atmosphäre gespannter Aufmerksamkeit. Bevor die Woche um war, hatte ich einen Scheck über ungefähr $ 15000 in der Hand, erzielt mit einer Investition von $ 5000.

Trotz einer angeboren Neigung zum Konservativen und meines gesunden Menschenverstands, der mir sagte, dass solche Transaktionen grundfalsch waren, packte mich die Habgier. Ich suchte eifrig weitere Geschäfte dieser Art, und mit mir einige Freunde, denen ich die frohe Kunde mitgeteilt hatte. Savold Tire stiegen weiter. Am Columbus Circle wurde schon bald eine große Leuchtreklame angebracht. Zunächst leuchtete „SAVE" auf, dann „OLD", und dann verbanden sich beide Worte schnell zu „SAVOLD". Bald hörte ich gute Neuigkeiten. Die Muttergesellschaft hatte beschlossen, Lizenzen an Tochterunternehmen in verschiedenen Staaten zu vergeben, und die Aktien dieser Tochtergesellschaften würden auch gehandelt werden. Barnard Powers versprach, mein Geld zusammen mit seinem zu investieren.

Die Entwicklung verlief rasant. Vier Wochen, nachdem die Aktien der Muttergesellschaft aufgetaucht waren, wurde ein zweites Unternehmen gegründet – New York Savold Tire – und wir investierten ungefähr $ 20000 in das Syndikat. Der Zeichnungskurs lag bei $ 15 oder $ 20 pro Aktie. Die Aktie begann am Curb für 50, und stieg nach einem Verkauf von 96000 Aktien sofort auf 60. Das war um den 10. Mai 1919. Ich feierte meinen 25. Geburtstag in einer Woge der Erregung. Umgehend bekam ich einen dicken Scheck über unsere Beteiligung zuzüglich ungefähr 150 Prozent Profit. Eine Abrechnung war nicht dabei, und wir hätten auch nicht im Traum danach gefragt. Als ich jedem meiner Freunde seinen Anteil nannte, sagten alle, ich solle ihr Geld behalten und es in das nächste Geschäft investieren. Schließlich bestand die Union aus achtundvierzig Staaten, oder?

Auf uns wartete eine Enttäuschung. Eine dritte Gesellschaft – Ohio Savold – wurde im Juni gegründet, aber es war eine relativ kleine Sache, bei der für uns kein Platz war, wie uns gesagt wurde. Ohio Savold begann am Curb für 28 und stieg im nächsten Monat auf 34, brannte aber nicht das Feuerwerk ab wie die beiden ersten Gesellschaften. Nichtsdestoweniger waren wir besorgt. War diese wunderbare Sache für uns vorbei? Powers beruhigte uns. Eine sehr große Sache werde vorbereitet, und wir würden in jedem Fall dabei sein. Aber diese neue Gesellschaft – Pennsylvania Savold – war die letzte in der Reihe. Sie würde die Produktionsrechte für das gesamte Land bekommen, mit Ausnahme von New York und Ohio. Die Unternehmensleitung hatte beschlossen, dass mehr als vier Savold-Unternehmen schwer handhabbar und verwirrend sein würden. Weder verstanden noch billigten wir diese Zurückhaltung, aber wir wollten bei dieser letzten großartigen Gelegenheit unsere Scheuer bis unters Dach füllen. Als unser Kapital eingezahlt werden sollte, schickte ich über $ 60000 hinüber, von denen drei wohlhabende junge Brüder namens Hyman die Hälfte bestritten hatten. Maxwell Hyman war ein alter Schulkamerad, Freund und Kunde. Als wir noch Junggesellen waren, hatten wir einmal ein Doppel-Turnier im Tennis gewonnen, bei einer Wochenendparty im großen Sommerhaus der vier Jacobs-Schwestern.

Im August 1919 litt die Welt unter einer Fülle von Problemen, die sich aus dem Zusammenbruch Deutschlands ergaben. Aber an der Wall Street setzte der Markt seinen Höhenflug fort, vor allem bei spekulativen Aktien schlechtester Güte. Die Aktie der Savold-Muttergesellschaft erwies sich als lebhaft und stark, zu Monatsanfang stieg sie auf 77 ¾, fiel aber in derselben Woche wieder auf 53 zurück. Wir warteten ungeduldig auf das spektakuläre Debüt der Pennsylvania Savold und leckten uns die Lippen voller Vorfreude auf den bevorstehenden Gewinn.

Der besagte Tag kam, aber die Aktie wurde nicht gehandelt. Es kam zu einer „kleinen Verzögerung", die weder damals noch später erklärt wurde. Auf einmal standen alle Savold-Emissionen sehr schlecht; wir fragten uns, was geschehen war. Es wurde September, und das Papier wurde immer noch nicht gehandelt. Plötzlich brach der Markt für Savolds völlig ein. Die Aktie der Mutterfirma fiel auf 12 ½! Noch ein paar Käufe und Verkäufe, dann kam der Gnadenstoß: „Keine Gebote mehr für die Savold-Emissionen!" Nach dem 4. Oktober verschwanden alle drei Gesellschaften von der Bildfläche – als ob sie nie existiert hätten!

Ich hatte manche Besprechung mit Barnard Powers, der fast sein ganzes Geld und das seiner Freunde in Savold investiert hatte. Er sagte mir, der ursprüngliche Firmengründer all dieser Unternehmen habe unser Geld für andere Zwecke umgeleitet. Wir könnten ihn ins Gefängnis bringen, was uns aber nichts nutzen würde. Powers und ich riefen ein Komitee ins Leben, das die Opfer dieser Transaktionen repräsentieren sollte, und wir suchten den Savold-Gründer in seinem Büro in der Nähe des Curb Market auf. Ich erinnere mich noch an das schöne blaue Hemd und die teuren Manschettenknöpfe, die er bei unserem Treffen trug. Powers übernahm das Reden, mit einer Ausnahme. Das war, als der Savold-Gründer mich fragte, ob ich gerne eine besonders niedrige Nummer für mein Auto hätte. Die könne er mir besorgen, da er ein enger Freund des New Yorker Staatssekretärs Hugo sei. Ich lehnte kühl ab.

Das Ende der ganzen Sache war, dass wir ungefähr 10 Prozent unserer Investitionen in bar oder in Gestalt von Anteilen an Gesellschaften bekamen, die er gegründet hatte. Auf die eine oder andere Weise gelang es uns, einige davon zu verkaufen, und schließlich bekamen alle Beteiligten ungefähr ein Drittel ihrer Investition zurück.

Was geschah mit den Savold-Unternehmen? Ich habe es nie wirklich erfahren. Wahrscheinlich gingen sie bankrott – wenn es sie je wirklich gegeben hat. Man findet keine Spur von ihnen in den Finanzhandbüchern des nächsten Jahres. Alles was wir – die sogenannten Insider – jemals über diese Unternehmen wussten, war, in welchem Geschäftszweig sie vermutlich tätig waren und wie viele Aktien angeblich zur Verfügung standen. Diese Informationen konnte man einem dürftigen Prospekt unbekannter Herkunft entnehmen. Und doch hatten wir uns, leichtgläubig wie wir waren, äußerst privilegiert gefühlt, an dieser manipulierten Sache teilnehmen zu dürfen, und uns auf die Gier und die noch größere Dummheit der Öffentlichkeit verlassen, auf die Spekulanten, deren Geld unseren Gewinn sichern sollte. In den sechs Monaten zwischen April und September 1919 wechselten am Curb Tausende von Aktien dieser drei Unternehmen den Besitzer, bezahlt von Menschen mit Millionen echter Dollars. Das einzig Echte an Savold Tire war offenbar die Leuchtreklame am Columbus Circle. Meines Wissens hat sich auch niemand beim Staatsanwalt über den schamlosen Diebstahl von Geldern beschwert, dessen sich der Gründer von Savold schuldig gemacht hatte.

Offensichtlich gibt es große Unterschiede zwischen der Wall Street von 1919 und von heute. Damals spiegelte die Wall Street das breiteste ethische Spektrum wider, das man sich nur vorstellen kann. Untereinander verhielten sich die Börsenmitglieder und die Maklerhäuser einwandfrei. Auch bei der Ausführung von Kundenaufträgen und bei der treuhänderischen Verwaltung von Bargeld und Eigentum waren sie in hohem Maße vertrauenswürdig. Aber was das gemeine Volk anging, da hießen die meisten von ihnen Manipulation gut und viele beteiligten sich daran. Sie ermutigten Kunden zu Spekulationen, obwohl sie wussten, dass fast alle von ihnen am Ende hohe Verluste erleiden würden. Sie taten praktisch nichts, um die Öffentlichkeit vor grobem Missbrauch wie im Fall des Savold-Schwindels zu bewahren.

Nicht nur viele Maklerhäuser an der Wall Street, auch die New Yorker Börse selbst machte sich solch zweifelhafter Praktiken schuldig. Sie ließ es zu, dass die betrügerischen Makler, die sogenannten „bucket shops", ihre Geschäfte machten und denjenigen Menschen den größten Verlust zufügten, die ihn am wenigsten tragen konnten. Diese Makler hielten eine offene Position entsprechend der Käufe ihrer Kunden und steckten das von ihren Kunden eingezahlte Kapital einfach in die eigene Tasche. Um dem Gesetz Genüge zu tun, mussten sie aber tatsächliche Käufe und Verkäufe nachweisen, und diese Geschäfte wurden für die „bucket shops" von Maklerhäusern getätigt, die mit hohen Kommissionszahlungen geködert wurden. Es ist unmöglich, dass diese Maklerhäuser über das Wesen und die Ergebnisse der von ihnen abgewickelten Geschäfte im Unklaren waren. Auch die New Yorker Börse muss die Tricks der Betrüger gekannt und über die Rolle, die einige ihrer Mitglieder dabei spielten, Bescheid gewusst haben.

Unsere Firma wusste über die Geschäfte der „bucket shops" genau Bescheid, und wir weigerten uns mehrfach, lukrative Aufträge für sie abzuwickeln. Aber über diese Weigerung hinaus, das muss ich zugeben, fühlten wir uns nicht, etwa aus irgendeiner staatsbürgerlichen oder beruflichen Verantwortung heraus, zu weiteren Schritten verpflichtet. Wie die anderen Makler auch waren wir Geschäftsleute, keine Reformer.

10. Kapitel

Der große Haussemarkt der zwanziger Jahre:
Ich werde fast zum Millionär

In meiner Schulzeit hatte ich ein Dutzend verschiedener Teilzeitjobs in ebenso vielen Sparten. Während meiner Karriere an der Wall Street hatte ich nur zwei Jobs: Ich war Angestellter und später Juniorpartner eines Maklerhauses, und ich leitete später mein eigenes Unternehmen. Bevor ich mich selbstständig machte, war ich ernsthaft versucht, das Maklergeschäft zu verlassen und Wirtschaftsjournalist bei „The Magazine of Wall Street" zu werden. Ich hatte immer schon gerne geschrieben, und dies schien eine Möglichkeit zu sein, „Literatur" und Finanzwelt zu kombinieren. Aber als ich meine Überlegungen meinen Partnern bei N. H. & L. mitteilte, schafften sie es, mir diesen Wechsel auszureden.

Nach der Geburt meiner ältesten Tochter Marjorie Evelyn im Jahr 1920 beschlossen wir, es sei Zeit, es einmal mit dem Vorstadtleben zu versuchen. Wir zogen in die obere Etage eines zweigeschossigen Hauses in Mt. Vernon. Nur einen halben Häuserblock entfernt lag der Mt. Vernon Country Club, wo ich bald Mitglied der Tennisabteilung wurde. Wir freundeten uns dort rasch mit verschiedenen Leuten an und gehörten schließlich zu einer ziemlich exklusiven Clique von jüdischen Bürgern Mt. Vernons, mit denen wir bald Tag und Nacht zusammen waren. Zu dieser Gruppe gehörten auch Aaron und Gertrude Horvitz. Aaron war ein Klassenkamerad von Fred Greenman in Harvard gewesen, hatte Jura studiert, aber nie als Rechtsanwalt praktiziert. Er wurde vielmehr zur rechten Hand eines anderen Klassenkameraden, Lou Harris, der mit seinem Bruder zusammen die äußerst erfolgreiche Harris Raincoat Company leitete.

Horvitz bekam eine Menge von meinen Vorstellungen und Arbeitsmethoden in Bezug auf finanzielle Operationen mit. Die Harris-Brüder machten mir einen Vorschlag von großer Tragweite: Ich sollte mein Engagement bei N. H. & L. aufgeben und gegen Gehalt und Gewinnbetei-

ligung ein bedeutendes Konto für sie verwalten. Sie wollten eine Vier-
telmillion Dollar aufbringen und versprachen, weitere Beträge in unbe-
grenzter Höhe verfügbar zu machen, wenn Qualität und Erfolg meiner
Arbeit dies rechtfertigten. Ich konnte meine sonstigen Konten als Teil
des Gründungskapitals einbringen. Ich sollte ein Gehalt von $ 10 000 im
Jahr bekommen, sechs Prozent auf das eingebrachte Kapital und ein
Fünftel der darüber hinaus erzielten kumulierten Gewinne. Wir einigten
uns auf diese Regelung im Frühjahr 1923.

Ich sah einige Schwierigkeiten voraus bei dem Versuch, meine Firma
davon zu überzeugen, mich gehen zu lassen. Das Glück war jedoch auf
meiner Seite. Die Börse hatte ihre Vorschriften in Bezug auf die Höhe
der Kapitaldeckung verschärft, die ein Börsenmitglied bei Effektendif-
ferenzgeschäften eines Kunden garantieren musste. Diese Geschäfte
griffen so schnell um sich, dass N. H. & L. kein Kapital für die Arbitra-
ge-Transaktionen verfügbar machen konnten, die ich mit so viel Erfolg
durchführte. Sie hatten daher widerstrebend einige gute Vorschläge von
mir ablehnen müssen. Gleichzeitig konnten sie nicht umhin zuzugeben,
dass meine besonderen Talente im Arbitrage-Geschäft lagen und daß es
unfair war, mich in einem Unternehmen zu halten, wo meine Aktivitäten auf diesem Gebiet an enge Grenzen stießen. Ohne Zweifel rechneten
sie auch damit, ein lukratives Konto führen zu können und auch von den
meisten Geschäften meiner Kunden zu profitieren, ohne die übliche Ge-
bühr an den Kundenberater zahlen zu müssen. So entließen sie mich aus
meinen – vor allem moralischen – Verpflichtungen bereitwilliger als erwartet. Wir kamen überein, dass ich fast alle meine Geschäfte über N.
H. & L. abwickeln würde. Dafür sollte ich ein Büro mietfrei nutzen
können und mir sollten ein eigener Fernschreiber und verschiedene andere Dienstleistungen zur Verfügung stehen. All diese Vergünstigungen
waren damals erlaubt, erst später zogen die Regeln der New Yorker
Börse hier enge Grenzen.

Die neue Gesellschaft wurde unter dem Namen Graham Corporation
gegründet. Um einen Teil unserer Körperschaftssteuer zu sparen, emit-
tierten wir Gewinnobligationen auf das gesamte Kapital und einige
Stammaktien für Stimmrechts- und andere Zwecke. Die alte Ordnung
endete und die neue begann am 1. Juli 1923, genau neun Jahre, nachdem ich bei N. H. & L. für $ 12 in der Woche begonnen hatte. Ich be-

dauerte den Wechsel nicht. Schon lange hatte ich das Gefühl gehabt, ich gehöre nicht ins Maklergeschäft. Im Grunde stieß es mich ab, denn ich glaubte zumindest damals, dass es nur gedeihen könne, wenn seine Klienten Verluste erlitten.

Vor nicht allzu vielen Jahren las ich den ersten Band der Memoiren von Bernard M. Baruch, den ich 1927 treffen sollte. Baruch erzählte von dem großen finanziellen Erfolg, der ihn zum Millionär gemacht hatte, und berichtet dann über eine Zeit der Selbstprüfung. Was sollte er jetzt, nachdem er berühmt und vermögend geworden war, mit seinem Leben anfangen? Nach einigem Hin und Her, das sich über mehrere Abschnitte erstreckte, verkündete er eine schwerwiegende Entscheidung: Er wollte das Maklergeschäft aufgeben, keine Verantwortung mehr übernehmen und isoliert von der Öffentlichkeit nur auf eigene Rechnung am Aktienmarkt tätig sein. Ich weiß noch, dass ich etwas geringschätzig lächelte, als ich diese lahme, egoistische Schlussfolgerung las. Wie ehrlos für einen hochbegabten und ungeheuer vermögenden jungen Mann, dachte ich, sich völlig dem Ziel zu verschreiben, sich selbst noch mehr zu bereichern. Und das dann auch noch in seinen Memoiren zu veröffentlichen, ohne die geringste Spur von Bedauern oder Selbstkritik!

Aber war meine Entscheidung denn ehrenhafter als Baruchs? Ich verließ das Maklergeschäft ja auch, ein Bereich, in dem ich der Öffentlichkeit wenigstens beratend zur Seite stehen konnte, und wollte mich ausschließlich aufs Geldverdienen beschränken. Aber nach dem Maßstab der Wall Street war ich weit davon entfernt, ein reicher Mann zu sein. Und ich hatte für Freunde und Verwandte, die Geld brauchten, gute Gewinne erzielt. Schließlich überredete ich die von dieser Idee wenig begeisterte Harris-Gruppe, mir weiterhin die Führung der Konten meiner alten Klienten als Teil meines Beitrags zum Gründungskapital zu gestatten.

Die Graham Corporation war zweieinhalb Jahre aktiv, bis zu ihrer Auflösung Ende 1925. Sie war ein erfolgreiches Unternehmen und schüttete eine hohe Rendite aus. Ich beschränkte die Investitionen auf meine Standardoperationen Arbitrage und Sicherungsgeschäfte und den Kauf von Wertpapieren, die im Vergleich zu ihrem Wert sehr preiswert zu haben waren. Als Erstes kaufte ich Aktien von Du Pont und machte dagegen ein Leergeschäft mit der siebenfachen Menge von General Motors-Aktien. Du Pont-Stämme wurden damals zum Wert des Du Pont-Anteils an General Motors gehandelt, sodass der Markt also dem gesamten Chemiegeschäft und dem entsprechenden Anlagevermögen überhaupt keinen Wert beimaß. Du Pont war damit im Vergleich zum Marktpreis von General Motors massiv unterbewertet. Nach einiger Zeit ergab sich eine deutliche Marge zu unseren Gunsten, und ich beendete das Geschäft mit dem erwarteten Profit.

Ein anderes Geschäft endete mit einem deutlichen Verlust und komischen Untertönen. Ich schmeichelte mir inzwischen, sowohl deutlich über- als auch unterbewertete Aktien identifizieren zu können. Ich arbeitete jeweils mit beiden, wobei ich billige Aktien kaufte und dagegen teure leerverkaufte. Für überbewertet hielt ich zum Beispiel die Shattuck Corporation, der die Restaurantkette Schrafft's gehörte. Das Unternehmen lief gut, aber seine Aktien waren von Spekulanten auf meiner Ansicht nach lächerliche Kurse hochgetrieben worden. Also kaufte ich eine der zahlreichen unterbewerteten Emissionen, die ich immer wieder fand, und machte ein Leergeschäft mit einigen hundert Shattuck-Aktien dagegen.

Von Anfang an trafen wir uns auf meine Anregung hin einmal wöchentlich zum Essen, um meine Unternehmungen zu besprechen. Zufällig fanden diese Treffen in einem der Schrafft's Restaurants statt, das ein Lieblingsrestaurant von Lou Harris war. Als wir die Shattuck-Aktien leerverkauften, waren wir alle der Meinung, wir sollten unseren Gegner nicht auch noch unterstützen, und gingen woanders essen. Die Zeit verging und die Shattuck-Aktien stiegen. Es ist überhaupt ein unangenehmes Charakteristikum solcher beliebten und daher überbewerteten Aktien, dass sie manchmal noch beliebter und noch mehr überbewertet werden, bevor sie auf einen normalen und adäquaten Preis fallen. Als der Preis von unseren 70 auf bedenkliche 100 gestiegen war, hielten wir Kriegsrat ab und entschieden, es sei töricht, den Sturm auf das Rathaus weiter fortzusetzen. Schließlich konnte nicht jedes Geschäft gut gehen; insgesamt hatten wir ordentlich gepunktet, und ab und zu musste man auch einmal verlieren können und so weiter und so fort. Wir beendeten das Geschäft mit einem Verlust von mehreren tausend Dollar. Lou Harris kommentierte die Sache so: „Eine gute Seite an diesem Verlust ist, dass ich wieder bei Schrafft's essen gehen kann." Endlich hatten wir etwas zu lachen. Diese Verabredungen zum Essen trugen aber schließlich zur Beendigung unserer geschäftlichen Beziehungen bei. Lou Harris kam immer mit Ideen, Empfehlungen und irgendwelchen Tips, die er in verschiedenen Maklerhäusern aufgesammelt hatte, die aber selten in unser sorgfältig ausgearbeitetes Operationsschema passten. Waren sie nicht erfolgreich, vergaß er sie sofort und erwähnte sie nie wieder; aber an die, die profitabel gewesen wären, erinnerte er sich nur zu gut und brachte sie beim nächsten Essen wieder zur Sprache. Dieses Nachkarten hatte ich nach einiger Zeit satt. Es ist schwierig, lange mit jemandem zusammenzuarbeiten, der in allen Dingen seinen Rat erteilen darf, dafür aber nie Verantwortung übernehmen muss.

1925 hatte die große Hausse der zwanziger Jahre schon begonnen und mehr und mehr Menschen tauchten auf dem Markt auf. In dieser Zeit arbeiteten die meisten Kundenberater mit unbeschränkten Kontovollmachten, die ihnen Käufe und Verkäufe nach eigenem Gutdünken ohne besondere Ermächtigung oder Auftragserteilung erlaubten. Viele dieser Konten wurden auf einer fifty-fifty-Basis geführt, wobei die Gewinne zu gleichen Teilen zwischen dem Kunden und seinem Kundenberater geteilt wurden. An einem Nettoverlust war der Kundenberater nicht beteiligt. Viele meiner Freunde an der Wall Street sagten mir, es sei töricht, für einen Gewinnanteil von nur 20 Prozent zu arbeiten. Sie wären in der Lage, mir soviel Geld zu bringen, wie ich verkraften könne, mit einer Gewinnspanne von 50 Prozent, wovon ich natürlich einen Teil an sie abtreten müsse.

Ich begann, mich von den Harris ausgenutzt zu fühlen. Mit einunddreißig glaubte ich alles zu wissen, zumindest alles, um mit Aktien und Anleihen Geld zu verdienen; ich glaubte, den Wall Street-Tiger am Schwanz zu haben, einer Zukunft entgegenzusehen, die so unbegrenzt war wie mein Ehrgeiz, und auserwählt zu sein für Wohlstand und Reichtum und alle damit verbundenen materiellen Vergnügungen. Ich dachte an eine große Jacht, eine Villa in Newport, Rennpferde und vielleicht sogar Mätressen, obwohl ich, glaube ich, noch zu naiv war, um das auch auf meine Liste zu setzen. Ich war auch noch zu jung um zu erkennen, dass ich an einem schweren Fall von Hybris litt.

Gegen Mitte des Jahres 1925 schlug ich Lou Harris ein neues Arrangement vor. Ich wollte auf mein festes Jahresgehalt verzichten und verlangte zusätzlich zu den 6 Prozent auf das eingebrachte Kapital 20 Prozent der ersten 20 Prozent der Gewinne, 30 Prozent der nächsten 30 Gewinnprozente und 50 Prozent der darüber hinaus gehenden letzten Hälfte des Gewinns. Das schien mir ein ordentliches Übereinkommen zu sein. Aber Lou Harris war entsetzt von der Vorstellung, dass ich die Hälfte irgendeines Gewinnanteils beanspruchen wollte, auch wenn das Kapital schon 50 Prozent Gewinn abgeworfen hatte. Wir beschlossen schnell, unsere Zusammenarbeit zu beenden, und die Gesellschaft zum Jahresende aufzulösen. Hätten die Harris versucht, zu einem Kompromiss zu kommen, hätte ich sicher zugestimmt, denn ich war bei irgendwelchen Forderungen nie dickköpfig. Später erfuhr ich aber, dass sie bereits beschlossen hatten, sich von mir zu trennen, obwohl ich so gut für sie gearbeitet hatte. Der Grund dafür? Nach zwei Jahren enger Zusammenarbeit, in denen sie die Vor- und Nachteile jedes Kaufs und Verkaufs ausführlich erklärt bekommen hatten, meinten sie, sie hätten jetzt Wissen und Erfahrung genug, um es auf eigene Faust zu versuchen. Warum sollten sie mir einen Gewinnanteil von 20 Prozent oder mehr zahlen, wenn sie selbst sogar noch erfolgreicher sein konnten? Also traf ich meine Vorbereitungen für 1926, und sie trafen die ihren. Da beide Seiten mit dem Wechsel ziemlich zufrieden waren, schieden wir als gute Freunde.

Bevor ich die Episode mit der Graham Corporation beende, muss ich ein angegliedertes Konto mit der Bezeichnung „Cohen & Graham" erwähnen. Der Cohen in dieser Partnerschaft war ein dünner, kurzsichtiger Rechtsanwalt von ungefähr 35 Jahren, auch ein Klassenkamerad und enger Freund von Harris und Horvitz. Er war eher ein Gelehrter als ein praktizierender Rechtsanwalt. Cohen verfügte über einiges Kapital, ich glaube $ 100 000, und Lou Harris war so freundlich, für ihn ein ähnliches Arrangement zu treffen wie die Graham Corporation, aber getrennt von dieser. Auch dieses Geschäft war erfolgreich, wurde jedoch Ende 1925 beendet. Warum erwähne ich dieses unwesentliche Detail? Der Cohen von Cohen & Graham war kein anderer als Benjamin V. Cohen, der später mit Tommy Corcoran in dem berühmten Team Corcoran und Cohen zusammenarbeiten sollte. Corcoran und Cohen arbeiteten einen großen Teil der Gesetze des New Deal aus und unterstützten Präsident Roosevelts dabei, Gesetze durch einen manchmal störrischen Kongress zu bringen.

Viel später, im Jahr 1934, schickte Ben Cohen mir einen Entwurf des vorgesehenen Börsengesetzes – das zweite in einer Reihe von Gesetzen, die die Securities and Exchange Commission (SEC) ins Leben riefen und viele Praktiken in der Finanzwelt von Grund auf umkrempelten. Ich hatte nur hinsichtlich einer Klausel Bedenken, die verlangte, dass den den Aktionären zugeschickten Stimmrechtsvollmachten für die Jahreshauptversammlung neben anderen Informationen auch eine Liste derjenigen beigelegt werden sollte, die die Vollmachten erhielten. Dieser harmlos klingende Satz bedeutete, dass eine Gesellschaft wie AT & T ihr gesamtes Aktionärsverzeichnis mit mehreren hundert Namen hätte beifügen müssen. Ben Cohen dankte mir für meinen Hinweis auf diesen Fehler und strich die Passage aus der Vorlage, die bald darauf Gesetz wurde.

Am 1. Januar 1926 brachte ich meine Dienste und mein Kapital in das „Benjamin Graham Konsortium" ein. Den Großteil des Kapitals steuerten alte Freunde wie Fred Greenman, Bob Marony und die Hymans ein. Das finanzielle Arrangement war genau das, was ich der Harris-Gruppe vorgeschlagen hatte – kein Gehalt, sondern eine gleitende Skala der Gewinnbeteiligung bis zu 50 Prozent. Bei meinem unerhörten Selbstvertrauen wäre mir nie eingefallen, dass ich sechs Jahre später darum würde bitten müssen, mir in schwierigen Zeiten ein festes Gehalt zu zahlen und damit eine Regelung aus der alten Graham Corporation wieder in Kraft zu setzen. Die Teilhaber des Konsortiums sollten vierteljährliche Zahlungen in Höhe von 5 Prozent auf das eingesetzte Kapital und die Gewinne erhalten.

Das Benjamin Graham Konsortium begann mit $ 400 000. Drei Jahre später machte unser Kapital ungefähr 2,5 Millionen aus, wobei der Zuwachs zum größten Teil aus Gewinnen resultierte. Ein Gutteil davon gehörte mir und ergab sich aus der Reinvestition meiner beträchtlichen Vergütung sowie aus dem Gewinn, den mein wachsendes Kapital abwarf. In jedem Jahr fanden sich neue Freunde, die Kapital im Konsortium anlegen wollten, dessen guter Ruf sich herumsprach. Es bereitete mir keine Mühe, neue Investitionen zu akquirieren, vielmehr weigerte ich mich, Geld von Leuten zu nehmen, die ich nicht persönlich kannte. Aber die Zahl meiner Bekanntschaften wuchs ständig.

Zu den Gründern des Konsortiums zählte auch Douglas Newman, ein Klassenkamerad aus der Boys High School und vom Columbia College und ein erfolgreicher Anwalt. Vor einigen Jahren hatte er mich mit seinem jüngeren Bruder Jerome bekannt gemacht, der uns im Abstand von drei Jahren auf derselben High School gefolgt war und dann das Columbia College und die Juristische Fakultät absolviert hatte. Er hatte die Tochter eines vermögenden Textilfabrikanten namens Reiss geheiratet. Statt eine juristische Karriere zu beginnen, war er in das Unternehmen seines Schwiegervaters eingetreten und bald zum zweiten Mann aufgestiegen. Ich hatte ein paar Investitionen für Reiss abgewickelt und auch, in bescheidenerem Maßstab, für Jerry Newman.

Gegen Ende des Jahres 1926 suchte Jerry mich auf. Er sagte, er wolle das Unternehmen von Reiss verlassen und bei mir einsteigen. Offenbar war Reiss nicht der einfachste Chef. Jerry wollte ohne Gehalt bei mir arbeiten, bis er seinen Wert bewiesen hatte. Er beabsichtigte auch ein beträchtliches Kapital zu investieren, das die Früchte seiner Arbeit in der Baumwollbranche darstellte. Die Idee gefiel mir, aber ich bestand darauf, dass er ein bescheidenes Anfangsgehalt von $ 5 000 im Jahr akzeptierte. Dies war der Beginn einer Zusammenarbeit, die für den Rest meines Berufslebens andauerte und erst mit meinem Ausscheiden aus dem Erwerbsleben, meiner Übersiedlung nach Kalifornien und der Auflösung der beiden Nachfolgeunternehmen des Benjamin Graham Konsortiums, der Graham-Newman Corporation und Newman & Graham, endete.

Beinahe von Anfang an erwies sich Jerry Newman für mich als von unschätzbarem Wert. Er verfügte über eine schnelle Auffassungsgabe und ein hervorragendes Verständnis für die praktische Seite des Geschäfts. Bei den Details einer kommerziellen Transaktion war er viel besser als ich. Er war tüchtig und erfolgreich bei Verhandlungen und völlig ehrlich und verlässlich – Qualitäten, die für einen dauernden Erfolg an der Wall Street unerlässlich sind. Er war aber kein Theoretiker oder besonders findig in Finanzdingen. Ich kann für mich beanspruchen, unsere gesamte Strategie und die meisten Einzeltransaktionen selbst konzipiert zu haben. Newman hatte auch einige negative Eigenschaften, darunter vor allem sein Mangel an Liebenswürdigkeit. Er war ein harter Zuchtmeister, wie sein Schwiegervater, mit dem er sich nicht vertrug, der ungeduldig auf die Befolgung seiner Anweisungen pochte, kritisch bei geringfügigen Fehlern war und bei Geschäften etwas zu hart. Aber bei wichtigen Fällen war er auch intelligent genug um zu erkennen, dass sein Gegenüber anständig behandelt werden musste.

Insgesamt war Jerry Newman keineswegs beliebt, noch nicht einmal bei seinen vielen Freunden. Er hatte zahlreiche Auseinandersetzungen mit Bekannten, fast immer wegen geschäftlicher Dinge. Er legte eine beträchtliche Erbitterung seinen Opponenten gegenüber an den Tag, aber überraschenderweise vertrug er sich mit fast jedem von ihnen wieder. Fast alle haben mich gefragt, wie ich es fertigbrachte, so viele Jahre hindurch mit Jerry Newman klarzukommen. Aber in dieser ganzen Zeit hatten wir so gut wie keine Meinungsverschiedenheit oder Auseinandersetzungen. Ich erinnere mich nur an eine, gegen Ende unserer Partnerschaft: Jerry bildete sich ein, dass ich unfairerweise den ganzen Ruhm für unseren geschäftlichen Erfolg erntete. Er befand sich da in einem Irrtum in Bezug auf gewisse Aussagen im „Fortune Magazine".

Nach zwei Jahren wurde Newman ein gleichberechtigter Partner in der Unternehmensleitung und blieb dies auch bis zum Schluss. Wir hatten viele Einkünfte aufzuteilen: Gehälter, Gebühren für geleistete Dienste, Gewinne aus gemeinsamen Geschäften und so weiter. Wir folgten einer in einem wechselseitigen Schreiben niedergelegten Übereinkunft, alle derartigen externen oder zusätzlichen Einkünfte zu gleichen Teilen aufzuteilen. Nach einigen Jahren jedoch wurden Jerrys Geschäfte deutlich wichtiger als meine Nebenaktivitäten, die hauptsächlich in einer Gutachtertätigkeit als Experte in Bewertungsfragen bestanden. Wir fanden es dann beide angemessen, den Anteil eines jeden von uns an den externen Einkünften des anderen auf 25 Prozent zu reduzieren.

Wieder war es eine gewisse charakterliche Verschlossenheit, einer meiner Hauptfehler, die Jerry und mich nicht enge Freundschaft schließen ließ. Wir standen immer auf gutem Fuß, aber privat trafen wir uns selten. Seine Frau Estelle behandelte mich immer mit Zuneigung. Ich verbrachte einige Tage in ihrem Landhaus an der Grenze von New York zu Connecticut, aber ich erinnere mich nicht, dass sie jemals bei uns gewesen wären. Wir waren auch nie gemeinsam auf Reisen. Wir sprachen

nur wenig miteinander über unser Privatleben, auch nicht über Liebesaffären, ein Thema, das oft zu einem Vertrauensverhältnis zwischen
Freunden führt, die sich weitaus weniger nahe stehen als wir das taten.

Nach außen hin war Jerrys Erfolg im Leben viel kontinuierlicher als
bei mir. Er war auch geschickter in der Handhabung seiner persönlichen
Finanzen, und er kam über die bitteren Probleme der Zeit nach 1929 ohne wirkliche Schwierigkeiten hinweg. Als wir unseren Weg nach oben
wieder fortsetzten, stand er finanziell besser da als ich. Wegen dieses
Vorteils war er schließlich in der Lage, ein viel größeres Vermögen an-
zuhäufen als ich. Aber das ist nicht wichtig; wichtig ist, dass er bei mehreren Gelegenheiten sehr großzügig zu mir war. Zum Glück für ihn und
vielleicht zu meinem Unglück hatte ich nie die Gelegenheit, ihm ebenso
zu helfen.

Estelle Newman hatte natürlich denselben Vornamen wie meine
Frau. Diese Namensgleichheit verursachte über die Jahre hinweg eine
Menge Spaß, aber weniger Verwechslungen als man erwarten würde, da
wir uns gesellschaftlich nicht besonders nahe standen.

Estelle Reiss war drei Jahre älter als Jerry Newman und nicht sonder-
lich attraktiv. Die Leute sagten natürlich, er habe sie des väterlichen
Reichtums wegen geheiratet. Aber Jerry war mit seinem Ehrgeiz der
letzte auf der Welt, der gerne von dem Erfolg eines anderen profitiert
hätte. Wie viele in ihrer Jugend als reizlos geltende Frauen wurde Estelle mit den Jahren immer hübscher. Sie schien nie älter zu werden und
behielt ihr schwarzes Haar und ihr lebhaftes Aussehen. Natürlich nutzte
sie alle Künste der Schönheitssalons, um der Natur unter die Arme zu
greifen. Sie war etwas distanziert, von einer Art, die Wohlmeinende ari-
stokratisch, Kritiker – von denen sie stets mehr als genug hatte – aber
snobistisch oder hochnäsig genannt hätten. Sie war jedoch eine voll-
kommene Gastgeberin und immer außergewöhnlich reizend denen gegenüber, die sie mochte. Estelle hatte viel vom Geschäftssinn und von
der Durchsetzungsfähigkeit ihres Vaters geerbt. Als ich Präsident der
damaligen „New Yorker Gilde für blinde Juden" wurde, gelang es mir,
sie für unsere Arbeit zu interessieren. Sie gründete die Frauenabteilung,
die mit der Durchführung verschiedener gesellschaftlicher Veranstaltungen beachtliche finanzielle Mittel zusammenbekam. Bald schon wurde
sie eine der treibenden Kräfte dieser zunehmend wichtigen philanthropi-

schen Arbeit. Sie und Jerry stellten die großen Beträge zur Verfügung, die zum Bau eines Krankenhauses auf dem Gelände unseres Blindenheims erforderlich waren. Das Krankenhaus trägt ihren Namen.

Wenn ich darüber nachdenke, wie sich das Leben entwickelt, bin ich immer wieder überrascht von der Bedeutung, die zufällige Ereignisse oder Umstände, vor allem geographische Faktoren haben. Leute werden enge Freunde, weil sie eng beieinander wohnen. Die meisten Liebesaffären sind Ergebnis von Nachbarschaft, für gewöhnlich gefördert von der Tatsache, dass gewissen dritte Parteien gerade nicht auf dem Plan waren, um dazwischenzufunken. Der wesentliche Grund dafür, dass die Grahams nie enge Freunde von Jerry und Estelle wurden, lag vielleicht darin, dass wir in unterschiedlichen Gegenden der Metropole New York lebten. Ungefähr 25 Jahre lang lebten die Newmans in einem großen Haus in Lawrence, Long Island, ein wohlüberlegtes Hochzeitsgeschenk des Brautvaters. Während all dieser Zeit lebte ich ziemlich weit weg, auf Manhattan Island. Als Jerry und Estelle schließlich ein Apartment an der Fifth Avenue kauften, waren wir nach Scarsdale gezogen und hatten unsere Freunde dort. Dann folgte unser Umzug nach Kalifornien.

Aber während die räumliche Distanz eine wirklich enge Beziehung zwischen den Newmans und den Grahams verhindert hat, sorgte räumliche Nähe für eine solche Beziehung zwischen ihnen und meinem Bruder Victor. Nach seiner Hochzeit mit der hübschen und lebhaften Sylvia Goodman im Jahr 1927 kaufte er ein schönes neues Haus in Lawrence. So wurden beide Nachbarn der Newmans, gemeinsame Mitglieder im Cedarhurst Golf Club und bald enge Freunde. Später wurde Victor durch seine beruflichen Rückschläge gezwungen, das Haus zu verkaufen und Lawrence zu verlassen.

Unser Personal bestand im Jahr 1927 nur aus einem Stenografen und einem Buchhalter. Letzteren hatte ich erstmals auf dem Tennisplatz von Hunt's Point in der Bronx vor über zehn Jahren getroffen. Wir wurden gute Freunde, vor allem wegen unserer Liebe zum Tennis, denn meine anderen Interessen teilte er nicht. Aber Tennis spielten wir Jahr um Jahr, die Spiele gingen immer knapp aus und die Siege waren fast ausgewogen.

Als ich mein erstes Tennisspiel gegen ihn bestritt, war ich ein mittelloser Junge von der Kelly Street. Sein Vater hatte ein gut gehendes

Schuhgeschäft, und sie lebten in einem der besten Apartments in Hunt's Point. Ein paar Jahre später starb plötzlich sein Vater, und der Wohlstand der Familie schmolz dahin, wie es bei uns nach dem Tod meines Vaters auch der Fall gewesen war. Unser Buchhalter hatte eine bescheidene Stellung bei Statler Hotels und war froh, für ein etwas höheres Gehalt zu uns zu kommen.

Außer in den Jahren zwischen 1929 und 1933 zahlten wir ihm zum Ende jedes Jahres eine Gratifikation, und in den meisten Jahren hoben wir auch sein Gehalt an. Zu diesem Zweck fertigte er detaillierte Eingaben, die seine Einkünfte in Beziehung zum Gewinn des Unternehmens setzten. Später wurden sein Gehalt und sein Bonus jeweils im Januar auf den Besprechungen der Unternehmensführung diskutiert. Zum Schluss verdiente er $ 16000 im Jahr bei uns, was damals wirklich gutes Geld wahr für die ziemlich einfache Tätigkeit, die er ausführte. Er und seine Frau – Kinder hatten sie keine – lebten jedoch recht großzügig, und er tätigte selbst einige Investitionen mit mäßigem Erfolg. Während der fünfundzwanzig Jahre unserer Zusammenarbeit lernten wir ihn als einen gewissenhaften und im Rahmen seiner Fähigkeiten zuverlässigen Mitarbeiter kennen.

Er starb plötzlich nachts im Bett an einem Herzanfall. Wir überprüften seine Konten und entdeckten einige kleinere Unterschlagungen im Gesamtwert von einigen tausend Dollar. Jerry und ich sprachen darüber mit niemandem. Jahre später fielen mir dieser Zwischenfall und meine Reaktion darauf wieder ein, als ich die Tagebücher der Brüder Goncourt las. In einem Tagebucheintrag beschreiben sie den Tod ihres Dienstmädchens, das ihnen seit ihrer Kindheit mit selbstloser Hingabe gedient hatte. In einem weiteren Eintrag berichten sie von ihrem Schock über das geheime Doppelleben dieser schlichten und zurückhaltenden Hausangestellten, das sich ihnen bald enthüllte. Sie hatte ihren gesamten Lohn auf die sexuellen Dienste verschiedener junger Männer verwandt. Hieran knüpften die Goncourts philosophische Überlegungen zum Unterschied zwischen dem Offensichtlichen und dem Verborgenen im Leben von Menschen, die uns nahe stehen.

11. Kapitel

Der Kampf um Northern Pipeline

Von den vielen Transaktionen, die das Konsortium durchführte, sind zwei besonders denkwürdig. Die erste betraf die Pipeline-Gesellschaften der Standard Oil, die zweite die Unexcelled Manufacturing Company, den größten Hersteller von Feuerwerk und Krachern in Amerika. Die erste Transaktion war ein großer Erfolg, die zweite bedeutete eine Menge Ärger und keinen Profit.

Als das Standard Oil-Monopol 1911 auf Anordnung des Obersten Gerichtshofs der USA zerschlagen wurde, waren acht der einunddreißig aus dem riesigen Konzern hervorgehenden Gesellschaften recht kleine Firmen, die Pipelines zum Transport von Rohöl von den Ölfeldern zu den Raffinerien betrieben. Über die finanziellen Verhältnisse dieser Unternehmen war wenig bekannt. Sie veröffentlichten nicht mehr als eine dürftige jährliche Einkommensrechnung, die den Nettogewinn des betreffenden Jahres bezifferte, und eine äußerst knapp gehaltene Bilanz. An der Wall Street hatten sich nur zwei Börsenmakler auf die Tochtergesellschaften der Standard Oil spezialisiert. Sie veröffentlichten ein monatliches Bulletin, das Informationen und Daten über diese Gesellschaften präsentierte, jedoch keine über die Einkommensrechnungen und Bilanzen der Unternehmen hinausgehenden Angaben zu den Finanzen der Pipeline-Gesellschaften enthielt.

Eines Tages blätterte ich im Jahresbericht der Kommission für Zwischenstaatlichen Handel (ICC), um genauere Daten über Eisenbahngesellschaften zu erhalten. Am Ende des Bandes fand ich Statistiken zu den Pipeline-Gesellschaften, die als Quellenangabe die Bemerkung „aus dem Jahresbericht an die Kommission" aufwiesen. Ich kam auf die Idee, dass diese Jahresberichte interessante und wertvolle Informationen enthalten könnten, die den Aktionären nicht zugänglich gemacht wurden. Darum wandte ich mich an die ICC mit der Bitte, mir Blankoformulare der von den Pipeline-Gesellschaften eingereichten Berichte zu schicken.

Das Ergebnis war ein voluminöser Umschlag, der ein fünfzigseitiges Formular enthielt, voll von Tabellen zu jeder Einzelheit der Aktivitäten und Finanzgeschäfte der Unternehmen. Von besonderem Interesse war für mich ein Vordruck, der nach Höhe und Marktwert der getätigten Investitionen fragte. Alle Pipeline-Gesellschaften hatten in ihren Berichten umfangreiche Investitionen angeführt. Es wurden jedoch keine Einzelheiten genannt, und daher war es unmöglich zu sagen, worin diese Investitionen bestanden.

Am nächsten Tag nahm ich den Zug nach Washington, eilte zum ICC-Gebäude, betrat das Archiv und fragte nach den Berichten der acht Pipeline-Gesellschaften für das Jahr 1925. Sie wurden mir sofort ausgehändigt und ich fand schnell heraus, dass ich einen Schatz in den Händen hielt. Zu meinem Erstaunen entdeckte ich, dass die Pipeline-Gesellschaften alle große Mengen erstklassiger Eisenbahnpapiere hielten. In einigen Fällen überstieg der Wert dieser Papiere allein bereits den Gesamtwert, zu dem die Pipeline-Aktien am Markt gehandelt wurden! Ich stellte darüber hinaus fest, dass der Bruttoumsatz der Pipeline-Gesellschaften relativ gering war, dass die Gesellschaften jedoch mit einer relativ hohen Gewinnspanne arbeiteten und dass sie keine Transporte durchführten, die etwa Investitionen in Eisenbahnaktien gerechtfertigt hätten. Northern Pipeline, deren Aktie für nur $ 65 gehandelt wurde und die eine Dividende von $ 6 zahlten, hielten liquide Mittel von $ 95 pro Aktie, ein Vermögen, das fast vollständig und ohne die geringste Beeinträchtigung für das Unternehmen an die Aktionäre hätte ausgezahlt werden können. Das war wirklich ein Wertpapier zum Sonderpreis!

Hier stand ich, ein kühner Cortez-Balboa, dessen Adlerauge einen neuen Pazifik entdeckte. Man stelle sich vor! Carl Pforzheimer & Company und andere Maklerhäuser hatten Jahre auf die Untersuchung dieser Standard Oil Gesellschaften aufgewandt und wussten offenbar nicht, was ich jetzt wusste. Wenn sie von diesen Anleihe-Portefeuilles gewusst hätten, hätten sie sicher nicht zugelassen, dass die Pipeline-Aktien auf einem so geringen Kursniveau gehandelt wurden. Heute noch wundert es mich, dass niemand aus dem Maklerwesen auf die Idee kam, sich die Daten der ICC anzusehen. Auch wenn man das Vermögen an liquiden Mitteln und Anleihen einmal außer Acht ließ, wie konnte Northern Pipeline für 65 gehandelt werden, wenn sie $ 6 Dividende zahlte und ständig Gewinne abwarf? Die Antwort auf diese Frage ist einfach die, dass die Pipeline-Aktien damals völlig aus der Mode gekommen waren. Sie hatten früher höhere Gewinne gemacht und auch höhere Dividenden gezahlt, aber die neuen Tanker hatten den Pipelines viel von ihrem früheren Geschäft weggenommen. Mit dem üblichen Desinteresse für Details und der Konzentration auf den „Trend" schien Wall Street überzeugt, dass diese Gesellschaften nur noch trübe Aussichten hatten. Investoren werteten die hohe Dividende – Northern Pipeline zahlte über 9 Prozent – eher als Warnung vor zukünftigen Schwierigkeiten denn als Grund zum Kauf dieser Aktien.

Ich ließ Kopien der ICC-Berichte für mehrere zurückliegende Jahre anfertigen und kehrte in einem Zustand der Erregung nach New York zurück.

Ich konzentrierte mich auf den Kauf von Aktien der Northern Pipeline, da diese Gesellschaft den höchsten Anteil von Anleiheinvestitionen bezogen auf ihren Marktpreis hielt. Durch vorsichtiges, aber beharrliches Kaufen setzte ich mich in Besitz von zweitausend der insgesamt vierzigtausend Aktien, die die Kapitalausstattung der Gesellschaft bildeten. Damit war ich der größte Aktionär nach der Rockefeller Foundation, die einen Anteil von 23 Prozent all dieser Gesellschaften hielt. Es schien nun an der Zeit, das Management von Northern Pipeline zu überzeugen, das Offensichtliche und einzig Richtige zu tun, nämlich einen Gutteil des nicht benötigten Kapitals an die Eigentümer, die Aktionäre, zurückzugeben. Naiverweise glaubte ich, dies sei recht einfach zu bewerkstelligen.

Ich verabredete mich mit D. S. Bushnell, dem Leiter des Unternehmens, in dessen Büro im eindrucksvollen Gebäude der Standard Oil Company, Broadway 26. Das war das erste Mal, dass ich dieses legendäre Gebäude betrat. Zwei alte Männer warteten auf mich, die beide recht misstrauisch aussahen. Der eine war Präsident Bushnell, der andere sein Bruder, der Berater des Unternehmens. In der Hochfinanz ist es üblich, bei solchen Gesprächen immer zu mehreren aufzutreten für den Fall, dass später eine Zeugenaussage über den Gegenstand des Gespräches gebraucht wird.

Ich brachte meine Sache vor und sagte, die Gesellschaft mache einen

Bruttoumsatz von nur $ 300000 und es sei daher absurd, $ 3600000 in Anleiheinvestitionen zu halten, die in keinem Verhältnis zu den finanziellen Bedürfnissen der Gesellschaft stünden. Ich machte klar, dass diese überschüssigen liquiden Mittel in Höhe von $ 90 pro Aktie keine Widerspiegelung auf dem Aktienmarkt finden könnten. Dort werde Northern Pipeline seit langem als niedergehendes Unternehmen bewertet und nicht als Depot für Eisenbahnanleihen, von deren Existenz niemand eine Ahnung habe. Es liege eindeutig im Interesse der Aktionäre, dass dieses Eigentum unter sie aufgeteilt werde und so in ihren Händen seinen vollen Wert entfalten könne, statt wie bisher wegen der Vermengung mit dem restlichen Vermögen der Gesellschaft noch nicht einmal seinen halben Wert zu erreichen.

„Das ist unmöglich", sagten die Bushnells sofort. „Warum?" „Weil wir keinen nennenswerten Überschuss haben, sodass wir nicht mehr auszahlen können als unsere Gewinne. Tatsächlich sind unsere Zahlungen nämlich sehr großzügig." „Oh", sagte ich zuversichtlich, „das ist kein Problem. Sie brauchen nur den Nennwert Ihrer Aktien von 100 auf 50 oder 25 pro Aktie reduzieren, und dann können Sie die Differenz auszahlen oder zwischen 50 und 75 als Kapitalrendite ausschütten." Die Bushnells schlugen einen neuen Kurs ein – sie waren offenbar viel findiger bei der Suche nach Gründen, weiter auf dem Geld der Aktionäre zu sitzen, als bei ihren Bemühungen um höhere Gewinne: „Das kann sich die Gesellschaft nicht leisten. Sie braucht ihr gesamtes Kapital." „Aber warum? Die Gesellschaft kann nicht Millionen von Dollar an Kapital brauchen, praktisch alles liquide Mittel, um ein Geschäftsvolumen von $ 300000 abzuwickeln."

„Die Anleihen sind Rückstellungen für Abschreibungen. Wir brauchen sie, sobald unsere Pipeline erneuert werden muss."

„Wann wäre das ungefähr?"

„Das können wir nicht genau sagen." Die Bushnells versuchten nicht einmal, irgendein Jahr zu nennen. In Wirklichkeit halten diese im Erdboden verlegten Pipelines praktisch ewig. „Aber Sie wollen mir doch nicht erzählen, dass Sie das Vermögen der Aktionäre in Höhe von $ 3600000 zum Neubau einer Pipeline ausgeben würden, die einen Bruttoumsatz von nur $ 300000 verspricht! Das wäre Wahnsinn!" Die Bushnells zuckten jedesmal zusammen, wenn ich ihr Umsatzvolumen erwähnte, das sie so sorgfältig vor den Aktionären geheimgehalten hatten.

Noch einmal vollzogen meine Gastgeber einen Kurswechsel. Ich fühlte mich an die Fabel von dem Wolf und dem Lamm erinnert. Sie konnten mich nicht fressen, aber sie wollten mich wenigstens mit leeren Händen wegschicken: „Wir könnten uns auch dazu entschließen, unser Leitungsnetz auszubauen. Es gibt da eine Reihe von Möglichkeiten, auf die wir vorbereitet sein müssen."

„Aber schauen Sie, Mr. Bushnell, Ihnen gehört nur ein kleiner Abschnitt der alten Hauptleitung von der Grenze zu Indiana über Pennsylvania bis an die Grenze von New York. Ihnen gehört ein kleiner Teil der alten Hauptleitung der Standard Oil. Wie könnten Sie da Ihr Leitungsnetz in irgendeiner vernünftigen Weise ausbauen?"

Es war Zeit für den Gnadenstoß und meinen Abschied. Den Bushnells gingen die Argumente aus:

„Schauen Sie, Mr. Graham, wir waren sehr geduldig mit Ihnen und haben Ihnen mehr Zeit geopfert, als wir entbehren konnten. Der Betrieb einer Pipeline ist eine komplexe und hochspezialisierte Aufgabe. Davon können Sie nur sehr wenig wissen, wir aber haben das ein Leben lang gemacht. Sie müssen uns schon glauben, dass wir besser wissen als Sie, was für die Gesellschaft und ihre Aktionäre das Beste ist. Wenn Sie unsere Unternehmenspolitik nicht gutheißen sollten, dürfen wir Ihnen dann vielleicht vorschlagen, das zu tun, was vernünftige Investoren unter solchen Umständen tun, nämlich Ihre Aktien zu verkaufen?"

Da hatten wir die ganze Geschichte. Ich habe sie in meiner beruflichen Karriere mehr als einmal gehört, unzählige Male mit nur kleinen Variationen. Es gab einen besonderen Grund, warum mir das so oft passiert ist. Meine Transaktionen bestanden zum großen Teil darin, Stammaktien zu kaufen, die nach verlässlicher Analyse weit unter ihrem eigentlichen Wert verkauft wurden. Der zuverlässigste Indikator einer beträchtlichen Unterbewertung findet sich genau in einem solchen Fall, wie Northern Pipeline ihn darstellte: Es existierte ein beträchtliches, rasch liquidierbares Vermögen, das einen geringen Gewinn abwarf und den Aktionären vorenthalten wurde. Ich ging so vor, dass ich zunächst einen beträchtlichen Anteil an solchen Unternehmen erwarb und dann auf die eine oder andere Weise versuchte, die Finanzpolitik oder das operative Geschäft der Gesellschaft in geeigneter Weise zu ändern. Fast immer leistete das Management mit ähnlichen Argumenten wie die Bushnells Widerstand. Eines der Lieblingsargumente war immer, ihr Geschäft sei ein ganz besonderes, von dem ich nur sehr wenig wisse, und sie seien viel besser in der Lage zu beurteilen, was getan werden müsse und was nicht.

Als ich in all meiner Unschuld im Jahr 1926 meinen ersten Versuch unternahm, ein Management von einer anderen als der von ihm verfolgten Unternehmenspolitik zu überzeugen, betrachteten mich gestandene Wall Street-Leute als verrückten Don Quixote, der mit der Lanze gegen Windmühlenflügel kämpft. Kein erfahrener Mann würde seine Zeit mit dem Versuch verschwenden, die Politik eines Unternehmens von außen zu ändern, vor allem nicht in der Hochburg von Standard Oil. „Wenn Ihnen die Unternehmensführung nicht passt, verkaufen Sie Ihre Aktien" – das war lange Zeit die gesamte Weisheit von Wall Street in dieser Frage gewesen, und das ist auch heute noch die vorherrschende Meinung. Darüber hinaus wurde ein Außenseiter, der etwas verändern wollte, entweder als verrückt oder als suspekt angesehen. Vor vielen Jahren hatte sich ein findiger Kopf namens Clarence Venner eine Menge Geld und einen zweifelhaften Ruf verschafft, indem er eine Reihe von Klagen gegen Unternehmensleitungen wegen finanziellen Fehlverhaltens anstrengte, einige davon rein formaler Natur. Jetzt wurde man daher mehr oder weniger höflich abgewiesen, wenn man mit einem Veränderungsvorschlag kam. Blieb man hartnäckig und deutete seine Entschlossenheit an, rechtliche Mittel zu ergreifen oder Aktionäre um Stimmrechtsvollmachten zu bitten, wurden einem sofort unlautere Motive unterstellt und es erschallte der furchterregende Ruf, das Unternehmen falle „einem Straßenräuber, einem zweiten Venner" zum Opfer. In den meisten dieser Fälle hatte der Aktionär, der auf einen Wechsel drängte, seine Aktien noch nicht allzu lange. Der Grund hierfür war einfach. Hätte er seine Aktien vor Jahren gekauft, als der Preis noch hoch war, hätte er weder das Wissen noch die Entschlossenheit gehabt, die Notwendigkeiten zu erkennen und sich für sie einzusetzen. Die Einzigen, die den Stab für sich selbst und die anderen Aktionäre weitertrugen, waren kenntnisreiche Profis, die ihre Anteile billig – also unlängst – gekauft hatten und einen in ihren Augen legitimen Gewinn als Lohn für ihre Bemühungen erwarteten.

Das Management ließ in solchen Fällen selten die Gelegenheit aus, auf diesen Umstand hinzuweisen und den Unruhestifter als Neuling und reinen Egoisten hinzustellen. Ich habe mir wegen der moralischen Berechtigung meines Vorgehens niemals Gedanken oder Vorwürfe gemacht. Von meinen Erfolgen profitierten nicht nur meine Partner, sondern auch all die anderen Aktionäre, wie lang sie ihre Aktien auch haben mochten – sie bekamen nur das, worauf sie als Eigentümer des Unternehmens einen Anspruch hatten.

Früher war die Wall Street ein Tummelplatz für Gentlemen, die ihr Spiel nach ausgefeilten Regeln spielten. Eine der Grundregeln war: „Gehe niemals einem anderen ans Eingemachte!" Das bedeutete, dass kein Mitglied des, wie wir heute sagen würden, „Establishments" daran dachte, etwas den finanziellen Interessen eines anderen Mannes in ähnlicher Position Abträgliches zu unternehmen. Das trifft auch heute noch weitgehend zu. Eine Kapitalgesellschaft oder Bankgruppe würde den Aktionären eines Unternehmens niemals ein Übernahme- oder Zusammenschlussangebot machen, ohne die Sache zuvor mit dem betreffenden Management besprochen und dessen Interessen berücksichtigt zu haben. Da Investmentbanken überhaupt auf gutem Fuß mit Unternehmensführungen stehen wollten, konnte keine von ihnen den Ruf riskieren, sie spiele dieses Spiel nicht mit. Genauso unterstützen Mitglieder der Unternehmensführung niemals eine Maßnahme, die Stellen oder Einnahmen von Managern eines anderen Unternehmens gefährden würde, denn sie erwarteten dieselbe Rücksichtnahme seitens aller anderen Mitglieder des „Clubs" auch in ihrem Fall. Es war die gleiche Vorzugsbehandlung, die in Kriegsgefangenschaft geratenen Offizieren zuteil wurde. Ihre Kollegen auf der anderen Seite machten es ihnen halbwegs angenehm, da sie im umgekehrten Fall die gleichen Annehmlichkeiten erwarteten.

Die Zeiten haben sich etwas geändert. Wer ein Unternehmen kaufen will, zögert nicht mehr, über die Köpfe des Managements hinweg oder ohne vorherige Beratung den Aktionären ein Übernahmeangebot zu machen. Dasselbe trifft auch für Investmentbanker zu, mögen sie nun auf eigene Rechnung oder für Klienten auftreten. 1964 wurde ein erfolgreiches Angebot für die Mehrheitsbeteiligung an der Franco-Wyoming Oil Company gemacht. Die Situation war eine ähnliche wie im Fall von Northern Pipeline: das Management hielt einen hohen Betrag an rasch absetzbaren Wertpapieren, die mit dem operativen Geschäft nichts zu tun hatten.

Bevor ich Bushnells Büro enttäuscht und verbittert verließ, teilte ich den Brüdern mit, dass ich gerne zur nächsten Jahreshauptversammlung kommen würde, um meine Position den anderen Aktionären vorzutragen und sie auch zu Protokoll zu geben. Sie schienen erstaunt über diesen Vorschlag, sagten aber schnell, ich sei auf der Versammlung natürlich willkommen. Damit verabschiedete ich mich und ging.

Die Jahreshauptversammlung fand am 27. Januar in Oil City, Pennsylvania, statt, einem Ort am Ende der Welt. Man musste den Zug nach Pittsburgh nehmen, von wo aus es eine ziemlich schlechte Verbindung nach Oil City gab. Ich reiste allein, zuerst nachts in einer Pullman-Koje und dann in einem klapprigen Nahverkehrszug. Es schneite und war bitterkalt. Das Büro der Gesellschaft in Oil City war ärmlich, jedoch groß genug, die Versammlung zu beherbergen – sie bestand aus fünf Angestellten und mir. Vergebens hielt ich nach Aktionären von außerhalb Ausschau. In der Zwischenzeit begafften mich Mr. Bushnells Günstlinge, als sei ich eine Kuriosität von einem anderen Planeten – was auch beinahe zutraf. Nach einigen Formalitäten verlas ein Angestellter von einem Zettel einen vorformulierten Antrag, der die Annahme und Billigung des Jahresberichts 1926 vorschlug. Ein anderer Angestellter unterstützte den Antrag sofort. Ich stand auf und man erkannte mich wieder.

„Bitte, Herr Vorsitzender, wo ist der Jahresbericht?" Für einen Moment herrschte verlegenes Schweigen.

„Es tut uns leid, Mr. Graham, der Bericht wird erst in einigen Wochen fertig sein."

„Aber Mr. Bushnell", fragte ich voller Verwirrung, „wie können wir einen Bericht billigen, der weder fertig noch verfügbar ist?" Es folgte vertrauliches Flüstern mit dem anderen Bushnell.

„Wir haben das immer so gehandhabt. Alle, die zustimmen wollen, sagen bitte ‚ja'."

Alle Stimmrechtsvollmachten außer meinen wurden für den Antrag in die Waagschale geworfen.

Nach einigen weiteren Formalitäten sagte der Vorsitzende, dass ein Antrag auf Vertagung gestellt werden könne. Wieder stand ich schnell auf. „Wie wir in New York besprochen haben, würde ich gerne für das Protokoll ein Memorandum verlesen, das sich auf die finanzielle Lage des Unternehmens bezieht." Wieder eine kurze Besprechung.

„Mr. Graham, würden Sie Ihren Wunsch bitte zum Antrag erheben?" Das tat ich.

„Unterstützt jemand diesen Antrag?" Es trat eine kurze Pause ein. Schweigen. Daran hatte ich nicht gedacht. Ich hatte versäumt, jemand zu meiner Unterstützung aus New York mitzubringen.

„Es tut mir leid, Mr. Graham, ich höre keine Unterstützung. Ihr Antrag ist abgelehnt."

„Aber Sie wissen sehr gut, dass ich die lange Reise hierher nur deshalb unternommen habe, um dieses Memorandum zu Protokoll zu geben. Sie haben mich ermutigt, Mr. Bushnell. Ich glaube, Sie schulden mir den Gefallen, dafür zu sorgen, dass dieser Antrag unterstützt und zur Abstimmung gebracht wird." Eine weitere kurze Besprechung, dann:

„Es tut mir sehr leid, aber keiner scheint bereit zu sein, Ihren Antrag zu unterstützen. Höre ich einen Antrag auf Vertagung?" Einen Augenblick später war die Versammlung beendet. Mit unverhohlenem Grinsen marschierten Bushnells Leute hinaus.

Ich fühlte mich erniedrigt, weil man mich zum Narren gehalten hatte, beschämt wegen meiner eigenen Unfähigkeit und wütend über die Art und Weise, wie ich behandelt worden war. Ich konnte meine Gefühle gerade gut genug beherrschen, um dem Präsidenten zu sagen, meiner Ansicht nach sei es ein großer Fehler gewesen, mich nicht sprechen zu lassen. Im nächsten Jahr würde ich nämlich wieder da sein, und dann würde ich mehr als einen zu meiner Unterstützung mitbringen.

Ich machte meine Drohung in vollem Umfang wahr. Was ich im Januar 1927 als schlimme persönliche Niederlage empfand, stellte sich finanziell als großes Glück heraus. Jetzt hatte ich ein ganzes Jahr Zeit, einen Schlachtplan zu entwerfen und meinen Anteil an der Gesellschaft auszubauen. Sobald weiteres Kapital zur Verfügung stand, kaufte ich weitere Aktien von Northern Pipeline. Ich investierte soviel von dem

Geld unserer Partnerschaft, wie ich riskieren konnte. Als Berater engagierte ich Fred Greenmans hochangesehenes Rechtsanwaltsbüro Cook,
Nathan, & Lehmann, die sich auf Unternehmensrecht spezialisiert hatten. Der Seniorpartner war Alfred A. Cook, ein ebenso fähiger wie berühmter Mann, jedoch auch, wie ich hinzufügen muss, äußerst großspu-
rig und eitel.

Bei meinen Studien war mir ein Umstand aufgefallen, der damals
noch wenig bekannt war. In einer Anzahl von Bundesstaaten war ein
Gesetz erlassen worden, das die Wahl eines Unternehmensvorstands
durch kumulierte Stimmabgabe vorschrieb. So konnte ein Aktionär, der
nur die Unterstützung einer Minderheit hatte, seine Wahl sichern, indem
er alle Stimmrechtsvollmachten dieser Minderheit auf sich vereinigte.
Pennsylvania war einer dieser Staaten, und der Sitz der Northern Pipeline Company war in Pennsylvania. Bei dem kleinen Vorstand mit nur
fünf Mitgliedern reichten Stimmrechtsvollmachten in Höhe von einem
Sechstel des Aktienkapitals, um einen Vorstandsposten zu besetzen, und
mit einem Drittel der Stimmen hatte man den Anspruch auf zwei Vorstandsposten. Ich schrieb die Aktionäre an und bat um ihre Vollmacht
zugunsten eines Antrags auf Reduzierung der Kapitalausstattung des
Unternehmens sowie für die Wahl von zwei Vorstandsmitgliedern, die
die Basis der Aktionäre repräsentieren sollten. Wir schlugen nicht vor,
die Mehrheit der Vorstandsposten zu besetzen, denn dann hätten wir die
Verantwortung für die Führung des Unternehmens übernehmen müssen,
auf die wir unserer Meinung nach kein Recht hatten.

Alfred Cook erbat eine Liste der Aktionäre, und wir durften das
Aktionärsverzeichnis des Unternehmens kopieren. Offenbar nahmen
die Bushnells an, wir wären chancenlos, sonst hätten sie uns wohl einen teuren Rechtsstreit um den Zugang zu dieser Liste aufgehalst. Wir
formulierten ein Schreiben, in dem wir unsere Forderungen vorbrach-
ten. Cook, Greenman und ich investierten eine Menge Arbeit, und das
Schreiben wurde ziemlich gut. Das Unternehmen antwortete wie üblich
von oben herab, ging den wirklichen Fragen aus dem Weg, betonte
seine überlegene Kompetenz bei der Entscheidung über den besten
Weg für die Gesellschaft und also auch für ihre Aktionäre und stellte
die Motive der Eindringlinge mit nicht allzu subtilen Unterstellungen
in Frage.

Es gab nicht viele Großaktionäre und wir besuchten persönlich jeden, der mehr als einhundert Aktien besaß. Die Bushnells sowie Angestellte der Gesellschaft unternahmen ähnliche Anstrengungen. Das war in jenen Tagen, als Gesellschaften noch nicht wie heute vielfach üblich große Organisationen damit beauftragten, Stimmrechtsvollmachten zu akquirieren, auch wenn keine Auseinandersetzung ansteht! Unser wichtigstes Ziel war das Stimmrecht der Rockefeller Foundation, die 9 200 Aktien, also 23 Prozent des gesamten Aktienkapitals, besaß. Es gelang mir, eine Verabredung mit Bertram Cutler zu treffen, dem Finanzberater der Stiftung. Er hörte mir höflich zu, sagte aber recht entschieden, die Stiftung mische sich nie in das Geschäft der Unternehmen ein, an denen sie beteiligt sei. Diese Aussage habe ich übrigens auch später noch oft von Investmentleuten gehört, die ihre wirkliche Verantwortung ernster hätten nehmen sollen. Ich versuchte, ihm klarzumachen, dass die betreffende Sache wirklich nichts mit dem operativen Geschäft von Northern Pipeline zu tun hätte. Es ging nur darum, dass die Aktionäre einen Beschluss über die Nutzung ihres Kapitalüberschusses trafen. Aber ich kam mit leeren Händen zurück.

Dies war das zweite Mal, dass ich in die Nähe von John D. Rockefeller, Jr., kam. Beim ersten Mal hatte ich eine von ihm unterschriebene Einladung zu einem Essen im Recess Club als Mitglied einer Gruppe erhalten, die ihn bei der Finanzierung der Phi Beta Kappa-Stiftung unterstützen sollte. Ich hegte den Argwohn, dass sich dieses Essen als kostspielig herausstellen könnte, aber die Aussicht, diesen milliardenschweren Philanthropen kennenzulernen, schmeichelte meiner Eitelkeit und überwand meine Vorsicht. Ich ging also hin. Rockefeller bat die kleine Gruppe, die an seinem Tisch saß, sich ihm bei diesem Projekt anzuschließen und beizusteuern, was wir aufbringen konnten. Ich musste schwer schlucken und kam mit $ 500 aus der Sache heraus. Aber für mein Gefühl war es schon eine einzigartige Erfahrung, John D. Rockefeller finanziell zu unterstützen. Die Phi Beta Kappa-Stiftung wurde schon bald aus der Taufe gehoben und publiziert seitdem die angesehene Zeitschrift „The American Scholar".

Aber zurück ins Jahr 1927 und zum Kampf um die Stimmrechtsvollmachten der Northern Pipeline. Greenman und ich trafen Cook im Recess Club, um unser Vorgehen zu besprechen, vor allem im Hinblick auf das Stimmrecht der Rockefeller Foundation. Zufällig sahen wir John D., Jr., am Nebentisch sitzen, wo er mit einem jungen Mann in einem Sportanzug speiste. Der junge Mann stellte sich als Andrew Mellon, Jr., der Sohn des Multimillionärs und Finanzmagnaten, Kunstsammlers und damaligen Finanzministers der USA heraus. Wir waren wie vor den Kopf geschlagen von diesem Zufall und Alfred Cook überlegte für einen Augenblick ernsthaft, ob er Rockefeller nicht ansprechen, ihm von unserem Kampf um die Stimmrechte erzählen und die Unterstützung seiner Stiftung erbitten sollte. Diese Idee ließen wir jedoch bald wieder als wenig geeignet fallen.

Nichtsdestoweniger waren wir bemerkenswert erfolgreich beim Zusammentragen von Vollmachten. Rückblickend bin ich heute überrascht von unserem Erfolg, denn meine spätere Erfahrung hat mich gelehrt, dass man mit guten Argumenten nicht weit kommt, wenn man sich über den Kopf und in Widerspruch zum eingeigelten Management eines Unternehmens an die Masse der ahnungslosen Aktionäre wendet.

Im Januar 1928 war der Tag der Jahreshauptversammlung gekommen. Wieder fuhr ich nach Oil City, aber diesmal nicht allein. In meiner Begleitung waren drei Anwälte aus Cooks Gruppe, unter ihnen der gefürchtete Alfred selbst, und auch Henry Schnader, Partner einer bekannten Sozietät aus Philadelphia und unser Berater in Pennsylvania. Schnader wurde bald darauf in seinem Bundesstaat zum Staatsanwalt gewählt. Wir verfügten auch über einen ansehnlichen Vorrat an Vollmachten, genug, um uns zu verschaffen, was wir wollten. Um sicher zu sein, dass nichts schiefging, kamen wir in Oil City schon einen Tag vorher an und quartierten uns im besten (oder vielleicht auch einzigen) Hotel der Stadt ein. Bei einer Vorbesprechung kamen wir mit den Bushnells überein, bereits am Abend die Stimmrechtsvollmachten durchzugehen, um auf der Versammlung Zeit zu sparen. Die Unternehmensleitung war unangenehm überrascht zu sehen, wie viele ihrer eigenen Vollmachten durch zu einem späteren Zeitpunkt an uns gegangene Vollmachten wertlos geworden waren. Nach all dieser Zeit erinnere ich mich noch gut an den unfreiwilligen Ausruf des alten Bushnell, als wir unser Anrecht auf eine Stimmrechtsvollmacht für dreihundert Aktien bewiesen: „Das ist ein alter Freund", entfuhr es ihm, „und ich habe ihn zum Essen eingeladen, als er mir diese Vollmacht gab!"

Bevor die Versammlung am nächsten Morgen begann, bat die Unternehmensleitung um eine Besprechung. Wir hatten Vollmachten für über 15000 Aktien, genug für einen Anspruch auf zwei Vorstandsposten. Damit hatten wir die Hälfte aller Stimmen erhalten, die nicht der Rockefeller Foundation gehörten, und die, so hofften wir, würden zumindest nicht zugunsten der Unternehmensleitung eingesetzt werden. Präsident Bushnell war jetzt sehr verbindlich. Er sehe keinen Grund für eine offene Auseinandersetzung auf der Versammlung mit den Unannehmlichkeiten, die damit für alle verbunden seien. Er sei gerne bereit, die Nominierung von zwei Vorstandsmitgliedern durch unsere Gruppe zu akzeptieren und die betreffenden Namen auf die Liste der Gesellschaft zu setzen, sodass die Wahl einstimmig ausfallen könne. Alfred Cook schlug Schnader und mich als Vorstandsmitglieder vor. Bushnell bemühte sich, Cook selbst oder auch irgendeinen anderen an meiner Stelle auf die Liste zu bekommen. Für mich hatte er offenbar nicht viel übrig. Ohne mich zu fragen, sagte Cook schlichtweg nein. Das sei mein Kampf gewesen, und ich hätte auch Anspruch auf den Sieg. Die Bushnells gaben nach. Die Liste wurde aufgestellt und gewählt, und die gesamte Versammlung verlief recht glatt.

Ich war das erste Vorstandsmitglied eines Unternehmens der Standard Oil-Gruppe, das keine direkten Verbindungen zu Standard Oil hatte. Obwohl Northern Pipeline eine der kleineren Unternehmen dieser Gruppe war, war ich mächtig stolz auf meinen Erfolg.

Während der Waffenstillstandsverhandlungen in Oil City hatte Präsident Bushnell versöhnlich bemerkt, zu gegebener Zeit sollten wir uns alle sicher auf eine Übereinkunft in Bezug auf die Finanzstruktur des Unternehmens einigen können. Wir hielten das damals für Schaumschlägerei ohne reale Bedeutung. Einige Wochen später lud er mich jedoch zu einer Besprechung in sein Büro ein. In liebenswürdigem Ton sagte der alte Heuchler: „Wissen Sie, Mr. Graham, Ihre Idee, Kapital an die Aktionäre zurückzuzahlen, haben wir nie wirklich abgelehnt. Wir waren nur der Meinung, die Zeit sei noch nicht reif. Wie die Sache jetzt steht, sind wir bereit einen Plan vorzulegen, der sicher auf Ihre vollständige Zustimmung treffen wird."

Der Plan sah vor, den Nennwert von 100 auf 10 zu senken. Für jede alte Aktie sollten $ 50 in bar sowie drei neue Aktien ausgegeben wer-

den, und der Rest in Höhe von $ 20 je alter Aktie sollte als Überschuss-
kapital übernommen werden. Bushnell fügte hinzu, dieses Überschusskapital könne später für weitere Ausschüttungen zur Verfügung stehen.
Zunächst müssten jedoch Pensionsrückstellungen für die treuen Angestellten des Unternehmens vorgenommen werden. Tatsächlich wurden
schließlich volle $ 70 pro Aktie ausgeschüttet und der Gesamtwert des
Aktienkapitals der Northern Pipeline und der ausgeschütteten Beträge
erreichte über $ 110 pro alte Aktie.

Wir fragten uns, was diesen plötzlichen Sinneswandel unserer ehedem so widerspenstigen Opponenten bewirkt haben könnte. Alfred
Cook hatte erfahren, dass die Rockefeller Foundation durch ihre zugunsten der Unternehmensführung aufgetretenen Bevollmächtigten ange-
deutet hatte, dass sie eine Ausschüttung allen Kapitals befürworten würde, auf das das Unternehmen verzichten könne. Sie konnten das Geld
sicher gut für ihre philanthropischen Zwecke gebrauchen. Diese Erklärung trifft wahrscheinlich zu, denn so gut wie alle Pipeline-Gesellschaften folgten später dem Beispiel von Northern und beschlossen entsprechende Ausschüttungen an ihre Aktionäre.

Mein drittes Treffen mit Rockefeller kam viele Jahre später und war
Ergebnis einer Initiative meinerseits, auf die ich recht stolz bin. Es war
im Jahr 1945, und ich war Mitglied der etwas spießigen New Yorker
Handelskammer geworden – teils aus staatsbürgerlichem Pflichtbewußt-
sein, teils, um ihre Clubeinrichtungen nutzen zu können. Die Demokraten im Kongress unterstützen einen ziemlich revolutionären Vorschlag,
der heute als „Full Employment Act of 1946" bekannt ist und die Regierung verpflichtete, geeignete Maßnahmen zur Sicherstellung eines hohen Beschäftigungsniveaus zu ergreifen. Geschäftsleute brachten den
Demokraten in der Regel Misstrauen und Ablehnung entgegen, und diese Maßnahme widersprach ihrem konservativen Denken. Ein Komitee
der New Yorker Handelskammer stellte eine Vorlage zur Abstimmung,
die die Gesetzesvorlage rundweg verdammte, und diese Vorlage war
einstimmig von den anwesenden Mitgliedern angenommen worden. Ich
war an jenem Tag nicht dabeigewesen. Aber im Herbst 1945 passierte
die Gesetzesvorlage das Repräsentantenhaus. Dies sahen unsere guten
Kammermitglieder mit soviel Bestürzung, dass das Komitee eine zweite
Entschließung angezeigt fand, die aufs Neue eine Vorlage verurteilte,

die bald im ganzen Land Gesetz sein würde. Der Öffentlichkeit sollte so gezeigt werden, dass die wirtschaftliche Elite nichts mit diesen neumodischen Ideen zu tun haben wollte.

Als ich die vorgeschlagene zweite Entschließung im monatlichen Rundschreiben der Kammer las, kam ich zu der Ansicht, es sei an der Zeit, dass jemand in der New Yorker Handelskammer den übrigen Mitgliedern dieses Gremiums klarmachte, wie sehr sich das politische und wirtschaftliche Klima seit 1929 geändert hatte. Ich schrieb an den Sekretär und bat um drei Minuten Redezeit auf der nächsten Versammlung, auf der über die Entschließung abgestimmt werden sollte. Meiner Bitte wurde natürlich entsprochen.

Zufällig hielt auf dieser Versammlung Winthrop Aldrich, der Präsident der Chase Bank und Rockefellers Schwiegersohn, eine Grundsatzrede. Aus diesem Anlass nahm Mr. Rockefeller an der Versammlung teil und ich fand mich auf dem Stuhl neben ihm. Nachdem die Resolution über das Beschäftigungsgesetz vorgelegt worden war, wurde mein Name aufgerufen – ich war der Einzige, der zu dieser Frage sprechen wollte. Mit verständlicher Nervosität verlas ich eine dreiminütige Rede, die mit der recht unverschämten Aufforderung an meine Kollegen endete, sich nicht „als Reaktionäre zu zeigen, die nichts gelernt und nichts vergessen haben". Meine Worte wurden von der ganzen Versammlung mit tiefem Schweigen aufgenommen; das galt auch für Mr. Rockefeller, den ich auf dem Weg zu meinem Stuhl streifte. Bei der Abstimmung waren die „ja"-Stimmen zugunsten der Resolution des Komitees überwältigend, und ich hörte nur ein „nein" außer meinem eigenen.

Eine andere Auseinandersetzung mit den Rockefellers betraf nicht Stimmrechtsvollmachten, sondern ein juristisches Manöver in Bezug auf die National Transit Company, eine Tochtergesellschaft der Standard Oil, die sowohl Pipelines als auch eine eigene Tochtergesellschaft betrieb, die Pumpen herstellte. Die Unternehmensführung hatte bei einer staatlichen Stelle einen Antrag eingereicht, den wir im Interesse der Aktionäre ablehnten. Sie wollten den größten Teil unserer umfangreichen liquiden Mittel für einen unattraktiven Zweck verwenden. Sie zogen den Antrag jedenfalls wieder zurück und nahmen später – wahrscheinlich auf den Druck der Rockefeller Foundation hin – eine

beträchtliche Barausschüttung an die Aktionäre vor, von denen wir der
größte geworden waren.

Ich erwähne diese Sache mit der National Transit aus zwei Gründen.
Zusammen mit dem führenden New Yorker Börsenhaus Wertheim &
Company erlangten wir viele Jahre später die Kontrolle über dieses
wichtige Unternehmen. Einige interessante Details über diese Transaktion folgen später. Der zweite Grund hat mit einem Ergebnis meiner frühen Investitionserfolge zu tun und betrifft auch den magischen Namen
Baruch. Mit der Ausdehnung unserer Geschäftstätigkeit hatten wir das
kleine Büro bei N. H. & L. aufgegeben und im Cotton Exchange Building, Beaver Street 60, Quartier bezogen. Hier hatte die alte New Yorker Börsenfirma H. Hentz & Co. ihr Hauptbüro. Die beiden Seniorpartner waren Jerome Lewine und Dr. Herman Baruch, die ich beide gut
kennenlernte. Ein jüngerer Partner war Arthur Neumark, dessen Familie
mit unserer in den alten Tagen drüben in England befreundet gewesen
war. Ich hatte Arthur Geometrie beigebracht, als ich dringend Geld
brauchte, und Jahre später hatte ich ihn bei seinem Start an der Wall
Street in der Forschungsabteilung des Magazine of the Wall Street geholfen. Er ging dann als Analyst zu Hentz, stellte sich als guter Mann
heraus und stieg bis zum Partner auf. Aus einer Reihe von Gründen, vor
allem zur Erweiterung unserer Möglichkeiten, für unsere Arbitrage- und
Sicherungsgeschäfte Aktien zu borgen, fanden wir es ratsam, zusätzlich
zu unserem ursprünglichen Konto bei N. H. & L. zwei weitere Makler-
konten zu haben. Neumark überredete uns, Kunden bei Hentz zu werden, und auf irgendeine andere Art nahmen wir auch zu Goodbody &
Company Geschäftsverbindungen auf.

Dr. Herman Baruch war einer der drei Brüder von Bernie Baruch, alle vier über einen Meter achtzig groß. Er war dem Vorbild seines berühmten Vaters gefolgt und hatte kurze Zeit in der Gegend von Long
Branch als Arzt gearbeitet. Dann war er – auf Bitten seiner überlebenden Patienten, wie es böse hieß – ins Maklergeschäft an die Wall Street
gewechselt. Tatsächlich wurden alle drei Brüder von Bernie Baruch
Makler, wie leicht nachzuvollziehen ist. Als ich Hermann zum ersten
Mal traf, war er Anfang Fünfzig, eine sehr imposante Erscheinung,
groß, von höflicher Art, mit dichtem weißen Haar und einem langen
weißen Bart. Er hatte einen Besitz mit Namen Bagatelle erworben,

ziemlich weit draußen auf Long Island, den einer der Vanderbilts einmal der entzückenden Lina Cavalieri geschenkt hatte. Er hatte dort als Hobby mit einer Baumschule für Weihnachtsbäume begonnen. Daraus entwickelte sich dann ein großes und profitables Unternehmen mit, wie es scheint, beträchtlichen Steuervorteilen. Er war auch Eigentümer eines großen und luxuriösen Schiffes, dreißig Meter lang, halb Jacht, halb Hausboot, mit dem Namen Reposo.

Im Frühjahr 1929 erzählte er mir, er sei meinem Beispiel gefolgt und habe eine Menge Aktien von National Transit gekauft, mit denen er einen sehr befriedigenden Gewinn erzielt habe. Er war der Meinung, er schulde mir eine Belohnung, da ich mich so für die Aktionäre eingesetzt hätte, ohne von ihnen bezahlt zu werden. Er bot deshalb an, mir die Reposo für eine Woche zu leihen. Kosten würden mir keine entstehen, außer einem angemessenen Trinkgeld für Kapitän und Mannschaft. Auf der Jacht konnten sechs Leute übernachten, und ich konnte mitbringen, wen immer ich wollte.

Auf diese Weise führten meine Arbeit und mein Erfolg in der National Transit-Sache zu acht großartigen Tagen als Skipper ehrenhalber auf Dr. Herman Baruchs Luxusjacht Reposo.

Ein anderer geplanter Coup sollte mir viel Mühe, wenig Gewinn und einige seltsame Erfahrungen einbringen. Die Hauptnutznießer dieser Sache waren meine Kinder, denn ich wurde zur Überraschung aller Vizepräsident des größten Feuerwerkproduzenten des Landes. Das kam so.

Unsere Erfolge im Geschäft mit unterbewerteten Wertpapieren hatten uns bei den großen im Tafelgeschäft tätigen Häusern, die mit an keiner Börse notierten Emissionen handelten, bekannt gemacht. Das wichtigste dieser Häuser war vielleicht J. K. Rice & Company, dessen Chefhändler und Verkäufer ein Mann namens Bill Currie war. Er meldete sich am Telefon immer als „Currie von Rice". Eines Tages gegen Ende des Jahres 1928 betrat er unser Büro mit einem ausgefeilten Vorschlag, der den Feuerwerkhersteller Unexcelled Manufacturing Company betraf. Dieser Konzern verfügte, wie ich glaubte, über große Barvermögen und war recht erfolgreich. Ein großes Aktienpaket der Unexcelled war für nur $ 9 pro Aktie zu haben, was weniger als das Betriebskapital und nur sechsmal so viel wie die letzte Gewinnausschüttung von $ 1,50 pro Aktie war. Das Wichtigste an dieser Sache war, dass mit dem Kauf dieses Aktienpakets die Kontrolle über das Unternehmen aus den Händen des alten Präsidenten B. V. Bingle, angeblich ein Trinker, in die Hände einer neuen Gruppe um den soliden und fähigen Vizepräsidenten Tom Jardine übergehen sollte. Currie hatte dieser Gruppe gegenüber verlauten lassen, ich würde unter den neuen Verhältnissen einen hervorragenden Finanzberater abgeben. Wenn ich das Aktienpaket kaufte, sollte ich Vizepräsident werden und ein meinem Zeitaufwand für die finanziellen Angelegenheiten des Unternehmens entsprechendes Gehalt beziehen.

Die ganze Sache gefiel mir sehr, wobei ich die Wahl zum Vorstandsmitglied eines großen Unternehmens besonders attraktiv fand. Jerry und ich entschlossen uns, 10000 Aktien für das Benjamin Graham Konsortium zu kaufen und den Rest in gute Hände zu geben. Diese guten Hände gehörten niemand anderem als Bernard Baruch, der von mir gehört hatte und zunehmend Interesse an meiner Art von Geschäften gewann.

Die Jahreshauptversammlung der Unexcelled fand im Januar 1929 statt. Hier traf ich E. V. Bingle zum ersten Mal. Er war alt, beleibt und machte einen jovialen Eindruck. Es kam dann zu einem seltsamen Ereignis. Der Jahresbericht war noch nicht veröffentlicht worden, befand sich aber in den Händen des Präsidenten. Als es soweit war, den Jahresbericht vorzutragen, sah Bingle mich in der ersten Reihe sitzen und sagte zu mir: „Sie sehen wie ein anständiger junger Mann aus. Kommen Sie doch bitte herauf und lesen Sie der Versammlung diesen Bericht vor." Das tat ich, wenn mir auch dämmerte, dass ich führendes Mitglied bei einer Verschwörung war, die die Karriere eines Mannes beenden würde, der mir nie etwas zu Leide getan hatte. Hatte ich damals eine Vorahnung, dass ich diese Handlungsweise noch einmal bedauern würde? Wenn nicht, dann hätte ich sie jedenfalls haben sollen.

Die Versammlung verlief wie geplant. Wir gewannen mit einem knappen Vorsprung. Bingle war erstaunt und verwirrt. Wütend sagte er, er habe Tom Jardine erst groß gemacht, und jetzt werde er von seinem eigenen Schützling betrogen. Auf jeden Fall, fügte er hinzu, habe Jardine nicht für fünf Pfennig Verstand und werde bei der Führung dieses großen Unternehmens jämmerlich scheitern, eines Unternehmens, das er, Bingle, in fünfundzwanzig Jahren aufgebaut habe. Damit stolzierte er hinaus. Ich erfuhr, dass er später ziemlich betrunken in das Büro zurückgekehrt war, das er jetzt verlassen musste, und eine Menge Tumult verursacht hatte. Inzwischen setzten wir die Versammlung fort und wählten den neuen Vorstand mit Jardine als Präsident und Graham als Vizepräsident für Finanzen – mit einem Jahresgehalt von $ 6000.

12. Kapitel

Familiengeschichten und andere Affären

Im Mai 1918 wurde mein geliebter Sohn Isaac Newton geboren. Zwei Jahre später kam unsere älteste Tochter. Wir nannten sie ohne besondere Gründe und nach den üblichen langen Diskussionen Marjorie Evelyn. Zufällig war 1920 auch das Jahr des Liedes „Margie", eine durchschnittliche Komposition, die sich aber viele Jahre hielt. Aus Marjorie wurde für uns alle sofort Margie und später Marj – oder auch Mondgesicht, da sie als Kind ein Gesicht wie ein Vollmond hatte. Ich sang mit falscher Stimme oft „Margie, I'm always thinking of you, Margie", wenn ich sie beruhigen wollte, aber ohne großen Erfolg.

Genau fünfeinhalb Jahre nach Marjorie wurde unsere zweite Tochter geboren, ein blondes und blauäugiges Baby, das wir Elaine Dorothy nannten. Der Name Elaine war eine romantische Hommage an Tennysons „Idylls of the King":

> Elaine, die schöne, Elaine, die liebliche,
> Elaine, die Lilienmaid von Astolat …

Dorothy hieß meine Mutter.

Newton war ein wunderbarer Sohn, von frühester Kindheit an bis zu seinem tragischen Tod kurz vor seinem neunten Geburtstag. Die seit dieser Zeit verstrichenen Jahre verleiten mich ohne Zweifel zur Übertreibung, denn ein Kind kann kaum so perfekt sein, wie ich ihn in Erinnerung habe. Er war sehr hübsch, charmant, hochintelligent, rücksichtsvoll und entgegenkommend.

Ich weiß noch, wie ich ihn mit drei Jahren zum New Yorker Hippodrom mitnahm, ein Palast mit großartigen Vorführungen, den es heute nicht mehr gibt. Das Hippodrom war berühmt für sein großes Wasserbecken, das bei jeder Vorstellung eine wichtige Rolle spielte. Das Wasserbecken wurde geöffnet, zahlreiche Meerjungfrauen nahmen ihre Plätze ein und tauchten dann graziös ins Wasser. Es herrschte gespannte Stille. Plötzlich piepste eine sehr junge, aber gut verständliche Stimme: „Warum baden sie, Mammi? Sind sie dreckig?" Das war natürlich unser Newton.

Als Großmutter Mazur zu Besuch kam, schlief sie in Newtons Zimmer. Am nächsten Morgen fragten wir ihn, wie es gewesen sei. „Schön", sagte er fröhlich, „aber wir haben geschnarcht, dass sich die Balken bogen." Diesen Satz hatte er oft gehört, so wird der Schlaf des Menschenfressers in „Jack and the Beanstalk" beschrieben. Indem Newton „wir schnarchten" sagte, versuchte er taktvoll, auf Großmutters Gefühle Rücksicht zu nehmen, brachte uns mit seiner Erzählung aber alle zum Lachen.

Während seiner letzten Wochen im Mt. Sinai Krankenhaus erzählten wir Newton, dass seine Schwester das blaue Band der Klassenbesten bekommen hatte. Er strahlte und sagte dann ernst: „Ihr schätzt Margie nicht richtig ein. Sie ist wirklich sehr schlau."

Sogar als sie noch ganz klein waren, verstanden sich Newton und Marjorie in einer Art, die uns verschlossen blieb. Marjorie begann im üblichen Alter zu sprechen, ihre Aussprache war aber sehr undeutlich oder sie hatte, besser gesagt, eine eigene Aussprache. Für uns war es sehr schwierig zu verstehen, was sie gesagt hatte. Aber Newton, der ja ständig mit ihr zusammen war, konnte sie ohne Probleme verstehen. Wenn uns Marj wieder einmal erfolglos etwas mitzuteilen versuchte, wendeten wir uns immer an ihren vierjährigen Bruder und fragten ihn, was Marjorie sagen wollte. Er konnte es uns immer ohne zu zögern erklären.

Als Baby war Marjorie mit ihrem Mondgesicht nicht gerade schön, aber sie sollte bald zu einem attraktiven Kind und einer wunderschönen jungen Dame heranwachsen. Ich halte sie immer noch für eine der schönsten Frauen, die ich kenne, und für die mit dem besten Charakter. Als Kind war sie grundverschieden von Newton. Während er immer nett und fügsam war, konnte sie rebellisch und schwierig sein. Als wir aus Mt. Vernon nach New York City zurückkehrten, war Margie ungefähr drei Jahre alt und wir stellten eine Erzieherin für die beiden Kinder ein. Louisa Gohl, immer als „das Fräulein" bezeichnet, kam aus Stuttgart und war in ihrer Art sehr deutsch. Sie ließ schon bald erkennen, dass Newton ihr Liebling war, und setzte ihre ganze teutonische Energie daran, Marj Manieren beizubringen. Es war offensichtlich, dass sie nicht die Richtige für unsere Tochter war, aber das erkannten wir damals nicht. Eine Zeit lang sahen wir Marj als richtigen Satansbraten, was sie wahrscheinlich auch war. Zum Glück für sie und uns wurde sie als Teenager zum Muster einer Tochter, eine hervorragende Schülerin und gute Sportlerin. Seit sie ungefähr dreizehn Jahre alt war, hat sie mich nur glücklich und stolz gemacht.

Marjorie war nicht nur sehr klug, sie war auch sehr ehrgeizig und wollte bei allem, was sie begann, besonders gut sein. Sie lernte schon früh, auf dem Kopf zu stehen, und sie blieb solange auf dem Kopf stehen, bis wir sie baten aufzuhören. Ich erinnere mich an eine dieser Gelegenheiten, als sie vielleicht sechs Jahre alt war und plötzlich aus einem kleinen Mund dicht über dem Fußboden die ernste Frage zu hören war: „Daddy, was ist der Weltrekord im Kopfstand?"

Marjorie profitierte allerdings später noch von diesem Kunststück, als sie zum Schwimmteam der Lincoln School gehörte und regelmäßig Erste im Springen aus dem Kopfstand war. Sie zeigte beträchtliche Fähigkeiten in Musik, vor allem was das Komponieren anging. Marjorie und zwei andere begabte Mädchen von der Lincoln School schrieben und produzierten ein Theaterstück mit dem Titel „Siebzehn Millionen Tote", das an das Gemetzel des Ersten Weltkriegs erinnerte und ein wortgewaltiges Plädoyer für den Frieden darstellte. Marjorie komponierte auch die Musik zu einem Film mit dem Titel „Die Brüder von Altamira", den ihre Klasse drehte und der von Höhlenmenschen handelte. Ihr junger Englischlehrer zeigte diesen Film auf verschiedenen Pädagogentreffen. Da Marj nie die Noten für ihre musikalische Begleitung aufgeschrieben hatte, ging sie zu diesen Treffen mit und begleitete den Film auf dem Klavier.

Ich erinnere mich noch, dass sie ein aufregendes Stück mit dem Titel „Bürgerkriegs-Rhapsodie" komponierte. Ich schlug ihr vor, es mit der Kombination eines Themas aus der Ouvertüre zu Tschaikowskis „1812" mit „Dixie" und „Yankee Doodle" enden zu lassen. Das machte sie meines Erachtens ganz geschickt. Sie vertonte auch meine Versfassung der berühmten Zeilen aus „History of the World", die Sir Walter Raleigh im Gefängnis komponiert hatte: „O eloquent, just, and mighty Death". Meine Version begann so:

Eloquent Death, mighty and just,
Thou dost persuade whom none could advise;
What none hath dared that thing thou dost;
Whom the world flatters thou dost despise.

Beredter Tod, stark und gerecht,
Du überzeugst, dem keiner konnt' raten;
Was keiner gewagt, Du vollbringst jene Taten;
Und wem die Welt schmeichelt, den achtest Du schlecht.

Musik und Auf-dem-Kopf-Stehen miteinander zu vereinbaren, ist nicht leicht, aber Margie schaffte es. Eine Zeit lang erteilte ihr ein junger Lehrer bei uns zu Hause Klavierunterricht. Nach einer halben Stunde machte sie regelmäßig eine Minute Pause, um auf dem Kopf zu stehen und dann erholt ans Klavier zurückzukehren.

Im Alter von elf Jahren machte Margie eine Bemerkung, die ich immer als Beweis eines hohen Einfühlungsvermögens betrachtet habe. Eine ihrer Klassenkameradinnen war Fifi Garbat, die Tochter eines wegen seiner Fähigkeiten und seiner hohen Rechnungen berühmten Magenchirurgen. Mrs. Garbat war so etwas wie eine Großwildjägerin im Dschungel der musikalischen Berühmtheiten. Marj bekam eine Einladung zu Fifis Geburtstagsparty, Hazel und ich brachten sie hin und durften bleiben. Das war in der Tat ein Privileg, denn zu den jungen Gästen gehörten Yehudi Menuhin, seine talentierte Schwester Yalta und ein weiterer Wunderknabe, Ruggiero Ricci. Diese Berühmtheiten in kurzen Hosen absolvierten die gesamte Party mit ernster und gesitteter Miene. Am selben Abend besuchte uns ein Riese von einem russischen Tenor namens Maxim Karolik, damals vielleicht dreißig Jahre alt. Er benahm sich, wie das seine Art war, wie ein Clown und redete eine Menge ausländisches Zeug, das er mit absurden Gesten begleitete. Als wir am nächsten Tag über die Besuche des Vortags sprachen, bemerkte Margie weise: „Sind Künstler nicht seltsam, Dad? Als Kinder benehmen sie sich wie Erwachsene, und als Erwachsene benehmen sie sich wie Kinder."

Wir hatten Karolik 1923 über musikalische Freunde von uns kennengelernt. Er war ein russischer Jude, Tenor, und sah aus wie Abraham Lincoln. Als wir ihn kennenlernten, war er dem Verhungern nah. Wir hatten eine Wohnung im Erdgeschoss, Riverside Drive 160, und zur Abendessenszeit hörten wir oft ein vertrautes Klopfen am Fenster. „Das ist Maxim", hieß es dann, und wir luden ihn bei uns zum Essen ein.

Einige Jahre später hatte Karolik ein Engagement als Sänger in einem Haus in Newport, Rhode Island. Obwohl das Singen sein Beruf war, war seine Stimme eher mittelmäßig. Bei seinem Auftritt gewann er die Herzen der Misses Codman, zweier unermesslich reicher, unverheirateter Schwestern adliger Abstammung, die über dreißig Jahre älter waren als er. Im Handumdrehen heiratete er eine von ihnen. Ich habe niemals erfahren, wie entschieden wurde, welche von ihnen Mrs. Karolik wurde. Wie ein männliches Aschenputtel begab sich Maxim jetzt in die Glitzerwelt der guten Gesellschaft von Newport, Washington und Boston, mit Leuten wie den Fahnestocks als Nachbarn und jedwedem Luxus zu seiner Verfügung. Er hatte sogar zwei Auftritte in der Carnegie Hall, die wir, wie es sich gehörte, besuchten und die von der Kritik mit zweideutiger Höflichkeit bedacht wurden. Recht selten wurden Maxim kurze Besuche in New York gestattet. Bei diesen Gelegenheiten erschien er immer bei uns zum Essen, um sich an unserer Küche zu erfreuen, wie er sagte, nicht mehr, um seinen Hunger zu stillen, wie ehedem. Er ergötzte uns mit Berichten über seine Erfolge in der guten Gesellschaft von Newport, die ihn als vom Himmel gesandten Erlöser aus ihrer Langeweile betrachtet haben muss. Einmal erzählte er mit Vergnügen, wie er zum Urheber einer neuen Manie in Newport geworden war, des Taubenzüchtens nämlich, das jetzt in den Herrenhäusern Newports genauso betrieben wurde wie in dem kleinen Dorf in Bessarabien, aus dem er stammte. Nach einiger Zeit machte seine Frau eine kostspielige Schenkung an das Bostoner Museum, die aus einem großen Teil ihrer Sammlung amerikanischer Möbel bestand. Statt den angestammten Namen Codman zu verewigen, wie man hätte erwarten können, machte die würdige Dame diese Schenkung im Namen von Mr. und Mrs. Maxim Karolik. Die Räume des Museums, in denen diese Schätze zu sehen sind, tragen eine entsprechende Widmung.

Von den vielen Wechselfällen des Schicksals, die ich in meinem langen Leben miterlebt habe, ist der Fall unseres unbesonnenen jungen

Freundes Max Karolik fraglos der seltsamste. War das Spiel den Einsatz wert, den er bezahlte? Ich bin mir nicht sicher, aber ich neige dazu, es zu glauben.

Meine zweite Tochter wurde Dr. phil. Elaine Graham Bell. Später heiratete sie Cyril Sofer. Elaine begann ihr Leben 1925 als strahlendes kleines Wesen mit blauen Augen und blonden Haaren, hübsch und von gewinnender Art. Sie wurde von allen gemocht, von ihren Geschwistern genauso wie von uns. Da ihre Geschwister fünf und sieben Jahre älter waren als Elaine, zeigten sie nicht jene unter Geschwistern übliche Eifersucht, von denen die Psychologen so gerne reden. Fräulein Gohl übertrug schnell ihre gesamte Zuneigung auf den kleinen neuen Schatz und wurde noch unduldsamer bei Margies kleinen Missetaten. Hazel bemerkte oft genug, dass Elaine sich von ihren drei Babies am besten benehme. Daraus leitete unser Fräulein schnell den Namen „Besty" ab, und auch die anderen Kinder akzeptierten diese beneidenswerte Bezeichnung ohne Klagen. Besty blieb für viele Jahre Elaines Spitzname.

Ich machte ein kleines Gedicht zu Elaines erstem Geburtstag, das Newton bei ihrer Geburtstagsfeier vortrug – ihren zweiten Geburtstag sollte er nicht mehr erleben. Ich höre ihn noch mit klarer, kindlicher Stimme vortragen:

Gaily we greet the little traveller
On this first milestone of her life's long way;
May every day be happy as this day,
And goodness, health and love watch over her.
Sweet was she when she came and sweeter still
Day after day and month by month she grows;
While loving hands hold our dear Besty close
And watchful eyes guard her from every ill.

Fröhlich grüßen wir die kleine Reisende
am ersten Halt auf ihrer langen Fahrt.
Mag jeder Tag so glücklich sein wie dieser,
Gesundheit, Glück und Güte soll'n sie hüten.
Schön war sie, als sie kam, und schöner noch

wird sie von Tag zu Tag, von Mond zu Mond,
während mit liebevoller Hand und wachem Blick
vor jedem Unglück uns're Besty wir bewahren.

Diese Besty entwickelte ein ganz eigenes Wesen mit einigen unerwarteten Charakterzügen. Sie war selbstständig in Denken und Handeln und baute zuweilen eine unverkennbare Mauer zwischen sich und ihrer Umwelt auf. Dieses Wesensmerkmal hatte sie, wie ich fürchte, von ihrem Vater geerbt, sie fügte ihm aber noch einige eigene Variationen hinzu. Ihre Unabhängigkeit zeigte sich schon sehr früh, und sie machte schon als Kind mit der Polizei Bekanntschaft. Im Alter von sechs Jahren beschloss sie, früh am Morgen aufzustehen, um die Vögel im Central Park singen zu hören. Sie stand auf, zog sich an, und schlüpfte an einem Sonntagmorgen um sechs Uhr mit ihrem dreijährigen Bruder (dem zweiten Newton) an der Hand aus unserer Wohnung. Wir erfuhren von der Sache, als wir von einem Polizisten geweckt wurden, der zwei im Park herumlaufende Kinder gefunden hatte – der Central Park war nie ein sicherer Ort zu solchen Uhrzeiten. Haben wir das charmante Kind wegen dieser Eskapade bestraft? Ich weiß es nicht mehr.

Ein zweites Abenteuer war noch seltsamer und gefährlicher. Im Alter von zwölf Jahren setzten es sich Elaine und eine Freundin von der Lincoln School in den Kopf, irgendwohin durchzubrennen. Sie stiegen in einen Bus, der sie 150 Meilen weit bis nach Lancaster brachte, mitten ins Gebiet der Amish in Pennsylvania. Sie erklärten diese Wahl später damit, dass sie einmal das richtige Landleben sehen wollten. Sie trotteten eine Straße außerhalb von Lancaster entlang, legten bei einem Bauernhof eine Pause ein und fragten nach Milch. Die Bäuerin war die Mutter eines Staatspolizisten, der zufällig vorbei kam. Er steckte die beiden Mädchen ins Kreisgefängnis und behielt sie wegen Landstreicherei dort. Spät am Abend erfuhren die verängstigten Eltern in New York, wo ihre verschwundenen Töchter waren. Am nächsten Morgen wurden die Mädchen in den Bus nach New York gesetzt. Wir holten sie am Busbahnhof ab. Sie waren offenkundig froh, wieder zu Hause zu sein, aber recht zurückhaltend, was Einzelheiten ihres Abenteuers anging. Später erfuhren wir, dass sie die Nacht mit betrunkenen Frauen und Prostituierten im Gefängnis verbracht hatten – unsere unschuldige kleine Besty!

Sowohl Marj als auch Elaine hatten das Glück, die Lincoln School besuchen zu dürfen – eine großartige Schule, die von den Rockefellers finanziert und vom Teachers College der Universität Columbia betrieben wurde. Ziel der Schule war es, mit einer Reihe vielversprechender pädagogischer Konzepte für die Primar- und Sekundarstufe zu experimentieren. Sie zog die besten Lehrer an und wählte die Schüler sorgfältig aus, wobei Kinder bevorzugt wurden, deren Eltern – wie ich inzwischen – zum Lehrkörper der Columbia Universität gehörten. Meine Kinder profitierten sehr von der liberalen und anregenden Atmosphäre an der Lincoln School. Als Elaine mit jungen Jahren dort begann, hieß es, sie würde nur schwer dem hervorragenden Ruf gerecht werden können, den sich ihre ältere Schwester dort bereits erworben hatte. Marj war die offizielle Rednerin auf der Abschlussfeier ihrer Klasse. Aber Elaine blieb nicht weit hinter Marj zurück. In der Tat waren ihre Lehrer der Meinung, sie verfüge von Natur aus über eine schärfere Intelligenz als Marj, lasse jedoch deren unermüdlichen Fleiß vermissen. Wie ihr Vater saß auch Elaine nicht allzu lange über ihren Schulbüchern und absolvierte ihre Aufgaben in der Hälfte der Zeit, die ihre Schwester brauchte.

Schon früh gab uns Elaine mehrere Anlässe, stolz auf sie zu sein. Mit noch nicht einmal neun Jahren hatte sie schon in der Town Hall und der Carnegie Hall auf der Bühne gestanden. Die Kinder gingen zur Diller-Quaile Musikschule, die neue Wege des Musikunterrichts beschritt. Die Schüler hatten jedes Jahr einen Auftritt im Rathaus. Die Jüngeren, ungefähr im Alter von sieben Jahren, spielten in der Regel Schlagzeug, Trommeln, Triangeln, Becken und dergleichen. Nach einer Probe war Elaine dazu ausgesucht worden, das Orchester zu leiten. Da stand unser kleiner Schatz und gab jedem Instrument seinen Einsatz. Gespielt wurde eine nuancenreiche Version von „The Campbells Are Coming", und Elaine hatte sich und ihre Gruppe völlig im Griff. Ich hatte einen Knoten in der Kehle, als ich ihr zusah, und verstohlen sah ich mich um, ob die anderen ebenso hingerissen von dieser außerordentlichen Vorstellung waren wie ich. Ein oder zwei Jahre später nahm Elaine unter der Leitung der Lewisohn-Schwestern Ballettstunden in der Neighborhood Playhouse School of Dancing. Die Schule brachte eine ehrgeizige Aufführung von La Boutique Fantasque heraus und engagierte als einzigen Berufstänzer den gefürchteten Alexis Kosloff. Bei einem der Tänze begleiteten Kosloff zwei kleine Pudel, einer rechts und einer links von ihm, die herumtollten, Purzelbäume schlugen und andere Tricks vollführten. Man stelle sich vor! Einer der beiden Pudel war Elaine, und Beifall brauste auf in der Carnegie Hall, als sie und Alexis Kosloff ihre Nummer beendet hatten.

Als wir von Mt. Vernon nach New York zurückzogen, hatten wir zunächst eine Wohnung im Erdgeschoss des Hauses Riverside Drive 160, Ecke 88. Straße, in der Nähe des imposanten Schinasi-Gebäudes und zwei Häuserblocks entfernt vom Soldaten- und Seeleutedenkmal. Unsere Wohnung schien mir damals groß und luxuriös zu sein, und ich war stolz auf unsere Adresse am Riverside Drive, die finanziellen Erfolg signalisierte. Dieser Erfolg wurde auch in der Wahl unseres Ferienortes für den Sommer deutlich. Wir entschieden uns für das exklusive – zumindest hochnäsige – Deal an der Atlantikküste von New Jersey. Wir verbrachten unseren ersten Sommer dort im Jahr 1925, im Hathaway Inn. 1926 mieteten wir ein hübsches Haus in der Nähe des Kasinos, wo wir natürlich Mitglied wurden.

In New York war ich auch Mitglied des City Athletic Club geworden, dessen oberstes Gesetz damals lautete: „Keine Kartenspiele in den Räumen des Clubs". Als später die Gründungsmitglieder des Clubs älter und weniger sportlich zu werden begannen, wurde diese Vorschrift aufgehoben. Ich besuchte den Club einmal viele Jahre nach meinem Austritt und war überrascht, fast überall Kartenspieler vorzufinden. Im C.A.C. nahm ich Unterricht in Squash und Golf. Mein Squash-Lehrer war ein junger Mann, der damals Weltmeister der Profis war. Ein begeistertes Mitglied des C.A.C., mit dem ich neulich sprach, erklärte ihn schlechthin zum größten Spieler aller Zeiten, egal in welcher Sportart. Er verdiente eine Menge Geld, indem er für einen Wetteinsatz von $ 5 seinen Schülern 19 Punkte Vorsprung gab, um dann ohne Probleme seine 21 Punkte zu machen, bevor einer von uns die zu einem Sieg noch fehlenden 2 Punkte erzielen konnte. Dieser junge Mann erlitt jedoch bereits mit jungen Jahren einen Nervenzusammenbruch und beging Selbstmord. Ich habe niemals die ganze Geschichte erfahren – irgendetwas muss da wohl gewesen sein, denn soweit ich sehen konnte, hatte er weder Nerven noch eine einzige Sorge auf dieser Welt. Wie wenig wir doch ahnen, was im Kopf anderer Leute vorgeht!

Meine Karriere als Golfer war unrühmlich. Ich glaubte oft, wie alle anderen auf dem richtigen Weg zu sein, nur um wieder im Morast verschlagener Bälle und genereller Unfähigkeit zu versinken. Schon bald entwickelte ich ein ausgeprägtes Vorurteil gegen ein Spiel, das meiner Meinung nach Tür und Tor für die Selbstgefälligkeit der Spieler öffnete. Die endlosen Diskussionen über gute und schlechte Schläge, die Prahlereien, das Gerede darüber, wie viele Schläge jemand auf einem bestimmten Grün gebraucht hatte, das ewige Wetten – all dies musste jemanden abstoßen, der mit den strengen Regeln und Verhaltensvorschriften des Gentleman-Tennis groß geworden war. Nach sieben Wanderjahren in der Wildnis des Golf gab ich diese Sportart auf und kehrte wieder zum Tennis zurück, wo ich hingehörte. Ich sollte mich an diesem anregenden Sport bis ins Alter freuen. Als ich über Sechzig war, musste ich ihn schließlich aus gesundheitlichen Gründen aufgeben – ich konnte es auf dem Tennisplatz nie langsam angehen lassen.

Ich fuhr auch gerne Ski. Angefangen hatte ich damit im Winter 1924 im Dean House am Lake Mahopac. Es gab eine Menge Schnee, und wer das Risiko eingehen wollte, für den waren Skier da. Die Skier hatten damals eine ganz einfache Bindung, die nur aus einem einzigen Riemen über den Zehen bestand. Es gab eine kleine Abfahrt, die vom Gasthaus hinunter zum See führte. Genau wie unserem kleinen Newton fiel mir das Skifahren leicht. Wir besaßen eine Amateurfilmkamera, die wir zusammen mit einem Projektor und einer Leinwand als Weihnachtsgeschenk von meiner alten Firma N. H. & L. bekommen hatten. Ich hatte ihnen im vorigen Jahr einige Geschäfte vermittelt, ohne etwas dafür zu verlangen. Im Familienarchiv findet sich noch der erste Film, der mit dieser Kamera gedreht wurde. Er zeigt uns, wie wir zum ersten Mal Ski fahren und eine Menge Spaß haben.

Hazels Umgang mit der Bell & Howell Filmkamera hatte eine größere Bedeutung für sie, als sie damals dachte. Sie machte später eine Karriere als Fotografin. Viele Jahre lang war sie die offizielle Fotografin der großen Hadassah-Organisation, deren Vorstandsmitglied sie auch lange Zeit war. Ihre Filme von Leben und Landschaften in Israel wurden überall vor interessiertem Publikum gezeigt.

Ich bin fast vierzig Jahre Ski gelaufen und habe in dieser Zeit die Entwicklung dieses Sports von den kleinsten Anfängen zu einem Massensport miterlebt. Auf unzähligen Pisten sind große Anlagen entstanden. 1924 waren sogar Zugseile weitgehend unbekannt. Als wir das erste Mal nach Stowe, Vermont, fuhren, gab es am Mount Mansfield weder einen Skilift noch Zugseile. Wir brauchten vier Stunden, um auf einem Fahrweg den Berg hinaufzuklettern und mussten Felle unter unsere Skier binden, um nicht wieder hinabzurutschen. Dann sausten wir in zwanzig Minuten den gleichen Weg wieder hinunter. Von Kristiania- und Telemarkschwüngen hatten wir zwar gehört, aber das war etwas für Skandinavier, die mit Skiern unter den Füßen geboren wurden. Wir verließen uns auf die gute alte Schneepflugmethode, Zehen nach innen, wenn wir anhalten oder einen Bogen fahren wollten. Viele Jahre später konnte ich den Kristiania ganz gut und ich vergesse nie die Begeisterung, mit der ich meine Technik allen vorführte, die sie sehen wollten.

Die Skiferien brachten mir einige der glücklichsten und erfüllendsten Tage meines Lebens. Oft fuhren wir mit dem Nachtzug in die Weihnachtsferien hinauf nach Lake Placid. Ein Großteil des Skilaufens spielte sich dort auf dem recht unproblematischen Stevens Hill in der Nähe der Hotels ab, wo es ein einziges Zugseil gab. Anfangs war der Hügel voll von Anfängern, die vor Angst außer sich waren. Alle Augenblicke fiel jemand vor mir hin. Das Zugseil musste ständig angehalten werden, damit auf dem Boden krabbelnde Neulinge zur Seite kriechen oder gezogen werden konnten. Fünf Tage später sah ich die Veränderung mit Erstaunen. Die ängstlichen und ungeschickten Anfänger schienen sich fast schon zu Experten entwickelt zu haben. Das Seil lief glatt und niemand schien zu fallen. Wahrscheinlich hatten die hoffnungslosen Fälle Stevens Hill verlassen und es an einer noch einfacheren Stelle versucht, auf jeden Fall schien die Wende zum Besseren wundersam.

Später verbrachten wir einmal die Weihnachtsferien am Lake Placid zusammen mit guten Freunden, den Charles Goodmans, und ihren Kindern. Der älteste von ihnen war ein netter Collegejunge, Robert. Ich weiß noch, wie wir einmal die halbe Nacht aufblieben, auf einem der unteren Betten hockten, über Philosophie redeten, Gedichte vortrugen und eine wunderbare Zeit hatten.

Jetzt, da ich diese Zeilen schreibe, dreißig Jahre später, sind Robert Goodman und seine Frau irgendwo in Mississippi und hoffen verzweifelt, dass ihr geliebter Sohn Andy irgendwie doch noch lebendig gefunden wird. Andy ist nämlich einer der drei engagierten Bürgerrechtsaktivisten, die vor zwanzig Tagen verschwunden sind und von denen man außer einem verkohlten Autowrack keine Spur gefunden hat. (1) Voller Mitgefühl denke ich an den einsamen Vater, Robert, den ich vor so langer Zeit als ernsten, idealistischen Studenten kennenlernte, der seine Ideale an seinen Sohn weitergab und der nun irgendwie lernen muss, Andys Martyrium zu akzeptieren. Meine eigene Sympathie ist umso ausgeprägter, als mein eigener Sohn Benjamin Jr. (Buz) gegenwärtig (im Juli 1964) in Mississippi ist, gemeinsam mit Hunderten anderer, die ihr Leben riskieren bei diesem humanitären Einsatz, den sie aus Gewissensgründen auf sich genommen haben.

Aber zurück nach Lake Placid und zu einem Ereignis, das etwas Licht auf die Temperamentsunterschiede zwischen Hazel und mir wirft. Da wir Silvester im Hotel verbringen würden, beschloss ich, meine Abendgarderobe mitzunehmen. Aus irgendwelchen Gründen wollte Hazel nicht an förmlichen Veranstaltungen teilnehmen, möglicherweise hatte sie nicht die richtige Frisur, und versuchte, mich auch davon abzubringen. Ich sagte, meines Wissens würden die Goodmans auch Abendgarderobe mitbringen, und ich wolle das Gleiche tun – was ich auch machte. Natürlich fand Silvester im Hotel eine Galaparty statt. Die Goodmans gingen hinauf, um sich umzuziehen, und ich tat dasselbe. In unserem Zimmer bat mich Hazel, nicht meine Abendgarderobe zu tragen; es wäre sehr peinlich für sie, wenn ich Abendgarderobe tragen würde und sie nicht. Ich blieb standhaft. Ich sagte, das Ganze sei wieder eine ihrer Launen; es habe keinen Grund gegeben, ihr Abendkleid zu Hause zu lassen; ich hätte es satt, mich ständig nach ihr zu richten; und es wäre dumm, meine Abendgarderobe nicht zu tragen, nachdem ich mir soviel Mühe damit gemacht hatte, sie mitzunehmen.

Als die Auseinandersetzung hitziger wurde, nahm Hazel mein Frackhemd vom Bett und warf es aus dem Fenster in den Schnee. Ich nahm ganz ruhig mein zweites Frackhemd aus der Schublade und begann, die Hemdknöpfe hineinzuknöpfen. Hazel riss mir das Hemd aus der Hand und warf es dem ersten hinterher. Jetzt hatte ich keine andere Wahl mehr, als ihr – sicherlich recht übellaunig – ihren Willen zu tun und in meinem normalen Anzug hinunter zum Dinner zu gehen. Hazel holte die schneebedeckten Hemden wieder herein und wir dachten uns irgendeine peinliche Erklärung des Zwischenfalls für unsere Freunde aus. Als wir schließlich zurück in unser Zimmer kamen, zeigte es sich, dass ein Scherzkeks (es war Bobby Goodman) meine Abendgarderobe sorgfältig so auf dem Fußboden ausgebreitet hatte, als würde sie von einem zweidimensionalen Zwerg getragen. So schloss der Zwischenfall mit einer humoristischen Note.

Ohne Zweifel hätten ein Psychologe oder ein Simenon aus diesem Vorkommnis eine Menge über den Zustand unserer Ehe schließen können. Meiner Ansicht nach waren Hazel und ich gute Menschen, deren Vorzüge die Fehler bei weitem überwogen. Wir hatten ziemlich viele Interessen gemeinsam – vor allem unsere Kinder, aber auch Theater, Oper, Konzerte, Urlaubsreisen, Sport und Wohltätigkeit. Hazel hatte mich schon vor unserer Hochzeit für die Blindenarbeit interessiert. Sie hatte den Kindern im Dyker Heights Blindenhaus Tanzunterricht erteilt und später bei der neu gegründeten New Yorker Gilde für blinde Juden unterrichtet. Jetzt, da ich diese Zeilen schreibe, feiert die Gilde unter einem leicht veränderten Namen ihr fünfzigjähriges Bestehen. Aufgrund von Hazels Interesse begann ich als eine Art „großer Bruder" eines der sehr benachteiligten blinden Jungen. Später wurde ich Vorstandsmitglied, Vorsitzender des Haushaltsausschusses und schließlich Präsident der Gilde, deren jährliches Budget inzwischen von $ 30 000 auf $ 1 300 000 angestiegen ist, ein prozentualer Anstieg, der demjenigen des Bruttosozialprodukts der USA entspricht.

Wir hatten mehr Grund, eine glückliche und erfolgreiche Ehe zu erwarten als die meisten Paare. Warum scheiterten wir?

Der weniger wichtige Grund war wahrscheinlich ein gewisser Mangel an physischer Übereinstimmung. Wir waren zu jung und unerfahren, um dies zum Zeitpunkt unserer Heirat zu erkennen. Die Hauptschwierigkeit erwuchs meiner Überzeugung nach jedoch aus einer Charakterschwäche meinerseits, die es mir nicht erlaubte, in adäquater Weise mit einer Charakterschwäche Hazels umzugehen. Die hervorstechendsten Qualitäten meiner Frau waren ihre Energie und ihre vielen praktischen Fähigkeiten. Aber sie legte auch mehr als andere Menschen die zu diesen Tugenden passende Untugend an den Tag. Sie war überzeugt, alles besser zu können als alle anderen. In allen praktischen Dingen übernahm sie sofort eine Führungsrolle. Das wiederum führte dazu, dass sie alle in ihrer Umgebung herumkommandierte – einschließlich ihren Mann. Ich war niemand, der eine solche Behandlung toleriert hätte. Obwohl ich gerne entgegenkommend war und es hasste, über irgendetwas zu streiten, hatte ich doch einen ausgeprägten Hang zur Unabhängigkeit und lehnte es innerlich ab, mich in irgendeiner Weise dominieren zu lassen.

Hätte ich mit dreiundzwanzig gewusst, was ich heute weiß, wäre unsere Ehe anders verlaufen. Von Anfang an hätte ich mich geweigert, mir Vorschriften machen zu lassen. Ich hätte darauf bestanden, dass meine Wünsche in allen Dingen genauso wichtig wären wie Hazels. Ich hätte sogar eigene Wünsche erfunden um sicherzustellen, dass nicht immer alles nach ihrer Nase lief. Ich hätte die unzähligen Tricks und Kniffe genauer studiert, die sie benutzte, um sich ins Recht und mich ins Unrecht zu setzen. Ich hätte wirkungsvolle Gegenmaßnahmen überlegt. Ich beging vielmehr den großen Fehler, alle aufkommenden Probleme für Kleinigkeiten zu halten, um die es sich nicht zu streiten lohne. Einzig meinen großen finanziellen Erfolg und meinen stetigen wirtschaftlichen und gesellschaftlichen Aufstieg hielt ich für wichtig – zur Überraschung vieler, vor allem meiner Mutter, die mich als verträumtes Kind kannte.

Unsere Ehe war zum Scheitern verurteilt, nein, sie war bereits ein völliger Fehlschlag, bevor Hazel oder ich auch nur ahnten, dass etwas schief lief. Im Sommer 1926 wohnten wir in einem komfortablen Ferienhaus in Deal und ich spielte mittwochs mit Bert Parker im eleganten Deal Country Club Golf. Bert Parker war Leiter des lokalen Büros von McDonnell and Company, bei denen ich einige Kauf- und Verkaufsaufträge platziert hatte. Das Leben schien angenehm, luxuriös, interessant und in vieler Hinsicht lohnend. Mein Bruder Victor besuchte mich eines Wochenendes und bemerkte, wie wunderbar sich alles für uns entwickeln würde. Ich pflichtete ihm bei und fügte hinzu: „Vielleicht läuft alles zu gut, und auf uns wartet noch ein großes Unglück." Es ist kaum überraschend, dass sich diese Bemerkung als prophetisch herausstellen sollte. Ich war verheiratet und hatte drei Kinder, oder, mit Bacon gesprochen, ich hatte dem Schicksal Geiseln verschafft und war verwundbarer, als ich mir hätte träumen lassen.

Als wir Anfang März des nächsten Jahres von einem Urlaub in Florida zurückkehrten, fanden wir Newton mit Ohrenschmerzen vor. Wir riefen Dr. Friesner, den Ohrenspezialisten des Mt. Sinai Krankenhauses. Er diagnostizierte Mastoiditis, was eine Operation erforderlich machte. Nach der Operation erkrankte Newton an spinaler Meningitis. Er starb am 20. April 1927. Am 12. Mai wäre er neun Jahre alt geworden.

Viele schmerzliche Ereignisse in Verbindung mit Newtons Erkrankung und Tod sind in meinem Gedächtnis eingraviert. Mir fehlt der Mut, darüber zu schreiben – wofür der Leser wirklich dankbar sein kann. Würde ich es versuchen, käme wohl ein ähnlich missglückter und pathetischer Bericht dabei heraus, wie Dädalus ihn über den Flug und den Sturz seines geliebten Sohnes Ikarus in Stein zu meißeln versuchte. Vergils Zeilen sind mir teuer. (2) Jahre später musste ich weinen, als ich durch den Bericht über den Tod eines Kindes in Aldous Huxleys „Point Counterpoint" an unseren Verlust erinnert wurde. (3) So viele Eltern haben das gleiche Leid durchgemacht! Aber welcher Trost zu bedenken, dass das Penizillin die Meningitis besiegt hat, genauso wie die Diphtherie und viele andere Krankheiten, die so vielen Kindern das Leben gekostet und so vielen Eltern das Herz gebrochen haben.

Newton wurde auf unserer Parzelle auf dem Westchester Hills Friedhof beerdigt. Als Mitglieder der Freien Synagoge hatten wir diese Parzelle vor nicht allzu langer Zeit gekauft, ohne zu ahnen, dass wir sie bald brauchen würden. Der kleine Grabstein trägt die Worte: „Bestes, tapferstes, geliebtestes Kind." All das war Newton, und mehr. Meine Mutter besuchte damals ihre zahlreiche Verwandtschaft in Europa. Hazel hatte einige fröhliche Szenen bei ihrer Abreise gefilmt, die letzten Aufnahmen, die Newton noch am Leben zeigen. Wir hatten versucht, meine Mutter mit Mitteilungen über Newtons Krankheit zu verschonen. Schließlich ahnte sie aber irgendein Unheil und flehte uns an, sie nicht im Ungewissen zu lassen. Ich übernahm diese traurige Pflicht, versuchte, meinen eigenen Kummer zu verbergen und tat alles in meinen Kräften stehende, um den schweren Schlag zu mildern, der sie treffen sollte. Sie antwortete mit einem Brief schmerzlicher Anteilnahme, und ich wusste, dass wir über den weiten Ozean hinweg gemeinsam trauerten.

Hazel und ich fühlten eine enge Gemeinsamkeit in unserem Kummer, aber dieses Gefühl der Zusammengehörigkeit machte uns auch klar, wie weit wir uns voneinander entfernt hatten. Kurz nach der Beerdigung aßen wir zusammen in einem chinesischen Restaurant. Wir sprachen darüber, wie wir gemeinsam ein neues und besseres Leben beginnen konnten. Hazel wollte mir Dinge aus ihrem Leben erzählen, die sie bisher vor mir geheim gehalten hatte. Ich sei ein kalter, relativ teilnahmsloser Ehemann gewesen, zu beschäftigt mit meiner Karriere, als dass ich ihr viel hätte geben können. Sie hätte mehr Wärme und Verständnis gebraucht, und das hätte ihr eine Freundschaft mit unserem Hausarzt gegeben. Es sei eine enge Freundschaft, sagte sie, nicht mehr. Ich fragte nicht nach, akzeptierte ihr Geständnis und versprach, von nun an ein besserer Ehemann zu sein. Hazel versprach auch, weniger dominierend sein zu wollen.

Wir wollten beide ein weiteres Kind. Wir träumten von einem neuen Newton, eine Reinkarnation des Jungen, den wir verloren hatten. Bald war Hazel schwanger, und alles hätte gut laufen können zwischen uns. Aber das war nicht der Fall. Großer Kummer und die besten Vorsätze sind nicht genug, um tiefsitzende Konflikte zwischen Mann und Frau zu lösen. Bald schon nahmen wir unsere alten Verhaltensmuster wieder auf. Trotz ihrer Schwangerschaft verkündete Hazel im Herbst, sie wolle mit einer ihrer besten Freundinnen, Pauline H., eine Reise durch Russland machen. Ich war natürlich zu sehr mit Geldverdienen beschäftigt, als dass ich hätte mitkommen können.

So blieb ich volle zwei Monate allein, und so hatte ich dann auch mit dreiunddreißig meine erste Affäre, nach zehn Jahren ehelicher Treue. Ich werde hier nicht à la Frank Harris über meine sexuellen Abenteuer berichten oder der Offenheit von Rousseaus Bekenntnissen nacheifern. Ich werde aber auch nicht die unredliche Verschwiegenheit des großen Liebhabers Chateaubriand kopieren, der es auf den dreitausend Seiten seiner „Souvenirs d'Outre Tombe" vermied, eine seiner berühmten Affären zu enthüllen. Hätte er nicht die Hilfe des Herausgebers, könnte der Leser dieser außergewöhnlichen Memoiren gut in unschuldige Verwunderung darüber verfallen, warum Chateaubriand wohl in den fünfzig Jahren seines Ehelebens so wenig Zeit bei seiner Frau verbrachte. Da werde ich ehrlicher sein, wenn auch nur in der Hoffnung, etwas Licht auf den menschlichen Charakter zu werfen.

Mein Sexualleben hat sich in einem wichtigen Aspekt quasi rückwärts entwickelt. Im viktorianischen Roman gilt es als ausgemacht, dass junge Herren trinken, spielen, sich mit Frauenzimmern amüsieren und sich so die Hörner abstoßen, bevor sie heiraten und Säulen der Respektabilität werden. Ich habe mir in meiner Jugend noch nicht einmal ein halbes Horn abgestoßen. Ich habe nicht getrunken, geraucht, Tabak gekaut, gespielt, geflucht oder obszöne Ausdrücke gebraucht. Ich bin nie im Varietee gewesen, obwohl Minskys dralle Halbweltschönheiten mir von zahllosen Reklametafeln gewinkt haben. Niemals ist mir die Idee gekommen, ein Bordell zu besuchen, obwohl Freunde in meiner Jugendzeit oft davon sprachen. Aus irgendeinem Grund, über den ich mir nie Rechenschaft abgelegt habe, betrachtete ich mich als anders als die anderen – und fraglos als überlegen in Können und Charakter. Wie eingebildet war ich doch! Im Grunde wusste ich doch, dass ich dieselben sexuellen Instinkte und Impulse wie jeder andere hatte, aber es schien meine eindeutige Pflicht, sie zu unterdrücken und zu verleugnen. Dabei war ich keineswegs immer erfolgreich. Ich trug einen langen Kampf gegen die Masturbation aus und erlag manchmal Büchern wie Pierre Louys „Aphrodite" oder „The Golden Ass" von Petronius. Aber ich las relativ wenig erotische Literatur, und immer mit einem schlechten Gewissen. Ich brauchte mehrere Jahrzehnte, um mich davon zu befreien.

Vor einigen Jahren übernachtete eine meiner Töchter, damals ein Teenager, in meinem Haus, und in ihrem Zimmer fand ich neben der Leselampe ein Exemplar von „Fanny Hill". Mein ganzes Wissen über dieses Buch stammte aus einer Fußnote zu einem Eintrag in Boswells „Tagebuch", in dem er erwähnt, er habe einige Zeit mit John Cleland verbracht. Die Fußnote bemerkte nüchtern, Cleland sei der Autor von „Fanny Hill", das „als das pornografischste Buch gilt, das jemals veröffentlicht wurde". Obwohl ich damals schon Ende Fünfzig war, war ich schockiert, dieses Buch in meinem Haus zu finden. Ich las etwas darin herum, schüttelte mich bei dem Gedanken, dass meine eigene Tochter in solchem Schmutz schwelgte und legte das obszöne Werk weg. Jetzt, da ich hier in Alassio fünfzehn Jahre später diese Zeilen schreibe, erhole ich mich täglich bei der Lektüre von Graves' „White Goddess", Kafkas „Briefen an Milena" (was für ein hoffnungsloser Neurastheniker!), Rilkes Kriegsbriefen (viel weniger neurotisch), zweien der lässig geschriebenen Meisterwerke Simenons, Henry Millers „Wendekreis des Krebses" – sowie „Fanny Hill". Dieses unbeschreibliche Werk finde ich tatsächlich so pornografisch, wie man nur wünschen oder fürchten kann, aber zumindest ist es mit Begeisterung, Esprit und dem Sprachgefühl des 18. Jahrhunderts geschrieben. Mit dem „Wendekreis des Krebses" ist es etwas anderes. In seiner Einleitung lobt Karl Shapiro Miller als einen, wenn nicht den authentischen Propheten und Genius unserer Tage. Miller bringt tatsächlich viele originelle und zutreffende Beobachtungen, aber der größte Teil des Buches erinnert mich an Schmierereien auf den Wänden öffentlicher Herrentoiletten. Wenn ich lange genug lebe, werde ich vielleicht Millers enthusiastischen Gebrauch vierbuchstabiger Wörter noch schätzen lernen. Ich bin aber nicht begierig, diese Stufe befreiten Geschmacks zu erreichen. Mein gegenwärtiges Vergnügen an „Fanny Hill" bereitet mir jedenfalls keine Gewissensbisse, und das scheint mir Fortschritt genug.

Vor meiner Heirat mit dreiundzwanzig hätte sich ein Kapitel mit dem Titel „Schlafen mit Frauen" bei mir gelesen wie Holinsheds Bericht über „Schlangen in Irland". Es gibt immer noch viele Leute, die Jungfräulichkeit sowohl beim Bräutigam als auch bei der Braut gutheißen. In der Theorie denke ich heute anders darüber als damals, aber in der Praxis habe ich mich nicht anders verhalten. Ich glaube, die Menschen sollten ihr Sexualleben so gestalten, wie es ihrem Charakter und ihrem Temperament entspricht, nicht entsprechend von außen auferlegter Normen. Aber wenn ich als junger Mann auch schon so gedacht hätte, hätte ich mich dann sehr viel anders verhalten? Sehr wahrscheinlich nicht. Eine Entwicklung vom Asketentum zu sexuellem Hedonismus entspricht jedenfalls eher meiner Natur als die umgekehrte Variante.

Ich will meine erste außereheliche Affäre so nüchtern wie möglich beschreiben. Das Mädchen – nennen wir sie Jenny – war ungefähr so alt wie ich, in keiner Weise schön, bekannt für ihre offene Art und scharfe Zunge und seit fünfzehn Jahren mit uns befreundet. Sie war unverheiratet und schien sich nie sehr für Männer zu interessieren. Ich hatte sie in all den Jahren mit einem freundschaftlichen Kuss begrüßt, und in dem Sommer vor unserer Affäre war der Kuss etwas mehr als nur freundschaftlich geworden. Eines Abends, Hazel war weit weg in Russland, brachte ich sie vom Konzert nach Hause. Alles begünstigte den Beginn einer Liebesaffäre, und sie begann. Das Rezept für eine Affäre besteht meiner Ansicht nach aus einem Teil Anziehung und vier Teilen Gelegenheit. Ich will zwei Sätze unseres Gesprächs wiedergeben, da sie unser jeweiliges Temperament charakterisieren:

Ich (nachdenklich): „Wenn wir unsere Liebe ausleben, würde dir das wohl mehr Glück als Kummer bringen, frage ich mich?"

Sie (ohne zu zögern): „Es gibt nur einen Weg, das herauszufinden, man muss es ausprobieren."

Was sollte ein Mann in einer solchen Situation als Nächstes tun? Vielleicht sollte ich die ganze Liaison aus Jennys Sicht mit dem Scherz charakterisieren, den ich einmal benutzte, um die Vorstellung einer alten Jungfrau von Vergewaltigung zu beschreiben: „Es ist ein Schicksal, schlimmer als der Tod, aber besser als gar nichts." Ich war weit davon entfernt, ein idealer Geliebter zu sein. Im romantischen Sinne des Wortes war ich überhaupt kaum ein Geliebter. Im Grunde war Jenny immer eine sehr gute Freundin für mich, die ich körperlich anziehend fand und mit der ich gerne zusammen war. Aufgrund unglücklicher Erfahrungen in meiner Ehe, die mit der doppelten Geißel von Besitzdenken und Eifersucht zu tun haben, war ich vorsichtig in Bezug auf romantische Liebe geworden. Die ideale Beziehung – zumindest für Menschen meines Temperaments, vielleicht aber für Menschen im Allgemeinen – erschien mir als Kombination von ernster Freundschaft und Sex. Diese Kombination schien die meisten Vorteile einer Liebe zu bieten und alle ihre Nachteile zu vermeiden. Vergleichsweise wenige Frauen haben Enthusiasmus für diese praktische Formel aufgebracht. Jenny leuchtete sie mehr ein als den meisten Frauen, denn sie war ein sehr praktischer Mensch, aber ich bin mir sicher, dass sogar sie mit meiner sehr vorsichtig bemessenen Zuneigung kaum zufrieden gewesen ist.

Unsere Affäre entwickelte sich unter schwierigen Bedingungen, von denen die wichtigste darin bestand, dass ich intensiv beschäftigt war. Wir konnten uns nur selten und kurz sehen. Auf meine Art blieb ich Jenny sieben Jahre treu. Während all dieser Zeit benahm sie sich mir gegenüber beispielhaft, beklagte sich kaum und forderte selten mehr, als ich ihr bot. 1933 oder 1934 sagte sie mir aber dann, unsere Affäre sei zu unbefriedigend und zu belastend für sie, und sie habe beschlossen, sie zu beenden und längere Zeit in Mexiko zu verbringen. Wir schieden als gute Freunde. An die letzte Stunde unseres Zusammenseins in der Kabine eines Dampfers der Ward Line erinnere ich mich noch voller Wehmut. Damals konnte ich nicht ahnen, dass meine Firma diese traditionsreiche Dampfschiff-Reederei später einmal kontrollieren würde. Jenny ist immer noch eine sehr gute Freundin. Alles in allem gesehen war unsere Beziehung für uns beide lohnend, trotz der Mängel, die sie in ihrer erotischen Phase aufwies.

Es scheint gefühllos und frivol, von der Beschreibung einer Affäre zur Freude über eine Geburt überzugehen, aber die menschliche Natur lässt uns innerhalb kurzer Zeit viele gegensätzliche Dinge tun und viele unvereinbare Emotionen erleben. War es nicht Goethe, der von dem kurzen Augenblick spricht, in dem der Geist des Menschen vom Guten zum Bösen springt? Und umgekehrt.

Unser zweiter Newton wurde am 10. April 1928 geboren, zehn Tage vor dem ersten Todestag unseres ersten Newton. Seine Geburt machte Hazel und mich sehr glücklich. Es schien eine besondere Gunst der Vorsehung, dass wir wieder einen Sohn bekamen. Ich weiß noch, wie ich angsterfüllt im Doctors' Hospital auf die entscheidende Nachricht wartete. Als sie kam, schien irgendeine äußere Macht mir ein triumphierendes Gedicht zu diktieren, das ich in wenigen Minuten hinunterschrieb. Es lautet:

Restoration

He has returned
From the dark, vacant night
Where no star burned.
He has returned
Our child, our hearts' delight
He did not vanish *quite*
He has returned.
He has returned
Tho' the grave claimed him then
In stillness urned.
He has returned:

As the year blooms again
Back to our wilful ken
He has returned.
He has returned
As he went forth, in Spring.
Dull Death he spurned;
He has returned
For Love's new treasuring
Our hearts in rapture sing
He has returned!

Auferstehung

Er ist zurück
Aus der dunklen Nacht, leer und sternenlos.
Er ist zurück
Unser Kind, unsere Freude, nicht auf ewig versenkt,
Er ist zurück.
Er ist zurück
Den schon die Stille des Grabes umfing.
Er ist zurück:
Als das Jahr neu erblüht, uns wieder geschenkt
Er ist zurück.
Er ist zurück, im Frühling, da er auch ging.
Den dumpfen Tod wies er ab;
Er ist zurück
Und den neuen Schatz unserer Liebe
Grüßen unsere Herzen mit frohem Liede
Er ist zurück!

Der zweite Newton war ein hübscher Junge, mit großen, braunen Augen und einem Kranz schwarzer, lockiger Haare. Nie wurde ein Kind mit mehr Enthusiasmus begrüßt und mit liebevollerer Fürsorge aufgenommen. Aber unsere alte Hausärztin, May Wilson, die einen großen Teil ihres Lebens mit der Suche nach einer Heilmethode für Herzrheumatismus bei Kindern verbrachte, hatte beunruhigende Nachrichten für uns. Es schien ein Problem mit der Thymusdrüse des Babys zu geben, und es bestand die Möglichkeit, dass sich hieraus später ernste Probleme entwickeln würden. Aufgrund dieser Befürchtung gaben wir uns besondere Mühe, das Kind vor Krankheiten zu schützen. Wir waren schon aus unserer alten Wohnung am Riverside Drive ausgezogen, denn wir dachten, der kalte Winterwind dort könnte die Ohrenerkrankung unseres ersten Newton verursacht haben.

Schweren Herzens muss ich jetzt mitteilen, dass unser zweiter Sohn uns nach den ersten Jahren wenig Glück und viel Kummer und Sorgen gebracht hat. Er schien bei uns nicht richtig zu Hause zu sein. Es war nur sehr schwer mit ihm auszukommen, und bald wurde klar, dass er hochgradig neurotisch und aller Wahrscheinlichkeit nach schizophren war. Manchmal gaben wir uns selbst die Schuld, weil wir dem Kind den Namen unseres ersten Sohnes gegeben und ihn von Anfang an als unseren uns zurückgegebenen Erstgeborenen betrachtet hatten. Hatte das seine Identitätsbildung durcheinander gebracht? Revoltierte er dagegen, immer mit dem verschwundenen Musterknaben verglichen zu werden? Hatte die besondere Sorge um sein körperliches Wohlergehen seinen Charakter geschwächt? Ich bin überzeugt, dass diese Spekulationen gegenstandslos sind und dass es einfach Newtons und unser Unglück war, dass er als das geboren wurde, was er war.

Ich suchte nach einem zusätzlichen Betätigungsfeld für meine geistige Energie und einer Ablenkung von meinem Kummer. Schon seit einiger Zeit hatte ich vor, ein Lehrbuch über Wertpapieranalyse zu schreiben. Ich war der Ansicht, die damals verfügbaren Bücher seien überholt und generell inadäquat, vor allem da sie die immer wichtiger werdenden Stammaktien und die Kniffe und Fallstricke der Unternehmensrechnung zu wenig berücksichtigten. Ich beschloss, einen Kurs fürs College zu diesem Thema auszuarbeiten, bevor ich meine Ideen in Buchform brachte. Ich sprach Professor James Egbert an, der die Abteilung für Fernstudien am Columbia College leitete. Meine Idee gefiel ihm, und er kündigte den Kurs zum Thema „Wertpapieranalyse" für den Herbst 1927 an. Alle waren überrascht über die Reaktion. Der Kurs war mit mehr als 150 Anmeldungen sofort überbelegt. Rückblickend ist dieses Phänomen einfach zu erklären. Der Haussemarkt der zwanziger Jahre erlebte seinen Höhenflug. Alle waren begierig auf Informationen, Anleitung und vor allem gute Tipps. Nirgendwo sonst hielt ein Praktiker von der Wall Street ähnliche Kurse ab. Die Anmeldelisten für den Kurs wurden irgendwann geschlossen und es wurde notwendig, jemand an den Eingang des Hörsaals zu stellen, damit uns nicht buchstäblich die Türen eingerannt wurden. Obwohl ich meine Studenten darauf hinwies, dass alle erwähnten Aktien nur Beispiele darstellten, die unter keinen Umständen als Kaufempfehlungen missverstanden werden sollten, erlebten einige als Beispiele für Unterbewertung herangezogene Papiere einen beträchtlichen Kursaufschwung – wahrscheinlich allerdings keinen stärkeren als der im Aufschwung begriffene Wertpapiermarkt insgesamt. Diese wenigen Fälle verschafften meinem Kurs den Ruf, eine echte Geldquelle für alle zu sein, die ihn belegten. Im Herbst 1928 meldeten sich noch mehr Studenten an als im Vorjahr. Viele bestanden darauf, den Kurs wiederholen zu dürfen, in der Erwartung, weitere profitable Beispiele vorgestellt zu bekommen.

So begann meine akademische Laufbahn. Sie sollte über vierzig Jahre dauern und mir Lehrstühle an der Columbia und der UCLA sowie verschiedene Lehraufträge an anderen Institutionen einbringen. Einer meiner Studenten im Herbst 1927 war David L. Dodd, der damals Assistent an der Wirtschaftswissenschaftlichen Fakultät der Columbia Universität war. Er wurde mein Assistent bei den Vorlesungen, Co-Autor von „Security Analysis", der „Bibel der Wall Steet", Partner bei wichtigen Finanzgeschäften und ein immer loyaler Freund. Die Fragen, die damals bei der Vorbereitung auf meine Vorlesung im ersten Jahr auftauchten, machten mir klar, dass ich noch weit davon entfernt war, ein zufriedenstellendes Lehrbuch schreiben zu können. In der Tat sollte es noch sieben Jahre bis zum Erscheinen von „Security Analysis" dauern. Eine frühere Veröffentlichung hätte sich auch als großer Fehler herausgestellt, denn 1934 konnte ich dann einiges Wissen einbringen, das mit viel Leid erkauft war.

Im Sommer 1928 machte ich meine erste Reise nach Europa seit meinem Besuch in England als Siebenjähriger um die Jahrhundertwende. Newton wurde noch gestillt und so konnte Hazel nicht mitkommen. Wir hatten für den Sommer ein Ferienhaus in Galen Hall gemietet, einem großen Hotelkomplex in den Hügeln nahe Reading, Pennsylvania.

Ich plante, Mutter in Europa zu treffen und mit ihr nach England, Frankreich, Deutschland, der Schweiz und Österreich zu reisen. Ich wollte vor allem eine Reihe von Wagner-Opern in Bayreuth hören, dem Mekka von uns Wagner-Fans, und auch das Sommerfestival in Mozarts Heimatstadt Salzburg besuchen.

In Bayreuth quartierten wir uns im besten Hotel ein, dem Goldenen Anker, das um 1750 gebaut worden war und noch viel älter erschien. Alle modernen Annehmlichkeiten fehlten. Aber schon am ersten Abend vergaßen wir alle Unbequemlichkeiten, als wir den Hügel zum Festspielhaus hinaufgingen. Wie auf eine gemeinsame Verabredung hin standen alle an ihren Plätzen und schauten sich im Auditorium um. Es war ein einzigartiger Anblick, mit den Kleidern der Damen, den Juwelen und Frisuren, den Herren in Abendgarderobe und den vereinzelt dazwischen auftauchenden Turbanen und Uniformen. Wir sahen sechs Opern, darunter „Die Meistersinger", die vier Opern des „Ring" und den „Tristan". Die Vorstellungen waren unbeschreiblich fesselnd für uns. Dass sie hervorragend gespielt waren, steht außer Frage; aber es war die Atmosphäre mit ihrer Tradition und tiefen musikalischen Ausdruckskraft, die allem einen fast übernatürlichen Anschein verlieh.

Mitglieder der Wagner-Familie waren überall zu sehen. Siegfried Wagner („Idyll") dirigierte drei Aufführungen. Seine Frau Winifred saß blond und königlich in einer Loge. Jeder besuchte „Wahnfried", wo die Wagner-Familie lebte, darunter auch Cosima, Richards legendäre Witwe, die 90 Jahre alt war und angeblich auf dem Totenbett lag. Sie lebte dann aber noch mehrere Jahre. Die Besucher durften hinaufgehen und durch die Tür in ihr Zimmer schauen. Mutter und ich fanden das ungehörig und blieben unten. Wir gingen stattdessen zu den Kinderzimmern. In einem von ihnen hatten die Jungen – Wolfgang und Wieland – eine Ausstellung mit Radierungen von Dürer aufgebaut, Reproduktionen, die man gegen ein geringes Eintrittsgeld ansehen konnte. Die beiden blonden Jungen, kaum mehr als zehn Jahre alt, machten einen sehr geschäftstüchtigen und klugen Eindruck. Als ich sie das nächste Mal sah, waren sie stattliche Herren um die Vierzig, die für die Bayreuther Festspiele zuständig waren und sich vor dem Geist ihres Großvaters und einer Reihe lebender Bürger wegen der radikalen Veränderungen verantworten mussten, die sie im Hinblick auf den geheiligten und seit vielen,

vielen Jahren unveränderten Ablauf der Festspiele eingeführt hatten. Ich habe ihre Schwester 1928 nicht gesehen, sie muss damals noch sehr jung gewesen sein, aber ich sollte Jahre später in den USA mit ihr zusammentreffen, einer Rebellin gegen Hitler und ihre Mutter.

Natürlich war ich beeindruckt von den typisch Wagnerianischen Zeilen, die der große (und unmögliche) Komponist an der Fassade seines Hauses hatte anbringen lassen:

> Hier wo mein Wähnen Frieden fand
> Wahnfried sei dieser Ort genannt.

Wieder zu Hause in Amerika, schlug ich einem mir bekannten deutschen Zahnarzt vor, er solle seinen Behandlungsstuhl „Zahnfried" nennen und bot ihm dazu freundlicherweise das folgende Motto an:

> Hier wo mein' Zähne Frieden fand'
> Zahnfried sei dieser Stuhl genannt.

Wagner-Aufführungen in Bayreuth unterscheiden sich von allen anderen aus vielen Gründen, nicht zuletzt aufgrund der Essensarrangements. Zuerst muss man einen Tisch im Restaurant neben dem Festspielhaus reservieren. Hierzu bedarf es eines überraschend hohen Trinkgelds für den Oberkellner. Bevor die Oper beginnt oder auch am Abend zuvor muss man dann z w e i Mahlzeiten im Voraus bestellen. Ich erinnere mich gut an den seltsamen Zeitplan für die „Götterdämmerung". Die Aufführung begann um 4 Uhr nachmittags. Ungefähr um viertel vor vier gingen wir alle in voller Abendgarderobe zum Schauspielhaus. Der erste Akt dauerte genau zwei Stunden, gefolgt von einer „Kleinen Pause" von einer Stunde, in der man reichlich aß. Schlag sieben begann der zweite Akt. Dieser dauerte nur eineinhalb Stunden und es folgte die „Große Pause". Jetzt wurde wirklich gegessen und getrunken. Um zehn Uhr begann der dritte Akt, der volle zwei Stunden dauerte und uns schließlich, müde aber glücklich, zu einem Mitternachtsimbiss entließ. Insgesamt war das ein voller Achtstundentag, eine unvergessliche Kombination opulenter musikalischer und kulinarischer Genüsse.

Von Bayreuth fuhren wir nach Salzburg. Wir sehnten uns vor allem nach einem heißen Bad in einem anständigen Badezimmer. Zum Glück hatten wir eine schöne Suite in einem modernen Hotel reserviert, dem Hotel Europa. Als wir nach einer anstrengenden Zugreise dort ankamen, trafen wir auf eine große Menge von Menschen, die in der Hotelhalle umherschwirrten. Ich kämpfte mich zur Rezeption durch und fragte selbstgefällig nach den Zimmern für Graham. Nach einer ganzen Weile sagte uns der Hotelangestellte, es täte ihm Leid, aber es liege keine Reservierung vor und er habe keine Zimmer für uns mehr frei. „Schauen Sie doch bitte noch einmal nach", sagte ich förmlich, „ich habe hier ein unterschriebenes Telegramm, das unsere Reservierung für heute bestätigt." Jetzt tat es ihm s e h r Leid. Jemand hatte einen bedauerlichen Fehler gemacht. Aber es waren nun einmal keine Zimmer mehr frei, und er konnte keine Wunder vollbringen. Auf Deutsch hieß das, dass ein anderer Gast ihm ein sehr hohes Trinkgeld geboten und dafür unsere Zimmer bekommen hatte. Zornig und frustriert wandten wir uns an das Salzburger Fremdenverkehrsamt. Hier zuckten alle mit den Schultern, konnten aber nicht für Abhilfe sorgen, schlimmer noch, die ganze Stadt quoll über von amerikanischen Touristen und es waren keine Zimmer irgendwelcher Art mehr zu bekommen. Schließlich fanden sie dann doch noch ein Zimmer für uns in der Gasthausstraße, einer Straße, die ihrem anrüchigen Namen völlig gerecht wurde. Wie sollten wir mit einem Zimmer zurechtkommen? Die Gastwirtin teilte das Zimmer mit einer Wäscheleine in zwei Hälften und hängte ein Betttuch darüber. Zum Baden gab es einen Wäschezuber, mit etwas heißem Wasser – das erinnerte mich an die beiden Male, an denen ich auf der Barman-Farm gebadet hatte, im Sommer 1910. Das war also aus unserer eleganten Suite im Hotel Europa geworden!

Nichtsdestoweniger war Salzburg eine beeindruckende Erfahrung. Ich genoss das Privileg, eine Aufführung von „Jedermann" auf dem Platz vorm Dom zu sehen, mit dem berühmten Moissi in der Titelrolle, Helen Thimig (die Frau Max Reinhardts) als Glaube und ihrer Schwester in einer weiteren Rolle. Ich hatte mir vorsichtshalber den Text vorher besorgt, sodass ich der Handlung im letzten Licht eines langen Sommertages folgen konnte. So verstand ich jedes Wort und war tief bewegt von der Art, in der Helen Thimig ihren großen Monolog vortrug. Moissi war natürlich unvergleichlich. Ich habe ihn als Orest in Goethes „Iphigenie" gehört, ich glaube ebenfalls in Salzburg und wiederum mit Helen Thimig als Partnerin. Fünfzehn Jahre zuvor hatte ich eine tiefschürfende Untersuchung verfasst, in der ich die „Iphigenie in Tauris" des Euripides mit der „Iphigenie" Goethes verglich. Ich hatte fast das Gefühl, dieses klassische Drama sei ein Teil von mir, und es von zweien der größten Schauspieler jener Zeit aufgeführt zu sehen, war ein unschätzbares Erlebnis. Ich sah Moissi noch einmal in einer denkwürdigen Vorstellung von Ibsens „Geister", die in deutscher Sprache im alten Irving Place Theatre in New York stattfand.

Wir blieben einige Tage in München und ich war beeindruckt von der großen Zahl eindrucksvoller öffentlicher Gebäude, den vielen Rubensbildern in der Alten Pinakothek und dem unvergleichlichen Deutschen Museum für Technik. Wir gingen auch zum Ausstellungspark, einem Freizeitgelände unter freiem Himmel, wo wir an zwei netten Veranstaltungen teilnahmen. Das erste war ein Marionettentheater, das ein Stück mit dem Namen „Die Frau mit den zwei Männern" spielte. Die Titelheldin war sowohl mit einem Büroangestellten verheiratet, der den ganzen Tag über arbeitete, als auch mit einem Straßenräuber, der nachts beschäftigt war. Soweit ich mich erinnere, spielten die meisten Szenen im Bett, mit einer Menge erotischer Aktivitäten, die die Puppenspieler kunstvoll zu Wege brachten. Ich war erstaunt, dass eine solche Vorstellung im Jahr 1928 in einem öffentlichen Park erlaubt war!

Nach der Vorstellung gingen wir in einen großen Biergarten. Mutter, die immer nur eine Kleinigkeit aß, fragte nach zwei weichgekochten Eiern. Der Ober bedauerte. Wir konnten Rühreier haben, pochierte Eier oder Spiegeleier, aber keine gekochten Eier, da diese nicht auf der Karte standen. Meine Mutter wollte es nicht glauben: „Wenn Sie Eier in die Pfanne schlagen können, können Sie mir sicherlich auch zwei kochen!" Der Ober bedauerte, und dabei blieb es. Wir überlegten später, ob ihre Eier vielleicht schon zu alt wären, als dass man sie noch hätte kochen können. Die hübsche Kellnerin fragt in der alten Geschichte ja den Reisenden nach seinen Wünschen und bekommt die Antwort: „Eine Portion Eier und Schinken und ein paar nette Worte!" Die Kellnerin serviert stumm, woraufhin der Gast fragt: „Wo bleiben die netten Worte?" – „Essen Sie die Eier nicht", sagt die Kellnerin.

Wir wollten weiter nach Zürich, um eine Nichte meiner Mutter zu besuchen. Mit dem Zug über die Berge dauerte die Reise endlose acht Stunden. Mutter hatte gehört, dass zwischen München und Zürich eine der ersten Fluglinien eingerichtet worden war und die Flugzeit betrug nur zwei Stunden. Ob ich mit ihr fliegen würde? Wir waren beide noch nie geflogen, abgesehen von einem dreiminütigen Rundflug, den ich im Flugzeug eines Schmierenkomödianten über Atlantic City unternommen hatte. Wenn Mutter keine Angst hatte, konnte ich mir das auch nicht leisten. Ich weiß noch, wie die wenigen Passagiere hintereinander ins Flugzeug kletterten, neugierige Besucher zu beiden Seiten, als ob wir zu unserer Exekution schritten. Nichts Unwillkommenes passierte. Wir flogen über den Bodensee, nicht weit entfernt von Friedrichshafen, wo die ersten großen Zeppeline gebaut und getestet wurden. Die kleinen Dampfer unten auf dem See sahen aus wie Käfer, die über das Wasser krochen. Als wir über Schweizer Territorium kamen, bemerkte ich eine einzige Veränderung der Landschaft. In Deutschland standen Bäume an den Ecken der Felder, während die Schweizer Felder einen Baum in der Mitte hatten, sodass der Bauer besser Schatten finden konnte.

Von unserem Aufenthalt in Zürich habe ich nur noch ein seltsames Naturereignis in Erinnerung. Wir gingen mit den Cousins an den Zürichsee zum Picknick. Mein Platz war in der Nähe eines großen Felsens, und ich bemerkte zwei Armeen von Ameisen, die sich in erbittertem Kampf befanden. Die einen hatten Flügel, die anderen nicht. Es war ein Kampf auf Leben und Tod. Ich sah lange zu, zum Missvergnügen der anderen, die kein Interesse an dem Anblick hatten. Mir fiel die Zeile aus „Dover Beach" ein – „wo unwissende Armeen nachts aufeinandertreffen" – und ich dachte über die seltsamen Leidenschaften oder die noch seltsameren Pläne nach, die sowohl Ameisen als auch Menschen in Konflikte und in den vollständigen Untergang treiben.

Im Herbst 1928 zogen die Ben Grahams noch einmal um, diesmal in eine wirklich prachtvolle Wohnung. Riesige Bürogebäude und kaum weniger eindrucksvolle Apartmenthäuser wurden in allen besseren Lagen New Yorks hochgezogen. Das alte Hotel Beresford Ecke 81. Straße und Central Park West, wo unsere guten Freunde, die Greenmans, für einige Jahre nach ihrer Hochzeit gelebt hatten, sollte – so hatten wir gehört – durch ein dreißigstöckiges Apartmenthaus mit vollendetem Luxus ersetzt werden. Wir suchten uns auf dem Bauplan ein Apartment über zwei Stockwerke auf der 18. und 19. Etage aus, das auch eine Terrasse hatte. Die Wohnung hatte zehn Zimmer und der Herr weiß wie viele Bäder; man konnte auch ein Mädchenzimmer unter dem Dach dazu bekommen. Die Miete betrug $ 11 000 im Jahr, und der Mietvertrag lief über 10 Jahre.

Wir hatten nicht die geringsten Bedenken, eine Verpflichtung in dieser Größenordnung einzugehen. Das waren kleine Zahlen im Vergleich zu denen, an die ich mich gewöhnt hatte. Im gerade zu Ende gehenden Jahr erwarteten wir eine Rendite von 60 Prozent auf unser Anfangskapital von $ 1 500 000. Mein persönlicher Gewinn vor Steuern betrug über $ 600 000. Dieses Ergebnis hatte ich mit einer meiner Ansicht nach äußerst konservativen Anlagestrategie erzielt, die mein Verlustrisiko im Vergleich zu den wahnsinnigen Spekulationen mit überbewerteten Wertpapieren rings um mich herum auf ein Minimum reduzierte. Was für ein Wunderkind ich doch war – vor der Katastrophe! Das letzte, was ich in jenem Jahr tat, war, den Mietvertrag über 10 Jahre für unser Beresford-Apartment zu unterschreiben. Er sollte nach der Fertigstellung des Gebäudes im Herbst 1929 in Kraft treten. Wir unterzeichneten den Vertrag im Salonwagen des Zuges, der uns in die Weihnachtsferien nach Palm Beach brachte.

13. Kapitel

Die Mitte meines Lebens: Die Sintflut beginnt

Nel medio del camin de mia vita
Mi ritrova nel una selva oscura.

In der Mitte meines Lebenswegs
Fand ich mich in einem dunklen Wald.

So begann Dante im Jahr 1300 im Alter von dreiunddreißig Jahren seinen großen Gesang. Sein Lebensweg war tatsächlich schon mehr als zur Hälfte zurückgelegt, denn er starb mit Anfang Fünfzig – wie sein Vorbild Vergil. Das Gleiche trifft auf den großen Cäsar, auf Shakespeare, Molière, Beethoven, Napoleon und so viele andere zu. 1929 hatte ich mit fünfunddreißig das Alter erreicht, in dem mein Vater starb. Aber ich schreibe diese Zeilen im Sommer 1964, sodass dieses Kapitel tatsächlich die Mitte meines Lebens betrifft. Es wäre eine Übertreibung zu sagen, ich sollte wie Dante noch den vollen Geschmack der Hölle kennenlernen. Es gab jedoch Zeiten, in denen ich in immer tiefere Kreise von Schwierigkeiten und Entmutigungen hinabzusteigen schien, dies umso trübsinniger, je schärfer der Kontrast zu den Tagen meiner großartigen Erfolge wurde. Dante muss dieses Gefühl in seinem Exil gut gekannt haben, und er legte seine berühmteste Formulierung Francesca da Rimini in den Mund:

Nessun maggior' dolore
Che ricordarsi del tempo felice
Nella miseria … (1)

Aber warum fügte er hinzu „und das weiß dein Lehrer"? Vergil erlitt keinen Schmerz, sieht man von seiner eigenen Unzufriedenheit mit seinem unsterblichen Werk ab.

Das erste Halbjahr 1929 war für mich aufregend und erfreulich. Auch die schrecklichen Erschütterungen im weiteren Verlauf des Jahres ließen mich vergleichsweise unversehrt. Meine großen Schwierigkeiten sollten in den folgenden drei Jahren kommen. Aber mit seinen Auswirkungen war das Jahr 1929 so schicksalsträchtig für mich wie für alle anderen.

In den Ferien im Januar hatte ich ein Abenteuer, in dem ich alles andere als eine Heldenrolle spielte. Jerome Lewine, der schon in jungen Jahren de facto d e r Seniorpartner des alten Maklerhauses Hentz and Company war, lud mich und zwei andere zum Haifischangeln ein. Die beiden anderen Gäste waren ein unglaublich erfolgreicher Finanzanwalt namens Isidor Kresel und ein weiterer Anwalt namens Oscar Lewis. Wir fuhren mit einem Boot hinaus, das mir schon von Anfang an reichlich klein vorkam und umso kleiner zu werden schien, je weiter wir uns vom Land entfernten. Nach ungefähr einer halben Stunde ging es mir nicht mehr allzu gut, und dasselbe traf auch auf Oscar zu. Vielleicht um uns zu trösten, packte unser Gastgeber ein paar Sandwiches aus und bot uns davon an. Wir hatten gerade noch genug Kraft um abzuwinken. Als der riesige Kresel und Jerry Lewine mit großem Appetit zu essen begannen, überwältigte dieser Anblick Lewis und mich geradezu und wir krochen unter Deck, wo wir in bejammernswertem Zustand, wie uns schien für Stunden, lagen. Erst fürchteten wir zu sterben, dann fürchteten wir, nicht zu sterben. Als wir diesen Zustand erreicht hatten, erschien plötzlich eine Gestalt in der Luke: „Oscar, Ben, kommt 'rauf", rief sie, „ich habe einen Hai gefangen!" Wir stöhnten nur „Bring uns nach Hause", und drehten uns mit dem Gesicht zur Bordwand. Jerry steuerte zurück zum Hafen, und zwei Stunden später bedankten Oscar und ich uns schwach bei ihm, als wir an Land wankten.

Kresel traf ich nicht wieder, aber ich las später mit einer gewissen Sympathie, dass Max Steuer ihm ein Gerichtsverfahren wegen irgendeines formalen Rechtsbruchs beim Zusammenbruch der Bank of United States angehängt hatte. Steuer sollte mich 1939 einem dreitägigen Kreuzverhör im Zusammenhang mit der Bewertung der Kaufmann-Warenhauskette unterziehen. Oscar Lewis traf ich als Sonderanwalt in einem anderen Bewertungsfall wieder, in dem ich als Experte für ein Komitee von Anleiheeigentümern auftrat. Zuerst erkannte ich ihn nicht, aber er rief mich während einer Sitzungsunterbrechung an den Richtertisch und fragte mich, wie um alles in der Welt ich unsere gemeinsame Haifisch-Expedition vergessen haben konnte.

Und der Hai, den Jerry Lewine gefangen hatte? Auch dazu gibt es eine kleine Geschichte. Ungefähr einen Monat nach unserer Angeltour war ich zu einem Essen in das private Speisezimmer bei Hentz & Co. eingeladen, wo der stolze Gastgeber mich einen neuen Wandschmuck zu bewundern bat. Es war der verfluchte Hai, wunderbar ausgestopft und aufwendig aufgehängt, mit einer silbernen Plakette, die Auskunft darüber gab, wie schwer der Fisch gewesen war und wer ihn wann wo gefangen hatte. „Drehen Sie das verdammte Ding um", bat ich. „Schon der Anblick macht mich seekrank." Aber die anderen lachten nur. Trotz dieses unschönen Erlebnisses in den Gewässern vor Palm Beach kam ich wunderbar braun nach New York zurück. Meine bleichgesichtige Zuhörerschaft am Columbia College begrüßte mich mit langem und lautem Trampeln, als ich wieder ans Vortragspult zurückkehrte.

In dieser Zeit wurden verschiedene Investmenttrusts gegründet. Es gab gebundene Trusts, eine unproblematische Sache, bei der eine Bank als Treuhänderin ein bestimmtes unveränderliches Portefeuille an Stammaktien hielt, an dem die Aktionäre (anteilig) beteiligt waren. Es gab Management Trusts, Gesellschaften, deren Manager das Portefeuille variieren konnten, so wie wir es beim Graham Konsortium taten. Auch an einem solchen Arrangement war eigentlich nichts Unseriöses. In England waren solche Trusts seit Jahrzehnten erfolgreich. Wie bei jedem Finanzunternehmen bedurfte es natürlich einer ehrlichen Unternehmensführung und einer vernünftigen Unternehmenspolitik. Die spekulative Atmosphäre der späten Zwanziger hatte jedoch fast jeden im Finanzbereich Tätigen verführt oder korrumpiert. Auch Firmen, deren Rechtschaffenheit man bislang nie in Frage stellen konnte, machten jetzt unglaublich windige Geschäfte.

Eine Reihe der größeren Börsenhäuser gründeten eigene Investmentgesellschaften und verkauften Aktien an ihre Klienten. Hier lockte ein dreifacher Profit: ein Aufschlag auf den Verkauf der Aktien, eine Vergütung für das Management der Gesellschaft und die Maklerprovisionen auf die zur Gestaltung des Portefeuilles erforderlichen Käufe und Verkäufe. Die Hentz-Partner waren zu der Ansicht gekommen, sie könnten genauso gut wie jeder andere einen eigenen Fonds anbieten – sogar noch besser, da man ja Ben Graham überreden konnte, diesen Fonds zu leiten. Ich war mir keineswegs sicher, dass ich diese Stellung wollte. Ich konnte nicht erwarten, eine Provisionsregelung zugestanden zu bekommen, die an den Gewinnanteil zwischen 20 Prozent und 50 Prozent heranreichte, den ich von meinem Konsortium erhielt, wenn ich auch einen Teil hiervon gegenwärtig mit Jerry Newman teilen musste. Aber Hentz & Co. insistierten, sprachen von einem Fond in Höhe von 25 Millionen, von dem Prestige, das mir die Leitung eines so großen Unternehmens sichern würde und von in einem langfristigen Vertrag abgesicherten Garantien. Jerry Lewine sprach enthusiastisch von den Möglichkeiten, die eine Verbindung seines Talents für das Aufspüren guter Marktsituationen mit meiner inzwischen weithin anerkannten überlegenen Kompetenz in der Wertpapieranalyse im Allgemeinen und dem Herausfinden günstiger Kaufmöglichkeiten im Besonderen eröffnen würde. Die großen Zahlen, die durch den Raum schwirrten, waren verlockend und wir trafen uns mehrmals, um das Projekt auf die Beine zu stellen.

In der Zwischenzeit kreuzten sich meine Wege unerwarteterweise mit denen Bernard Baruchs. Vor ungefähr einem Jahr hatte ich die Ehre gehabt, den großen Mann zu treffen und ihm eine Reihe Investitionen vom Graham-Typ vorzuschlagen, die alle Anklang fanden bei dem Mann mit dem scharfen Verstand für Wertpapiere. Hierzu zählten Papiere wie Plymouth Cordage, die ungefähr bei 70 standen, eine ansehnliche Dividende zahlten und bei denen auf jede Aktie $ 100 Betriebskapital kamen. Zu derselben Kategorie zählten die Pepperell Manufacturing Company, ein bekannter Hersteller von Bettlaken und Bettbezügen, und Heywood & Wakefield, ein führender Hersteller von Kinderwagen. Beide Papiere waren unterhalb ihres nach den gängigen Kriterien für ein privates Unternehmen berechneten Mindestwertes zu haben und zu geradezu lächerlich niedrigen Preisen im Vergleich zu den populären Wertpapieren jener Tage. Diese Unterschiede illustrierten den in seltsamer Weise irrationalen Zustand des Aktienmarkts Ende der zwanziger Jahre, wo nur die Erwartungen einer Branche (Favoriten waren die Energieversorger und die Chemie), die Größe eines Unternehmens (Unternehmen des Dow-Jones-Indexes) oder ein Bericht über ak-

tuelles Wachstum zählten, und das alles begleitet vom Rummel der Spekulation und Manipulation. Viele ansehnliche Unternehmen mit einer
hervorragenden langfristigen Entwicklung, wie Plymouth Cordage und
Pepperell, wurden vernachlässigt und ihre Aktien waren jahrelang zu
Sonderangebotspreisen zu haben, nur weil sie nicht in diese bevorzug-
ten Kategorien fielen.

Mr. Baruch geruhte, meinen Analysen Gehör zu schenken, meine
Auswahl zu billigen und beträchtliche Pakete beider Papiere zu kaufen.
Aus seiner Sicht war sein Einverständnis zweifellos eine hinreichende
Belohnung für meine Mühen. In gewisser Weise hatte er damit natürlich
Recht, denn schon das Wissen, dass er meiner Meinung war und dass
wir jetzt ähnliche finanzielle Interessen hatten, war für mich von bedeu-
tendem Wert. In zwei Fällen unternahm Baruch einige Anstrengungen,
um meine Wahl in den Vorstand von Unternehmen durchzusetzen, zu
deren Aktionären wir beide zählten; in einem Fall war er erfolgreich.
Das tat er jedoch nicht, um mir zu helfen, sondern um seine eigene Position als Investor zu verbessern. Bei den ziemlich zahlreichen Kontakten, die ich während meiner Karriere mit dieser herausragenden Persönlichkeit hatte, war er nie hilfreich oder großzügig mir als Mensch
gegenüber, noch habe ich je gehört, dass er es jemand anderem gegenüber gewesen wäre. Er besaß jene Eitelkeit, die die Größe mancher
Männer mindert, und es war wohl eher diese Eitelkeit als echte Großzügigkeit, die ihn große Summen für wohltätige Zwecke spenden ließ.
Diese großen Spenden brachten ihm, was er sich immer gewünscht hatte: den Beifall und die Anerkennung der Öffentlichkeit.

Wir hatten mehrere allgemeine Besprechungen in seinem Büro weit
oben im neunundvierzigstöckigen Equitable Building, Broadway 120.
Unser Fonds sollte später zu einer Gruppe gehören, die an diesem enormen Bauwerk mehrheitlich beteiligt war. Wir stimmten darin überein,
dass der Aktienmarkt ein viel zu hohes Kursniveau erreicht hatte, dass
die Spekulanten verrückt geworden waren, dass respektable Investmentbanker sich ausgelassene Freudentänze erlaubten und dass das Ganze
eines Tages in einem größeren Crash enden würde. Ich höre Baruch
noch über die Kuriosität sprechen, dass man für Kredite auf Aktien
8 Prozent Zinsen bezahlen musste, während die Aktien nur 2 Prozent
Dividende brachten. Ich antwortete darauf: „Das ist wahr, und eines Ta-

ges werden sich die Dinge umkehren und wir werden das Gegenteil erleben – einen Zinssatz von 2 Prozent für Kredite und 8 Prozent Dividende bei guten Aktien." Meine Prophezeiung traf fast die Situation von 1932 und wurde zwanzig Jahre später unter anderen Rahmenbedingungen genau erfüllt. Heute erscheint es ziemlich seltsam, dass ich allen Ernstes eine solche Vorhersage machen konnte und doch die Gefahren nicht sah, denen ich das Kapital des Konsortiums aussetzte.

Einmal kam Baruch mit einem beleibten Mann seines Alters mit rundem Gesicht ins Vorzimmer, wo ich auf ihn wartete. Nach einem Augenblick des Zögerns sagte er: „Winston, darf ich dir meinen jungen Freund Mr. Graham vorstellen, ein sehr kluger Kerl." Wir reichten uns die Hände. Ich kannte Churchills Leistungen im Ersten Weltkrieg und wusste auch, dass er gegenwärtig nicht mehr Mitglied der britischen Regierung war. Ich hätte diesen Moment mehr auskosten sollen, als ich es tat.

Baruch verdankte ich auch eine weitere Bekanntschaft. Unmittelbar nach dem Zweiten Weltkrieg wurde ich zu einem privaten Vortrag General Eisenhowers an der Columbia Universität eingeladen, der über unsere zukünftige militärische Stärke sprach. Baruch war auch da und stellte mich dem berühmten Oberkommandierenden nach dem Vortrag mit einigen schmeichelhaften Worten vor. Als ich das Gebäude verließ, hatte es begonnen, heftig zu regnen, und ich öffnete meinen Schirm, den ich klugerweise dabei hatte. In diesem Augenblick kam der General heraus und blieb für einen Augenblick neben mir stehen. „Darf ich Ihnen meinen Schirm anbieten, General?", fragte ich. „Oh nein, vielen Dank", antwortete er und schritt hinaus in den Regen. Ich nehme an, Soldaten in Uniform benutzen keine Regenschirme. Diese zwei Bekanntschaften vermittelte mir Baruch, und dafür bin ich ihm dankbar. Aber ich kann mir nicht helfen, wenn es auch unfreundlich klingt, ich glaube, der alte Mann von inzwischen (1964) zweiundneunzig Jahren schuldet mir mehr Dank als ich ihm.

Zurück ins Jahr 1929. Baruch schickte mir eine Nachricht, dass er mich in seinem Büro zu sehen wünschte. Als ich ankam, teilte mir seine berühmte Sekretärin Miss Boyle mit, dass Baruch beschäftigt sei, und bat mich zu warten. Nach ungefähr einer halben Stunde kam der Finanzmann heraus und entschuldigte sich ausnahmsweise einmal. Er hatte sein Mittagsschläfchen gehalten, aber Miss Boyle hätte ihm sagen sollen, dass ich da war. In Baruchs großem Büro reihte sich an der Wand eine Urkunde an die andere, die ihm alle möglichen Leistungen bescheinigten. In der Tat waren seine zivilen wie militärischen Erfolge beträchtlich. Als wir das Büro betraten, sagte mir Baruch, er wolle mir einen Vorschlag machen, den er noch niemals zuvor jemand anderem gemacht habe. Ich sollte sein Geschäftspartner werden. „Ich bin jetzt siebenundfünfzig Jahre alt", sagte er, „und es wird Zeit, dass ich es etwas langsamer angehen lasse und einen jüngeren Mann wie Sie an meinen Mühen und Gewinnen beteilige." Er fügte hinzu, ich solle mein gegenwärtiges Geschäft aufgeben und mich ganz auf unsere neue Partnerschaft konzentrieren. Ich antwortete, ich fühle mich sehr geschmeichelt – und verblüfft – von diesem Angebot, aber so abrupt könne ich die engen und sehr zufriedenstellenden Beziehungen mit meinen Freunden und Kunden nicht aufgeben. Aus diesem Grund – und aus einem anderen, auf den ich noch eingehen werde – wurde die Sache fallen gelassen. Wie anders, um wie viel besser wären die nächsten sieben Jahre verlaufen, hätte ich nur seine Bedingungen akzeptiert, ohne an andere zu denken!

Die Verhandlungen mit Hentz & Co. über den Aufbau eines gemeinsam geleiteten Investmentfonds zogen sich über die kommenden Monate hin. Ich weiß nicht mehr, warum sie so lange dauerten. Dann kam, im August, der erste ernsthafte Markteinbruch und wir beschlossen, das Projekt einstweilen zurückzustellen. Es wurde nie wieder aufgenommen. Im September ließ der Crash das Kursniveau innerhalb von Tagen auf die Hälfte sinken, es kam zu gewaltigen Verlusten, Millionen von Aktien wechselten den Besitzer, der Börsenticker war der Entwicklung um Stunden hinterher und der Dow Jones verschwand fast im Nichts. Die Aussichten auf einen Graham-Hentz-Investmentfonds lösten sich in Nebel auf. Newman und ich konzentrierten uns wieder auf das Benjamin-Graham-Konsortium – es gab vieles, worüber wir nachzudenken hatten.

Unsere Lage Mitte 1929 sah wie folgt aus. Wir verfügten über ein Kapital von 2,5 Millionen. Im ersten Halbjahr 1929 hatten wir nur einen geringen Gewinn erwirtschaftet, ein Umstand, der uns argwöhnisch hätte machen sollen. Es liefen eine große Zahl Arbitrage- und Sicherungsgeschäfte, die eine Hausse-Position von ungefähr 2,5 Millionen gegen zum Dollarvolumen ungefähr gleiche Leerverkäufe involvierten. Nach unseren Überlegungen gab es dabei kein nennenswertes Nettorisiko, sodass nur ein geringer Teil unseres Kapitals gebunden war. Wir hatten darüber hinaus 4,5 Millionen in echten Hausse-Positionen, in verschiedenen Investitionen, und Schulden in Höhe von 2 Millionen. So wie Sicherheitsleistungen damals berechnet wurden, lag unsere Risikoabsicherung bei 125 Prozent. Das war sechsmal so viel wie das für Makler vorgeschriebene Minimum und das Dreifache des Satzes, der normalerweise als konservative Risikoabsicherung betrachtet wurde. Darüber hinaus waren wir überzeugt, dass alle Wertpapiere in unserem Besitz wirklich ihren Marktpreis wert waren. Obwohl viele dieser Papiere unter aktiven Wall Street-Leuten wenig bekannt waren, hatten ähnliche Emissionen zuvor die lobenswerte Tendenz gezeigt, eine gewisse Zeit nach ihrem Kauf in Bewegung zu kommen, sodass wir sie mit einem anständigen Gewinn wieder verkaufen konnten. Sie wurden dann durch andere preiswerte Papiere ersetzt, die wir ständig herausfanden.

In einem typischen Sicherungsgeschäft kauften wir wandelbare Vorzugsaktien und verkauften die entsprechenden Stammaktien zu ungefähr dem gleichen Preis. War der Markt schwach, sank der Kurs der Stammaktien deutlich tiefer als der der Vorzugsaktien, und wir konnten die Transaktion mit einem schönen Gewinn rückgängig machen, und das trotz der viermal zu zahlenden Provisionen, die unser sonst recht träges Konto bei unseren Maklern so beliebt machten. Wir stellten aber fest, dass wir die Position oft später wiederherstellen mussten, also Vorzugsaktien erneut und zu einem höheren Preis kaufen mussten, und begannen daher, die Transaktionen nur teilweise wieder rückgängig zu machen. Wir kauften Stammaktien, aber hielten die Vorzugsaktien weiter als gesunde Investition, bis wir die Stammaktien dagegen wieder zu einem entsprechenden Preis verkaufen konnten. Zudem führten wir auch partielle Sicherungsgeschäfte durch: wir verkauften Stammaktien nur im Umfang von 50 Prozent unseres Bestands an Vorzugsaktien in der Hoffnung, für die andere Hälfte einen besseren Preis zu erzielen, falls der Kurs weiter stieg. Unser Ziel war es, Geld zu verdienen unabhängig davon, in welche Richtung sich der Kurs der Stammaktie bewegte. Sank der Kurs, deckten wir unsere zur Hälfte offene Position zu guten Bedingungen ab; stieg er, profitierten wir von dem gestiegenen Wert des halben Anteils, den wir noch nicht verkauft hatten.

Während des schrecklichen Kurssturzes nach dem September 1929 deckten wir eine große Zahl unserer offenen Positionen ab und erwirtschafteten einen hübschen Gewinn. Aber in den meisten Fällen verkauften wir die Vorzugsaktien oder Wandelanleihen nicht, da uns der Kurs zu niedrig schien. Wir schlossen 1929 mit einem Verlust von 20 Prozent, wobei allerdings der Verlust des Dow Jones viel höher lag. Viele unserer Teilhaber hatten ihre eigenen Effektenkreditkonten und hatten weitaus höhere Verluste, da sich die Schulden aufzutürmen begannen. Praktisch alle waren mit dem Ergebnis des Konsortiums 1929 zufrieden. Mehr als einmal wurde ich als „Finanzgenie" bezeichnet, weil ich keine höheren Verluste gemacht hatte. Das Jahr 1929 endete mit einer Periode, in der sich die Kurse erholten und eine relative Ruhe herrschte. Die meisten von uns glaubten, das Schlimmste überstanden zu haben.

Die Fertigstellung der neuen Beresford-Apartments verzögerte sich etwas, sodass wir unser fürstliches Doppelapartment erst im Oktober 1929 beziehen konnten, als die Katastrophe an der Wall Street ihren Höhepunkt erreichte. Ich war in diesem Palast nie richtig glücklich. Ich bereute die $ 11 000 Miete und den Zehnjahresvertrag, sobald sie Wirklichkeit wurden. Außerdem schien mir alles viel zu groß. Es galt, eine endlose Kette von Entscheidungen über Vorhänge und Möbel zu treffen, und hier geriet ich wiederum in ein Dilemma. Einerseits hatte ich an so etwas niemals wirklich Interesse, eigentlich an keiner Form materiellen Besitzes, und so war es eine Qual, auch nur die Möbel einzukaufen. Wenn ich Hazel alle Entscheidungen überließ, würde das mehr denn je ihre Überzeugung bestätigen, dass sie aufgrund ihrer überlegenen Kenntnisse in jedem Bereich der Chef der Familie war. Jetzt, da ich dies schreibe, fällt mir ein unbenutzter kleiner Aschenbecher in meinem Zimmer in Alassio auf, der die Inschrift trägt: „Il padrone sono io; chi comanda è mia moglie." (2) Wie häufig doch heute die Frauen das Kommando führen! Ich weiß nicht mehr, wie ich dieses Dilemma damals löste. Aber ich weiß noch, dass wir ein kleines Vermögen für die Möbel ausgaben.

Wir begannen mit einer Truppe von Dienern, zu denen auch ein Butler und Kammerdiener – in Personalunion – für mich gehörte. Damals besuchte ich den neuen Wohnsitz unserer Freunde Dave und Lisette Sarnoff an der Fifth Avenue. Ich stellte fest, dass der vom russischen Immigranten zum Leiter des Großunternehmens RCA aufgestiegene Sarnoff ein Zimmer mit einem Friseurstuhl hatte, wo ihn ein Friseur jeden Tag rasierte. Eine der Pflichten meines Dieners war es, mich täglich zu massieren. Das betrachtete ich bald als Ärgernis und Zeitverschwendung. Ich bestand darauf, dass er entlassen wurde. Das war das erste und letzte Mal, dass ich einen ganztags angestellten Diener hatte.

Zu verschiedenen Anlässen schreibt Chateaubriand in seinen Memoiren von seinem einfachen Geschmack, den er teilweise in seinem in Armut und Hunger verbrachten englischen Exil entwickelt habe. Als er auf einem besonderen Kriegsschiff als französischer Botschafter nach England zurückkehrte, brachte er seinen persönlichen Koch mit. (3) Ironischerweise ist für neun von zehn Amerikanern „Chateaubriand" nur das teuerste Steak auf der Karte. In diesem Sinne war es also Chateaubriands Koch, der Erfinder dieses luxuriösen Gerichts, der den Namen des großen Schriftstellers bekannt machte. Soweit zu Chateaubriands einfachem Geschmack!

Unser Beresford-Apartment besaß eine große Terrasse auf der 18. Etage, wo das Gebäude ein Stück zurücksprang. Von dort aus hatten wir einen Ausblick nach Osten, auf den Central Park, und nach Süden in die Innenstadt. Unsere drei Kinder spielten auf der Terrasse mit größeren Spielsachen und einem Kaninchen. Unsere Nachbarn waren Nathan Strauss jr. und seine Familie. Strauss war der Sohn jenes Menschenfreunds, der Milch für einen Penny je Glas an die Armen der Stadt verkaufte, und ein Neffe von Oskar Strauss, der unser erster jüdischer Botschafter (in der Türkei) gewesen war und den ich als Kandidat für den Gouverneursposten von New York 1912 sprechen gehört hatte.

Zu unserem Ärger entdeckten wir eines Tages, dass die Strauss' bald nach ihrem Einzug eine gusseiserne Wand zwischen unseren Terrassen errichtet hatten, die unseren Blick nach Süden versperrte und darüber hinaus sehr hässlich war. Die Strauss-Wand wurde für einige Zeit Gegenstand eines Aufsehen erregenden Rechtsstreits. Wir fassten sie als persönliche Beleidigung und einen Angriff auf unsere unverletzlichen Rechte auf. Heute muss ich lachen bei dem Gedanken, was mir damals wichtig war. Wir beauftragten einen Rechtsanwalt mit der Wahrnehmung unserer Interessen, Mr. E. F. Greenman von der bekannten Sozietät C. N. Lehman & Greenman, und harte Verhandlungen fanden statt. Mr. Strauss behauptete, wir hielten Meerschweinchen auf unserer Terrasse, die er nicht auf seinem Territorium haben wolle. Wir entgegneten, die Meerschweinchen seien ein kleines Kaninchen. Er bestand auf seinem Recht auf Privatsphäre, und so weiter. Schließlich wurde ein Kompromiss in dieser gewichtigen Auseinandersetzung erreicht. Die gusseiserne Wand wurde durch Pflanzen ersetzt.

Jahre später fand ich mich bei einer Wohltätigkeitsveranstaltung mit der gesamten Strauss-Familie am selben Tisch wieder. Wir erinnerten uns an die Episode mit unserer persönlichen „Berliner Mauer" nicht nur ohne Groll, sondern sogar mit einer gewissen Nostalgie. Mrs. Strauss bemerkte damals freundlich: „Wir haben eine Menge über ihre Tochter Marjorie gehört, als unser Nathan III an der Lincoln School in einer Klasse mit ihr war. Er hat erzählt, sie hätte in jedem Fach ein ‚A', und er war zu schüchtern sie zu fragen, ob sie mit ihm zum Tanzen gehen wollte."

Für die Wintermonate 1930 mietete Hazel ein Apartment in St. Petersburg/Florida. Sie wohnte dort zusammen mit den Kindern und ich fuhr während der Ferien dorthin. Als ich das erste Mal durch diese sonnendurchflutete Stadt kann, sah ich eine Menge von Leuten mit Krücken, die in einem Park zusammenstanden. Es stellte sich dann heraus, dass es Beilkespieler waren. Dieser Januar in Florida brachte auch ein Erlebnis mit sich, dem ich damals wenig Bedeutung beimaß, an das ich aber oft zurückdenken sollte.

Hazel hatte einen Mann namens John Dix getroffen, der dreiundneunzig Jahre alt war. Sein Vater hatte die John Dix Uniform Company in Long Branch, New Jersey, gegründet, ich war auf dem Weg nach Deal oft an dieser großen Fabrik vorbeigekommen. Ich besuchte Mr. Dix in seinem Haus in St. Petersburg und fand ihn ziemlich munter für jemanden, der so kurz vor dem hundertsten Geburtstag stand. Er fragte nach meiner Arbeit, wie viele Klienten ich hatte, wie viel Geld ich Banken und Maklern schuldete und viele Dinge mehr. Ich antwortete höflich, aber selbstgefällig und selbstsicher. Plötzlich sagte Mr. Dix mit dem größten Ernst: „Mr. Graham, ich möchte, dass Sie etwas tun, was für Sie selbst von größter Bedeutung ist. Nehmen Sie morgen den Zug nach New York. Gehen Sie in Ihr Büro, verkaufen Sie alle Wertpapiere, begleichen Sie Ihre Schulden und zahlen Sie Ihren Partnern ihr Kapital aus. Ich könnte nachts keine Minute schlafen, wenn ich in diesen Zeiten an Ihrer Stelle wäre, und Sie sollten eigentlich auch nicht schlafen können. Ich bin viel älter als Sie und habe viel mehr Erfahrung. Sie hören besser auf meinen Rat."

Ich dankte dem alten Mann, ohne Zweifel etwas herablassend, und sagte, ich würde seinen Vorschlag überdenken. Dann beeilte ich mich, ihn zu vergessen. Dix war schon dem Altersschwachsinn nahe, er konnte meine Geschäfte gar nicht verstehen und seine Vorstellungen waren absurd. Es stellte sich heraus, dass er hundertprozentig Recht hatte und ich hundertprozentig Unrecht. Ich habe mich oft gefragt, wie sich mein Leben entwickelt hätte, wenn ich seinem Rat gefolgt wäre. Sicher wären mir viel Kummer und Sorgen erspart geblieben. Ob aber mein Charakter und meine spätere Karriere sich so entwickelt hätten, wie sie es nach meinem Gang durchs Feuer taten, steht auf einem anderen Blatt.

Der Aktienmarkt erholte sich Anfang 1930 in erfreulicher Weise von dem Zusammenbruch des Vorjahres. Im April stand der Dow Jones bei 279, das waren 41 Punkte mehr als der mit 198 erreichte Tiefpunkt am 13. November 1929. Aber mit dem Zusammenbruch der Credit-Anstalt wurde das wirtschaftliche Klima bald wieder unfreundlicher und es begann ein zweiter Kurssturz, der sich mit relativ kurzen Unterbrechungen bis zum Juni 1932 und einem abgrundtiefen Dow Jones-Wert von 42 fortsetzte.

Trotz seines ermutigenden Beginns sollte sich das Jahr 1930 als das bei weitem schlimmste in meiner dreiunddreißigjährigen Karriere als Fonds-Manager herausstellen. Unsere beträchtlichen Schulden verstärkten die Auswirkungen des abstürzenden Marktes noch und lieferten uns der Gnade unserer Gläubiger aus. Drei Jahre lang war es unser großes Ziel, unseren Schuldendienst zu bedienen, ohne unser Portefeuille zu sehr anzugreifen. Trotz der schlechten Ertragslage bei fast allen Unternehmen waren wir vom eigentlichen Wert unserer Anlagen überzeugt.

Unser Verlust 1930 betrug niederschmetternde 50,5 Prozent, 1931 machte er 16 Prozent aus, aber 1932 nur 3 Prozent – fast schon ein Triumph. Die kumulierten Verluste zwischen 1929 und 1932, als die Wende zum Besseren kam, betrugen so 70 Prozent unseres einstmals stolzen

Kapitals von 2,5 Millionen im Januar 1929. Da wir aber hartnäckig an den Ausschüttungen von 1,25 Prozent im Quartal festgehalten hatten, zu Lasten von Jerrys und meinem Kapital, waren Ende 1932 nur noch 22 Prozent des ursprünglichen Kapitals vorhanden. Eine Reihe von Teilhabern zog ihr Kapital ganz oder teilweise zurück. Einer von diesen war Bob Marony, der sich vielmals entschuldigte und erklärte, er benötige seine Mittel, um andere Verpflichtungen abzudecken. Fred Greenman erzählte mir damals, dass Bob, dieser unbeirrbare und kämpferische Ire, in Tränen ausgebrochen war, als er mit dem fast vollständigen Verlust seines Vermögens von weit über einer Million Dollar konfrontiert wurde. Wir gaben Marony seinen Anteil an den Papieren unseres Portefeuilles gegen die Übernahme einer Schuld über einen damals kleinen Betrag.

Ich glaube, es gab nur einen, der in diesen schwierigen Jahren neu in unseren Fonds investierte. Dabei handelte es sich um Jerry Newmans Schwiegervater Elias Reiss, der auf dem Tiefpunkt der Entwicklung $ 50 000 einzahlte. Mit der für ihn charakteristischen Gerissenheit erzielte er so mit seinem Vertrauensbeweis uns gegenüber eine sehr hohe Rendite. Ich bin Reiss für diese hilfreiche Geste immer sehr dankbar gewesen. Er hatte von den Schwierigkeiten mit unseren Schulden gehört und von der Möglichkeit, dass wir Teile unseres Portefeuilles deswegen abstoßen mussten, und bot zusätzlich an, einen Teil seiner umfangreichen Position an US-Staatsanleihen zu unserer Verfügung zu stellen, um unsere Position, falls nötig, zu festigen. Wir mussten auf dieses großzügige Angebot jedoch nie zurückkommen.

Wir arbeiteten in jenen Jahren hart daran, unsere Position wieder aufzubauen, und es gelangen uns einige günstige Geschäfte in Bezug auf unsere Anlagen. In einem Fall verklagten wir einige Maklerfirmen, um Verluste aus Anleihen einer Zinkbergbaugesellschaft auszugleichen. Der Anleiheprospekt hatte beträchtliche Gewinne der Gesellschaft in der Vergangenheit aufgeführt, hatte aber verschwiegen, dass dabei das Vorkommen an hochwertigem Zinkerz erschöpft worden war und das restliche Vorkommen unprofitabel war. Unsere Anwälte meinten, wir hätten da einen aussichtsreichen, wenn auch ungewöhnlichen Fall. Alfred Cook sagte, wir könnten vor einer Jury nur verlieren, wenn die Gegenseite den immer erfolgreichen Max Steuer als Anwalt hätte. Was war zu tun? Fred Greenman schlug vor, wir sollten Max Steuer selbst als Anwalt verpflichten, dann könnten unsere Gegner das nicht tun. Wir schickten dem gefürchteten Steuer einen Scheck über sein Honorar, $ 5000, und eine Zusammenstellung der Fakten. Er teilte uns mit, unser Fall sei aussichtsreich und gut dargestellt, und steckte das Geld ein. Am Ende stimmte die Gegenpartei zu, unsere Anleihen zu einem Preis zurückzunehmen, der bei ⅔ dessen lag, was wir bezahlt hatten – für uns eine beträchtliche Erleichterung.

Eine unserer wichtigsten Positionen waren die achtprozentigen kumulativen Vorzugsaktien von Universal Pictures. Das war eine kleine Emission, die sich mit ihren Dividenden vor der Depression schon mehrfach bezahlt gemacht hatte, dann aber schlechte Tage erlebte und keine Dividende mehr zahlte. Ihr Kurs sank auf 30 Cents pro Dollar, ein echter Schlag für uns. Der Präsident und Gründer der Gesellschaft, Max Laemmle, gönnte sich weiterhin ein Gehalt von dreitausend die Woche, hinzu kamen weitere tausend für Carl Laemmle. Diese Gehaltszahlungen überstiegen die gesamten rückständigen Dividendenzahlungen auf die Vorzugsaktien und waren unserer Ansicht nach unter den gegenwärtigen Bedingungen einfach überzogen. Ich vereinbarte einen Termin mit Mr. Laemmle. Nachdem ich einige Zeit vor seinem Büro gewartet hatte, hörte ich plötzliche die freundliche Aufforderung: „Hallo Graham, kommen Sie 'rein!" Ich betrat das Büro etwas verwirrt und fand einen kleinen Mann, der am Schreibtisch saß und mich enttäuscht ansah. „Oh", sagte er angewidert, „ich dachte, Sie wären Graham McNamee" (der bekannte Nachrichtensprecher von Universal). Ich konnte Laemmle nicht zu einer Gehaltskürzung überreden, aber wir verkauften unsere Universal-Aktien schließlich zu einem respektablen Preis.

Meine Familie musste eindeutig ihre gewaltigen Lebenshaltungskosten reduzieren, vor allem da mir das Konsortium unserer Vergütungsvereinbarung entsprechend kein Gehalt zahlte, sondern nur einen Prozentsatz auf die Gewinne des laufenden Geschäfts. Das Hauptproblem war, aus diesem Mietvertrag im Beresford herauszukommen. Durch einen glücklichen Zufall gelang es uns, für fast ein Jahr einen Untermieter für die Wohnung zu finden, der uns fast dieselbe Miete zahlte, die wir für die unmöblierte Wohnung zahlen mussten. Es handelte sich um Mrs. Marcus von Neiman-Marcus, dem Kaufhaus in Dallas. Später konnten wir uns gegen Zahlung einer Vertragsstrafe aus dem Mietvertrag herauswinden und mieteten eine andere, viel billigere, aber immer noch recht eindrucksvolle Wohnung im El Dorade, Ecke 91. Straße und Central Park West.

Das El Dorado war von unserem Freund Charles Goodman gebaut worden, dem Vater von Bob und dem Großvater von Andrew. Charles war ein Selfmademan, ein Ingenieur, der im U-Bahnbau Erfolg gehabt hatte. Wie viele andere Projekte war auch sein riesiger, luxuriöser Apartmentbau unmittelbar vor dem Crash fertig geworden. Goodman gelang es nicht mehr, die zur Rückzahlung der Baukredite notwendige Finanzierung auf die Beine zu stellen, und das Gebäude wurde ihm weggenommen, wobei er über eine Million Dollar verlor. Ich weiß nicht, wie viel ihm noch blieb, es reichte aber, um in einem großen Penthouse in dem stolzen Bauprojekt zu wohnen, das ihm einstmals gehört hatte, um ein eindrucksvolles Sommerhaus am Tupper Lake zu unterhalten – ich lernte dort Wasserski fahren und das Wasser war tatsächlich eiskalt, wenn man hineinfiel – und um mit einer großen Familie in Luxus und Überfluss zu leben. Aber der Verlust des „El Dorado" hatte Charles zum Revolutionär gemacht. Das einzige Thema, das er Gott und der Welt gegenüber strapazierte, betraf die Ungerechtigkeiten des „Systems", ein Begriff, bei dem sein Lispeln besonders schön zum Tragen kam. Charles zufolge war der amerikanische Kapitalismus dem Untergang geweiht und musste durch ein anderes „System" ersetzt werden, in dem die Banken einem Mann nicht einfach ein herrliches Gebäude wegnehmen konnten, in dessen Bau er sein Vermögen und sein Herzblut investiert hatte.

Wohl jeder hat von den ruinierten Spekulanten gelesen, die während der Börsenpanik 1929 in Massen aus den Fenstern der Maklerbüros gesprungen sein sollen. Diese Geschichten waren natürlich sehr übertrieben, wie alles, was dem makabren Galgenhumor der Öffentlichkeit entspricht. Es stimmt aber, dass viele Menschen in jenen schrecklichen Tagen Verzweiflungstaten begingen, oft weil sie sich für ruiniert hielten, obwohl sie es gar nicht waren. Ein Beispiel hierfür war der Onkel von Jenny, meiner ersten Geliebten. Er hatte ein Vermögen mit Schuhen verdient und sich dann im Grundstücksgeschäft engagiert. Aus Kummer über diverse Verluste schloss er sich mit einer Flasche Whiskey in der Garage ein und ließ den Motor seines Wagens laufen, was seine Probleme beendete. In Wirklichkeit war er aber ziemlich solvent und hinterließ seine Familie in einer abgesicherten Position. Ihre Investitionen in unsere Fonds machte sie in der Tat später zu Millionären.

Ich bringe Mitgefühl für die Verzweiflung meines alten Freundes und beinahe auch Verständnis für sein tragisches Ende auf, denn in gewissem Maße erlebte ich Furcht und Schrecken dieser Art fast drei Jahre lang. Wahr ist, dass ich nicht ruiniert war und am Tiefpunkt der Entwicklung immer noch über ein Vermögen verfügte, das mir vor nur 10 Jahren recht groß erschienen wäre. Aber Wohlstand und Armut sind relative Begriffe – wer in New York arm ist, ist in Kalkutta ein reicher Mann – und fast jeder, der vier Fünftel seines Besitzes verloren hat, erlebt dies als Schicksalsschlag, egal, wie viel ihm noch bleibt. Was mich besonders belastete, war nicht so sehr das Zusammenschrumpfen meines Vermögens, es waren die wiederholten Enttäuschungen nach Anzeichen einer Trendwende, der zermürbende Effekt dieser langen Jahre der Verluste und Depression und letztendlich die Ungewissheit, ob diese Zeit jemals vorbeigehen würde. Bedenkt man dazu noch das Bewusstsein, für das Vermögen vieler Verwandter und Freunde verantwortlich zu sein, die genauso beunruhigt und verstört waren wie ich, dann kann man das Gefühl der Niederlage und beinahe auch der Verzweiflung besser verstehen, das mich gegen Ende überkam. Ich habe dieses Gefühl in einem kleinen Gedicht zum Ausdruck gebracht, das ich in dem freudlosen Winter Anfang 1932 verfasste:

> Silent and soft as the gossamer snow:
> Mantles of Death drift over the lorn;
> Cold is his touch, but warmer than woe:
> Black is his night, but brighter than morn.
> Where shall he sleep whose soul knows no rest:
> Poor hunted stag in wild woods of care?
> Earth has a pillow for his harassed head:
> Dust has a drug to ease his despair.

> Still und weich wie zu früher Schnee
> Weht der Mantel des Todes über die einsame Welt
> Kalt ist seine Hand, doch wärmer als Weh

Schwarz seine Nacht, die den Tag doch erhellt.
Dessen Seele nicht ruh'n kann, wo ist er geborgen:
Das getriebene Wild in der Wildnis der Sorgen?
Die Erde als Kissen nur bietet ihm Ruh':
Und Staub deckt heilend den Verzweifelten zu.

Die Knauserigkeit, die die finanzielle Knappheit meiner frühen Jugend mir eingeprägt und die ich in den Jahren des Erfolges schon fast überwunden hatte, wurde vom Börsencrash wieder zu neuem Leben erweckt. Ich machte mir nicht so sehr Vorwürfe, weil ich mich nicht vor der von mir selbst vorhergesagten Katastrophe geschützt hatte, als dafür, dass ich in einen extravaganten Lebensstil verfallen war, den ich doch von Temperament und Charakter her gar nicht genießen konnte. Schnell war ich überzeugt, dass der wahre Schlüssel zu materiellem Glück in einem bescheidenen Lebensstandard lag, der ohne große Schwierigkeiten unter fast allen wirtschaftlichen Bedingungen aufrechterhalten werden konnte. Ich wendete dieses neue Prinzip in zwei Richtungen an, eine davon logisch und ehrenwert, die andere recht engstirnig.

Ich war fest entschlossen, mich niemals wieder zu Angeberei, unnötigem Luxus oder Ausgaben verleiten zu lassen, die ich mir nicht leicht leisten konnte. Der Mietvertrag für das Beresford-Apartment war eine bittere, aber heilsame Lektion, und in den nächsten fünfunddreißig Jahren bin ich allen Luxusgrundstücken aus dem Weg gegangen. Aber hinsichtlich meiner rein persönlichen Ausgaben habe ich, wie ich zugeben muss, die Sparsamkeit etwas zu weit getrieben und mir wieder über Pennys Gedanken gemacht, wenn es tatsächlich um Zehntausende von Dollar ging. Ich nahm die U-Bahn statt eines Taxis, das war schneller, versicherte ich mir, und ich war ja immer in Eile – tatsächlich wusste ich genau, dass ich den Dollar sparen wollte, den das Taxi teurer war. Ich begann auch, im Restaurant die weniger teuren Vorspeisen zu bestellen und lud meine Mutter – ich schäme mich, es zu gestehen – anlässlich unserer wöchentlichen Verabredungen zum Essen in chinesische Restaurants ein. Als ich noch im Überfluss lebte, hatte ich meiner Mutter einen Wagen mit Chauffeur gestellt, obwohl ich selbst nie einen Chauffeur hatte. Jetzt, da strikte Sparsamkeit angezeigt war, musste

meine Mutter eben darauf verzichten. Zum Glück habe ich immer einen
großen Unterschied zwischen Ausgaben gemacht, bei denen andere betroffen waren, und solchen, die nur mich betrafen. Ich bin ziemlich sicher, dass ich nie als Geizhals galt – was mir allerdings hätte passieren
können, hätte die Welt gewusst, wie ich mich selbst behandelte.

In den harten Jahren zwischen 1930 und 1932 war ich mit vielen
Dingen beschäftigt. Ich schrieb drei Artikel für Forbes Magazine, die
auf die außergewöhnliche Diskrepanz zwischen den niedrigen Kursen
wichtiger Aktien und dem viel höheren Umlauf- oder sogar Barvermögen aufmerksam machten, das hinter diesen Aktien stand. Die Überschrift eines dieser Artikel lautete: „Ist die amerikanische Wirtschaft tot
mehr wert als lebendig?", eine Frage, die in der Sprache der Finanzwelt
einen wichtigen Platz einnehmen sollte. Dieses Phänomen zeigte sich
bei den Aktien vieler Unternehmen in der Tat noch lange nach dem Ende der großen Depression. Ich nahm an einer Vielzahl von Diskussionsveranstaltungen zu wirtschaftlichen Fragen teil. Ich hielt weiter Vorlesungen am Columbia College, allerdings vor einem viel kleineren
Auditorium, und 1932 machte ich mich ernsthaft an das Lehrbuch, an
das ich das erste Mal in den gesegneten Tagen von 1927 gedacht hatte.

Ich bat Dave Dodd um seine Mitarbeit bei diesem Buch. Wir kamen
überein, dass ich der Hauptautor sein und den gesamten Text in meinem
Stil schreiben sollte. Dodd sollte mit Vorschlägen und Kritik weiterhel-
fen, Fakten und Verweise überprüfen und die Tabellen ausarbeiten. Wir
stellten das Inhaltsverzeichnis zusammen, formulierten das erste Kapitel
als Muster und legten beides Hugh Kelly vor, der ein ehemaliger Student war und inzwischen ein tüchtiger junger Mann bei McGraw-Hill &
Company. Kelly wurde später Vizepräsident von McGraw-Hill.
McGraw leitete unser Material an einen Lektor weiter, einen Professor
der Finanzwissenschaften in Harvard. Ausnahmsweise bekamen wir
sein Gutachten zu sehen. Es war sehr günstig, er zweifelte nur an unserer Ausdauer, dieses ambitionierte Werk zum Abschluss zu bringen.
McGraw-Hill war so beeindruckt durch seine Empfehlung, dass uns ein
Autorenhonorar von 15 Prozent angeboten wurde statt der gleitenden
Skala, die normalerweise bei 10 Prozent begann. Dodd und ich kamen
überein, dass ich drei Fünftel und er zwei Fünftel des Honorars bekommen sollte. Der Vertrag wurde Ende 1932 unterzeichnet, aber es sollte

noch eineinhalb Jahre dauern, bis die erste Auflage von „Security Analysis" erschien.

Vor dem Ende der Depression im Dezember 1932 hatte ich mit zwei Aktivitäten begonnen, die in meinem Leben von jetzt an eine bedeutende Rolle spielen sollten. Eine davon war mein Auftreten als Experte in Bewertungsfällen. Die andere betraf die Konzeption einer Währung, die nicht auf einer Goldreserve, sondern auf einem Warenkorb von Produkten basierte, ein Vorschlag, der mir einen Platz in vielen volkswirtschaftlichen Lehrbüchern eintrug. Beides werde ich später erläutern, wenn ich die nächste Periode meines Lebens beschreibe, die mit der Amtseinführung Präsident Franklin D. Roosevelts im März 1933 begann.

14. Kapitel

Auf dem Rückweg: 1933 – 1940

Der Dow Jones erreichte 1932 seinen Tiefpunkt mit 42, beendete das Jahr mit 59, fiel noch einmal auf 53, als der neu gewählte Präsident Roosevelt die Banken schließen ließ, und begann dann seinen langen Aufstieg. Ende 1933 stand er bei 99, blieb 1934 konstant, stieg Ende 1935 auf 144 und kletterte schließlich in der Hausse-Periode bis auf 197 im März 1937. Auch unsere eigenen Geschäfte wurden wieder erfolgreich. Wir waren sogar ein bisschen erfolgreicher als der Markt insgesamt. Wir begannen 1933 mit einem Kapital von $ 375 000, eine ganze Menge weniger als die $ 2 500 000 vor vier Jahren. Aber allein im Jahr 1933 machten wir einen Gewinn von über 50 Prozent. Solchermaßen ermutigt verspürte ich ein neues, wenn auch etwas gedämpftes Zutrauen in meine Fähigkeiten, ein Zutrauen, das auch von unseren Teilhabern geteilt wurde, von denen die meisten alte persönliche Freunde und Gefährten im Unglück waren.

Einer von ihnen, Guy Levy, schlug vor, die finanziellen Absprachen von 1926 so zu ändern, dass Jerry und ich eine Chance bekamen, an den gegenwärtigen Gewinnen zu partizipieren. Das alte Übereinkommen verlangte, dass erst alle Verluste wieder wettgemacht werden mussten, bevor wir eine Vergütung bekamen. Unsere Gewinne hätten also das Kapital von 1993 mehr als verdreifachen müssen, um wieder den Stand vom Januar 1929 zu erreichen – erst dann hätten wir wieder einen Anspruch auf Bezahlung gehabt. Nach kurzen Unterredungen mit den wichtigeren Teilhabern kamen wir zu folgender neuer Übereinkunft: die Teilhaber verzichteten auf ihr Recht, die Verluste der Vergangenheit ausgeglichen zu bekommen; wir wiederum erklärten uns mit einer Begrenzung unserer Vergütung auf 20 Prozent der Gewinne einverstanden anstelle der zwischen einem Drittel und der Hälfte schwankenden Gewinnanteile, die wir früher bekommen hatten. Die neue Regelung sollte ab Januar 1934 gelten. In einem von den fünf größten Teilhabern unter-

zeichneten und für Jerry und mich sehr schmeichelhaften Brief wurden
die anderen Teilhaber gebeten, den neuen Vertrag zu unterschreiben.
Bis auf einen unterschrieben zum Glück auch alle. Die Ausnahme war
ein Schwager von mir. Bis Dezember 1935 waren alle Verluste wieder
ausgeglichen und wir konnten zu unserer großen Befriedigung besagtem
Schwager eine Gewinnbeteiligung entsprechend der ursprünglichen
Vereinbarung in Rechnung stellen.

Dann tauchte jedoch eine neue Schwierigkeit auf. Das Finanzamt
stellte sich auf den Standpunkt, unser Geschäft sei kein Konsortium
und auch kein echtes Teilhabergeschäft, sondern vielmehr nach gewissen rechtlichen Vorschriften ein Zusammenschluss, der wie ein Unternehmen zu besteuern sei. Fred Greenman riet uns, eine Kapitalgesellschaft zu gründen. Er argumentierte, ansonsten würde immer ein
Zweifel über unseren steuerrechtlichen Status bleiben und das Finanzamt würde uns entweder als Konsortium oder als Quasi-Unternehmen
behandeln, je nachdem, bei welcher Variante die höhere Steuerlast an-
fallen würde. Auf diesen Rat hin lösten wir das Benjamin-Graham-
Konsortium auf und ersetzten es im Januar 1936 durch die Graham-
Newman-Corporation.

Ich erweiterte auch meine Tätigkeit als Berater. Das Finanzministerium der USA führte einen Rechtsstreit, in dem es um die auf die Mehrheitsbeteiligung an dem Kettenproduzenten Whitney Manufacturing
Company zu entrichtende Erbschaftssteuer ging. In diesem Zusammenhang brauchte das Ministerium einen Gutachter, der eine Aussage zum
Wert einer Aktie machen konnte, die nicht auf dem Markt gehandelt
wurde. Die Leute von der Wirtschaftswissenschaftlichen Fakultät der
Columbia Universität empfahlen mich, ich wurde engagiert und begann
so eine neue Phase meiner Karriere. Der Testamentsvollstrecker vertrat
die Auffassung, der Wert der Aktien sei entsprechend des sehr niedrigen
Niveaus des Aktienmarkts im Jahr 1932 festzusetzen, dem Todesjahr
des Eigentümers. Darüber hinaus sei zu berücksichtigen, dass das Unternehmen – wie die meisten anderen – in jenem Jahr Verluste gemacht
habe. Meine Überzeugung war, dass die Aktien wie die eines privaten
Unternehmens bewertet werden sollten, da sie einen Mehrheitsanteil re-
präsentierten und der Eigentümer mit der Gesellschaft und ihrem Vermögen tun und lassen konnte, was er wollte. Ich schloss daraus, dass der

Mindestwert des Mehrheitsanteils auf dem Liquidationswert des Unternehmens basieren sollte. Ich ging von der Annahme aus, solange nicht das Gegenteil bewiesen sei, sei der Grund für die Fortführung eines Unternehmens der, dass das Unternehmen so einen höheren Wert hätte, als wenn es liquidiert würde. Ich schätzte den Liquidationswert und damit den Wert der Aktien auf einen Betrag, der dem Netto-Betriebskapital entsprach, ohne Berücksichtigung der beträchtlichen Anlageinvestitionen. Das entsprach den Analysen und Bewertungen, die ich in verschiedenen Artikeln veröffentlicht hatte, vor allem in der 1932 im Forbes Magazine erschienenen Artikelserie.

Das Finanzgericht kam zu einer Bewertung, die ungefähr der von mir vorgeschlagenen entsprach und viel höher lag, als der Nachlassverwalter beantragt hatte. Das war mein erster Fall und mein erster „Sieg" als Gutachter in Bewertungsfragen. Es folgten noch ungefähr vierzig weitere, die eine Vielzahl unterschiedlicher Finanzkonstellationen betrafen. Ich habe diesen Fall etwas genauer behandelt, nicht nur weil er einen wichtigen Anfang für mich darstellte, sondern auch, weil er eine Grundhaltung in Bewertungsfragen deutlich macht, für die ich in meinem Leben in der Finanzwelt immer eingetreten bin – sei es bei Investitionen, Veröffentlichungen, Lehrveranstaltungen, Berichten oder Gutachten.

Meine Karriere als Gutachter verdient ein eigenes Kapitel. (1) Als Überschrift könnte ich den Titel ausborgen, den mein Freund Lou Nizer seiner Autobiographie gegeben hat: „Mein Leben vor Gericht". Im Jahr 1933 bekam ich einen weiteren Beratungsauftrag. Sechs Eisenbahngesellschaften klagten gegen den Bundesstaat New Jersey auf Reduzierung ihrer Eigentumsveranlagung mit der Begründung, solche Veranlagungen (und die entsprechende Besteuerung) müssten laut Gesetz den tatsächlichen Wert ihres Eigentums in New Jersey widerspiegeln. Der Finanzbeamte habe die erhebliche Wertminderung während der Depression nicht berücksichtigt. Es ging um viele Millionen Dollar. Die Regierung hatte einen der führenden Rechtsanwälte aus New Jersey engagiert, der die Interessen des Finanzamts vertreten sollte, und ihn mit dem Titel eines Sonderstaatsanwalts ausgestattet. Auf der Suche nach einem Gutachter ging der Anwalt zunächst zu Professor James Bonbright von der Wirtschaftswissenschaftlichen Fakultät der Columbia Universität, dem Autor des zweibändigen Klassikers „The Valuation of

Property". Bonbright schlug mich vor, da bei dieser Sache eine große Menge Zahlen gehandhabt werden müsse und ich besonders gut in komplizierten Berechnungen sei. Der Anwalt akzeptierte den Vorschlag. Ich war sehr froh, diesen wichtigen Auftrag zu bekommen, da wir in jenen Zeiten keinen Gewinn machten und ich das Geld dringend brauchte. Bonbright legte unser Honorar entsprechend seinen Standardsätzen für solche Aufträge fest: $ 100 für jeden Tag der Vorbereitung und $ 250 für jeden ganzen Tag als Sachverständiger vor Gericht. Das schienen mir recht großzügige Honorarsätze zu sein, und ich übernahm sie als meine Standardsätze für kommende Fälle.

Zum Glück für Bonbright und mich war es nicht unsere Aufgabe, die vom Staat New Jersey durchgeführte Eigentumsbewertung der Eisenbahngesellschaften zu rechtfertigen. Das hätten wir nicht gekonnt und wir hätten es auch nicht versucht. Von Gesetz wegen war es an den Eisenbahngesellschaften, eine andere Methode der Bewertung ihres Eigentums als die seit langem übliche vorzuschlagen und zu beweisen, dass ihre neue Methode zu einer korrekten Bewertung führte. Wir sollten nur die Vorschläge der Eisenbahngesellschaften in Zweifel ziehen, indem wir zeigten, dass sie unter verschiedenen tatsächlichen oder angenommenen Rahmenbedingungen widersprüchliche oder sonstwie anormale Ergebnisse zeitigten. An Einzelheiten dieses Falles, der sich über Jahre hinzog, kann ich mich nicht erinnern, aber einige Aspekte mit Lokalkolorit sind ganz interessant. Der erstaunlichste Aspekt dieses Rechtsstreits war die persönliche Position des Hauptanwalts. Seine Firma war Rechtsberater der New York Central Railroad, eines der Klage führenden Unternehmen. Als ich ihn fragte, wie er bei dieser Sache gleichzeitig in beiden Lagern stehen könne, antwortete er: „Das war nicht schwierig zu arrangieren. Aber es kommt noch besser. Ich bin auch der persönliche Rechtsberater von Mr. Weaver." Weaver leitete die Finanzkammer, vor der die Anhörung stattfand, und der Anwalt vertrat ihn bei einer Klage, die seine Handlungen in einem anderen Fall betrafen. „Und das ist auch noch nicht alles", sagte er, „ich habe gerade auch den Scheidungsfall des Gerichtsstenographen übernommen." Dieser geniale, beliebte und durch Nichts aus der Ruhe zu bringende Anwalt vertrat also auf die eine oder andere Weise praktisch jeden, der mit der Klage der Eisenbahngesellschaften zu tun hatte. Der ehrbare Weaver, der den Vorsitz führte, sah wie die Karikatur eines blutleeren, ausgetrockneten Richters von Daumier aus. Um so mehr war ich überrascht, eines Tages in der Zeitung zu lesen, dass dieser fast körperlose Geist eine Scheidungsklage gegen seine Frau angestrengt hatte mit der Begründung, sie hätte versucht, ihn im Verlauf einer ehelichen Auseinandersetzung mit seiner eigenen Krawatte zu erwürgen!

Für einen großen Tag in diesem Prozess sorgte die Aussage von Jim Bonbright über theoretische Aspekte der Bewertung. Es gibt kaum ein zweites Thema, das wie dieses zu weitschweifigen Überlegungen und hochfliegenden Formulierungen Gelegenheit gibt und geeignet ist, allgemeine Verwirrung zu verbreiten. Als Bonbrights Aufgabe galt es zu zeigen, wie schwierig es war, das Eigentum der Eisenbahnen sicher zu bewerten. Er gab sich daher, fürchte ich, nicht allzu viel Mühe, sich klar und verständlich auszudrücken. Bonbright benutzte reichlich fremdsprachige Bemerkungen wie „faute de mieux" und sein Wortschatz war so esoterisch, wie ich ihn nie mehr kennengelernt habe. Nach seiner Aussage waren alle völlig durcheinander, ein Ergebnis, das unserem schlauen Anwalt sehr recht war. Alle waren sich darin einig, dass es für den Gerichtsstenographen der schlimmste Tag seiner Karriere gewesen sein musste.

Meine eigene Aussage war viel handfester und drehte sich hauptsächlich um die mathematischen Implikationen der zahlreichen Schaubilder, die die Eisenbahngesellschaften vorgelegt hatten oder die ich selbst vorbereitet hatte. Mein Kreuzverhör durch den Chefanwalt der Eisenbahnen, Mr. Stallman, war sehr intensiv und fast endlos. Niemand schien bemüht zu sein, solche Verfahren schnell abzuschließen. Schließlich waren angesichts der Millionenbeträge an Steuern, um die es ging, die Gebühren und Honorare beträchtlich. Ich erinnere mich an einen Tag im Zeugenstand, an dem ich die Fragen und Einwände Stallmans eine nach der anderen beantwortete, während unser Anwalt friedlich auf seinem Platz schlummerte. Am Ende der Sitzung erklärte er mir, er würde während meiner Aussagen ohne zu zögern ein Nickerchen machen, da er wisse, dass ich seine Hilfe bei der Befragung nicht brauchen würde. Ich nahm das als großes Kompliment.

An einem Sommertag in Trenton war es einmal fast unmöglich, das Gerichtsgebäude zu betreten, wo die Anhörung stattfand, so groß war die Menge an Reportern und Schaulustigen am Eingang und vor dem Gebäude. Es ging um das Verfahren gegen Bruno Hauptmann, den Angeklagten im Fall der Lindbergh-Entführung, und einige Punkte mussten in der Hauptstadt behandelt werden, bevor das Verfahren im nahegelegenen Leamington beginnen konnte.

Was wurde aus dem Fall der Eisenbahngesellschaften? Die Gesellschaften brachten den Fall einige Jahre lang immer wieder neu auf, sie waren aber nie erfolgreich, obwohl sie Berufung gegen die Entscheidung des Finanzgerichts einlegten. Schließlich bekamen sie auf der Basis eines Vergleichs eine Steuerminderung zugestanden. Ich habe keinen Grund, auf meine Rolle in dieser langen Auseinandersetzung stolz zu sein, denn das Recht war sicher auf der Seite der zu hoch besteuerten Eisenbahnen. Ich habe jedoch auch keinen Grund, mich zu schämen. Ich habe nichts gesagt, wovon ich nicht überzeugt war. Meine Aufgabe bestand in gewisser Weise in der Bearbeitung eines sachlichen Problems. Der Staat hatte ein Anrecht darauf, dass ich diese Aufgabe so kompetent wie möglich erledigte, und das tat ich zur Zufriedenheit meines Auftraggebers.

Ich arbeitete ständig an der Verbesserung von „Security Analysis". Auch in der zweiten Ausgabe von 1939 behielt ich eine konservative und warnende Grundhaltung in Bezug auf Kapitalanlagen bei. Das stellte sich, glaube ich, als kluge Position heraus, denn der Markt hielt trotz einer allgemeinen Aufwärtsbewegung für den durchschnittlichen Investor viele Fallstricke bereit. Die jüngste Überarbeitung für die soeben [1962] veröffentlichte vierte Auflage stellte sich als die schwierigste und zeitraubendste heraus. Aber nachdem ich lange mit anscheinend unlösbaren Problemen der Markt- und Wertpapieranalyse gerungen hatte, fühlte ich mich unwiderstehlich zu zwei beinahe schon lächerlich einfachen Lösungen hingezogen. Die erste bestand in einem Kompromiss in der Frage, wie Anleger ihr Portefeuille in Bezug auf den Anteil von Aktien einerseits und Anleihen oder Sparguthaben andererseits strukturieren sollten. Meine Antwort war, dass sowohl die Anlagen in Aktien als auch die in Anleihen jeweils einen signifikanten Teil des Portefeuilles auszumachen hatten. Dieser Anteil sollte sowohl für Aktien als auch für Anleihen jeweils nicht unter 25 Prozent liegen, und die restlichen 50 Prozent seines Portefeuilles musste der Anleger entsprechend seiner

Ansicht über den Aktienmarkt gestalten, also entsprechend seiner Einschätzung des Kursniveaus als hoch, „normal" oder niedrig. Wenn der Anleger in dieser Frage keine ausgeprägte Einschätzung hatte, sollte er insgesamt eine 50:50 Aufteilung seines Portefeuilles vornehmen. Was die Auswahl einzelner Wertpapiere angeht, so glaube ich, dass der Anteil der Anleihen sich auf erstklassige Papiere konzentrieren sollte. Das können U.S. Savings Bonds bei vergleichsweise geringen Summen, Emissionen von Kapitalgesellschaften bei größeren Summen, auf die ein geringer Steuersatz angewandt wird, und steuerfreie Anleihen bei Anlegern in höheren Steuerklassen sein. Die Auswahl eines geeigneten Papiers stellt keine Probleme dar und kann für den Anleger leicht durch den Wertpapieranalysten eines Maklerhauses getroffen werden. Meine Einstellung zum Aktien-Portefeuille ist, was die meisten Anleger angeht, ähnlich. Ich habe wenig Vertrauen in die Fähigkeiten von Analysten, ganz zu schweigen von einfachen Anlegern, Aktien herauszufinden, die mehr abwerfen als der Durchschnitt. Die Gründe für diese Skepsis sind zu kompliziert, als dass ich sie hier erläutern könnte, man findet sie in „The Intelligent Investor". Die Richtschnur für das Aktien-Portefeuille sollte sein, ein doppelt so gutes Ergebnis wie der Dow Jones zu erzielen. Hierzu gibt es verlässliche Wege, die ich ebenfalls kurz in „The Intelligent Investor" vorstelle. Aus verschiedenen Gründen zweifele ich allerdings daran, dass viele Anleger diese Wege beschreiten werden.

1938 wurde ich von Hazel geschieden und heiratete Carol Wade. Carol Wade war schön, aber es war unmöglich, mit ihr zusammenzuleben. Wir wurden 1940 geschieden. Auch wenn unsere Beziehung stürmisch verlief, blieb ich weiter ein recht geselliger Mensch. So gehörte ich zu einer Gruppe von Wertpapieranalysten, die sich einmal im Monat in der Wohnung von Helen Slade traf, um über Geschäfte zu sprechen, reichlich alkoholische Getränke zu sich zu nehmen – bis auf mich – und ebenso großzügig dem berühmten Büfett zuzusprechen, für das Helen und ihr Mann Henry Sanders sorgten. Helen Slade kannte jeden, der in den etwas intellektuelleren Kreisen der Finanzwelt einen Namen hatte. Es gab ein Dutzend Prominente, die Helen unentbehrlich fanden und zum Teil täglich mit ihr telefonierten. Bis zu ihrer Erkrankung war sie jahrelang die graue Eminenz des „Financial Analysts Journal". Ihre monatlichen Gesellschaften stellten eine Art Salon der Wall Street dar, auf dem sie wie eine Madame Récamier des 20. Jahrhunderts Hof hielt – eine Récamier allerdings, bei deren Anblick eine überempfindliche Uhr stehengeblieben wäre. Nein, einen besseren Vergleich stellt Madame Verdurin aus „A la recherche du temps perdu" dar: Helen hatte fast alle typischen Eigenschaften von Prousts unvergesslichem Charakter. Ihr endloser Rachefeldzug gegen einen früheren Freund, A. Wilfred May vom „Financial Chronicle", erinnerte an Madame Verdurins Auseinandersetzung mit dem Baron de Charlus. Mein eigenes Verhältnis zu der großen Slade, der Göttin der Wertpapieranalysten, blieb bis zum Schluss freundschaftlich. Slade war der Name ihres – wenig betrauerten – ersten Mannes, und sie führte ihn weiter als eine Art Künstlernamen. Ihr zweiter Mann, Henry Sanders, war so gutaussehend, wie sie hässlich war. Er war intelligent und fleißig, stieg aus dem Nichts zum Vizepräsidenten der Public Bank auf und war später, nach der Übernahme der Public Bank, in gleicher Position bei der erlauchten Chemical National Bank. In seiner unterwürfigen Ergebenheit seiner körperlich weniger begünstigten Frau gegenüber erinnerte er an Disraeli.

Helen war eine außerordentliche Katzenliebhaberin, aber sie trieb diese Liebhaberei zu Extremen, von denen ich nie geträumt hätte. Ihre Lieblingskatze Alexander überhäufte sie (unter anderem) mit folgenden Aufmerksamkeiten: (1) Sie kaufte ihm eine echte Perlenkette, die sie ihm in der Öffentlichkeit anlegte; (2) sie kaufte wichtige Aktien auf seinen Namen, (3) nach seinem viel beklagten Tod richtete sie einen Alexander-Preis ein, der jährlich für den besten Artikel im „Financial Analysts Journal" vergeben wurde. Nach ihrem eigenen Dahinscheiden trat an die Stelle des Alexander-Preises nicht nur ein ordentlich benannter und verwalteter Helen Slade-Preis, sondern auch ein jährlicher Graham & Dodd-Preis. Auf indirekte Art und Weise habe ich so die Ehre geerbt, die ursprünglich einer toten Katze galt.

Helen Slade war sehr wählerisch bei den Einladungen zu ihren monatlichen Treffen. Von ihr eingeladen zu werden, galt in der Zunft der Finanzanalysten als hohe Ehre. Sie war für mich eine immer loyale Freundin und erkor mich zu der Ehre aus, ihr Schlafzimmer betreten zu dürfen, nicht zum Zwecke eines Guy Breton, sondern um ein paar Minuten mit ihr zu sprechen und mit ihren Katzen zu spielen.

Carol und ich hatten Katzen auch sehr gerne. Meine Liebe zu Katzen hat immer ans Irrationale gegrenzt, und bei Carol war es nicht viel anders. Wir kauften eine junge Siamkatze, die wir Scheherazade nannten, oder kurz Sherry. Sie war nicht nur schön, sondern zugleich liebevoll und wohlerzogen – keine alltäglichen Tugenden für eine Siamkatze. Unsere Liebe zu dieser Katze war eines der wenigen Gefühle, die Carol und ich teilten. Hätte es Sherry nicht gegeben, wäre das erste Jahr unserer Ehe ein vollständiges Desaster geworden – so wurde es nur ein einfaches Desaster.

In unserem Apartment in Manhattan war Sherry die ganze Zeit in der Wohnung, ohne dass es ihrer Gesundheit oder ihrer Stimmung zu schaden schien. Als wir ins Kew Gardens Inn zogen, hatte sie den ganzen Garten um das Hotel herum als Auslauf. Das stellte sich als tragischer Fehler heraus, denn in unserer Unkenntnis hatten wir sie nicht gegen Enteritis impfen lassen – eine Krankheit, die streunende Katzen leicht überleben, die bei Rassekatzen aber oft tödlich endet. Einige Tage nach ihrem ersten Ausflug in den Garten wurde Sherry krank. Zwei Tage später rief Carol mich im Büro an und teilte mir mit, dass unsere geliebte Katze tot war! Die verzweifelten Bemühungen des Tierarztes waren erfolglos geblieben. Carol weinte so sehr, dass ich kaum verstehen konnte, was sie sagte. Auch mir machte der Verlust zu schaffen, aber es war meine männliche Pflicht, sie zu trösten. Ich versprach Carol eine neue Siamkatze aus derselben Zucht, die in jeder Hinsicht eine zweite Sherry sein würde. Ich fühlte mich aber eher wie Aeneas, als er seine Männer nach dem Schiffbruch ermunterte:

Spem vultu simulat, premit alto corde doloram

Die Miene täuscht Hoffnung vor, tief im Herzen aber
unterdrückt er den Schmerz.

Obwohl ich weniger abergläubisch bin als andere, erschien mir der Tod Sherrys als schlechtes Omen für meine Zukunft mit Carol. Unsere neue Siamkatze glich äußerlich der ersten in fast jeder Beziehung. Ich wollte sie O-Puss Two nennen, und bildete mir wie alle Versschmiede viel auf dieses Wortspiel ein. Aber ich besann mich eines besseren und die neue

Katze bekam den Namen ihrer Vorgängerin. Wir kümmerten uns in jeder Hinsicht sehr sorgfältig um sie, aber sie machte uns nicht das Vergnügen wie die erste, unvergessliche Sherry. Vielleicht war die zweite Sherry nicht liebevoll genug, vielleicht erwarteten wir zuviel von ihr, vielleicht spürte sie unsere Liebe zu Sherry Nr. 1 und brachte ihren Protest in ihrem Verhalten zum Ausdruck. Ich denke nicht wirklich an die beiden Sherrys, während ich dies schreibe, sondern eher an meine beiden Newtons: der erste ein großartiger Junge, der einen Monat vor seinem neunten Geburtstag starb, und der zweite, der ein Jahr später an seine Stelle trat und der Hazel und mir mehr Kummer als Freude brachte.

Nach meiner Scheidung von Carol verbrachte ich den größten Teil meiner Freizeit mit meiner Mutter und meinen Brüdern. Ich war auch damit beschäftigt, mit David Dodd zusammen letzte Hand an die 1940 erscheinende Ausgabe von „Security Analysis" zu legen, die erste revidierte Fassung. Wenn auch die Modifikationen keineswegs so gravierend waren wie bei der nächsten Neufassung zehn Jahre später, kostete es doch viel Arbeit, die Schaubilder zu aktualisieren und die zahlreichen Änderungen einzuarbeiten, die sich aus der Tätigkeit der Securities and Exchange Commission ergaben.

Meine häuslichen Probleme liefen parallel zu einer gefährlichen Entwicklung in der internationalen Politik. Ich war bestürzt über den Aufstieg Hitlers und entsetzt über Chamberlains Kapitulation in München. Wir diskutierten diese Ereignisse ausführlich auf den monatlichen Treffen einer Gruppe von ausgewählten Finanzanalysten, an denen ich teilnahm. Als im September 1939 der Zweite Weltkrieg ausbrach, standen die Auswirkungen auf den Aktienmarkt in genauem Gegensatz zu den Folgen des Ersten Weltkriegs. Sofort setzte ein steiler Kursanstieg ein. In den ersten Monaten des Krieges wurde nur wenig gekämpft, es gab nur relativ wenige Opfer und für die amerikanische Öffentlichkeit wurde der Stellungskrieg langweilig.

Aber im Mai und Juni 1940 kam die gigantische und blitzschnelle deutsche Offensive, auf die entsetzlich schnell der Fall Frankreichs und die glückliche, aber dennoch niederschmetternde Flucht des britischen Heeres bei Dünkirchen folgten. Zu diesem Zeitpunkt brachten mich die Ereignisse wirklich aus dem Gleichgewicht. Ich wurde nervös und niedergeschlagen – ganz untypisch für mich – und kam mit meinen häuslichen Problemen nicht mehr gut zurecht. Diese mentalen Probleme gaben Anlass, zu ungewöhnlichen Heilmethoden zu greifen. Ich fing wieder mit dem Rollschuhlaufen an, das ich seit meiner Kindheit fast völlig aufgegeben hatte. Wenn ich unablässig meine Kreise zog, die rhythmischen Bewegungen meines Körpers spürte, die sanfte Musik und das leise Dröhnen von Hunderten von Rädern hörte, überkam mich eine seltsame Erleichterung. Ich konnte mit traurigen Gedanken über den Zustand der Welt und bitterer Feindschaft gegenüber Carol im Herzen beginnen, um schon bald nur noch ans Rollschuhlaufen zu denken. Dann senkte sich ein willkommener Friede in mein Herz.

Der Fall Frankreichs und die akute Bedrohung meines Geburtslandes England belasteten mich auch nach der Trennung von Carol weiter. Um mich abzulenken, nahm ich zusätzlich zum Rollschuhlaufen eine weitere Freizeitbeschäftigung auf. Ich begann, zum Ebbets Field in Brooklyn zu gehen, um die Dodgers spielen zu sehen – damals besser bekannt als die „Bums". Um völlig in die Atmosphäre einzutauchen, setzte ich mich weit vorn auf einen der billigen Plätze, umgeben von Fans, die keine Mäntel trugen, jubelten und klagten, klatschten und buhten, von Hoffnung in Verzweiflung verfielen, um wieder neue Hoffnung zu schöpfen – als ob ihr Leben, ihr Vermögen und ihre Ehre bei jedem Wurf auf dem Spiel ständen. Statt ihren Enthusiasmus absurd und ihre Emotionalität abstoßend zu finden, tauchte ich in dieses kindische Melodrama ein wie in ein belebendes Bad. Ich habe mich vielleicht nie wie ein echter Dodgers-Fan verhalten, mit allem Drum und Dran. Aber das halbe Dutzend Nachmittage dort auf den billigen Plätzen von Ebbets Field hat für den Rest meines Lebens einen Anhänger der „Bums" aus mir gemacht. Als könnten sie sich nicht von mir trennen, zogen die „Bums" nach meinem Umzug nach Los Angeles ebenfalls dorthin um und wurden zu den „Angels". Ich bin ihnen auch nach meinem Umzug nach Europa treu geblieben. Ich habe gejubelt, als Koufax in diesem Jahr im letzten Spiel der Saison 1966 den Pokal für sie gewann und ich habe auf ihr Scheitern in den „World Series" mit loyaler Trauer reagiert.

15. Kapitel

Meine „Karriere" als Schriftsteller

In der Phase intensivster beruflicher Beschäftigung fand ich irgendwie auch noch Zeit und Energie, einen Einakter und drei komplette Stücke zu schreiben. Eines von diesen wurde an zwei verschiedenen Theatern herausgebracht.

Mein erstes Stück war seltsamen Ursprungs. Beim Durchsehen alter Papiere fand ich im Jahr 1930 einen Karton in unserer Wohnung im Beresford. Ich öffnete ihn, ohne mir viel dabei zu denken, und stellte fest, dass er eine Reihe von Briefen enthielt, die meine Frau von einem unserer gemeinsamen Bekannten, einem verheirateten Künstler, erhalten hatte. Einige dieser Briefe waren recht kompromittierend und das, obwohl einige Stellen herausgeschnitten worden waren, wahrscheinlich die glühendsten Passagen. Damals war mein Verhältnis zu Hazel schon ziemlich belastet. Wir durchliefen eine lange Periode abnehmender Liebe und wachsender Entfremdung, die eindeutig mit ihrer Europareise im Herbst 1927 begonnen hatte und 1938 mit einer schwierigen Scheidung endete.

Diese Briefe hätten für mich damals von großer strategischer Bedeutung sein können, hätte ich den Wunsch gehabt, sie zu verwenden. Das tat ich jedoch niemals, außer einmal ganz privat, und dieses eine Mal fand gegen Ende unserer Ehe statt und betraf nur Hazels Anwalt und meinen. Warum diese Zurückhaltung? Es gab für mich, glaube ich, zwei Gründe. Zum einen hatte ich damals selbst ein außereheliches Verhältnis, während Hazels Europareise begonnen hatte, und mein Sinn für Gerechtigkeit sagte mir, dass sie das gleiche Recht auf Glück in den Armen eines anderen hatte. Der andere Grund lag zweifellos in meiner Abneigung gegen alles, was einem öffentlichen Skandal nahekam, mit seinen Folgen für unsere Familie.

Ich behielt nur zwei dieser Briefe, aus einer Vorsicht heraus, die sich durch spätere Ereignisse als gerechtfertigt erwies. Ich sagte Hazel nicht, dass ich die Briefe gefunden hatte. Seltsamerweise habe ich bis heute nicht mit ihr darüber gesprochen, trotz der vielen Kontakte, die wir in den folgenden fünfunddreißig Jahren hatten. Aber dieses Vorkommnis regte mich zu einem Stück an, an dem ich bald hart arbeitete. Würde ein Psychoanalytiker hier wohl von der Sublimierung einer traumatischen Erfahrung sprechen?

Ich nannte das Stück „Porzellan-Hochzeit" nach dem zwanzigsten Hochzeitstag der Hauptdarsteller. Es handelt sich dabei um ein hochgestelltes Paar (schon wieder eine Sublimierung), er ein sehr erfolgreicher Anwalt, sie eine schöne Frau, die sich für karitative Zwecke engagiert. Es kommt ein französischer Künstler vor, mit dem die Heldin vor einigen Jahren eine Affäre hatte. Zu dieser Affäre kam es, sagt sie, da ihr Mann zu intellektuell und vernunftbestimmt sei und sich seiner Frau nicht völlig hingeben wolle – ein bisschen Selbstanalyse. Später wird aus der Liebesaffäre eine Freundschaft, und die Romanze endet.

Die Frau hat jedoch Raouls glühende Briefe aufgehoben. Sie waren an ein Postfach adressiert gewesen, zwei Tage bevor die Erzählung einsetzt, jedoch versehentlich in einer Mappe auf dem Tisch des Ehemannes liegen geblieben. Die große Frage ist nun, ob der Ehemann die Briefe nun gefunden und gelesen hat oder nicht. Der Mann erwähnt die Briefe im Stück nie, die Frau weiß aber, dass es typisch für ihren Mann wäre, ihr Geheimnis zu kennen und nichts zu sagen. Am Schluss des Stückes ist sie sich über diese Frage immer noch nicht im Klaren – jeder im Publikum muss für sich selbst entscheiden, ob der Ehemann Bescheid weiß oder nicht. Es gibt natürlich auch noch Nebenrollen – vor allem eine achtzehnjährige Tochter und ihren Verlobten, dem der Anwalt recht unkonventionelle Ratschläge zum Thema Sex gibt. Das Porträt des Verlobten ist ein recht idealisiertes Bild des Autors als junger Mann. Der Verlobte macht ein Wortspiel auf Lateinisch und rezitiert selbstverfasste romantische Gedichte. Der Ehemann bin ich vor zehn Jahren, und die Frau weist viele Charakterzüge Hazels auf und hat eine ähnliche Lebensgeschichte. Ich ließ Hazel das Manuskript lesen, nachdem es abgetippt worden war. Als sie es mir zurückgab, sagte sie, es habe ihr sehr gefallen. Nicht ein Wort über den Inhalt! Kein Zeichen von Überraschung oder Ärger darüber, dass ich ihr eigenes Geheimnis entdeckt hatte! Oh ihr Frauen!

Wir waren zu jener Zeit mit Sylvia Golden befreundet, eine Redakteurin beim „Theatre Magazine" und die Schwester des Produzenten John Golden. Ihr gefiel das Stück ebenfalls und sie glaubte, der große David Belasco würde es vielleicht herausbringen. Ich schickte ihm mein Manuskript und hatte wenig später einen Termin in seinem Büro im David Belasco Theatre. Ich wünschte, ich könnte mich genauer an diese Begegnung erinnern. Der Verfasser der „Madam Butterfly" trug das berühmte, fast geistliche Gewand. Er sprach höflich mit mir, das ist sicher, und genauso sicher ist, dass er das Stück ablehnte.

Später wurde das Stück von einer führenden Theateragentur angenommen, Young and Rubsaman, aber das war der einzige Erfolg, den es je hatte. Ein zweites Mal allerdings hatte ich fast ins Schwarze getroffen. Die Johns Hopkins Universität veranstaltete einen jährlichen Wettbewerb, bei dem junge Autoren amerikanische Dramen einreichen konnten, von denen dann eines herausgebracht wurde. Ich sandte mein Stück ein, und sie behielten es lange genug, um mir Hoffnungen zu machen. Schließlich bekam ich es aber zurück, zusammen mit einem sehr freundlichen Brief, der mir mitteilte, zum Schluss sei es um die Entscheidung zwischen „Porzellan-Hochzeit" und einem anderen Stück gegangen. Mein Stück sei zwar ein „starkes Drama", sie hätten es jedoch auf den zweiten Platz gesetzt. Das war ein kleiner Trost, aber ich musste an die Worte denken, die Goethe in „Iphigenie auf Tauris" Thoas in den Mund legt: „Der andre hört nur das Nein." (1)

Aber ich hatte noch andere Ideen für weitere Stücke. Mir fiel eine Handlung für einen Einakter ein, ein Volksstück, dessen Dialoge ich fast in einem herunterschrieb. Das Stück hieß „Der Tag der Abrechnung". Es spielte in einem Friseurladen. Vor vielen Jahren war die Frau des Friseurs von einem schurkischen Freund verführt worden, der auch noch mit den Ersparnissen des Paares verschwand. Eines Tages betritt ein bärtiger Kunde den Laden und verlangt eine Rasur. Schon bald erkennt der Friseur in dem Mann auf seinem Stuhl die Ursache seines Unglücks wieder. Dramatische Entwicklungen. Das Stück endet damit, dass der Schurke aus Angst unter dem drohenden Rasiermesser stirbt.

Ich zeigte dieses etwas zweitklassige Meisterwerk zusammen mit „Porzellan-Hochzeit" einem alten Freund Hazels mit Namen Harry Delf, der mit seiner Schwester Juliette zusammen eine erfolgreiche Karriere mit Volksstücken gemacht hatte. Seine Spezialität war der Tanz, ihre waren Imitation und Monologe. Aber Harry war auch ein Autor, der sich eines wirklichen Erfolges rühmen konnte, ein Stück mit dem Titel „Die Familie von oben". Als er mir mein Manuskript zurückgab, sagte er, das Stück sei gut geschrieben, aber die Handlung sei fast dieselbe wie in „Des Kaisers Barbier", bei dem es um Napoleon ging. Zudem seien Volksstücke so aus der Mode, dass niemand ein neues Stück herausbringen würde. Das war das Ende von „Der Tag der Abrechnung". Das Stück liegt jetzt in meinem Archiv.

Kurz danach kam Harry Delf mit einem Vorschlag zu mir. Er hatte eine wunderbare Idee für eine Komödie in drei Akten, war durch meine gekonnt arrangierten Dialoge beeindruckt gewesen und hatte sich überlegt, gemeinsam könnten wir einen Kassenknüller schaffen. Es gab allerdings ein kleines Problem, das sich für mich jedoch als Vorteil herausstellen sollte. Harry litt an Buerger's Krankheit, ein Leiden mit der schrecklichen wissenschaftlichen Bezeichnung Thrombo angiitis obliterans, und seine Beine waren so sehr davon betroffen, dass er seine Karriere als Schauspieler an den Nagel hängen musste. Aber er war so vorausschauend gewesen, sich gegen dieses Risiko zu versichern, und erhielt jetzt wegen Erwerbsunfähigkeit eine beträchtliche monatliche Zahlung. Mit diesen Zahlungen wäre es jedoch vorbei, wenn er wieder selbst für seinen Lebensunterhalt sorgen könnte, und die Versicherungsgesellschaften kontrollierten seine Aktivitäten genau. Unter diesen Umständen sei es für ihn riskant, als Koautor eines neuen Stückes genannt zu werden. Unser gemeinsames Werk sollte daher nur unter meinem Namen herauskommen. Die hohen Gewinne, die wir einheimsen würden, würden natürlich unter uns zu gleichen Teilen aufgeteilt werden, und Filmrechte würden auch noch einmal eine nicht unerhebliche Summe beisteuern.

Das hörte sich alles sehr gut an, und ich akzeptierte sein Angebot, ohne viel zu überlegen. Rückblickend betrachtet war das keineswegs ehrbar gehandelt. Ich half einem Leistungsempfänger, gewisse Versicherungsgesellschaften zu übervorteilen oder, besser gesagt, zu betrügen. Da ich mir in Bezug auf meine finanzielle Rechtschaffenheit immer selbstzufrieden als der bessere Mensch vorkam, berichte ich über diese Verirrung mit ebensoviel Verwunderung wie Verdruss. Konnte

ich vielleicht, wie fast alle anderen auch, gedacht haben, es sei kein
Verbrechen, eine Versicherungsgesellschaft auszutricksen? Das scheint
mir heute deswegen um so unglaubhafter, als ich seit vielen Jahren meine finanziellen Gewinne im Wesentlichen aus Anteilen an Versicherungsgesellschaften zog. Aber es kommt eben immer darauf an, wer die
Zeche bezahlt!

Harry Delfs Geschichte mit dem vorläufigen Titel „Den Marines
treu" handelte von einem überaus einflussreichen Verfasser von Zei-
tungskommentaren, eindeutig nach dem Vorbild von Arthur Brisbane
konzipiert, der damals der große weise Mann in den Hearst-Blättern
war. Der Journalist hat eine Geliebte, eine schöne, hohlköpfige Blondine. Aber dieses hirnlose Ding hat das Talent, spontane Bemerkungen
über aktuelle Dinge zu machen, die unserem Redakteur als Inspiration
für seine Kolumnen dienen. Es kommen natürlich auch noch andere
Personen vor, darunter ein attraktiver junger Mann, den die Blondine
aufrichtig liebt. Dann ist da noch die Frau des Redakteurs, die die Bedeutung der jungen Dame für Glück und Karriere ihres Mannes erkennt
und den Schaden wieder wettzumachen sucht, der ihrem Mann durch
die Liebesaffäre der beiden jungen Leute entstanden ist.

Ich begann im Sommer 1933, an dem Stück zu arbeiten, ich erinnere mich nämlich, einmal wöchentlich zu langen Besprechungen mit
Harry Delf in sein Haus an der Küste gefahren zu sein. Schließlich
brachten wir das Stück zu Harrys Zufriedenheit zu Ende, und er übernahm es, einen Produzenten zu finden. Er kam dann mit einem Vorschlag, der nicht sehr eindrucksvoll, aber besser als gar nichts war.
Eine Theatergruppe, die in einem Gewissen Red Barn Theatre im aris-
tokratischen Locust Valley, Long Island, auftrat, wollte das Stück für
ein oder zwei Wochen zur Saisoneröffnung ausprobieren. Wir sollten
einen kleinen Betrag für unsere Zustimmung erhalten. Die erste Aufführung fand dann im Juni 1934 statt, fast gleichzeitig mit dem ersten
Erscheinen von „Security Analysis". Ich besuchte zwei Vorstellungen
in Locust Valley, das ein ganzes Stück weg war. Ich kann mich nicht
mehr an die Reaktion des Publikums erinnern; ich glaube, das Stück
war halbwegs ein Erfolg.

Dass mein erstes Buch und mein erstes Stück fast gleichzeitig auf die
Bühne kamen, gab mir ein Gefühl großer Befriedigung, das an Eitelkeit

grenzte. Meine Euphorie wurde noch gesteigert durch die hervorragenden Gewinne, die das Konsortium erzielte und die ein definitives Ende meiner eigenen finanziellen Schwierigkeiten wie auch meiner Sorgen in Bezug auf meine Klienten bedeuteten. Zudem war ich als Gutachter immer mehr gefragt, ein sehr einträglicher Nebenverdienst. Ich war jetzt vierzig Jahre alt, ein Alter, von dem die französischen Schriftsteller als „Adoleszenz des Alterns" sprechen. Zu meiner eigenen Überraschung fand ich mich in eine Periode romantischer Zuneigungen hineingleiten, die ganz anders waren, als ich sie bisher gekannt hatte. Vielleicht übten mein Kontakt mit der Theaterluft wie auch die Vielzahl meiner anderen Aktivitäten einen Einfluss auf mein Liebesleben aus, der mir gar nicht klar war.

Harry Delf suchte einen Broadway-Produzenten für mein Stück „Den Marines treu", das wir mit seiner Zustimmung in „Baby Pompadour" umbenannten. Wir meinten, gewisse Parallelen zwischen der Situation Madame Pompadours am Hof Ludwigs XV. und der Stellung unserer Heldin im Privatgemach des großen Redakteurs zu entdecken. Nach einigen Monaten des Hin und Her fand unser Agent einen Mann, der bereit, willens und fähig war, das Stück am Broadway herauszubringen. Harry sagte, der Vertrag sei nicht perfekt, aber wir sollten ihn seiner Ansicht nach akzeptieren. Er sah die üblichen $ 500 Vorauszahlung auf zukünftige Autorenhonorare vor.

Wir hätten uns wirklich einen besseren Abschluss gewünscht. Der zukünftige Produzent war Irving Steinman. Als einer der Haupteigentümer des Palisades Amusement Park, eines großen Vergnügungsparks auf der andere Seite des Hudson, war er zumindest in einem Sektor der Unterhaltungsindustrie hinlänglich erfahren und erfolgreich. Aber dies war sein erster Ausflug in den Theaterbereich, und es war einer, der nicht völlig von geschäftlichem Erfolg gekrönt war. Cherchez la femme! „La femme" war in diesem Fall eine junge Dame, die Steinman heiraten wollte. Sie hieß Shirley Miller, kam aus gutem jüdischen Hause und war die Tochter eines Wall Street Maklers. Seit ihrer Kindheit hatte sie sich für die Schauspielerei interessiert. Sie hatte einige Hauptrollen bei Aufführungen der Schauspielschule und war überzeugt, sie sei jetzt reif für eine professionelle Karriere als Schauspielerin. Aber statt wie jede andere unten anzufangen, wollte sie sofort ein Star sein.

Shirley hatte die Aufführung in Locust gesehen und sofort entschieden, dass die Rolle unserer Heldin ihr auf den Leib geschrieben war. Später vertraute sie mir an, es sei nicht einfach gewesen, ihren dickköpfigen Verlobten zur Übernahme des Stücks zu bringen, aber sie setzte sich schließlich mit der Drohung durch, ohne Stück werde es keine Hochzeit geben. Der wichtigste Punkt im Vertrag zwischen Steinman und uns war also die Garantie, dass Shirley – eine unbekannte Anfängerin – die Hauptrolle spielte. (2) Rückblickend erkennt man leicht, dass dies das Scheitern unseres Stücks garantierte. Aber wir waren so begierig, unser Stück produziert zu bekommen, dass sogar der erfahrene Harry Delf uns eine gute Erfolgschance ausrechnete.

Ich begab mich in das Büro unseres Agenten, um den Vertrag zu unterzeichnen. Steinman stellte natürlich einige Fragen zu meiner Person und ich sagte ihm, ich sei im Finanzwesen tätig. Bald schon fanden wir uns in einer angeregten Diskussion über die Aussichten des Aktienmarktes und die Vorzüge gewisser Anlagen, die Steinman getätigt hatte. Der Agent bemerkte verwundert, dies sei das erste Mal, dass er solch eine Unterhaltung zwischen Autor und Produzent mitverfolge. Dass ich meine finanziellen Kompetenzen in dieser Weise offenlegte, hatte für mich leider Folgen. Offenbar fehlten Steinman noch $ 2 500 an den $ 15 000, die er für die Produktion aufbringen musste. Welch verschwindend geringe Summe im Vergleich zu den heutigen Produktionskosten! Ich ließ mich beschwatzen, die $ 2 500 aufzubringen, auf der gleichen Grundlage wie er seine $ 12 500 aufbrachte. Er musste sein Geld riskieren, um seine Freundin bei der Stange zu halten, aber warum riskierte ich meins? Wahrscheinlich war das Stück meine Liebe, das, was Shirley für Irving war. Vielleicht hatte ich ebenso das Recht, in geschäftlichen Dingen unvernünftig zu handeln, wie er.

Die Papiere wurden jedenfalls unterschrieben, das Geld wurde aufgebracht, und wir konnten beginnen. Jemand machte eine Produktionsfirma für uns ausfindig. Sie hießen Kinnecott und Werner, zwei junge Männer, die ihre Karriere als Produzenten gerade begannen. Kinnecott, ein großer, gutaussehender Mann, hatte die erforderlichen Mittel aufgebracht. Werner, klein, kahlköpfig, Brillenträger, hatte die berufliche Erfahrung beigesteuert, die er in seinen Jahren als Produktionsassistent gesammelt hatte. Anscheinend hatten sie bereits ein Stück herausgebracht, das aber schnell gescheitert war, aber dafür gab es – wie immer – eine gute Erklärung.

Trotz dieses wenig vielversprechenden Beginns war zumindest ein Posten erstklassig besetzt: Regie führte Clarence Derwent. Derwent war Engländer, und in der Theaterwelt ging ihm ein ziemlicher Ruf voraus. Dafür spricht auch die Tatsache, dass heutzutage jedes Jahr ein Clarence Derwent-Preis für die beste Regiearbeit am Broadway vergeben wird. Er muss dringend ein Engagement gesucht haben, nur so ist zu erklären, dass er sich unserem Projekt anschloss. Aber seine Arbeit machte er gewissenhaft. Regisseur und Produzenten besetzten gemeinsam die Rollen, ausgenommen natürlich die Rolle Shirley Millers. Soweit ich mich entsinne, hatten alle Schauspieler eine umfangreiche Erfahrung und machten einen kompetenten Eindruck. Ich muss allerdings gestehen, dass mein Urteilsvermögen im Hinblick auf die Schauspielkunst wie auf viele andere Dinge nie sehr entwickelt war.

Werner, der die Produktion leitete, hatte das Vanderbilt Theatre auf der 44. Straße für uns ausgesucht. Andere seien zwar etwas billiger zu haben, aber für das Vanderbilt sprächen sein guter Name und seine Reputation, was erfolgreiche Produktionen anging.

Die sechs Wochen, in denen die Produktion auf die Beine gestellt wurde, waren eine sehr interessante und aufregende Zeit für mich. Ich ging nach der Arbeit ziemlich regelmäßig zu den Proben, und man zog mich gelegentlich wegen einiger Änderungen am Stück zu Rate. Es war faszinierend zu sehen, wie die Schauspieler allmählich ihre Parts lernten, der Regisseur Änderungen an Rollen und Szenen vornahm, das Bühnenbild und die Kostüme ankamen (vielleicht das Beste an der ganzen Sache) und schließlich die Kostümproben veranstaltet wurden.

Kurz vor der Premiere beschlossen wir, dass das Stück einen anderen Schluss benötigte. Der größte Teil des letzten Akts musste umgeschrieben werden. Ich verständigte mich mit Harry über die Änderungen und setzte mich hin, um den neuen Schluss bis zum nächsten Tag fertig zu haben. Ich verbrachte fast die ganze Nacht an der Schreibmaschine, wachgehalten durch riesige Mengen Kaffee, für den effizient wie immer Hazel sorgte. Die neue Version wurde wie versprochen fertig und beifällig aufgenommen.

Schließlich war der Premierenabend da. Ich erinnere mich an zwei

Ereignisse aus den Tagen davor. Irgendjemand, ein Bühnenarbeiter oder Laufbursche, gratulierte mir und sagte, überall am Broadway werde davon gesprochen, dass „Baby Pompadour" sicher ein großer Erfolg werden würde. Sagte er das aus Freundlichkeit, oder weil er ein Trinkgeld erwartete? Das andere Ereignis war bedeutungsvoller. Unser junger Produktionsassistent nahm mich beiseite und sagte fast unter Tränen: „Mr. Graham, was hier geschieht, ist ein Verbrechen." „Warum?", fragte ich unschuldig. „Ihr Stück ist doch noch nicht so weit. Man sollte ihm mindestens einen Probelauf von zwei Wochen zugestehen – in New Haven, Atlantic City, irgendwo – bevor es an dieses Theater kommt." Was konnte ich darauf sagen? Nichts als dass ich hoffte, die Produzenten und Mr. Steinman würden ihr Handwerk verstehen – und Geld für Probeläufe war sowieso keines mehr da. Der junge Mann hob die Hände voller Verzweiflung und ging. Er hatte natürlich völlig Recht.

Jemand von den Leuten, die das Programmheft im Vanderbilt zusammenstellten, kam und fragte nach biographischem Material dafür. Ich antwortete in aller Offenheit auf seine Fragen. Unglücklicherweise wurde im Programmheft dann nur zu deutlich, dass ich ein Amateur und dies mein erstes Stück sei und dass ich eigentlich in der Finanzwelt Karriere gemacht hätte.

Das Theater war am Premierenabend gut besucht, und viele von uns trugen dem Anlass entsprechend Abendgarderobe. Das Stück schien ganz gut zu laufen, es wurde öfters gelacht, aber der Beifall war nicht gerade überschwenglich. Als der Vorhang fiel, gab es einige schwache Rufe „Autor, Autor!" (wahrscheinlich Freunde oder Verwandte), aber niemand schien bleiben zu wollen. Als ich hinausging, hörte ich zwei Männer in zerknitterten Anzügen miteinander sprechen. Der eine sagte: „Nicht mal ein einziger guter Vorhang." Mein Mut sank. Ich wusste einfach, dass das die Kritiker von der Presse waren. (3)

Wie es Brauch war, kamen das Ensemble, der Regisseur und die Bühnenmannschaft zu einer Premierenparty in meinem Apartment im El Dorado zusammen. Es gab Kaffee, Kuchen und Champagner. Jemand schlug vor, bis zum frühen Morgen durchzufeiern, wenn die ersten Zeitungen zu haben sein würden, aber die anderen schienen alle müde zu sein und nach Hause zu wollen. Sie wussten, was kommen würde. Die Kritiken waren so schlecht wie möglich. Sie bezogen sich auf die zweifelhafte Vorstellung, eine Wall Street-Karriere an einem Broadway-Theater fortsetzen zu wollen. Es gab allerdings eine ziemlich wohlwollende Kritik, und die erschien seltsamerweise im New York Evening Journal, dessen Chefredakteur Arthur Brisbane war.

Kurz und gut, die Produktion war ein Fiasko. Das Stück wurde eine Woche vor magerem Publikum gespielt. Steinman plante, Freikarten zu verteilen und das Stück in der Hoffnung auf eine Wende zum Besseren weiter zu spielen, wie es in anderen Fällen, von denen er wusste, geschehen war. Außerdem sollte ich verschiedene Vulgaritäten einfügen, was seiner Meinung nach die Massen anziehen würde. Außerdem sollte ich die Hälfte des für die kommenden Aufführungen erforderlichen Geldes aufbringen. Seine Ideen schmeckten mir nicht und ich weigerte mich. Ende der Woche wurde das Stück abgesetzt, die Schauspieler bekamen bescheidene Abfindungen, das Bühnenbild wurde gegen einen schäbigen Betrag an die Bühnenbildner zurückgegeben und die diversen Rechnungen wurden bezahlt. Für die Gläubiger war kein Geld mehr da. „Baby Pompadour" war eine Pleite.

War das Stück so furchtbar? Wie soll ich das beurteilen? Ich muss es damals für ziemlich gut gehalten haben, und das traf auch auf einige andere Leute zu, die mit der Sache zu tun hatten. Zweifellos waren einige gute Ideen, Szenen und eine Reihe witziger Dialoge darin. Es ist dreißig Jahre her, seit ich es gelesen habe, und ich erinnere mich nicht mehr so genau daran, um ein reiflich überlegtes Urteil abzugeben. Wahrscheinlich war es nicht gut genug für den Broadway und verdiente zu scheitern.

Ich weiß noch, wie Harry Delf resigniert den Kopf schüttelte über unser Debakel und eher traurig als vorwurfsvoll zu mir sagte: „Ben, du hättest ihnen das mit der Wall Street nicht erzählen sollen. Das war Gift." Ungefähr ein Jahr lang versuchte Harry, unser Stück nach Hollywood zu verkaufen. Er erhielt, glaube ich, ein sehr niedriges Angebot, das er ausschlug, und das war alles. Ich verlor ihn in den kommenden Jahren völlig aus den Augen. Insgesamt war er ein netter Kerl und nahm die Geschichte nicht krumm. Er hatte ja auch $ 250 bei der Sache verdient und war schlau genug gewesen, keinen Penny in das Unternehmen zu investieren.

Am Tag nach dem die Kritiken erschienen waren, erhielt ich ein

Exemplar der giftigsten Kritik zugeschickt, über die die Worte „Ha, ha!"
gekritzelt waren. Sonst nichts. Offenbar war ich nicht völlig ohne Feinde.
Aber ich bekam auch einige Exemplare der ermutigenden Kritik des
„Journal" mit Glückwünschen von Freunden, die offenbar die anderen
Kritiken nicht gelesen hatten. Ich erzählte meinem guten Freund Professor Tassin, wie niedergeschlagen ich wegen dieses Fehlschlages war. Er
war ganz anderer Ansicht. „Wie kannst du so reden, Ben, nur weil das
Stück kein Erfolg war? Schau mich an. Ich habe ein Leben als Schauspieler, Schriftsteller und Lehrer verbracht. Ich habe ein halbes Dutzend
Stücke geschrieben, die ich auf meine Kosten veröffentlicht habe. Mein
großer Ehrgeiz war es, eines davon von Profis aufgeführt zu sehen – dazu
ist es nie gekommen. Jetzt schau dich an. Du schreibst dein erstes Stück
(das war nicht ganz richtig) und es wird zweimal herausgebracht, das
zweite Mal am Broadway. Das nenne ich Erfolg, nicht Fehlschlag." Ich
bin sicher, der gute Algernon meinte das so, wie er es gesagt hatte.

Auf Zureden von Saul Levy, Rechtsanwalt, Buchführungsexperte
und ein guter Freund, schrieb ich noch ein Stück. Levy meinte, ich sei
der ideale Mann, ein Stück über die Wall Street zu schreiben. Ich nannte
es „Die zornige Flut", nach einer Zeile aus „Julius Caesar". Erst wollte
ich es in der Zeit kurz vor und während des großen Crashs spielen lassen, etwa zwischen 1928 und 1932, aber dann fand ich die Ereignisse
dieser Jahre so extrem, dass sie die Charakterzüge jeder Figur verzerren
mussten, die ich erfinden konnte. So griff ich auf die Jahre der Spekulation zwischen 1918 und 1919 und den Baisse-Markt von 1920 und 1921
als Rahmen meines Stücks zurück. Ich verwendete eine Reihe von Cha-
rakteren, die ich in meinen Jahren bei N. H. & L. aus nächster Nähe beobachtet hatte. Der Held bin natürlich ich als junger Mann, der den
Crash triumphal übersteht, indem er alles anders macht als alle anderen.
Aber aus dem Stück wurde nie viel, und damit endete meine fruchtlose
Affäre mit den Musen.

Ich war auch weiter am Theater interessiert, jedoch nur noch als Zuschauer. 1936 begann die Neue Fakultät für Sozialforschung unter meinem langjährigen Freund Alvin Johnson die „University in Exile", ein
Programm, das aus Hitler-Deutschland geflohenen angesehenen Professoren Lehraufträge sichern sollte. Eine große Spendenkampagne wurde
auf die Beine gestellt, gekrönt von einem aufwendigen Essen mit Hun-

derten von Teilnehmern. Die Gäste wurden entsprechend ihrem Beruf auf die Tische verteilt. Zu meiner Überraschung fand ich mich in der Kategorie „Theater" wieder. Ich war mehr noch erfreut als amüsiert, denn zu meinen Tischgenossen gehörten George Gershwin, Edward G. Robinson und Sam Jaffee. Ich brauche nicht zu erwähnen, dass ich so gut wie nichts sagte, aber aufmerksam zuhörte. Zuerst drehte sich die Unterhaltung um „Porgy and Bess", das gerade geprobt wurde. Gershwin sprach über sein Hobby, das Malen, und Robinson über seine Kunstsammlung, die schließlich eine der wertvollsten im ganzen Land werden sollte. Ich weiß nicht mehr, worüber Sam Jaffee sprach, aber ich erinnere mich, dass ich ihm zu seinem Auftritt als King Lear gratulierte, den ich im Theater der Fakultät gesehen hatte.

Leider starb Gershwin bald darauf auf der Höhe seiner Schaffenskraft. Robinson wurde ich viele Jahre später im Imperial Hotel, Tokio, vorgestellt. Ich sagte ihm, ich sei besonders froh, ihn wiederzutreffen, weil viele Leute mich mit ihm verwechselten. Als ich einmal während des Zweiten Weltkriegs im Hauptquartier des Roten Kreuzes an der Fifth Avenue Blut spendete, verbreitete sich das Gerücht, Edward G. Robinson sei unter falschem Namen da, und viele Krankenschwestern kamen herein, um mich zu sehen. Eddies Antwort auf meine Bemerkung werde ich immer im Gedächtnis behalten, da sie meiner Eitelkeit so schmeichelt: „Mr. Graham, wenn ich aussähe wie Sie, würde ich nur Glanzrollen spielen." Später wurden wir Freunde in Beverly Hills. Dort lernte ich auch Sam Jaffee gut kennen, da er ein Cousin meines engen Freundes und Weggefährten Irving Kahn war.

Mit meinen einstigen Theaterkollegen hatte ich später wenig Kontakt, außer mit Werner. Er kam in mein Büro und erzählte, er habe von der Hand in den Mund gelebt, aber jetzt sei ihm eine Stellung als Produktionsassistent in Hollywood angeboten worden. Ob ich ihm das Geld leihen könne, um nach Kalifornien zu kommen? Ich lieh es ihm, bekam ungefähr sechs Wochen später einen netten Brief aus Hollywood, dass alles gut liefe, und dann folgte wie üblich komplettes Schweigen.

Wie unsicher die Karrieren und Einkünfte der Leute doch sind, die mit dem Theater zu tun haben! Zumindest für neun Zehntel trifft das zu. Aus der Natur der Sache heraus muss es immer viel mehr Arbeitslose als Beschäftigte in diesem Bereich geben. Wenn die Saison gut läuft und in New York und anderswo viele Stücke aufgeführt werden, bedarf es vieler Schauspieler, Produktionsleiter, Regisseure und Bühnenmannschaften, um die personellen Erfordernisse abzudecken. Aber was geschieht mit der Hälfte oder noch mehr dieser Leute, wenn das Showgeschäft schlecht läuft? Es gibt beim Theater jämmerlich wenig feste Jobs. Kaum jemand weiß, ob er in einem Jahr noch regelmäßig bezahlt wird.

Es gibt eine Regieanweisung in „Warten auf Godot", die verheerende Auswirkungen hat. Eine der Personen ist als sehr groß und dünn, an der Grenze der Auszehrung, beschrieben. Beckett konnte eine so ungewöhnliche Gestalt vorschreiben in vollem Vertrauen darauf, dass sich ein guter Schauspieler würde finden lassen, auf den diese Beschreibung ziemlich genau zutraf, egal wann und wo das Stück gespielt werden würde. Wie viele andere Rollen kann eine so linkische Person wohl in ihrem Leben spielen? Es muss viele Schauspieler und Schauspielerinnen geben, die solch unerhörte Vorgaben erfüllen, aber wie können derart extreme Figuren eine regelmäßige Beschäftigung an einem Theater erwarten? In Paris habe ich einmal einen Schauspieler von kleiner Statur gesehen, der eine großartige Darbietung des Napoleon in „Madame Sans-Gêne" gab. Er dominierte die ganze Bühne und fesselte das Publikum. Aber welche Rollen konnte dieser zu klein geratene Jünger der Thespis mit dem zu dicken Bauch finden, wenn er nicht Napoleon spielte?

16. Kapitel

Die Konzeption einer Währung mit Güterstandard

Sollten sich zukünftige Generationen an meinen Namen erinnern, vorausgesetzt es wird zukünftige Generationen geben, dann wegen der von mir entwickelten Vorstellung einer auf einem Güterstandard basierenden Währung. Ich beginne die Erläuterung dieses Konzepts mit einem Dementi. Meine Studien der Wirtschaftswissenschaften haben sich auf vier Wochen bei Dr. Muzzey am Columbia College im Jahr 1912 beschränkt. Nach dieser Zeit gab ich den Kurs im Herbst jenes Jahres genauso auf wie meine anderen Fächer und arbeitete tagsüber bei der U.S. Express Company. Als ich im darauffolgenden Februar ans College zurückkehrte, konnte ich das Fach Wirtschaftswissenschaften nicht mehr in meinem Stundenplan unterbringen und gab es auf, ohne groß darüber nachzudenken. Meine karge Ausbildung in der „trüben Wissenschaft" hinderte mich nicht daran, später zu einer Autorität in Theorie und Praxis der Wertpapieranlage, in Unternehmensfinanzen und in angewandter Wirtschaftswissenschaft zu werden. Was ich über Ökonomie weiß, habe ich mir auf dieselbe Art angeeignet wie meine Kenntnisse im Finanzwesen – durch Lesen, Nachdenken und praktische Erfahrung.

Eine meiner Ideen auf dem Gebiet der Wirtschaftswissenschaft hat ihren Weg in fast alle Standardlehrbücher der Geldtheorie gefunden und sogar da ich dies schreibe, Mitte Juli 1965, wird sie immer noch von einigen Ökonomen diskutiert. (1) Der große Lord Keynes schrieb einen, zugegebenermaßen zwiespältigen, Artikel über meine Idee, und ein Brief von Keynes an mich über diese Frage wird sich in seinen gesammelten Werken finden, sobald diese veröffentlicht werden.

Die Idee einer auf einem Güterstandard basierenden Währung (Commodity Reserve Currency) oder CRC, wie ich sie kurz bezeichnen werde, kam mir erstmals in der Depression von 1921 bis 1922, als die Welt vielleicht zum ersten Mal wirklich Armut inmitten von Überfluss erlebte. Überall wurden Rohstoffe im Überschuss produziert, nimmt man die effektive oder zahlungsfähige Nachfrage als Maßstab. Die Güterpreise sackten ab, was alle möglichen finanziellen Schwierigkeiten nach sich zog, die wiederum zu steigender Arbeitslosigkeit und dem Teufelskreis wirtschaftlicher Depression führten. Seit ich mich mit dieser Krise befasste und mit dem Leid, das sie überall verbreitete, war ich der Meinung, es hätte nicht zu dieser Krise kommen müssen und man müsse die Wiederholung einer solchen Entwicklung verhindern. Wenn es einer Nation an Produktionsmitteln fehlt, an Ackerland, Industrieanlagen oder technischem Wissen, muss ihr Lebensstandard zwangsläufig niedrig sein. Für ein Land wie das unsere mit seinem Ressourcenreichtum scheint es aber vom logischen Denken her einfach absurd, wenn die im Land selbst produzierten Güter nicht mehr gekauft werden können und die Volkswirtschaft gleichzeitig unter überquellenden Gütermengen in den Lagerhäusern und leeren Regalen in den Speisekammern der Familien leidet.

Auf der Suche nach einer Lösung für diese Anormalität ging ich zunächst von der Situation der Goldproduzenten aus. Sie waren von den Schwierigkeiten verschont, mit denen der Rest von uns geschlagen war. Wieviel sie auch produzierten, sie konnten ihre Produktion immer sofort zu einem garantierten Preis absetzen – damals $ 20 je Unze. Sie profitierten sogar noch in hohem Maße von der Depression, da ihre Produktionskosten aufgrund sinkender Löhne und niedrigerer Preise für Produktionsmittel fielen und so ihre Gewinne stiegen. Viele Wirtschaftswissenschaftler schlugen Maßnahmen zur Stabilisierung des Preisniveaus vor, keiner dieser Pläne wurde aber allgemein akzeptiert. Am weitesten verbreitet war Irving Fishers Idee eines kompensierten Dollars, bei dem die einem Dollar entsprechende Goldmenge herauf- oder herabgesetzt wurde, um Anstieg oder Fall des Preisniveaus zu kompensieren. Ich selbst kam zu einer anderen Lösung des Problems. Meine Idee war es, einem bestimmten Bündel oder „Marktkorb" von grundlegenden Rohstoffen einen monetären Status zu geben, der dem entsprach, der bisher immer nur dem Gold zugeschrieben worden war. Wer die gesamte Warengruppe dieses Marktkorbs im richtigen Verhältnis der einzelnen Waren zueinander besaß oder produzierte, konnte diese Güter beim Finanzministerium gegen einen festen Betrag in Papiergeld umtauschen, während Eigentümer von Papiergeld immer eine entsprechende Menge Warenkörbe dafür kaufen konnten.

Warum sollten denn die wirtschaftlichen Vorteile nur bei den Goldproduzenten liegen? Waren nicht die zum Leben notwendigen Güter so wichtig und wertvoll wie Gold, und hatten ihre Produzenten nicht das Recht auf entsprechende Vorteile?

Meiner Ansicht nach hatte der Vorschlag eines Güterstandards sowohl einen aktiven als auch einen passiven Vorteil. Aktiv ging dieses Konzept das Problem einer Stabilisierung des Preisniveaus so direkt wie möglich an, da der Dollar in Gütergrößen definiert und eine Konvertibilität in beiden Richtungen zwischen Papiergeld und einem definierten Güteräquivalent geschaffen wurde. In weiterem Sinne wurde damit eine Brücke geschlagen zwischen der Güterwelt und der Welt des Geldes, über die Gütereinheiten die Welt des Geldes erreichen konnten, um dort wie Geld behandelt zu werden, solange sie nicht zum Verbrauch benötigt wurden. Umgekehrt konnte Geld in die Welt der Güter und des Verbrauchs wechseln, wann immer das notwendig war. Die Idee erinnert an die berühmten sieben fetten und sieben mageren Jahre der Bibel und an den weisen Joseph, der Vorräte zum Schutz gegen späteren Mangel anlegen ließ.

Der passive Vorteil lag darin, dass das Konzept des Güterstandards nicht die Stabilisierung des Preises für ein einzelnes Gut versuchte, wie es in der Vergangenheit ziemlich erfolglos mit den sogenannten Preiskontrollen geschehen war. Bei meinem Plan konnte jedes einzelne Gut preislich in Abhängigkeit von seiner jeweiligen Angebot-Nachfrage-Situation frei fluktuieren, während das Güterbündel insgesamt zumindest in engen Grenzen im Preis stabil blieb.

Die beträchtlichen Schwierigkeiten einer praktischen Umsetzung dieser theoretisch attraktiven Idee lagen auf der Hand. Sollten Textilhersteller und zahllose andere Unternehmer ebenso ihre gesamte Produktion zu einem festgelegten Preis an das Finanzministerium verkaufen dürfen? Das ging offensichtlich nicht – es stellten sich zu viele Fragen hinsichtlich Qualität, Verschiedenheit, fairen Preisen, Haltbarkeit, Veralten der Produkte und so weiter. Und vor allem, angenommen der Staat hatte das Geld, all diese Güter anzukaufen, was sollte er mit ihnen machen?

Wenn wir aber von der Welt aller Güter in die begrenzte Welt der grundlegenden Rohstoffe wechseln, verschwinden viele dieser Probleme. Schwankungen der Rohstoffpreise spielen eine Schlüsselrolle im wirtschaftlichen Krisenzyklus. Der Index der Rohstoffpreise stieg in den USA beispielsweise in den Jahren zwischen 1913 und 1920 als Folge der kriegsbedingten Inflation und des Nachkriegsbooms beträchtlich, fiel hingegen 1922 steil ab.

Nehmen wir an, wir beschränkten uns darauf, eine stabile Nachfrage für die wichtigsten Rohstoffe zu schaffen? Da diese die Grundlage für die Warenwirtschaft im Allgemeinen bilden, können wir annehmen, dass die Garantie der wirtschaftlichen Stellung dieser Güter analog zu der garantierten Stellung des Goldes das Preisniveau der meisten Güter und die effektive Nachfrage nach diesen Gütern gegen die erodierenden Auswirkungen wiederkehrender Depressionen absichern würde. Die Preise von Rohstoffen fallen tiefer als die anderer Güter und ihre Stabilisierung könnte sehr wohl zu einer Stabilisierung der Preise für Konsumgüter führen. Eine vergleichsweise geringe Zahl wichtiger Rohstoffe – vielleicht nicht mehr als dreißig – ist ausschlaggebend für einen Großteil des Wertes und der wirtschaftlichen Bedeutung der Rohstoffe insgesamt. Wenn das Preisniveau dieser dreißig Rohstoffe stabilisiert werden könnte, könnte die Wirtschaft insgesamt gegen ernste Destabilisierungen abgesichert werden.

Wie kann aber das Preisniveau von Rohstoffen am besten stabilisiert werden? Kann man einen unveränderlichen Preis für einen Scheffel Weizen, einen weiteren für ein Pfund Kupfer, einen dritten für ein Pfund Kaffee festsetzen und so weiter für die gesamte Liste der dreißig Produkte? Gegen ein solches Vorgehen gibt es ernste Einwände. Die relativen Preise dieser Produkte waren immer breiten Schwankungen ausgesetzt, die auf Veränderungen der jeweiligen Angebots- und Nachfragesituation zurückgingen. Sind solche Schwankungen rein temporär? Wenn ja, sollte man sie unterdrücken. Diese Schwankungen treten aber seit Jahrhunderten auf und sind hauptsächlich Ausdruck langfristiger Veränderungen in den relativen Produktionskosten. In der Vergangenheit wurde eine Reihe von Anstrengungen unternommen, die Preise einzelner Güter stabil zu halten. 1921 war der Zucker an der Reihe, aber die Bemühungen stellten sich als ziemlich erfolglos heraus. Wirtschaftswissenschaftler waren fast einmütig gegen kontrollierte Preise bei Gütern oder Dienstleistungen. Zum Beweis für die Undurchführbarkeit von

Preiskontrollen verwiesen sie gerne auf die heroischen aber letztendlich erfolglosen Versuche Kaiser Diokletians im Jahre 301.

Die inhärenten Schwächen jedes Plans, der die individuellen Preise einer Reihe verschiedener Güter festlegen wollte, waren mir klar. Die Lösung des Stabilitätsproblems lag meiner Ansicht nach in der Fixierung eines Preises oder engen Preisbandes für ein Bündel oder einen Marktkorb von Gütern als Ganzes, während die Preise der einzelnen Komponenten dieses Bündels in Abhängigkeit von der jeweiligen Angebots- und Nachfragesituation schwanken konnten. Ich schlug also mit anderen Worten vor, einer in geeigneter Weise ausgewählten und zusammengestellten Gruppe von Rohstoffen denselben monetären Status zu geben, den bisher Gold hatte. Das bedeutete, dass an die Produzenten gegen Rohstoffe neues Geld ausgegeben werde würde, das durch Rohstoffreserven gedeckt war.

Meine Überlegungen zur Situation der Verbraucher führten mich zu ähnlichen Schlussfolgerungen. Die Hauptursache für Depressionen lag heute darin, dass die Kaufkraft der Bevölkerung zu gering war, um die gesteigerte Gütermenge aufzukaufen, die in vorhergehenden Boom-Perioden produziert worden war. Ich war sehr beeindruckt von J. A. Hobsons klassischer Untersuchung „The Economics of Unemployment" (2), in der Hobson einen ähnlichen theoretischen Ansatz zum Problem der unzureichenden Kaufkraft verfolgte wie ich. Hobsons Buch war zweifelsohne ein wichtiger Vorläufer des revolutionären Denkens von J. M. Keynes.

Ich entwickelte dieses Konzept während der Depressionsjahre 1921 und 1922 und diskutierte es mit meinem Onkel Maurice Gerard, der es gut fand. Weitere Aktivitäten in dieser Sache unternahm ich nicht. Überrascht und ermutigt wurde ich durch einen Artikel in der „Sunday New York Times", der über eine ähnliche Idee von keinem Geringeren als dem großen Erfinder Thomas Edison berichtete. Auch er schlug vor, neues Geld zu schaffen, das durch eine Reserve von Rohstoffen in Lagerhäusern gedeckt sein sollte, und mit diesem Geld die Bauern und sonstigen Produzenten zu bezahlen. Die Einzelheiten seines Plans waren allerdings anders und etwas laienhafter als bei mir. Mein Plan war einfacher durchzuführen und praktischer in seinen Konsequenzen. Edisons Plan geriet in Vergessenheit.

In den folgenden Jahren des Aufschwungs legte ich meinen Plan zur Seite. Ich war zu sehr damit beschäftigt, an der Wall Street Geld zu verdienen. Diese Jahre waren nebenbei gesagt durch eine ungewöhnliche Stabilität des Preisniveaus gekennzeichnet.

Ich veröffentlichte meinen Währungsplan erst zehn Jahre später. Wir befanden uns zu dem Zeitpunkt gerade mitten in der schlimmsten Depression unserer Geschichte. All die paradoxen Missstände der Jahre 1921 und 1922 wiederholten sich jetzt auf höherem Niveau. Ein Ergebnis dieser Entwicklung war eine gewisse intellektuelle Unruhe, die sich in der Bildung zahlreicher Diskussionsgruppen, einer Vielzahl der verschiedensten Verbesserungsvorschläge und dem Entstehen radikaler Reformbewegungen ausdrückte. Die wichtigste dieser Ideen war ein radikales Konzept, das als „Technokratie" bekannt wurde. Eine weitere war Upton Sinclairs Finanzierungsprojekt in Kalifornien, bekannt als EPIC. Eine dritte war der bekannte Townsend-Plan, der den damals revolutionären Vorschlag enthielt, Menschen über sechzig Jahren eine Rente von $ 60 im Monat zu zahlen.

An der Neuen Fakultät für Sozialforschung in New York City bildete sich eine Gruppe von Wirtschaftswissenschaftlern, die sich regelmäßig unter der Leitung des hervorragenden Präsidenten der Fakultät, Dr. Alvin Johnson, traf. Ich trat dieser Gruppe sofort bei. Sie nannte sich „The Economic Forum". Unser Ziel war der Austausch von Ideen darüber, wie dem „beklagenswerten Zustand der Dinge" abzuhelfen sei, eine Wendung aus dem Rubáiyát, mit der wir die gegenwärtige wirtschaftliche Misere zu bezeichnen pflegten. Ich legte meinen Währungsplan auf einer der Sitzungen des Jahres 1932 in vervielfältigter Form vor. Eigentlich legte ich vier Pläne vor, die ich ersonnen hatte. Einer davon war der einer durch einen Güterstandard gedeckten Währung, schon so ziemlich in seiner endgültigen Form, aber ohne die Vielzahl von Statistiken und Berechnungen, die hinzukommen sollten. Der zweite Plan war ein Vorschlag zu einer großangelegten Sanierung der Slums. Die Slums sollten durch billige Wohnungen ersetzt werden, wobei den ehemaligen Slumbewohnern ein Wohngeld zur Deckung der neuen Mieten gezahlt werden sollte. Ein dritter Plan schlug vor, Menschen, die ihren Arbeitsplatz verloren hatten, das Recht auf einen persönlichen Kredit auf der Basis ihrer Fähigkeiten und Erfahrung zu geben. Dieser Kredit sollte von der

Bundesregierung in Gestalt ungesicherter Darlehen ohne oder mit geringer Verzinsung zur Verfügung gestellt werden und war nach Wiederaufnahme einer Beschäftigung in geeigneter Weise zurückzuzahlen. Die beiden letzten Vorschläge erschienen den Anhängern des Laissez-faire-Denkens in jener Vor-Roosevelt-Ära als extrem radikal, unterscheiden sich aber nicht sehr von Programmen, die in späteren Jahren Wirklichkeit wurden.

Um meinem ansonsten schwergewichtigen Memorandum eine leichtere Note zu verleihen, fügte ich einen vierten Vorschlag hinzu. Hierbei ging es um eine Möglichkeit, wie Frankreich uns seine Kriegsschulden samt Zinsen zurückzahlen konnte. Dies sollte durch eine jährliche Lieferung von 40 Millionen Flaschen Wein, darunter auch Champagner, geschehen, und jeder erwachsene amerikanische Bürger sollte zu Weihnachten eine dieser Flaschen gratis erhalten. Die Zuteilung der Weine sollte durch Auslosung, nach Altersstufen oder durch sonst ein gerechtes Verfahren vorgenommen werden. Das war überhaupt keine schlechte Idee, die die ansonsten recht abstrakten Finanzbeziehungen zwischen beiden Ländern sowohl realistischer als auch fröhlicher machen konnte und gleichzeitig die Kriegsschuldenfrage auf praktische und angenehme Weise löste.

Zwei Mitglieder unserer Gruppe nahmen das Wagnis auf sich, eine Zeitschrift herauszubringen, die unseren hervorragenden Namen – The Economic Forum – führen und diejenigen neuen Vorschläge veröffentlichen sollte, die die Herausgeber für geeignet befanden. Der Chefredakteur war ein junger Mann namens Joseph Mead, über dessen weitere Laufbahn mir nichts bekannt ist. Der zweite Redakteur und Herausgeber war noch jünger und, obschon bereits Mitglied jener Hochburg des Konservatismus, der New Yorker Börse, an neuen ökonomischen Ideen lebhaft interessiert. Sein Name war William McChesney Martin.

Wir hätten kaum erwartet, dass unser Bill Martin ausersehen war, in wenigen Jahren der jüngste Präsident der Börse und danach der Leiter des U.S. Federal Reserve System zu werden, um so als einer der einflussreichsten Männer der internationalen Finanzwelt zu gelten. Gerade habe ich im „Time Magazine" vom 2. Juli 1965 gelesen, dass Bill Martin in einer Rede aus dem letzten Monat kurz auf einige Parallelen zwischen der Situation am Aktienmarkt 1965 und der im Jahr 1929 hingewiesen hat, worauf es an der New Yorker Börse zu Kursverlusten im Wert von insgesamt $ 34 Milliarden kam. Mead und Martin baten unseren Kreis in ihrer Eigenschaft als Redakteure um Artikel für ihre Zeitschrift. Ich schrieb einen Artikel zu meinem Plan einer Währung mit Güterstandard unter dem Titel „Stabilisierte Reflation". „Reflation" war damals ein gängiger Begriff, der den Übergang aus einer Deflationssituation zur Normalität ohne die Gefahren einer Inflation beschrieb. Der Artikel erschien in der zweiten Ausgabe des „Economic Forum" 1934. Damit wurde der CRC erstmals der Öffentlichkeit vorgestellt. (3)

In den drei Jahrzehnten seit seiner Entwicklung hat dieser Plan mir sowohl Befriedigung als auch Enttäuschungen beschert. Einer der psychologischen Höhepunkte lag bereits ganz am Anfang. Beim Amtsantritt Präsident Roosevelts 1933 gab es kurz einen Moment der Erregung, als ich hörte, dass mein Freund, der Rechtsanwalt David Podell, seinen Klassenkameraden und zukünftigen Präsidenten Franklin D. Roosevelt für die Idee interessiert hatte und dass mein Vorschlag in Washington ernsthaft als Bestandteil des Anti-Depressions-Programms diskutiert wurde. Eine Stelle in der Antrittsrede des neuen Präsidenten erweckte bei mir den Eindruck, dass er die Idee eines Güterstandards unterstütze. Natürlich schwebte ich im siebten Himmel. Ich sah mich schon als berühmten und verehrten Retter der amerikanischen und vielleicht der Weltwirtschaft. Aber es wurde nichts daraus. Zwei Jahre später jedoch besuchte mich Louis Bean, ein wichtiger Mann im Landwirtschaftsministerium, ausgewiesener Statistiker und Berater des Landwirtschaftsministers Henry Wallace. Roosevelt hatte zur Stützung der Agrarpreise die Commodity Credit Corporation gegründet, die große Mengen verschiedener Agrarprodukte aufgekauft hatte. Bean sah in meinem Plan eine Möglichkeit, diese Käufe zu finanzieren, indem man neues Geld in Höhe dieser Käufe ausgab und so die allgemeine Preisentwicklung durch die Erhöhung der umlaufenden Geldmenge stimulierte. Er ermutigte mich sehr in Hinblick auf meinen Plan und stellte mir nützliche Preisdaten für mein Buch zur Verfügung, das ich schließlich über dieses Thema schrieb. Offiziell aber wurde das Landwirtschaftsministerium nicht aktiv.

Offenbar galt der CRC in Washington als zu radikale Neuerung. Mit

Sicherheit war Beans Teamkollege und Rivale Mordecai Ezekiel dagegen, der mit anderen wirtschaftlichen Mittelchen hausieren ging. Also passierte wieder einmal nichts, eine vertraute Erscheinung in den kommenden Jahren. Bean unterstützte den CRC-Plan nie öffentlich, soweit ich weiß; das wäre wahrscheinlich politisch unklug für ihn gewesen. Aber er leistete mir von Zeit zu Zeit moralische Unterstützung und stellt mir sogar historische Daten zur Verfügung, die ich für mein Buch verwenden konnte.

Einmal rief mich Bean zu einem Treffen mit Minister Henry Wallace nach Washington. Seltsam, wie einem manchmal winzige Einzelheiten im Gedächtnis bleiben. Als ich die große Treppe des imposanten Gebäudes emporschritt, in dem das Landwirtschaftsministerium untergebracht ist, hinauf zum Büro des Ministers, fiel mein Blick auf eine große Wandmalerei, die eine abwechslungsreiche Szene ländlichen Lebens und Glücks darstellte. Unter dieser Szene steht ein lateinischer Spruch, der mit den Worten „Felix, si…" beginnt: „Oh glücklicher Bauer, würdest du nur dein Glück kennen!" In der unteren rechten Ecke hat der Künstler die Quelle dieses Verses so vermerkt: Virgile, Géorgiques. Verwundert fragte ich mich, was diese französischen Worte unter einer lateinischen Inschrift in einem amerikanischen Regierungsgebäude zu suchen hatten. Offenbar war der mit der Wandmalerei beauftragte Künstler Franzose gewesen, er hatte sich nicht die Mühe gemacht zu schreiben „Virgil, Georgics", und niemand, der in Washington etwas zu sagen hatte, hatte diese ungewöhnliche Inschrift bemerkt. Das war genauso, als ob an dem Gebäude selbst gestanden hätte: Département de l'Agriculture.

Eine ähnliche Anekdote: an den Wänden der UCLA-Bibliothek standen einst die vertrauten Worte: „Haec studia adulescentiam alunt, senectutem oblectant" – Diese Studien nähren die Jugend und erfreuen das Alter. Als ich die Inschrift zum ersten Mal sah, war ich entsetzt darüber, dass Vergil als Autor genannt wurde. Wie tief ist die amerikanische Kultur gesunken, wenn an einer großen Universität der Unterschied zwischen Vergil und Cicero nicht mehr bekannt ist? Armer Cicero, der in derselben Rede, der diese Worte entstammen, „Pro Archia Poeta", betont hatte, alle Menschen strebten nach posthumem Ruhm und sogar diejenigen, die Traktate mit dem Titel „Über die Verachtung des Ruhms" schrieben, fügten ihrer Schrift sorgsam ihren Namen als Autor hinzu. Vielleicht ruht dieser eitelste aller Redner jetzt etwas ruhiger, seit „Virgilius" von der Bibliothekswand getilgt und durch seinen Namen ersetzt worden ist.

Ich habe keine Erinnerung mehr an mein kurzes Gespräch mit Henry Wallace. Es muss völlig ergebnislos verlaufen sein. Zweifellos als eine Art Trostpreis gab mir Bean ein Exemplar von Irving Fishers „Stable Money", das Fisher Wallace geschenkt hatte. Dieses Buch steht noch irgendwo in meiner Bibliothek. Bean wurde später einer der führenden Experten für die Prognose von Wahlergebnissen und schrieb dann ein Buch, in dem er die künftigen Bewegungen des Aktienmarktes prognostizierte.

1936 und 1937 arbeitete ich an einer Darstellung meines CRC-Planes in Buchform. Das Buch erschien 1937 unter dem Titel „Storage and Stability". Bei der Wahl des Titels hatte ich an Henry Georges Alliteration „Progress and Poverty" gedacht. Ich träumte davon, eines Tages einmal würde „Storage and Stability" einen ähnlichen Platz in der wirtschaftswissenschaftlichen Literatur einnehmen wie Georges Meisterwerk. Ich verwendete viel Arbeit auf das Buch. Fakten und Verweise auf andere Autoren sind durch eine Vielzahl von Anmerkungen im Anhang nachgewiesen. Das Buch umfasst auch verschiedene Berechnungen zu Preisschwankungen der vorgeschlagenen Wareneinheit. Sie stammen von meiner Nichte, jetzt Dr. Judith Pool, einer Autorität auf dem Gebiet der Hämatologie. Ich bot mein Manuskript zunächst Macmillan an, sie lehnten aber höflich ab. Obwohl McGraw-Hill berechtigte Zweifel am kommerziellen Erfolg meines Buches hatte, stimmten sie einer Veröffentlichung zu – ohne Frage mit Rücksicht auf den Erfolg von „Security Analysis" – jedoch unter der Bedingung, dass ich die Übernahme nicht verkaufter Exemplare der ersten Auflage (2000) garantierte. Das war ein unwürdiges Arrangement, aber ich stimmte schnell zu, so begierig war ich auf die Veröffentlichung. Wie viele Autoren sich wohl gezwungen gesehen haben, dasselbe für ihre Werke zu tun, jeder in der Ansicht, einen Meilenstein in der Geschichte des Denkens geschaffen zu haben!

Als das Buch fertig war, schien sich eine weitere Zugangsmöglichkeit zu Präsident Roosevelt zu eröffnen. Herman Baruch hatte mit seinem Bruder Bernard über meine Idee gesprochen, und anscheinend ergaben sich Parallelen mit einigen Überlegungen, die der große Finanzier seinerseits angestellt hatte. Baruch lud mich zu sich nach Hause ein, um meine Ideen zu diskutieren. Die Korrekturfahnen von „Storage and Stability" waren gerade fertig. Unser Gespräch verlief sehr gut. Baruch sagte, er sei sicher, dass dies die Lösung sei, auf die die Wirtschaft so lange gewartet habe. Er würde den Vorschlag gerne unterstützen und ihn sobald als möglich Präsident Roosevelt vorlegen. Ich versprach, ihm bis zum kommenden Nachmittag einen Satz Korrekturfahnen zukommen zu lassen.

Ich wartete so geduldig wie möglich, welches Ergebnis die Diskussion des Graham-Plans zwischen Roosevelt und Baruch ergeben würde. In gewisser Weise warte ich heute noch, denn ich habe nie direkt etwas über dieses Gespräch erfahren. Nach etwa einer Woche bekam ich meine Korrekturfahnen mit einer kurzen, unverbindlichen Notiz zurück. Herman Baruch erzählte mir allerdings später etwas verlegen, es habe zwar eine Unterredung stattgefunden, Roosevelt sei aber offenbar der Meinung gewesen, er habe schon so viele Neuerungen in der Wirtschaft eingeführt, dass es politisch unklug sei, ein weiteres Kaninchen aus dem Hut zu zaubern. Baruch hatte verstanden: Von meinem Plan waren weder praktische Resultate noch Prestige zu erwarten, also ließ er die Sache kommentarlos fallen. Ich muss einfach hinzufügen: „Das sieht ihm ähnlich."

Die Hoffnungen, die ich mit „Storage and Stability" verband, finden Ausdruck in einem Sonett, das ich in jenen Tagen verfasste und „Zur Erstveröffentlichung eines ambitionierten Werkes" nannte. Es beginnt:

> These are the wings that through the nights and years,
> Upon the unyielding anvil of my brain,
> I forged oblivious …

> Dies sind die Schwingen, die durch Nacht und Jahr
> Auf meines Hirnes hartem Amboss
> Blindlings ich geschmiedet …

Und es endet mit der Sestine:

Upon such pinions soared the unlucky one
Who fell lamented in the Icarian sea;
The youth who drove the coursers of the sun
Fell headlong from the upper air – but me
These wings must bear with better luck and higher,
To snatch for man a new Promethean fire.

Auf solchen Schwingen stieg dereinst empor
Der viel betrauert stürzt' hinab ins Meer;
Der Jüngling, der der Sonne Lauf beschwor
Versank – doch ich, ich hoffe sehr
Dies Flügelpaar trägt besser mich und höher
Neu zu entführen des Prometheus Feuer.

Das waren in der Tat anmaßende Vergleiche; sie forderten das Schicksal heraus, und das Schicksal rächte sich in der gewohnten Weise. Ich denke oft an mein Sonett, wenn meine Augen zufällig auf Breughels sardonisches Bild „Der Sturz des Ikarus" fallen. Wie man sich vielleicht erinnert, geht im Vordergrund ein großer Bauer hinter seinem Pflug her, an nichts anderes denkend, während der Sohn des Daedalus, weit entfernt und ziemlich klein, hilflos ins Wasser stürzt.

Eine Reihe von Wirtschaftswissenschaftlern aus dem akademischen Umfeld befürworteten meinen Plan, und ich ließ mich überreden, eine Kampagne zu starten, um meinen Vorschlag der Öffentlichkeit vorzustellen. Wir brauchten jemand, der die Geschäfte des Komitees führen konnte. Ich fand diese Person in Gestalt eines engagierten jungen Mannes namens Norman Lombard. Man hätte schwören können, dass dies das Pseudonym eines Schriftstellers war, zusammengesetzt vielleicht aus Montagu Norman und Lombard Street. Aber er war anscheinend bereits mit diesem faszinierenden Namen auf die Welt gekommen. Ich habe nie genau herausgefunden, wie er seinen Lebensunterhalt bestritt, ich erinnere mich aber, dass er mit einer Lehrerin verheiratet war, was zweifelsohne eine Menge geholfen hat. Er hatte mit Irving Fisher in der Stable Money Association zusammengearbeitet und später regelmäßig wirtschaftswissenschaftliche Diskussionsveranstaltungen abgehalten. Wir gründeten das „Komitee für Wirtschaftliche Stabilität", dessen Vorsitzender ich wurde. Der Name klingt, als hätten wir uns vom bekannten „Komitee für Wirtschaftliche Entwicklung" inspirieren lassen. Dem ist aber nicht so, denn wir gründeten unser Komitee zuerst, genau wie Pepsi-Cola vor Coca-Cola kam. Wir verschickten Schriften und Aufnahmeanträge und gewannen schließlich ungefähr fünfzig Professoren der Wirtschaftswissenschaften als Mitglieder für unser Komitee, darunter viele mit prominenten Namen. Wir erzielten aber keine nennenswerten Ergebnisse, obwohl wir uns bemühten, mit dem Komitee wirklich etwas zu bewirken. Ich lernte schnell, dass ein neuer wirtschaftspolitischer Vorschlag in der Öffentlichkeit keine finanzielle Unterstützung findet, solange er nicht – wie der Townsend-Plan für Altersrenten – einer bestimmten Gruppe unmittelbare und sofortige finanzielle Vorteile verspricht oder solange die allgemeine Notlage nicht so groß ist, dass die Leute jedem Vorschlag und jedem Slogan zustimmen, der große Versprechungen macht – wie im Fall von „Technologie in der Großen Depression".

Ein ganzes Jahr über schaute ich jeden Sonntag auf der ersten Seite der „New York Times Book Review" nach, ob nicht irgendein renommierter Wirtschaftswissenschaftler „Storage and Stability" als die Lösung für das Problem der wirtschaftlichen Depression willkommen hieß. Die „Times" hatte „Security Analysis" sehr freundlich besprochen, und dies neue Buch war viel wichtiger. Aber offenbar betrachtete die „Times" mein Buch nur als einen weiteren Abstecher auf dem Gebiet der „trüben Wissenschaft". Formal wurde der Titel als Neuerscheinung geführt, aber er wurde nicht besprochen. Ich war sehr enttäuscht, und diese Enttäuschung wurde auch nur teilweise durch die Tatsache gemildert, dass das Buch mit der Zeit mehr oder weniger ausführlich in mehreren wirtschaftswissenschaftlichen Zeitschriften besprochen wurde.

Sehr glücklich war ich über die Besprechung in der wichtigsten Fachzeitschrift, der „American Economic Review". Sie erschien in derselben Nummer wie ein Artikel von mir zum gleichen Thema. Sie stammte auch von einem Graham, Frank D. Graham, Professor für Wirtschaftswissenschaft an der Universität Princeton, und sie war positiv, ja sogar überschwänglich. Frank Graham wurde ein enthusiastischer Verfechter meiner Idee. In seinem Buch „Social Goals and Economic

Institutions" (4) plädiert er eindringlich für eine Währung mit Güterstandard.

Es braucht nicht extra erwähnt zu werden, dass Frank Graham und ich nicht verwandt waren. Wir wurden aber durch unseren Kontakt nach seiner Rezension enge Freunde und er beteiligte sich finanziell am Graham-Newman-Fonds. Die Ähnlichkeit unserer Namen sorgte für viel Verwirrung unter Ökonomen, die sich für den CRC interessierten. Einige dachten, wir wären ein und dieselbe Person, andere hielten uns für verwandt. Erst letzten Monat erzählte mir ein Professor aus Cambridge, ein entschiedener Verfechter des CRC, er habe uns immer für Brüder gehalten. In einer Fußnote meines zweiten Buches zu diesem Thema beziehe ich mich dankbar auf die Unterstützung durch Frank Graham und bringe meine Freude über eine Verwechslung zum Ausdruck, die unsere Namen im Bereich der Wirtschaftswissenschaft fast ununterscheidbar macht. Da Frank Graham ursprünglich Professor für klassische Philologie in Kanada war, habe ich ein modifiziertes Horaz-Zitat hinzugefügt, das so lautete: „Ambos una manet laus." Tatsächlich hatte Horaz pessimistisch so formuliert: „omnes una manet nox" – „uns alle erwartet dieselbe Nacht". Das änderte ich in das hoffnungsvollere „ein Preis erwartet uns beide" und hinzugefügt „hoffe ich". In einer dankbaren Notiz, die mein Buch und den Verweis auf ihn würdigte, schrieb Frank Graham bescheiden „aber das ‚laus' geht nur an Dich". Frank Grahams Parteinahme für meinen Vorschlag und die Ähnlichkeit unserer Namen gaben später Anlass zu beträchtlicher Verwirrung darüber, welcher Graham denn nun für die Idee verantwortlich sei.

Ich erinnere mich, dass ich auf Franks Einladung nach Princeton fuhr, um an einer fakultätsinternen Diskussion über den CRC teilzunehmen. In einem geliehenen Talar nahm ich abends am Fakultätstisch im Speisesaal am Essen teil und lauschte vor dem Essen einem lateinischen Gebet. Mir wurde der Kontrast der viktorianischen Atmosphäre dieser Universität mit dem Umfeld bewusst, in den moderne Wirtschaftswissenschaftler über die ökonomischen Axiome von Adam Smith hinauszugelangen trachten. Ich übernachtete bei Frank und lernte seine reizende Frau kennen.

Franks bescheidene Investition in die Graham-Newman-Corporation lautete auf den Namen seiner Frau. Nach seinem Tode erhielt seine Witwe diese Investition aufrecht. Einige Jahre später schrieb sie mir einen charmanten Brief aus Europa, in dem stand, dass sie uns ihre finanzielle Unabhängigkeit verdanke sowie den Umstand, dass sie den Rest ihres Lebens so verbringen könne, wie es ihr gefiel.

In den Jahren, die auf die Veröffentlichung von „Storage and Stability" folgten, interessierten sich viele mehr oder weniger bekannte Wirtschaftswissenschaftler für meinen Vorschlag und unterstützten ihn auch. Einige gute Freunde bestanden darauf, man solle eine Bewegung zur Verbreitung und Umsetzung der CRC-Idee ins Leben rufen. Ich war von Anfang an davon überzeugt, dass es nur zwei Möglichkeiten gab, meinen Vorschlag zu realisieren. Die erste Möglichkeit bestand im Auftreten einer neuen weltweiten Depression von der Intensität der Jahre 1931 und 1932 oder auch 1921 und 1922, die die für die Wirtschaft Verantwortlichen auf der ganzen Welt zur Suche nach einer radikalen neuen Lösung des paradoxen Problems von Armut in der Mitte potentiellen Reichtums zwingen würde. Die zweite Möglichkeit könnte eine nur die Währung betreffende Krise sein, ausgehend beispielsweise von einer Knappheit internationaler Reserven. Einige Finanzfachleute wären vielleicht von der vernünftigen Idee, mittels des CRC das dringend benötigte „gute Geld" zu schaffen, zu überzeugen. Sollten die Experten jemals für das Konzept eines neuen, besseren Geldes offen sein, könnte sich meine Idee als die beste ihrer Art durchsetzen. Auf der anderen Seite hatte ich wenig Vertrauen in die Möglichkeit, eine Mehrheit der Bevölkerung mit Hilfe einer Propagandakampagne von einer eher technische Idee wie der meinen zu überzeugen. Ich glaubte auch nicht, dass der Wunsch der Öffentlichkeit – wie im Fall des Townsend-Plans – einen großen Einfluss auf die Schaltstellen der Wirtschafts- und Finanzpolitik ausüben könnte.

Epilog

Benjamin Grahams Selbstporträt
im Alter von dreiundsechzig Jahren
Mai 1957

Ein Schlüssel zu B.'s Charakter ist der Umstand, dass er eine Menge loyaler Freunde hat, nur sehr wenige oder gar keine Feinde, aber nicht einen einzigen Kumpel oder Kameraden. Wir wollen sein inneres Wesen betrachten, um den Grund hierfür zu finden. Als Junge war er intelligent, gewinnend, linkisch, unpraktisch und von einer krankhaften Empfindlichkeit. Er war darauf bedacht, niemals jemanden zu verletzen, und er konnte nicht verstehen, wie andere, auch die, die ihn sehr liebten, ihm aus Gleichgültigkeit oder mit Vorsatz so oft wehtun konnten. Schon sehr früh im Leben begann er, wie ein Biber, einen Damm um sein Herz zu errichten. Die Philosophie der Stoa nahm er an wie eine Verkündung des Himmels.

B.'s Charakter war voll ausgebildet, bevor er zwanzig wurde. Oberflächlich betrachtet erschien er bewundernswert. Mit jugendlichem Eifer griff er alle Tugenden auf, mit denen er sich selbst vervollkommnen konnte – Fleiß, Mäßigung, Zuverlässigkeit und viele andere. Seine natürliche Freundlichkeit wurde noch verstärkt von einem Sinn für „noblesse oblige", wie er meinte, denn er betrachtete sich immer als vom Glück begünstigt mit seiner intellektuellen Begabung; es kann sich aber genauso gut um ein übereifriges Bemühen gehandelt haben, auf die Umwelt einen guten Eindruck zu machen. Im Vertrauen auf seine geistigen Fähigkeiten sah er es als ausgemacht an, dass er alle ehrenwerten Mittel ergreifen musste, um Erfolg zu haben.

B.'s übermäßige Empfindlichkeit für Kritik prägte zwei Charakterzüge in so markanter Weise, dass man sie fast als Eigenheiten bezeichnen kann. Zum einen war dies sein Bestreben, jede Art von Tadel zu vermeiden, indem er sich vorbildlich und nett verhielt. Zum anderen war es eine Abneigung, andere zu kritisieren, und daraus wurde schnell ein Widerwillen dagegen, über andere zu richten. Er konstruierte für sich ein ideales Verhaltensmuster gegenüber seiner Umwelt. Er musste immer höflich, liebenswürdig und geduldig sein; er musste Konflikte aller Art vermeiden, auch zu abstrakten Fragen, sobald irgendein Gefühl dabei eine Rolle spielte.

Als er älter wurde, gelangte B. zu einer gewissen Unabhängigkeit auf allen Gebieten, von denen ihm sein Verstand sagte, dass er sein Verhalten nicht durch bloße Konvention oder Vorurteile bestimmen lassen sollte. Er entwickelte eine gewisse Ungeduld in Fragen der äußeren Etikette, wenn deren Ergebnis nur darin bestand, ihn davon abzuhalten, seinen Neigungen zu folgen. Diese Veränderung war aber nur oberflächlicher Natur. Sie betraf nicht den grundlegenden Charakter seiner Beziehungen mit der Welt um ihn herum.

Diese Beziehungen waren nicht von so strahlendem Erfolg, wie er früher gewünscht oder erwartet hätte. Ein weites Feld relativen Misserfolges stellten seine Beziehungen zu Frauen dar. In seinem ganzen Leben war es für ihn nicht schwierig, Frauen zu finden, die ihn anzogen und für die er hinreichend anziehend schien. Auch sein Sexualleben war nicht unzureichend oder einförmig, nachdem er erst den abgedroschenen Puritanismus seiner jungen Jahre überwunden hatte. Aus seiner Sicht gesehen resultierten seine Probleme mit Frauen nur daraus, dass diese Anstoß nahmen an seinen Vorzügen – vor allem an seinem Gleichmut und seinem Verstand. Er entwickelte im Gegenzug ein Gefühl des Belästigtseins und des Ausgenutztwerdens in ihrer Gegenwart. Teilweise auf der Basis tatsächlicher Erfahrung, teilweise aber auch nur aus Einbildung kam er zu der Ansicht, fast alle Frauen seien unvernünftig, herrschsüchtig, wüssten seine Freundlichkeit und Geduld nicht zu schätzen und seien zu versessen darauf, in das verbotene Allerheiligste seiner Privatsphäre einzudringen.

Erst sehr spät im Leben traf B. eine Frau, die jene Qualitäten von Seele und Verstand, Charakter und Temperament besaß, die er vergeblich bei vielen anderen gesucht hatte. Ihr gegenüber, fühlte er, konnte er die Barrieren fallen lassen, die ihn vom Rest der Menschheit getrennt hatten. Unter diesem neuen Einfluss machte er sich erstmals über den

Charakter dieser Barrieren Gedanken. Warum hatte er seit seiner Col-
lege-Zeit zu niemandem, zu keinem Mann und zu keiner Frau, eine Beziehung echter intellektueller oder emotionaler Intimität zugelassen?
Warum hatte er keine Kameraden oder Kumpel?

B. prüfte seinen Charakter erneut, und was er fand, war nicht sehr
schmeichelhaft. Er sah Selbstgefälligkeit, Selbstsucht, Snobismus, eine
gewisse bemühte Künstlichkeit in seinen großzügigen Gesten, eine Spur
von kalkuliertem Egoismus in seiner ruhigen Gelassenheit. Seine dritte
Frau sagte von ihm, er sei human, aber nicht menschlich – eine treffende Formulierung. Es fehlte ihm an wirklicher Sympathie für andere, an
tatsächlicher Anteilnahme an ihren Freuden und Sorgen. Seine Begeisterungsfähigkeit war entweder völlig unpersönlich – für Ideen oder für
Kunstwerke – oder sie bezog sich auf die Dinge, die zu seiner eigenen
Entwicklung, seiner inneren Glorie beitrugen. Er [hatte] sich vor Lob
mit ehrlicher Bescheidenheit zurückgezogen, aber diese Bescheidenheit
war selbst Ausdruck eines so vollkommenen Stolzes, dass er von Eitelkeit nicht zu unterscheiden war. Sein Denken war, wie Horaz sagt,
‚mens sibi conscia recti‘, ein Denken, das sich seiner eigenen Rechtschaffenheit bewusst war, gehüllt in die Abgeschiedenheit zuversichtlicher Überlegenheit. Wie Landor maß er sich mit keinem im Wettkampf,
denn keiner war des Wettkampfs wert – zumindest seiner eigenen Auffassung nach. Er kannte nur einen engen Gefährten, nur eine verwandte
Seele – sich selbst.

Seine Freundlichkeit anderen gegenüber war ungezwungen und uner-
schöpflich, wirklich eine zweite Natur. Aber seine erste Natur war zurückgezogen und unzugänglich für andere. Am Ende erkannte B. dies
alles. Er spürte die Notwendigkeit von weniger Überlegenheit und mehr
Menschlichkeit. Eine neue Person von „outre mer" trat in sein Leben
und brachte es gründlich in Bewegung. Im Alter von 60 Jahren und in
den Jahren, die noch kommen sollten, begann er seine emotionale Entwicklung noch einmal von vorn. Er durfte die Liebe nicht als eine Erfahrung im Verlauf eines Lebens sehen, er musste sie als d i e Lebenserfahrung schlechthin sehen. Er erinnerte sich an ein Gedicht, das er als
College-Student in der Glut seiner ersten romantischen Leidenschaft geschrieben hatte. Jetzt gewann diese ziemlich abgedroschene Gefühlsdu-
selei eine neue Bedeutung für ihn:

Inspiration

As a brook slumbers, hushed its tinkling song,
By March's icy cloak held prisoner,
My soul has music, too, that cannot stir,
Frozen to silence by a witless tongue.

But lo! the bar melts in the breath of Spring,
The water wakes into a melody;
So by the warmth this new love sheds on me
The bonds of speech are burst, and I may sing!

Inspiration

Wie durch des Winters eisig kalte Hand
Verstummt nun ist des Baches munt'res Spiel,
So trag auch ich in meiner Seele viel,
Für das die Zunge keine Worte fand.

Doch sieh! Des Frühlings mildes Glück
Erweckt den Bach aus langer Winternacht;
Zu neuer Liebe ist mein Herz erwacht
Die Worte, die mir fehlten, kehr'n zurück!

Benjamin Grahams Ansprache
zu seinem 80. Geburtstag am 11. April 1974

Liebste Malou, Bruder Vic, Kinder und Enkel, und ihr anderen Lieben, die ihr heute mit mir feiert! Willkommen in La Jolla zur Feier meines achtzigsten Geburtstags! Als erstes möchte ich meiner Tochter Marjorie dafür danken, dass sie diese Zusammenkunft arrangiert hat. Vielen Dank auch an meinen Bruder Victor für seine kunstvolle Geschenkedition einiger meiner Gedichte. Und Dank an jeden von Euch für Eure geschätzten Beiträge zu meinem neuen Album!

Mark Twain, den ich in meiner Jugend im Glanz seines weißen An-
zugs und lockigen weißen Haares sah, nahm einmal eine Einladung zu
einem Bankett unter der Voraussetzung an, dass er keine Rede halten
müsse. Aber die Gesellschaft bestand dann doch darauf, und so erhob er
sich endlich, um zu sprechen. Sehr langsam und mit trauervoller Stimme sagte er dann Folgendes: „Alexander der Große ist tot, Julius Caesar
ist tot, Napoleon ist tot – und ich fühle mich auch nicht gut." Dann setzte er sich wieder. Ich kann auch sagen „ich fühle mich auch nicht gut",
und auch ich werde mich wieder setzen. Aber zuerst möchte ich ein paar
Sätze sprechen.

In seiner beredten, wenn auch etwas übertriebenen Lobesrede auf
seinen Schwiegervater hat unser ausgezeichneter Irving [Janis, Marjo-
ries Ehemann] eine kleine Studie über Odysseus erwähnt, die ich vor
nur wenigen Monaten verfasst habe. Die Geschichte und der Charakter
des Odysseus haben auf mich einen unauslöschlichen Eindruck gemacht, als ich ein kleiner Junge war – ein „tleiner" Junge, wie ich damals sagte. Es ist seltsam, dass die „Odyssee" so viel für mich bedeutet
hat, wo doch der Charakter des Odysseus so verschieden von meinem
eigenen ist. Er war ein großer Krieger und Plünderer, während ich zeit
meines Lebens mit niemandem Krieg geführt und nichts geraubt habe.
Er war schlau und listenreich, ich bin ehrlich und direkt. Und doch hat
er mich immer angezogen, so wie zahllose Leser in den letzten 2 500
Jahren.

Nach erneuter Lektüre der „Odyssee" finde ich als Amateurkritiker
die Geschichte wunderbar, die Verse aber meistens zweitklassig. Auf
eine zitierfähige Zeile bei Homer kommen zwanzig bei Vergil. Und
wenn ich auch der einzige auf der Welt sein sollte, Athanasius contra
mundum (1), so werde ich doch darauf bestehen, dass Vergil der bessere Dichter von beiden ist. Vielleicht würde mir Tennyson zustimmen,
der von dem römischen Poeten sagte, er habe „das mächtigste Versmaß
geführt, das je ein Mensch ersann".

Aber während Odysseus der Held meiner Phantasie ist, so gibt es
auch einen Menschen aus Fleisch und Blut, dem ich im Leben immer
nachgeeifert habe. Zufällig tragen wir die gleichen Vornamen. Jener
Mann ist Benjamin Franklin. Er hatte alle Charaktereigenschaften, die
ich anstrebe – hohe Intelligenz, Fleiß, Erfindungsreichtum, Humor,

Freundlichkeit und Toleranz den Fehlern anderer gegenüber. Vielleicht habe ich auch, ohne mich allerdings darum besonders bemüht zu haben, einige seiner Schwächen mit ihm geteilt, vor allem die für das schöne Geschlecht. Sollte mein Leben mit seinem vergleichbar sein, was inneren und äußeren Erfolg angeht, sollte es mich sehr freuen.

Wenn ich einen Blick zurück werfe auf diese achtzig Jahre, so finde ich einen scharfen Kontrast zwischen den Perspektiven meiner Jugendzeit und den Perspektiven im Alter. Als junger Mann war ich oft pessimistisch, was mein Leben anging; es schien voller Fehler, Unglücksfälle und Enttäuschungen zu sein. Ich war aber sehr optimistisch in Hinblick auf die Zukunft der Welt. Ich war sicher, dass wir uns mit Hilfe der Wissenschaft schnell auf eine friedliche Zukunft mit mehr Wohlstand für alle zu bewegten. Heute, da ich über den Vorzug oder den Nachteil einer achtzigjährigen Lebenserfahrung verfüge, scheint sich das Bild vollständig umgekehrt zu haben. Mein eigenes Leben war ungewöhnlich erfolgreich und sogar glücklich. Die Welt allerdings scheint in einer Droschke zur Hölle zu fahren, wie man damals sagte, als Sherlock Holmes noch in einer Droschke durch London fuhr. Von meinen zehn Enkelkindern an diesem Tisch wird erwartet, dass sie, wenn die Zeit gekommen ist, die Verantwortung für diese Welt übernehmen – so denkt und sagt man ja heute wohl. Das ist ein ganz schöner Auftrag für Euch Kinder, der da im Jahr 2000 auf Euch zukommt. Ich wünsche Euch Glück zu diesem Unternehmen – wenn auch mit leichtem Kopfschütteln.

Ich möchte noch über eine weitere Sache sprechen, eine fröhlichere, bevor ich schließe. Ich möchte sagen, dass zumindest die Hälfte aller Vergnügungen, die ich in meinem Leben hatte, aus der geistigen Welt stammt, aus der Welt der Schönheit und Kultur, vor allem der Literatur und Kunst. Diese Dinge stehen jedem offen, und das fast kostenfrei. Notwendig sind nur ein Interesse an dieser Welt und ein kleines bisschen Mühe, um die vor uns ausgebreiteten Reichtümer schätzen zu lernen. Ihr Enkel, wenn möglich, bringt dieses Interesse und diese Mühe auf! Und wenn ihr Euch dieses kulturelle Leben einmal erschlossen habt, gebt es niemals wieder auf!

In seiner Verteidigung des Dichters Archias formuliert Cicero seinen berühmten Tribut an die humanistische Bildung. Lasst mich die Stelle vortragen, ein bisschen in Latein, und dann in meiner Übersetzung ins Englische:

Haec studia adulescentiam alunt, senectutem oblectant ...

Diese Studien nähren unsere Jugend und erfreuen unser Alter; sie schmücken unser Glück und bieten Schutz und Trost im Unglück; sie erfreuen uns zu Hause und sind auf Reisen keine Last.

Pernoctant nobiscum, peregrinantur, rusticantur.

Sie verbringen die Nacht mit uns, sie reisen mit uns durch die Fremde und sie begleiten uns aufs Land.

Ich bin lange schon der Meinung, dass dieser beredte Tribut mit den gleichen Worten auch auf freundliche und schöne Damen zutrifft, vor allem auf die, die ich in meinem Leben gekannt habe – von meiner lieben Mutter, der Ernährerin meiner Jugend, bis zu meiner unschätzbaren Malou, dem Trost meiner späten Jahre. „Pernoctant nobiscum": öfter noch als die Studien verbringen die Damen die Nacht mit uns; sie reisen mit uns und folgen uns sogar aufs Land.

Doch nun zu meiner letzten Botschaft. Nichts Besseres kann ich dafür wählen als die letzten Zeilen aus Tennysons „Ulysses", jene Worte, die in der Familie Graham so geschätzt und so oft rezitiert werden:

Come, my friends, 'tis not too late to seek
A newer world. Push off, and sitting well in order, smite
The sounding furrows; for my purpose holds
To sail beyond the sunset and the baths
Of all the western stars, until I die.
It may be that the gulfs will wash us down:
It may be we shall touch the Happy Isles,
And see the great Achilles, whom we knew.
Though much is taken, much abides; and though
We are not now that strength which in old days
Moved earth and heaven; that which we are, we are;
One equal temper of heroic hearts,

Made weak by time and fate, but strong in will
To strive, to seek, to find, and not to yield. (2)

Kommt meine Freunde, noch ist es nicht zu spät
Für eine bess're Welt. Legt ab, und einer nach dem anderen
Packt die Riemen! Nichts and'res ist mein Ziel
Als weiter als die Sonne reicht zu fahren und
Jenseits aller Sterne dieser Welt – bis in den Tod.
Mag sein, dass Strudel uns verschlingen:
Mag sein, dass auf der Sel'gen Insel
Wir den Achilles wiedersehn, den Freund von einst.
Viel ist verloren, viel noch zu erwarten.
Und sind wir auch nicht mehr die Macht, die in den alten Tagen
Erschüttert' Erd' und Himmel, so sind wir doch noch, was wir sind;
Alle vom gleichen Heldenmut beseelt,
Geschwächt durch Zeit und Schicksal, doch unbeirrt gesonnen
Zu fechten, zu forschen, zu finden – und niemals uns zu fügen.

Chronologie

1894   Geboren am 9. Mai in London, England

1895   Umzug nach New York City

1900   Einschulung mit sechseinhalb Jahren

1901   Besuch in England. Königen Viktoria stirbt.

1903   Graham wohnt in der 116. Straße Nr. 244 in New York City; er besucht die Grundschule Nr. 10 und verkauft „The Saturday Evening Post"; er reist zu verschiedenen Ferienorten, wo sein Vater auf Auktionen importiertes Porzellan verkauft. Grahams Vater stirbt mit 35.

1906   Graham besucht die Townsend Harris Hall High School, die zum CCNY gehört; er lernt Französisch mit Constance Fleischmann

1907   Börsenpanik: U.S. Steel fällt; Grahams Mutter verliert ihr gesamtes Effektenkreditkonto. Graham wechselt an die Boys High School

1910   Graham schließt die Boys High als Drittbester seiner Klasse ab; Sommerjob auf einer Farm; er bekommt das Pulitzer-Stipendium nicht.

1911   Graham beginnt am CCNY, gibt das College aber bald entmutigt auf; er hat mehrere Teilzeitbeschäftigungen, als Anzeigenverkäufer, Kassierer und im Telefonbau. Dekan Keppel entschuldigt sich für einen Verwaltungsirrtum und Graham beginnt sein Studium am Columbia College mit einem Ehemaligen-Stipendium.

1912   Graham studiert Mathematik, Philosophie, Englisch, Griechisch und Musik am Columbia College. Er hat verschiedene Teilzeitbeschäftigungen. Alda Miller wird seine erste Freundin.

1913   Während seines Studiums arbeitet Graham bei U.S. Express mit Hollerith-Lochkartenmaschinen der Calculating-Tabulating-Recording Company (später IBM). Er übernimmt eine führende Position und wird vom College beurlaubt. Er veröffentlicht einen Artikel in „Vogue" und unterrichtet die Kinder von Armeeoffizieren auf Governors Island.

1914   Graham schließt das Columbia College als Zweitbester ab; Phi Beta Kappa. Auf den Rat Dekan Keppels hin entschließt er sich zu einer Karriere im Finanzwesen. Er lehnt drei Lehrangebote am Columbia College ab. Graham unterrichtet den Sohn von General Leonard Wood. Er unterrichtet Englisch für Ausländer an einer Abendschule in der Bronx. Er zieht in die luxuriösen Hunt's Point Palace Apartments. Er lehnt ein Angebot Carl Van Dorens ab, Lehrer an der Brierly School zu werden. Aufgrund antideutscher Gefühle ändert die Familie ihren Namen von Grossbaum in Graham. Graham tritt eine Stelle bei der Maklerfirma Newburger, Henderson, and Loeb an. Er verfasst eine Analyse der Missouri Pacific Railroad, die ein Angebot von J. S. Bache and Company als Wertpapieranalyst nach sich zieht, aber Newburger lässt ihn nicht gehen.

1915   Graham trifft Hazel Mazur. Er gibt seine Stellung an der Abendschule auf, aber unterrichtet weiterhin die Offizierssöhne auf Governors Island. Er arbeitet bei Newburger im Kundenraum an der Kurstafel. Er spekuliert mit Missouri Pacific Aktien und wird von Newburger getadelt. Er schließt eine Arbitrage-Analyse der Guggenheim Exploration Company erfolgreich ab. Er kauft gemeinsam mit seinem Cousin Lou sein erstes Auto. Er schenkt der Universitätsbibliothek der Columbia seine Hebbel- und Lessing-Ausgaben.

1916   Graham kündigt seine Verlobung mit Hazel an. Sein Gehalt steigt auf $ 50 in der Woche. U.S. Express ist bankrott. Graham verhandelt über Wertpapierkauf für Newburger Company. Er ist auch der Buchmacher des Unternehmens bei Wetten auf die Präsidentschaftswahl.

1917   Graham heiratet Hazel. Bruder Leon heiratet auch. Er eröffnet ein erfolgloses Schallplattengeschäft mit seinem Bruder, das 1919 mit Verlust verkauft wird. Die Musterungskommission stellt ihn zurück. Graham tritt der Reserve bei. Er investiert Geld für Professor Tassin, verliert es bei einem Mini-Crash und zahlt Tassin das Geld in monatlichen $ 60-Raten zurück. Er veröffentlicht einen Artikel in „The American Mathematical Monthly".

1918 Grahams Mutter zieht ein; Spannungen zwischen ihr und Hazel. Graham berät für kurze Zeit den ältesten Bruder seiner Mutter, Maurice Gerard. Geburt des ersten Kindes, Newton. Graham schreibt einen Artikel für „The Magazine of Wall Street", der zeigt, wie schwammige Positionen in Unternehmensbilanzen berechnet werden können; er wird in den kommenden Jahren noch Dutzende von Artikeln für diese Zeitschrift schreiben.

1919 Verlässt die Reserve. Fertigt vergleichende Analyse von Eisenbahn-Anleihen an. Kommt an der Wall Street nach oben. Hausse 1919. Graham macht große Gewinne mit Savold Tire, verliert dann Geld aufgrund der Betrügereien eines Syndikat-Managers. Nach einer negativen Analyse der Chicago, Milwaukee, & St. Paul trifft er deren Vizepräsidenten Robert J. Marony, der für den Rest des Lebens sein Freund und später sein Partner wird. Graham führt erfolgreiche Transaktion mit Pierce Oil Anleihen durch.

1920 Graham wird Juniorpartner bei Newburger, Henderson, and Loeb. Er führt zusammen mit seinem Freund Junkichi Miki ein sehr erfolgreiches Geschäft mit japanischen Anleihen durch. Er beginnt mit der Hilfe Leo Sterns mit einem Rundbrief. Er analysiert die Reifenbranche. Er nimmt eine Anlage von $ 20 000 von seinem Onkel Maurice Gerard an, der sich zur Ruhe setzen und von der Rendite leben möchte. Graham nimmt die amerikanische Staatsbürgerschaft an. Er zieht nach Mt. Vernon. Seine älteste Tochter, Marjorie, wird geboren.

1921 Graham empfiehlt, kurzfristige U.S. Victory Bonds durch langfristige U.S. Staatsanleihen zu ersetzen und behält Recht. Die Idee für eine Währung mit Güterstandard reift heran.

1922 Maurice Gerard und seine Familie ziehen zurück nach New York, um in der Nähe von Graham und der Wall Street zu sein.

1923 Graham verlässt Newburger und gründet gemeinsam mit der Familie Harris einen privaten Investmentfonds, die Graham Corporation. Er führt ein erfolgreiches Arbitrage-Geschäft mit Aktien von Du Pont und General Motors durch. Kauft Anteile an U.S. Express, inzwischen in Liquidation.

1924 Fährt mit Hazel und seinen zwei Kindern Newton und Marjorie in den Ski-Urlaub.

1925 Die Harris' ziehen sich aus der Graham Corporation zurück, die danach aufgelöst wird. Auch das Graham-Cohen Konsortium (mit Benjamin V. Cohen) wird aufgelöst. Geburt der zweiten Tochter, Elaine. Sommerferien in Deal, New Jersey.

1926 Gründung des Benjamin Graham Konsortiums, bei dem er nur auf Erfolgsbasis bezahlt wird. Es werden $ 400 000 investiert. Jerome Newman tritt in die Firma ein und wird später Partner. Graham entdeckt die Unterbewertung der Northern Pipeline. Im Sommer wieder in Deal.

1927 Graham verlangt auf der Jahreshauptversammlung von Northern Pipeline die Ausschüttung von Überschüssen, scheitert aber, da er nicht unterstützt wird. Er trifft John D. Rockefeller. Sein Sohn Newton stirbt an Meningitis. Graham beginnt, am Columbia College zu unterrichten. Er trifft Bernard Baruch und Winston Churchill. David Dodd wird sein Schüler, dann Mitarbeiter. Hazel fährt nach Europa.

1928 Graham gewinnt den Kampf um die Stimmrechtsvollmachten der Northern Pipeline, wird in den Vorstand gewählt und die Gesellschaft schüttet Überschusskapital an die Aktionäre aus. Graham wird Vorstandsmitglied der unglücklichen Unexcelled Fireworks Company. Geburt von Newton II. Graham besucht Europa. Er bezieht eine teure zweigeschossige Apartmentwohnung in den Beresford Apartments. Er beginnt den sehr erfolgreichen und bis 1954 fortgeführten Kurs „Wertpapieranalyse für Fortgeschrittene" am Columbia College.

1929 Das Konsortium verfügt über ein Kapital von 2,5 Millionen. Bernard Baruch bietet Graham eine Partnerschaft an, aber Graham lehnt ab. Ferien auf der Yacht von Baruchs Bruder. Graham ist mit Baruch der Meinung, dass ein Börsencrash unmittelbar bevorsteht, behält aber im Gegensatz zu Baruch einen Teil des Portefeuilles in Aktien. Das Konsortium macht in diesem Jahr einen Verlust von 20 Prozent.

1930 Das schlechteste Jahr des Konsortiums mit einem Verlust von 50 Prozent. Graham bezieht für fünf Jahre kein Einkommen aus dem Konsortium. Er lebt von seinen Honoraren als Dozent, Autor und Berater. Die Ehe mit Hazel wird brüchig.

1931 Das Konsortium verliert 16 Prozent.

1932 Das Konsortium verliert 3 Prozent, 70 Prozent der ursprünglichen 2,5 Millionen sind damit verloren. Graham leitet das Schutzkomitee zur Sicherung der Ansprüche aus Aeolian Vorzugsaktien. Er zieht in ein weniger luxuriöses Apartment im El Dorado. Der Durchschnittswert des Dow Jones ist 42. Graham stellt seinen Plan einer Währung mit Güterstandard auf dem „Economic Forum" der „New School for Social Research" vor. Er publiziert eine dreiteilige Artikelserie in „Forbes" mit dem Titel „Ist die amerikanische Wirtschaft tot mehr wert als lebendig?"

1933 Das Konsortium verfügt über $ 375 000 und erreicht einen Profit von 50 Prozent. Graham veröffentlicht einen Artikel im „Economic Forum". Er schreibt die Theaterstücke „Porzellan-Hochzeit" und „Der Tag der Abrechnung", die aber nicht aufgeführt werden. Er tritt erstmals als Sachverständiger vor Gericht auf, vierzig weitere solcher Auftritte werden in den kommenden Jahren folgen.

1934 Die erste Auflage von „Security Analysis" erscheint bei McGraw-Hill. Weitere Auflagen erscheinen 1940, 1951, 1962 und 1988. Geburt der dritten Tochter, Winifred. Der Fonds schlägt vor, Graham und Newman einen Gewinnanteil in Höhe von 20 Prozent zu zahlen. Am 27. Dezember wird Grahams Stück „Baby Pompadour" (ursprünglich „Den Marines treu") im Vanderbilt Theatre am Broadway aufgeführt. Das Stück wird nach vier Aufführungen abgesetzt. Der Fonds führt neue Buchführungsmethoden ein. Graham wird von der Regierung im Zusammenhang mit dem geplanten „Securities Exchange Act" zu Rate gezogen.

1935 Alle Verluste während der Depressionsjahre sind wieder ausgeglichen. Graham ist an der Gründung der „New York Society of Security Analysts" beteiligt.

1936 Auf Druck des Finanzamts ändert Graham das Konsortium in die „Graham-Newman Corporation". Auf einer Kreuzfahrt trifft er Carol Wade.

1937   Graham veröffentlicht „Storage and Stability" (McGraw-Hill) und gemeinsam mit Charles McGolrick „The Interpretation of Financial Statements" (Harper and Row, zweite Auflage 1955). Carol wird seine Geliebte. Graham schlägt Hazel die Scheidung vor. Als sie sich weigert, geht Graham gegen den Rat seines Anwalts nach Reno. Schließlich stimmt Hazel zu und wird in Reno geschieden.

1938   Graham heiratet Carol im Sherry Netherlands Hotel in New York City.

1940   Scheidung von Carol. Neuauflage von „Security Analysis". Als einsamer Junggeselle beginnt Graham wieder mit dem Rollschuhlaufen und besucht die Baseball-Spiele der Brooklyn Dodgers. Er beginnt ein Verhältnis mit seiner Sekretärin Estelle Messing, die er später heiratet.

1941   Graham hält in Hartford einen Vortrag vor der „American Statistical Association" zum Thema „Ein Programm zur Stabilisierung der Kaufkraft des Dollar".

1942   Graham schlägt einen Prüfungsausschuss für die „New York Society of Security Analysts" vor.

1943   Graham trifft Carol Wade zum letzten Mal. Marjorie bringt sein erstes Enkelkind zur Welt, Cathy Janis. Zehn weitere Enkel werden folgen.

1944   Grahams Mutter kommt bei einem Raubüberfall auf dem Heimweg von einer Bridgepartie ums Leben. Graham heiratet Estelle Messing. „World Commodities and World Currency" erscheint bei McGraw-Hill.

1945   Grahams drittes Zusammentreffen mit John D. Rockefeller auf einem Bankett der New Yorker Handelskammer. Graham verteidigt den „Full Employment Act" vor diesem dafür wenig empfänglichen Auditorium. Benjamin Jr. wird geboren. Graham beginnt, Artikel für „The Analysts Journal" (später „The Financial Analysts Journal") zu schreiben, zuerst unter dem Pseudonym „Cogitator", später unter seinem eigenen Namen.

1946   Graham hält eine Ansprache auf dem „Summer Institute für Social Progress" in Wellesley, Massachusetts, zum Thema „Unsere wirtschaftliche Zukunft: Richtung und Kontrolle". Er beteiligt sich an einer öffentlichen Debatte mit Floyd Odlum (Vorstandsvorsitzender der Atlas Corporation, Freund von Howard Hughes, Gatte von Jacqueline Cochran) über die Frage, ob es klug ist, in Schwierigkeiten befindliche Unternehmen zu kaufen.

1947   Graham trifft Dwight D. Eisenhower. Er spricht auf der ersten Jahresversammlung der „Financial Analysts Federation" (später „Institute of Chartered Financial Analysts"), wobei er sich für formelle Prüfungen und professionelle Standards in diesem Beruf einsetzt.

1948   Graham kauft die Mehrheitsbeteiligung der GEICO und bringt das Unternehmen an die Börse.

1949   Graham schreibt und veröffentlicht „The Intelligent Investor" (zweite Auflage 1954, dritte Auflage 1959, vierte Auflage 1973, letztere unter der Mitarbeit von Warren Buffett). Die Graham-Newman Personengesellschaft wird gegründet.

1950   Graham wird Vorstandsmitglied der P&R Company, die im Bereich Kohle und Eisenbahnen engagiert ist.

1951   Graham arbeitet als Präsident der „Jewish Guild for the Blind" (bis 1953). Er verlegt seinen Kurs an die Columbia Graduate School of Business.

1952   Graham hält eine Ansprache am „Institute of Chartered Financial Analysts" zum Thema „Die Wertpapieranalyse als wissenschaftliche Disziplin".

1953   Graham schreibt „Stock Dividends" für „Barron's".

1954   Graham stellt Warren Buffett an. Graham-Newman verfügt jetzt über ein Kapital von sechs Millionen Dollar. Graham fährt nach Frankreich, um das Eigentum von Newton II zu holen, der als Veteran des Koreakrieges Selbstmord beging. Graham beginnt eine Korrespondenz mit Malou, in die er sich verliebt. Mit den Jahren verbringen sie mehr und mehr Zeit zusammen.

1955   Graham erläutert seinen Erfolg in einer Aussage vor einem Senatsausschuss unter Vorsitz von James Fulbright. Elaine promoviert an der Universität Yale in Psychologie.

1956   Graham löst die Graham-Newman Corporation und die Graham-Newman Personengesellschaft auf und zieht sich mit Estelle und Benjamin Jr. nach Beverly Hills zurück. Er wohnt North Maple 611, gegenüber von seiner Cousine Rhoda Gerard Sarnat und ihrem Mann Dr. Bernard Sarnat. Graham wird Regents Professor an der Graduate School of Business der UCLA, wo er fünfzehn Jahre unentgeltlich unterrichtet.

1957   Graham schreibt autobiographische Skizzen.

1958   Graham sagt vor dem „House Ways and Means Committee" über Dividendenpolitik, Deckungsregeln und die Besteuerung von Kapitalgewinnen aus (deren Beibehaltung er befürwortet).

1959   Graham gibt das Tennis auf.

1960   Graham besucht sein Londoner Geburtshaus.

1962   Grahams Bemühungen um eine Professionalisierung des Berufs des Wertpapieranalysten führen zur Gründung der „Financial Analysts Federation" (später „Association for Investment Management and Research"), die Prüfungen für Analysten durchführt und Zertifikate ausstellt. Graham veröffentlicht die vierte Auflage von „Security Analysis", gemeinsam mit Sidney Cottle und Charles Tatham. Eine fünfte Auflage wird 1988 von Frank Block besorgt.

1963   Graham lässt sich von dem holländischen Maler Jan Hoowig porträtieren. Das Porträt wird von Buffett und anderen ehemaligen Studenten bezahlt und der „Financial Analysts Federation" geschenkt.

1964   Marjorie veröffentlicht „Ein Zweijähriger geht in den Kindergarten: eine Fallstudie zu den Folgen einer Trennung" (Tavistock Press). Andrew Goodman, der Sohn eines Freundes und wie Benjamin Jr. in der Bürgerrechtsbewegung aktiv, wird in Mississippi ermordet.

1965   Graham tritt aus dem Vorstand der GEICO zurück.

1966   Graham zieht mit Malou nach La Jolla (7811 Eads Evenue). Sie leben dort für einen Teil des Jahres und halten sich die restliche Zeit in Malous Haus in Aix-en-Provence und zeitweise auch in Funchal, Madeira, auf.

1967   Graham veröffentlicht seine Übersetzung des uruguayischen Romans „The Truce" von Mario Benedetti bei Harper and Row.

1968   Warren Buffett und andere ehemalige Studenten pilgern zu Graham, um seinen Rat zur Marktentwicklung einzuholen. Sie treffen sich im Hotel Del Coronado. Graham korrespondiert mit „Adam Smith", dem Verfasser von „The Money Game".

1970   Graham reist nach Australien.

1971   Jerry Newman tritt aus dem Vorstand der GEICO zurück.

1974   Graham feiert seinen achtzigsten Geburtstag. Er hält eine Rede und bekommt von seinem Bruder Victor einen Band mit seinen eigenen Gedichten geschenkt. Er spricht am „Institute of Chartered Financial Analysts" zum Thema „Renaissance des Wertes" und befürwortet den Kauf von Aktien angesichts des gegenwärtigen Kursniveaus (der Dow Jones steht bei 600); Auszüge erscheinen am 23. September 1974 in „Barron's".

1975   Graham erhält den Molodovsky Award, die höchste von der Financial Analysts Federation vergebene Auszeichnung.

1976   Graham gründet zusammen mit James Buchanan Rea den Rea-Graham-Fonds. Er stirbt am 21. September in Aix-en-Provence, Frankreich. Malou, Marjorie und Elaine sorgen für seine Einäscherung und Marjorie überführt seine Asche zurück in die Vereinigten Staaten. Die Familie hält einen Gedenkgottesdienst ab und bestattet seine Asche auf dem „Stephen Wise Free Synagogue Westchester Hills"-Friedhof in Hastings-on-Hudson, New York. Im Fakultätsgebäude der Columbia Universität findet ein Gedenkgottesdienst statt. Benjamin Jr. promoviert an der Medizinischen Fakultät der University of California. GEICO steht am Rande des Bankrotts, Buffett kauft sich in großem Umfang ein. Ihm gehören 1990 48 Prozent des Unternehmens, den Rest kauft er 1995.

1977   Grahams erste Frau Hazel stirbt.

1979   Grahams Tochter Winifred Graham Downsbrough stirbt.

1981   Grahams dritte Frau Estelle Messing Graham stirbt.

1982   Rea-Graham wird ein offener Investmentfonds.

1984   McGraw-Hill veranstaltet eine Gedenkveranstaltung an der Columbia Universität zum fünfzigsten Jahrestag des ersten Erscheinens von „Security Analysis". Dodd wird die Ehrendoktorwürde verliehen.

1986   Warren Buffett hält seine berühmte Rede „The Superinvestors of Graham and Doddsville" (später in „Hermes" veröffentlicht sowie in der letzten Auflage von „The Intelligent Investor).

1987   David Dodd stirbt.

1988   Graham wird in Atlanta in die U.S. Business Hall of Fame gewählt. Diese Ehre wurde auch Stephen Bechtel, Andrew Carnegie, Walter Chrysler, Pierre Du Pont, George Eastman, Thomas Edison, Henry Ford, A.P. Giannini, Conrad Hilton, Henry Kaiser, Henry Luce, Andrew Mellon, J. Pierpont Morgan, Adolph Ochs, William Paley, J.C. Penney, John D. Rockefeller, David Sarnoff und Alfred Sloan zuteil, ganz zu schweigen von Benjamin Franklin und George Washington. Benjamin Jr. nimmt die Auszeichnung im Namen der Familie Graham entgegen. Robert Heilbrunn richtet an der Columbia Business School einen Lehrstuhl für Vermögensmanagement und Finanzen ein, der den „Eckpfeiler eines Graham und Dodd Forschungsinstituts" bilden soll.

Anmerkungen

Einleitung

1. Ein ausführlicherer Bericht über Grahams späteres Leben findet sich bei Jane Lowe, Benjamin Graham on Value Investing (Chicago: Dearborn Financial Publishing, 1994)
2. Gore Vidal, „How I Survived the Fifties", The New Yorker, October 2, 1995, S. 62
3. New York: Schocken Books, 1989
4. Kapitel 3
5. In einem Artikel mit dem Titel „The Immortals" von Jennifer K. Brown, California Business, September-October 1991, findet sich ein wundervolles Porträt Grahams im Stil einer byzantinischen Ikone, auf dem er ein Zepter in seiner Rechten und ein juwelenbesetztes Buch (vermutlich Security Analysis) in seiner Linken hält. Auf seiner Schulter hockt ein Cherub mit dem Gesicht David Dodds und spielt auf der Laute eine Hymne an den Wert.
6. John Train, The Money Masters (New York: Penguin, 1980), S. 95
7. „Portrait of an Analyst: Benjamin Graham", Financial Analysts Journal, January-February 1968
8. Vgl. das Selbstporträt im Epilog. Wie auch in den folgenden Zitaten aus diesem Schlüsseldokument spricht Graham hier über sich in der dritten Person, eine stilistische Variante, die sein Bemühen ausdrückt, unparteiisch und objektiv Rechenschaft über sich abzulegen.
9. Vgl. unten, Kapitel 16
10. Der Brief an Marjorie ist auf den 10. Februar 1971 datiert.
11. The Wall Street Journal, August 1995
12. World Commodity and World Currency (New York: McGraw-Hill, 1944), S. 1-2
13. Ibid. S. 4

14. Fortune, Fall 1987, S. 48. Tatsächlich berichtet Graham, dass „viele Menschen mich mit ihm verwechselten" (vgl. Kapitel 15). Robinson jedoch fand Graham attraktiver: „Eddies Antwort auf meine Bemerkung werde ich immer im Gedächtnis behalten, da sie meiner Eitelkeit so schmeichelt: ‚Mr. Graham, wenn ich aussähe wie Sie, würde ich nur Glanzrollen spielen.'"

15. Ibid.

16. Am 25. Februar 1965 notierte er eine Parodie in sein „Kopfkissen-Buch": „The planes in Spain fly mainly in the rains."

17. The Intelligent Investor (New York: Harper and Brothers, 1949), S. 157

18. Interessanterweise sind Verwandte, Freunde und Studenten nicht der gleichen Meinung im Hinblick auf seine Tendenz, Distanz zu wahren. Sie bleiben ihm tief verbunden. Vielleicht fühlte er sich nur einsam und isoliert, obwohl er weithin beliebt war.

19. Epilog, Benjamin Grahams Selbstporträt im Alter von dreiundsechzig Jahren (Mai 1957)

20. Vgl. Epilog

21. Mit fast kindlichem Vergnügen erwähnt er George Gershwin, Edward G. Robinson, Sam Jaffee, Isaac Asimov („der eines Tages vielleicht in einem Atemzug mit Jules Verne genannt werden wird"), Caruso (der „Una furtiva lacrima" sang), Frieda Hempel, Gatti-Cazzaza, Beniamino Gigli, andere Sänger wie Schumann-Heink, Sembrich, Mary Garden, Geraldine Farrar, Jeritz, Chaliapin („Boris Godunow"), Polacco, die Alice aus Alice im Wunderland (Alice Liddell Hargreaves), Nicholas Murray Butler, Buffalo Bill, Mark Twain, Churchill, Eisenhower, John Maynard Keynes, Babe Ruth, Pavlova (in „Der Schwan"), Nijinski in „Le spectre de la rose" und „L'Après-midi d'un faune", Yvette Guilbert und so weiter. „Ich sprach auch einmal mit Albert Einstein und bekam einen handgeschriebenen Brief von ihm – aus irgendeinem Grund in Deutsch. Ich habe ihn irgendwo unter meinen Papieren, auf Karton aufgeklebt, aber die Tinte ist zur Unleserlichkeit verblasst. Es ging um einen Beitrag zur jährlichen Sammlung der Jewish Guild for the Blind, deren Präsident ich damals war. Ich erinnere mich noch gut, wie ich ihn im Hause eines Freundes in Westchester die Treppe hin-

unterkommen sah, mit seinem verrufenen Pullover und seinen nach allen Seiten abstehenden Haaren."

22. Mario Benedetti, The Truce, übersetzt von Benjamin Graham (New York: Harper and Row, 1967), S. 2-3

23. Seine Tochter Elaine schreibt jedoch in einem Brief vom 16. Januar 1966: „Interessant finde ich, dass Dads Selbsterkenntnisse (mit Malou[s Hilfe]) seinen Charakter wirklich sehr veränderten, obschon sie nicht psychoanalytisch zu nennen waren. Interessant ist auch, dass drei seiner Kinder sich intensiv mit Psychoanalyse beschäftigten: Ich wurde [Psychoanalytikerin], Marjs berufliches und privates Leben wurzelt in dieser Tradition und Buz interessierte sich als junger Mann intensiv für Freud. Was mich selbst angeht, so bezahlte er trotz seiner ‚Taubheit' der Psychoanalyse gegenüber alle Rechnungen meiner ersten fünfjährigen Analyse."

24. Aus einem Brief seiner Tochter Marjorie vom 20. Januar 1996

25. Marjorie schreibt: „Er war ein großartiger Vater. Als Kind und als Heranwachsende war ich verrückt nach ihm, und ich liebte ihn mein ganzes Leben lang sehr – wenn auch etwas kritischer. Als ich klein war, war er mein ‚wandelndes Lexikon'. Er wusste alles. Er brachte Poesie in Kopf und Herz, in unser Alltagsleben. Es war ein Privileg, mit ihm zusammen zu sein. Er war lustig, charmant und fesselnd."

Kapitel 1

1. Wenn nicht anders vermerkt, sind die Übersetzungen ins Englische wohl von Graham.

Kapitel 3

1. Vgl. Kapitel 11

2. Graham zitiert die ganze Passage in seiner Ansprache zu seinem achtzigsten Geburtstag. Vgl. Epilog

Kapitel 4

1. Irving Howe liefert eine hervorragende Beschreibung in seinem Buch World of Our Fathers (New York: Schocker, 1989), S. 283-286.

2. Howe charakterisiert Barondess als „die Figur, die das peinliche Ungestüm [der jüdischen Arbeiterbewegung zur Zeit der Jahrhundertwende] am besten verkörpert – das Pathos, die Hysterie und die Selbstlosigkeit" (S. 112-115).

Kapitel 6

1. Einzelheiten hierzu in Kapitel 9

Kapitel 7

1. Deutschland schickte 1911 ein Kanonenboot nach Agadir, Marokko, vorgeblich um die Rechte deutscher Staatsbürger zu schützen, tatsächlich aber als aggressiven Akt gegen Frankreich. Es wurde ein Vertrag geschlossen, der den Ausbruch eines Krieges nur knapp verhinderte.

Kapitel 8

1. „Graham ist vor allem durch seine Prinzipien für die Bewertung von Vermögen bekannt geworden, die eine Schätzung des eigentlichen Wertes einer Vermögensposition (und somit ihres zukünftigen Wertes) als Funktion beobachtbarer Faktoren wie des Buchwerts der Position und der Gewinnentwicklung erlaubten. Ein großer Teil des Fortschritts, den die Finanztechnologie in den 1980er Jahren erreichte, basierte auf der arbitragefreien Bewertung von Vermögenspositionen, deren Wert abhängig vom Wert anderer Vermögenspositionen oder Variablen ist. Interessanterweise scheint Graham schon

1917 die Grundlagen der arbitragefreien Bewertung gekannt zu haben, obwohl er selbst ein Pionier der Risiko-Arbitrage war." (Notiz von Professor Terry Marsh, Haas Business School, University of California, Berkeley)

2. Lucy Gates war eine berühmte amerikanische Opernsängerin der zwanziger Jahre. Die einzige Lucy Marsh, die ich finden konnte, war eine Amateurkünstlerin aus besseren Kreisen, die 1928 eine Illustration in der New York Times veröffentlichte und ihr Honorar für wohltätige Zwecke spendete.

Kapitel 10

1. Eine gute Darstellung der von Graham-Newman betriebenen Transaktionen erschien in „Portrait of an Analyst: Benjamin Graham", The Financial Analysts Journal, January-February 1968:
„Die Tätigkeit von Graham-Newman beschränkte sich auf einige wenige klar umrissene Transaktionen, von denen jede eine befriedigende Rendite von ungefähr 20 Prozent im Jahr oder mehr abwarf und nur relativ geringfügige Risiken mit sich brachte. Diese Risiken wurden durch breite Diversifizierung weiter minimiert. Bei den genannten Transaktionen handelt es sich um Arbitragegeschäfte, Barausschüttungen und Liquidationen zusammenhängender und nichtzusammenhängender Sicherungsgeschäfte, Aktienkäufe zu einem Kurs unterhalb des Umlaufvermögens sowie Mehrheitsbeteiligungen an Unternehmen, letzteres das Spezialgebiet J. A. Newmans. Das Ergebnis jeder Transaktion und jedes Transaktionstyps wurde sorgfältig überprüft.
Diese kontinuierliche Evaluation der Ergebnisse führte zu einer Schlussfolgerung, die vielleicht überrascht. Die nicht-zusammenhängenden Sicherungsgeschäfte, bei denen eine preiswerte Emission gekauft und dagegen ein mit dieser in keinerlei Zusammenhang stehendes teures Papier verkauft wird, stellten sich als aufwendiger heraus, als der damit erzielte Gewinn gerechtfertigt hätte und wurden daher fallengelassen. Der „Wertansatz" von Graham-Newman funktionierte beim Leerverkauf sehr populärer und daher offensicht-

lich überbewerteter Emissionen nicht gut genug, wenn nicht ein adäquater Schutz in Gestalt einer vorrangigen Wandelemission desselben Unternehmens aufgebaut wurde.

Der Erwerb preiswerter Aktien beschränkte sich in der Praxis auf
den Kauf von Stammaktien zu einem Kurs, der weniger als zwei
Drittel ihres Werts bezogen auf das Nettoumlaufvermögen eines
Unternehmens repräsentierte. In diesem Geschäftsbereich gab es im
Endeffekt bemerkenswert wenig Verluste, obwohl über einen Zeitraum von mehr als dreißig Jahren viele Hunderte solcher Papiere
gekauft wurden. Paradox und gleichzeitig typisch für Erfahrungen
in der Finanzwelt allgemein ist jedoch, dass das profitabelste Geschäft von Graham-Newman die genannten Anforderungen nicht erfüllte. Es handelt sich dabei um den Kauf eines Anteils von 50 Prozent an der Government Employees Insurance Company zu einem
Preis, der nur knapp unterhalb des Vermögenswertes lag."

Kapitel 12

1. Andrew Goodman war einer der drei Bürgerrechtsaktivisten, die im
   Sommer 1964 in Neshoba County, Mississippi, ermordet wurden;
   die anderen beiden waren Michael Scherner und James Chaney.
2. Ben machte sich eine Notiz, dass er die Stelle zitieren und übersetzen wollte. Wahrscheinlich bezog er sich auf Buch VI, ll. 47-49 der
   Aeneis.
3. Aldous Huxley, Point Counterpoint (New York: Doubleday, 1928),
   Kap. 34-35, S. 396-420

Kapitel 13

1. Inferno, (New York: Bantam Books, 1980), Gesang V, ll. 121-123,
   S. 46
2. „Ich bin der Boss; meine Frau führt das Kommando."
3. Ein Mann namens Montmirel; er erfand auch einen „pudding à Chateaubriand" (später bekannt als „pudding diplomate"). Zu Einzelhei-

ten vgl. André Maurois, Chateaubriand (New York: Harper, 1938), S. 246

Kapitel 14

1. Ein Wunsch, der offensichtlich nie erfüllt wurde, denn das Manuskript enthält kein solches Kapitel.

Kapitel 15

1. „Die andere Person hört nur das ‚Nein'", Iphigenie auf Tauris, 1. Akt, 3. Szene
2. Dem Leser wird die fortdauernde Anziehungskraft solcher Handlungen in Stücken wie „Born Yesterday" oder „Bullets Over Broadway" auffallen.
3. In „The Best Plays of 1934-35" finden sich die folgenden Informationen zu Baby Pompadour:

Baby Pompadour (4 Aufführungen)

Eine Komödie in drei Akten von Benjamin Graham. Produziert von Arthur Dreifuss und Willard G. Garnhardt am Vanderbilt Theater, New York, 27. Dezember 1934.

Die Besetzung:

George Armstrong	Scott Kolk
Margie	Virginia Deane
Ferdinand Dike	Robert Lowe
General Sancho Guiterret	Joseph Monneret de Villard
Elmer Tweed	Maurice F. Manson
Rear Admiral Wilfred Butler	Charles Wellesley
Senor Miguel Arboleda	Daniel Ocko
Daniel P. Atkinson	John Murray

Dr. Calloway . . . . A. M. Putnam
E. Silas Buchanan . . . . Herbert Rawlinson
Dorothy Hamilton . . . . Gladys Shelley
Cora Hunt Buchanan . . . . Nana Bryant
Angela Dike . . . . Gladys Feldman
Herbert Woolsey . . . . Ralph Locke
Genevieve . . . . Lillian Brown
Jeffries . . . . Maurice F. Manson

Unter der Regie von Clarence Derwent; Bühnenbild von Nicholas Yellenti

E. Silas ist ein Redakteur und Kolumnist, in dessen Leben es zwei Frauen gibt. Die eine ist seine Ehefrau, die andere die blonde Dorothy aus dem Büro. Dorothy hat den stärkeren Einfluss auf ihn und versorgt ihn mit Stoff für seine Kolumnen. Politiker und Geschäftsleute suchen ihre Nähe, um Dorothy für ihre Pläne zu gewinnen und so einen Zugang zu E. Silas zu bekommen. Buchanan ist indirekt für den Einsatz der Marines in Nicaragua verantwortlich. Dorothy brennt mit dem Privatsekretär ihres Chefs durch, den sie als Seemann ausgibt. Buchanans beruflicher Erfolg schwindet und Mrs. Buchanan sieht sich gezwungen, Dorothy wieder in die Arme ihres Mannes zurückzuführen, um ihn wieder aufzurichten.

Kapitel 16

1. Kürzlich fand in Genf ein Treffen der UNCTAD statt. Auf diesem Treffen wurde unter anderem ein Papier vorgelegt, das gemeinsam von drei renommierten Wirtschaftswissenschaftlern verfasst worden war: Prof. Hart aus Columbia, Prof. Kaldor aus Cambridge (England) und Prof. Tinbergen aus Rotterdam (Holland). Sie diskutieren verschiedene aktuelle Probleme der Weltwirtschaft und lehnen eine Reihe von Lösungsvorschlägen ab, um dann den Hauptteil ihrer Argumentation mit den Worten zu beginnen: „Das bringt uns zu Benjamin Grahams altem Plan einer Währung mit Güterstandard ...“ Ich gestehe das seltsame Gefühl ein, das ich beim Lesen der Worte

„Benjamin Grahams alter Plan" hatte. Konnte eine Idee, die erst gestern – wie mir schien – vollständig neu und revolutionär erschienen war, jetzt von Wirtschaftswissenschaftlern als „alt" angesehen werden? Es war jedoch nicht gestern, dass diese Idee veröffentlicht worden war, sondern vor mehr als dreißig Jahren; dreißig Jahre bringen in der modernen Welt mehr Veränderungen mit sich als viele „cycles of Cathay". [Anmerkung Grahams]

2. London: G. Allen & Unwin, 1922

3. Fast dieselbe Idee, das Preisniveau eines Warenkorbs von Rohstoffen direkt zu stabilisieren, entwickelte auch ein renommierter Wirtschaftswissenschaftler in Holland. Es handelte sich um Jan Goudriaan, Professor für Wirtschaftswissenschaften an der Universität Rotterdam, später Direktor der niederländischen Eisenbahnen und noch später Professor an der Universität Pretoria in Südafrika. Sein Vorschlag wurde im Jahr 1932 in London in Gestalt einer kleinen Broschüre mit dem Titel „Wie die Deflation zu stoppen ist" veröffentlicht. Soweit ich weiß, wurde diese Broschüre in den USA niemals verkauft oder besprochen, und ich erfuhr nichts von ihr oder Professor Goudriaan, bevor wir viele Jahre später Freunde wurden. Goudriaan kommt der Ruhm der Erstveröffentlichung der Idee zu. Meine eigene Veröffentlichung in Buchform war jedoch die erste, die die Aufmerksamkeit der Wirtschaftswissenschaftler erregte, und was Unterschiede in den Details angeht, wurde meinem Plan im Allgemeinen der Vorzug gegeben. Üblicherweise wird der Plan nur mit meinem Namen in Zusammenhang gebracht, ich würde es aber bevorzugen, wenn er Goudriaan-Graham-Plan (oder Graham-Goudriaan-Plan) genannt würde. [Anmerkung Grahams]

4. Frank D. Graham, Social Goals and Economic Institutions (Princeton: Princeton University Press, 1949, ursprünglich 1942)

Epilog

1. St. Athanasius (c. 295-373) war Bischof von Alexandria. Seine Amtszeit war immer problembeladen und er verbrachte mehr als siebzehn Jahre seines Episkopats im Exil.

2. Die letzten vier Worte stehen auf Benjamin Grahams Grabstein.

Eine Adresse, die Sie sich merken sollten!
www.boersenverlag.de

Für Einsteiger und Profis:
Immer aktuell, nützlich und
garantiert unabhängig!

Die „Börsenstadt" repräsentiert das erste wirklich
interaktive Börsen-Hotline-Angebot Europas.
Dank der einmaligen Telefontechnik bewegen
Sie sich blitzschnell entweder mit Ihrer Stimme
oder per Tonfrequenzwahl zwischen
den brandaktuellsten Börseninformationen.
Über das gesamte aktuelle Börsengeschehen hinaus
finden Sie neben Kursen, Charts und Analysen
sogar konkrete Empfehlungen und Strategievorschläge
– 24 Stunden am Tag und 7 Tage die Woche.
Rufen Sie uns an, und lassen Sie sich überraschen!

BÖRSENSTADT
0190 77 33 44

Europas grosses Börsenforum per Telefon & Faxabruf

Für alle Interessierten haben wir exklusiv für Sie den
„Börsenstadt-Infoletter" entwickelt, der Sie regelmäßig
über alle Erweiterungen und technischen Neuheiten
der Börsenstadt informiert.
Rufen Sie uns einfach unter 0 80 31/20 33 -0 an,
oder senden Sie uns die im Buch beigelegte
Postkarte zurück. Dann werden Sie regelmäßig informiert!
Gratis und vollkommen unverbindlich!

EINE NUMMER, BLITZSCHNELLE AUSWAHL.

TM BÖRSENVERLAG AG, 1 MIN = 2,42 DM